JN439001

국제무역비즈니스

국제무역비즈니스

펴낸날 1판 1쇄 2010년 8월 30일
1판 2쇄 2010년 12월 24일

지은이 임성훈·장동한·박광서·남경두

펴낸이 김진규
펴낸곳 건국대학교출판부
주 소 : 143-701, 서울시 광진구 화양동 1번지
전 화 : 도서주문 (02) 450-3893 / 팩스 (02) 457-7202
편 집 실 (02) 450-3892
홈페이지 : http://press.konkuk.ac.kr
전자우편 : press@konkuk.ac.kr
등 록 : 제 4-3 호(1971. 6. 21)

표지디자인/책임편집 임 경 희

찍은곳 (주) 동화인쇄공사

정가 19,000원

ISBN 978-89-7107-534-0 93320

(이 도서의 국립중앙도서관 출판시도서목록(CIP)은 e-CIP 홈페이지(www.nl.go.kr/cip.php)에서 이용하실 수 있습니다.
(CIP제어번호:CIP 2010003087)

국제무역비즈니스

임성훈 · 장동한 · 박광서 · 남경두 공저

건국대학교출판부

머리말

선진화를 지향하는 국가, 대학, 기업, 개인에게 있어 '국제화'는 필수이다. 대외경쟁력을 제고하여 선진 국가를 추구하는 대한민국에서 국제무역에 대한 각별한 관심과 지원은 날이 갈수록 중요해지고 있다. 국제무역과 국제비즈니스에 대한 이해와 연구가 우리에게 특별히 중요한 이유이다.

국제무역에 대한 연구는 크게 경제학적인 접근과 경영학적인 접근으로 대별된다. 무역이론, 무역정책, 외환 및 국제금융, 세계경제 및 지역경제 연구를 내용으로 하는 경제학적인 연구가 있고, 국제경영, 국제마케팅, 국제재무, 국제무역상무를 내용으로 하는 경영학적인 연구가 있다.

국제화, 전문화, 정보화 역량을 갖춘 선진 무역전문인 양성을 목표로 하는 건국대학교 국제무역학과의 교과 과정은 국제경제, 국제경영, 국제상무를 근간으로 하고 있는데 국제무역학 전공기초 과목으로 1학년 과정에서 현대경제와 국제무역(1학기) 및 국제무역비즈니스(2학기)를 운영하고 있다. '현대경제와 국제무역'은 개방 거시 차원에서 국제무역을 경제학적으로 분석하는 내용이 주가 되는 반면, '국제무역비즈니스'는 기업가치 극대화를 추구하는 다국적기업의 입장에서의 국제경영 내용을 주로 다루고 있다.

국제무역비즈니스 과목의 경우, 그 시의성 및 중요성에도 불구하고 나름대로 일관성 있게 정리된 공통 교재가 없어 그동안 강사나 학생들 모두 혼란스러웠는데 이번에 동 과목을 강의하는 네 명 교수들이 각자의 전공을 살려서 교재를 출간하게 되었다.

1부 국제경영과 국제마케팅은 임성훈 교수가 집필하였는데 무역이론, 국제경쟁력 이론, 해외직접투자이론을 바탕으로 기업의 해외시장 진출전략 및 국제마케팅을 다루고 있다. 장동한 교수가 집필한 2부 국제재무관리는 외환시장의 메커니즘에 대한 학습을 기초로 외환파생상품을 활용한 환리스크관리를 다루고 있으며 다국적기업의 국제자본조달 전략과 국제포트폴리오투자 내용을 포함하고 있다.

3부 국제무역상무(박광서 교수 집필)에서는 무역계약, 무역통관, 운송 및 보험, 무역대금결제 등 무역실무의 내용이 논의되고 있으며, 전자상거래와 e 비즈니스, e 마케팅, e 트레이드를 다루고 있는 4부는 남경두 교수가 책임 집필하였다.

앞서 강조한 바와 같이 국제비즈니스에 대한 이해는 한 국가를 넘어선 또 다른 세계에 대한 이해와 더불어 우리의 사고와 행동의 폭을 넓혀주는 발전의 큰 밑거름이 된다. 선진 국가의 선진인을 지향하는 여러분의 성장에 본 교재가 일조할 수 있기를 바란다.

2010년 8월

국제무역비즈니스 저자 일동

차 례

2부 국제재무관리

3부 국제무역상무

4부 e-비즈니스 · e-마케팅 · e트레이드

1부
국제경영과 국제마케팅

들어가는 말

국제경영은 기업환경이 국제화됨에 따라 기업의 성장 및 생존을 위해 새로운 국제환경에 대한 대처방안을 연구하고 학습하는 분야이다. 일반 기업들과 마찬가지로 시장을 국내에서 해외시장까지 확장하는 국제기업 또한 국제환경분석을 시작으로 국제경영전략 수립, 국제경영전략 실행, 국제경영 성과 등 경영활동을 추진한다. 본 부(部)도 이에 맞춰 구성하였다.

먼저 1장 '기업의 국제화와 국제환경'은 국제화 동기와 국제환경의 특성을 분석하는 장(章)이다.

2장은 국제경영의 기본적인 개념을 '경쟁력'의 개념을 이해하기 위한 기본 이론을 소개한다. 국제시장에서 기업의 경쟁력은 곧 기업의 경영성과, 즉 기업성장 및 생존의 밑거름이다. 국가도 마찬가지로 경제적으로 성장과 생존을 위해 국가 간 경쟁을 한다. 국제무역이론의 중추인 절대우위이론, 상대우위이론, 요소부존량 격차이론 등은 모두 경쟁력 관점에서 바라본 기본적 무역이론이라 할 수 있다. 포터(Porter)의 '다이아몬드 모형'은 무역이론의 경쟁력 측정 요소를 보다 다양화한 모형으로 볼 수 있다. 본 장은 전통적 무역이론과 포터의 다이아몬드 이론을 양자 간 연계성에 초점을 맞춰 설명한다.

3장은 무역이론에서 진화된 해외직접투자이론을 소개하고 있다. 해외직접투자이론부터가 본격적인 국제경영학 이론의 시작이라 볼 수 있다. 왜냐하면 국제무역의 분석 단위는 '국가', 엄밀히 말해 국가 간 경쟁력이다. 그러나 국제경영에서는 분석 초점을 기업의 국제경쟁력에 맞춘다. 해외직접투자는 기업의 생산시설의 국제적 배치를 통해 생산

우위를 점할 수 있는 기본적인 경쟁전략 중 하나이다. 제3장은 무역이론의 한계성 및 가장 대표적 이론인 '더닝(Dunning)의 절충이론'을 소개한다.

4장은 본격적으로 국제경영전략을 다루는 장이다. 2장 및 3장에서 소개한 이론분야처럼 수출(무역)과 해외직접투자 방식은 기업의 활동영역을 국제시장으로 확장하는 기본적인 전략방안이다. 여기에 라이선싱, 전략적 제휴 등을 추가한 네 가지 방식을 흔히 기업의 '해외시장 진출방식'이라 부른다. 본 장에서 분석모형은 더닝(Dunning) 및 루트(Root)의 모형을 중심으로 설명한다.

5장은 4장의 네 가지 진출방식에 대해 개별적 실행방안을 논의하는 장이다. 즉 수출의 실행, 라이선싱의 실행, 해외직접투자의 실행, 전략적 제휴의 실행으로 구성되어 있다. 각 방식의 실행에서 가장 주의를 요하는 사항 및 주제만을 위주로 설명을 시도한다. 예컨대, 수출방식의 경우에는 수출경로 및 상표의 선택, 라이선싱은 라이선싱 대상의 선택, 해외직접투자방식은 단독 및 합작투자의 선택, 전략적 제휴는 제휴파트너의 선정 등이다.

6장은 아무리 강조하여도 지나치지 않은 '국제경영의 윤리와 사회적 책임' 부문이다. 국내기업의 경영자보다는 국제경영자가 보다 넓은 이해관계자(소비자, 근로자, 현지정부, 경쟁자 등)에 노출되어 있다. 따라서 넓어진 국제시장 범위에서 합리성에 기반에 둔 경쟁논리만을 강조할 때 그 부작용의 범위와 정도가 매우 크다. 본 장에서는 국제경영 윤리와 국제기업의 사회적 책임에 대한 개념의 중요성과 의미를 소개한다.

마지막 7장은 국제마케팅 활동 부문이다. 사실 7장은 별도의 부(部)로 구성하여도 무방할 정도로 세부 목차와 분량이 많다. 일반 경영학 분야의 범주가 그러하듯이 국제경영의 일반관리분야도 국제연구 및 생산, 국제마케팅, 국제재무, 국제회계, 국제로지스틱 등 다양하다. 여기서는 대표적으로 국제마케팅 분야를 소개한다. 국제마케팅전략의 체계를 구성하는 이분점인 '현지화 마케팅'과 '표준화 마케팅'에 대한 개념을 비교적 상세하게 설명한 후, 이를 바탕으로 국제시장 포지셔닝과 국제마케팅 믹스,

즉 국제마케팅 제품관리, 국제마케팅 촉진관리, 국제마케팅 가격관리, 국제마케팅 유통관리에 대해 전략과 실행방안을 설명한다.*

* 1부는 『표준 국제경영 1.0』(임성훈, 학현사, 2010)과 『표준 국제마케팅 1.0』(임성훈, 발간 중)의 일부를 발췌·정리한 것으로 저작권 보호를 받는다.

CHAPTER 1

기업의 국제화와 국제환경

1. 국제화 동기

국내시장에서 기업은 국내 고객의 욕구와 관심, 산업발전 추세, 경제성장률, 과학기술적 동향 등과 관련한 정보를 바탕으로 기업전략을 설계하고, 국내의 경쟁기업들을 상대로 경영활동을 한다. 이러한 본국시장만을 지향하는 경영활동의 문제점은 다음과 같이 세 가지로 요약할 수 있다.

첫째 한정된 수요시장으로 국내기업 간 경쟁이 가중되거나 생산하고 있는 제품이 성숙기에 접어들면 수익률 저하가 발생한다. 둘째, 국내시장과 밀접한 환경변화에만 관심을 두며, 국내의 기존 유통기관을 통해 전통적인 고객들만을 상대함에 따라 신기술 개발, 생산라인의 현대화, 신경영기법 등을 확보하고 달성하는 데 한계점을 노출한다. 즉 본국시장 지향적인 태도를 취하다 보면 종종 새로운 생활양식, 신시장의 생성, 새로운 고객 욕구의 형성, 경쟁의 심화, 세계적 차원의 시장구조 재편 등과 같은 세계시장에서 일어나는 변화를 제대로 감지하기 힘들다. 이러한 상태에서 신기술, 고품질의 제품, 최상의 고객 서비스, 저가격전략 등으로 무장한 외국 경쟁자로부터 공격받기가 쉽게 된다. 마지막 세 번째 문제점은 이로 인해 다국적기업의 국내시장 침투에 효과적인 대응력을 갖지 못하는 상태에 이를 수 있는 단점을 지닌다는 것이다. 미국의 TV 산업의 예를 들어보자. 미국 국내시장만을 중시한 미국의 텔레비전 제조업체들은 '60년대와 '70년대 일본 TV 산업의 발전을 파악하지 못하고 이들의 진출을 허용하였다. 또한 해외로의 생산기지 이전을 통한 원가절감이라는 전략적 결정도 내리지 못한 채 망설이다 결국 일본 TV제조기업들에게 자국시장을 잠식당하고 말았다.

이처럼 본국시장 지향 또는 단일 국가시장 전략이 갖는 위험은 기업을 국제시장으로 유인하고 있다. 국내 내수 시장의 포화, 해외경쟁자의 국내시장 진출 위협, 단일시장 집중에 따른 위험 증가는 기업전략적 측면에서 기업 국제화를 선동한다. 또한 국내시장이 지역 및 세계시장에 편입되어 국제화에 대한 압력이 발생하는 경우도 있다. 시장의 글로벌화 현상, 즉 IT · 통신 · 운송 인프라의 국제적 발달, 소비자 기호 및 선호의 수렴, 지역시장 통합 움직임, 국경 없는 무한경쟁 등이 국내시장에 영향을 준 경우다.

이러한 환경하에 기업의 국제화 동기를 기업내적 요소와 기업외적 요소로 나누어 설명하면 [그림 1-1]과 같다. 기업내적 요소는 조직과 연관한 요소이며, 기업외적 요소는 기업 외부환경 측면의 요소이다. 기업내적 요

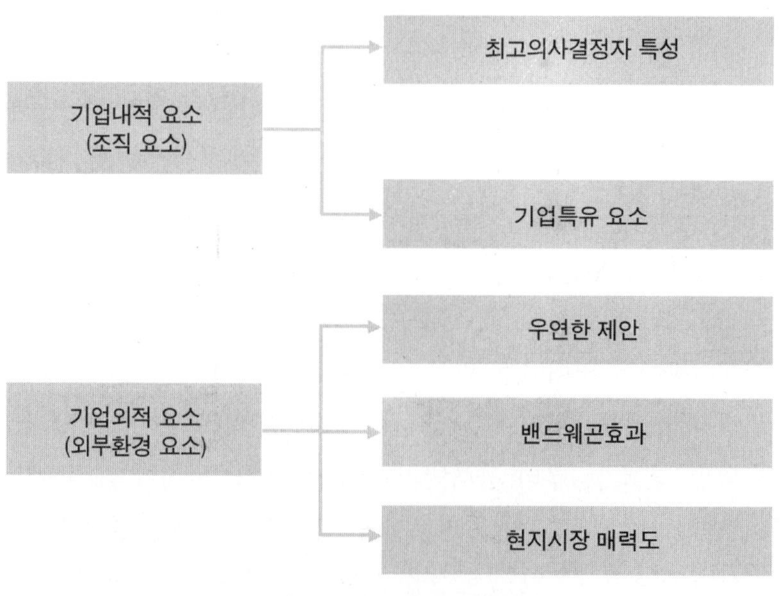

[그림 1-1] 기업의 국제화 동기

소는 최고의사결정자의 특성과 기업특유의 요소로 나눌 수 있으며, 기업 외적 요소는 우연한 제안, 밴드웨곤효과, 현지시장 매력도 등이라 할 수 있다.

1.1 기업 내적 요소

최고경영자 또는 경영층이 갖고 있는 국제화에 대한 '최고의사결정자의 특성'은 실제 기업의 국제화 과정에 반영된다. 특히 최고경영자의 국제경험, 외국어 숙달 정도, 해외출생지, 해외시장 진출에 대한 위험감수 성향과 같은 개인적 특성은 기업의 국제화 과정에 적극성과 소극성이라는 결과로 나타날 수 있다.

해외여행 및 폭넓은 국제경험

해외여행을 자주 하고, 국제경험이 많은 경영자는 좀 더 열린 마음과 해외와 국제화에 대한 관심을 갖는다. 이러한 경험은 해외의 외국인 경영자와 만나 비즈니스 파트너십을 확대하는 데 주저함을 없게 한다. 해외여행과 국제경험은 국내시장에서 볼 수 없는 다양하고 특별한 사업기회를 발견하고 인식하는 데 도움을 준다. 또 한 기업의 국제화 과정에서 해외에서 개인이 구축한 인맥을 활용할 수 있게 하며, 다른 문화를 가진 현지 경영자들과 유연하게 협상을 할 수 있는 장점을 제공한다.

의사결정자의 배경

경영자의 특별한 국제적 배경, 이를테면 경영자가 외국에서 태어나서 자랐거나, 유학생활 및 근무경험이 있을 경우에는 해당 시장을 포함한 국제시장 진출을 적극적이게 한다. 국제경력은 경영자에게 해외시장에 대한 친근성을 갖게 하며, 해외시장에 존재하는 사업기회 탐색에 대한 관심도를 높인다. 한편 조직관리 측면에서 최고경영자의 국제경험은 조직리더로서 직원들에게 능력을 표출하는 배경으로 작용할 수 있어, 이러한 측면을 강조하기 위해 경영자는 인위적으로 국제화에 대한 관심도를 더욱 표출하는 경향이 있다.

개인적 성향

경영자의 개인적인 성향에 따라 기업의 국제화 정도는 영향을 받을 수 있다. 가령, 위험회피 성향을 가진 경영자보다는 위험감수적 성향을 가진 경영자가 내향성의 경영자보다는 외향성의 경영자가 해당 기업의 국제화 수준은 동일조건의 다른 기업보다 높을 것이다. 개인적 성향을 객관적으로 측정하기는 곤란하나, 보다 진취적이고 익숙하지 않은 환경에 대해서 두려움이 없는 성향은 해외시장 개척에 유리하게 작용할 것이다.

'기업 특유 요소'는 의사결정자의 특성과 함께 기업의 국제화에 영향을 주는 내적 요인이다. 국제화에 영향을 주는 기업 특유의 요소는 기업의 크기와 취급제품의 속성 등을 들 수 있다.

기업의 크기

기업의 크기가 큰 기업은 국제화 수준이 높다. 기업의 규모가 크다는 것은 여러 모로 국제화 과정에서 유리하다. 대기업은 많은 관리자원, 재정자원을 갖고 있어 다른 시장으로의 확장에 여유가 있다. 위험 측면에서도 높은 생산능력, 높은 규모의 경제 수준은 상대적으로 소기업의 경우보다 시장개척에 유리하다. 또한 대기업이라는 지위는 국제시장에서 인지력과 신용도를 높여 거래의 안정성을 보장하며 현지 자금조달에 이점을 발생시킨다. 금융기관으로부터 낮은 이자율을 적용받거나, 투자자로부터 투자자금을 제공받는 데 유리해 그만큼 자금조달비용을 낮출 수 있다.

제품의 속성

취급하는 제품의 속성은 국제화 정도에 영향을 준다. 국내시장에서만 통용되는 특별한 제품보다는 수정 없이 해외시장에 진출이 가능한 글로벌 표준화 제품일수록 기업의 국제화에 유리하다. 컴퓨터, 전자부품 등은 상대적으로 식기류와 식품류보다 규격화 수준이 높아 현지시장에 맞춘 제품수정 추가비용을 절감할 수 있으며, 업무처리의 편의성도 높다. 또한 특정 제품의 경우에는 제품 속성상 글로벌 브랜드 경쟁이 불가피한 경우가 있다. 대표적 사례가 스포츠용품의 브랜드 경쟁이다. 스포츠용품 판매기업들은 경쟁사에 비해 더 큰 광역시장 확보가 이윤창출로 이어진다. 경쟁과정에서 통일된 광고 이미지 및 홍보, 대규모 판촉행사 실행, 국경을 넘은 소비자관계의 형성이 불가피하며, 이 과정에서 자연스럽게 국제화의 속도는 빨라지게 된다.

1.2 기업 외적 요소

기업의 국제화에 미치는 기업외적 요소는 우연한 제안, 밴드웨곤 효과, 매력도 높은 현지시장 조건 등이 해당한다.

우연한 제안

기업의 해외시장 진출은 상대국 정부 및 비즈니스 파트너의 우연한 초청으로 이루어지는 경우가 있다. 양국 정부의 국가 간 경제협력 차원에서 이루어지는 상호 투자협정 체결 조치는 투자기업에게 세금감면, 격려금 지급, 위험보장 등 폭넓은 인센티브 혜택을 동반하는 경우가 많다. 중국시장 개방 초기에 합작투자 공장을 설립한 상하이폭스바겐의 경우가 '우연한 제안'에 의한 진출 사례라 할 수 있다. 중국은 1978년에 '죽의 장막' 빗장을 열며 개혁·개방 정책을 표방하였다. 중국정부는 그해 서구의 다국적기업의 투자를 유치하기 위해 대규모 투자사절단을 서독에 파견하였다. 폭스바겐은 우연한 제안이지만 미래의 거대한 잠재시장을 경쟁기업들보다 먼저 선점할 수 있는 기회임을 체감하고, 즉각적으로 투자결정을 내렸다. 따라서 폭스바겐은 중국 내에서 가장 구매력이 큰 시장인 상하이 지역에 공장부지를 벤츠나 BMW와 같은 경쟁사보다 먼저 확보할 수 있었다. 중국정부는 세제감면 혜택과 아울러 상하이 시내에서 운행하는 관영택시를 상하이폭스바겐 합작회사에서 생산한 차량(산타나 3000)을 다량 구매함으로써 초청에 응한 데에 대한 감사표시를 하였다.

밴드웨곤 효과

기업들은 항시 경쟁사의 전략 및 경영활동을 벤치마킹하며 주시한다. 특히 후발기업이라면 선두기업에 대한 모니터링을 게을리 할 수 없다. 만약 선두기업이 국제화전략을 실행하여 해외시장에 진출하는 경우라면, 후발기업은 전략적 입장이 다르다 하더라도 이를 무시하고 국내시장에만 충실하기는 어렵다. 선두기업의 국제화전략이 성공하게 되면, 국내에서의 우위 격차가 더욱 크게 벌어질 수 있는 가능성이 있기 때문이다. 따라서 선두기업의 국제화 시도는 후발기업에게 밴드웨곤 효과를 가져오게 한다. 이러한 '선두추종 전략' 현상은 선두기업의 국제화 자극으로부터 후발기업의 국제화가 촉진되는 경우이다. 또한 일종의 유행처럼 같은 업종, 같은 지역에 있던 국내기업들이 같은 시기에 해외 동일지역에 앞을 다투어 진출하는 현상으로 이어지기도 한다. 이른바 '폭주현상(bunch-up)'이다.

현지시장의 매력요인

구매력 높은 소비자시장, 풍부한 천연자원 부존량, 저렴하면서도 양질의 노동력시장 등 현지시장이 가진 매력요인은 기업의 국제화 동기를 자극한다. 그런데 현지시장의 매력요인은 모든 기업들에게 동일한 수준으로 국제화를 자극하는 것이 아니다. 판매시장 확대를 꾀하는 기업에게는 구매력 높은 소비인구가, 에너지 및 제지산업 관련 업종 기업에게는 천연자원량이, 생산품의 가격경쟁력을 얻고자 하는 기업에게는 원가대비

양질의 노동공급량이 국제화 동기에 차별적으로 적용된다. 은행산업의 경우에는 자본축적량이 많거나 또는 자본축적과정에 있는 시장이다. 예를 들면 최근 10년간 아시아 및 태평양 지역의 40여 개 크고 작은 은행을 집중적으로 인수하며 급성장하고 있는 영국계 국제은행인 스탠다드차타드는 선진국시장보다는 금융자본 축적과정의 초기단계에 있는 신흥 개도국시장을 가장 매력적인 진출 대상 시장으로 보는 전략을 구사한다.

2. 국제경영 환경

국제경영 환경은 정치적 요인(political factors), 경제적 요인(economic factors), 사회문화적 요인(social factors), 기술적 요인(technical factors) 등 네 측면으로 나누어 구분할 수 있다. 이들의 앞 글자를 따서 PEST 환경분석 모형이라 부른다. [그림 1-2]는 PEST 모형의 주요 내용을 표시하고 있는데, 각각에 대해 정리하면 다음과 같다.

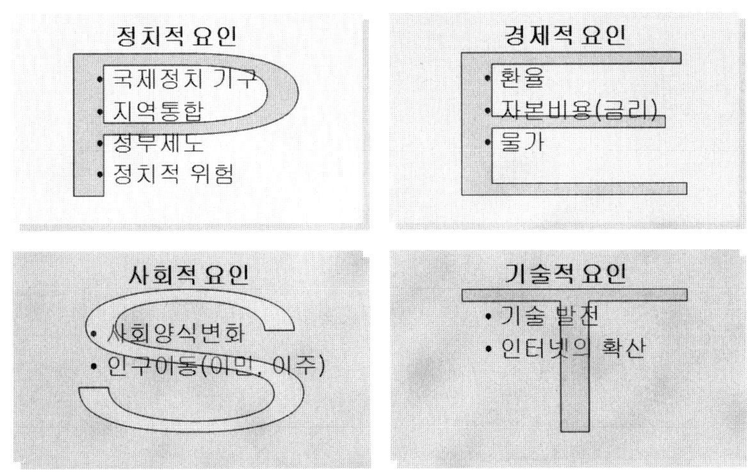

[그림 1-2] PEST 환경분석 모형

2.1 정치적 요인

각국 정부의 정책이나 국제기구의 규범은 국제기업의 국제경영전략 설정에 영향을 주는 요소 중 하나이다. 각국의 정부들은 자국의 산업 및 시장을 보호하기 위해 외국기업의 자국 내 진입을 제한하기도 하고, 또 한편으로는 발전의 계기로 삼기 위해 촉진조치를 취하기도 한다. 이러한 과정에서 정부에 의한 관세 부과, 수입규제 조치, 특정기업에 대한 보조금 제공, 세금 감면 등은 정치적 측면에서 국제기업 환경 요소라 할 수 있다.

개도국 빈곤 타파, 지구 온난화 및 환경오염 방지, 공정한 경쟁시장 조성 등 국가 공동의 목표를 달성하기 위한 국제기구 신설, 기존 국제기구의 역할 강화는 세계시장을 대상으로 경영활동을 하는 국제기업이 처한 또 다른 측면의 정치적 환경이다. 국제기구는 각국 정부의 동의와 협의를 통해 관련 법규를 제정하게 하거나, 개별 국제기업의 행동을 구속하는 일련의 압력을 행사한다. 예를 들면, WTO(세계무역기구)는 관세 및 무역규제 철폐와 불공정 무역관행에 대한 회원국 간 합의 도출과 규범을 제정하며, ILO(국제노동기구)는 노동자의 권익과 인권의 보호를 목적으로 국제기업의 노동시간 및 미성년자 노동에 대한 제약을 가한다. 국제기구의 활동은 일부 지역시장을 보호하는 조치적 성격을 갖기도 하지만, 대체적 방향은 기업의 국제환경을 글로벌 표준화 단계로 촉진시키는 역할을 한다고 볼 수 있다.

각국 정부는 자유무역주의를 대외적으로 표방하면서도 자국기업에 유리한 산업 정책을 수립하고 국제적인 경쟁 기업들에 대한 진입장벽을 설치함으로써 자국기업과 시장을 보호하는 정책을 시행한다. 이러한 진입장벽은 몇몇 국가 간 결합으로 이루어질 수 있는데, 그 예가 바로 유럽연합(EU), 아세안(ASEAN), 메르코스(Mercosur), 북미자유무역협정(NAFTA) 등과 같은 경제블록, 자유무역협정이다. 경제블록 내에 있는 기업이나 자유무역협정에 가입한 국가들 간에는 용역 및 서비스 거래가 원활히 이루어질 수 있으나, 이른바 역외지역 국가나 비협정 국가들에게는 쉽게 접근할 수 없는 격리된 시장이 된다. 즉 거대한 공동시장 내 국가들은 역외국가에 대해 배타적으로 역내 관세나 쿼터 규제를 낮추고, 통관기준 및 행정규제와 같은 무역장벽을 철폐하거나 간소화하여 규모의 경제효과와 안정적인 수요확보를 향유하고 있다. 이러한 경제블록의 가속화는 앞서 설명한 정부, 국제기구와 함께 정치적 측면의 국제경영환경 요인이라 하겠다.

한편, 흔히 지역주의 및 경제블록화는 세계화의 진행에 장애요소로 해석하는 경향이 있다. 그러나 이는 세계를 단 하나의 단일 지구촌으로 보는 관점에서는 타당하다고 할 수 있겠으나, 개별 국가시장이 아닌 권역, 경제연합체로 확장된 시장은 그 영역 내에서 만큼 표준적 속성을 지닌 시장의 확대를 의미하므로 시장의 글로벌화와 같은 의미로 해석되어야 할 것이다. 다시 말해, 정부의 시장개방 조치, 국제기구의 자유로운 통상규범 제정 등과 함께 세계 도처에서 진행되고 있는 지역경제 블록화 현상은 국제시장의 표준적 속성을 강화하는 또 하나의 정치적 요인이라 하겠다.

2.2 경제적 요인

세계경제의 흐름은 각 국가의 경제성장 및 발전에 절대적인 영향을 끼칠 뿐 아니라 그 국가에 소속한 기업, 세계시장을 무대로 하는 국제기업의 전략적 의사결정에도 영향을 미친다. '환율'과 '국제 간 금리의 차', '물가상승' 등이 가장 대표적인 경제적 요인이다.

환율변동은 수출제품의 가격경쟁력에 직접적으로 영향을 준다. 수출시장에서 자국의 화폐가치가 높게 평가되는 평가절상(고환율) 현상이 일어나면 경쟁제품에 대해 상대적인 가격경쟁력이 낮아진다. 이는 품질경쟁력을 더욱 높여 상대 경쟁제품의 가격우위를 무력화하려는 측면으로 전략적 대응방안을 정하게도 하지만, 자국이 아닌 다른 국가에서 부품을 조달하거나 현지에 생산시설을 옮겨 직접 생산활동을 하여 원가절감에 따른 가격경쟁력 회복 전략을 채택하게도 한다. 실례로 1990년대 중반, 엔화의 가치변화는 일본기업의 국제경영전략을 불가피하게 수정시켰다. 1996년 초, 엔화가 미 달러에 비해 상당 폭이 절상됨에 따라 다수의 일본 자동차 제조기업들은 미국 내 공장을 건설하기 시작하였다. 하지만 1996년 말과 1997년에는 곧 환율이 반전하여 엔화가 달러에 비해 가치가 떨어지는 절하현상이 발생하였다. 일본 자국 내 제조시설에서 만든 자동차의 국제시장 가격경쟁력이 다시 회복하게 된 것이다. 그러자 일본 기업들은 자동차의 주요 부품을 다시 일본 본국에서 수입하여 조달하기 시작했다.

환율은 각기 다른 기업의 생산 업종, 기업의 경영활동 상황에 따라 영향 폭이 상대적일 수 있다. 일반적으로 전기장비, 정밀기계, 자동차 등과 같은 업종은 타 업종에 비해 상대적으로 환율의 영향을 많이 받는다. 이들 업종은 부품 및 원부자재의 소싱뿐만 아니라 판매 또한 해외시장을 대상으로 이루어지기 때문이다. 해외의 여러 시장을 대상으로 수출을 하거나, 해외시장에 생산시설을 보유하는 직접투자 활동을 하고 있는 기업의 경우에는 환율변동에 그만큼 유연성을 가질 수 있다.

글로벌 경제에서 다국적기업은 자금이 부족할 때 흔히 다른 국가로부터 자본을 빌려 경영활동을 하게 된다. 이때 국가 간 금리 차이는 자금비용 크기를 결정한다. 대출비용이 오르면 자연히 가용자본 조달에 영향을 미치므로 국제기업의 기존 경영활동과 향후 투자계획은 영향을 받게 된다. 높은 대출 이자율을 가진 국가에서 경영활동을 하는 기업은 낮은 대출 이자율을 가진 국가에서보다 경영활동과 투자계획이 위축될 수 있다. 예컨대, 영국 내 대출비용이 다른 국가에 비해 오른다면, 영국 기업은 자국 내에 진출한 해외기업을 상대로 경쟁하기가 버거울 수 있다. 해외기업은 상대적으로 더 낮은 금리로 필요자금을 자국 내에서 확충할 수 있어 그만큼 경영비용을 낮출 수 있다. 반대로 영국에서의 대출비용이 감소한다면 영국의 기업은 자본을 늘리기에 용이할 것이고, 해외시장에서 다른 국가의 기업들과 경쟁하기가 수월해질 것이다.

이러한 국가 간 금리 차이는 기업의 국적을 변경시키는 계기가 된다. 즉 국내 본사를 아예 해외에 이전하여 현지 국적의 기업이 되는 것이다.

1998년 말, 남아프리카공화국의 많은 기업들은 회사지분과 본사 주소지를 요하네스버그에서 런던으로 옮겼다. 당시 요하네스버그의 금리는 22%이었던 반면 런던의 금리는 약 6%였다. 그만큼 자본을 늘릴 수 있는 기회를 얻게 된 것이다.

자국 내 물가상승 요인도 기업의 수출경쟁력을 떨어뜨리고, 해외로부터 원부자재 수입 비중을 높이는 계기가 된다고 할 수 있다. 만약 물가가 오르고 있는 국가에 수출을 하기 위한 판매법인을 둔 해외기업은 경쟁에 유리할 것이다. 그러나 현지 임금 및 원부자재를 공급받아 제조시설을 갖춘 생산법인을 둔 경우에는 현지 생산품의 가격경쟁력이 위축될 소지가 크다.

2.3 사회문화적 요인

사회문화적인 영향요인은 기업의 경영활동에 토대가 되는 소비자시장, 노동시장, 비정부기구 등의 기업의 이해관계자 환경에 영향을 미친다. 위성통신, 케이블 TV, 국제 매스미디어의 확산은 각국의 소비자들에게 외국의 신제품, 취향, 관습, 태도, 행동양식 등을 신속하게 알리는 기회를 제공하였다. 이를 통해 소비자들은 해외시장에 대한 지식과 다른 문화권의 상품에 대한 인식이 넓어지게 된다. 국경을 넘는 소비자시장의 동질화, 소비자시장의 확대는 그만큼 기업의 활동영역을 더욱 넓게 한다. 국제활동을 하는 기업들은 자국뿐만 아니라 세계시장에서 변화하는 소비자 기호를 파악하고 즉각적인 반응을 하여야만 글로벌 경쟁에서 뒤떨어지지 않는 처지에 놓이게 되었다.

이러한 기업의 국제화는 타국가로의 이주라는 국제적 조류에 맞춰 더욱 가속화하고 있다. 멕시코나 다른 라틴 아메리카의 국가에서 온 이민자들이 미국의 플로리다와 같은 남부 지역에 활발히 진출해 있다. 터키와 동독의 노동자들은 구 서독 지역에서 일자리를 얻고 있으며, 알제리나 모로코, 튀니지와 같은 남아프리카의 아랍인들도 프랑스에 이주하여

취업 및 소비활동을 하고 있다. 그 밖에 홍콩의 중국인들은 토론토나 영국 도시로, 러시아인과 우크라이나의 유태인들은 이스라엘에서 정착률이 높다. 우리나라의 경우에는 미국, 캐나다, 호주 등 영어권 국가들이 주요한 이민 대상국이다. 이주민들은 그들의 민족적 기원에 바탕을 둔 제품과 기호, 소비패턴의 특성을 이주한 이후에도 그대로 유지하며 현지 구매활동에 반영한다. 정도의 차이는 있겠지만 이러한 경향은 그 나라 행동양식의 문화적 다양성을 증가시킨다. 이들 이주민들은 외국의 제품과 소비양식을 다른 나라에 소개하는 데 중요한 역할을 담당하고 있다. 이를 통해 현지의 토착 주민들은 해외시장에 나가지 않아도 다양한 문화 및 이질적 제품에 대한 인식을 넓힐 수 있어 각국 시장 간의 동질성은 더욱 높아지게 된다.

국제노동시장도 변화하고 있다. 생산직 근로자의 이동뿐만 아니라, 기술직 중간관리자 및 최고경영층까지 국경을 넘어 이동 중이다. 1970년대 중동 건설붐 당시에는 한국의 건설 근로자들이 쿠웨이트, 사우디아라비아, 두바이 등 중동지역 건설현장 파견이 주류를 이루었으나, 지금은 그 자리를 베트남, 인도네시아 등 동남아 국가의 근로자가 대신하고 있다. 반면 현장감독관은 한국의 건설인력이 담당하며, 엔지니어링 기술은 독일 기술자가 담당하고 있다. 인도의 IT 인력은 미국 실리콘 밸리의 가장 강력한 기술자 공급원이며, 한국의 BT 인력은 점차 세계시장에서 역할을 확대하고 있다. 이는 국제기업의 인력관리 및 배치에 대해 새로운 변화를 촉구하는 계기가 된다.

한편, 일반적으로 보면 선진국보다는 후진국 또는 개도국에서 근로자의 인권이 보호 받지 못할 확률이 높다. 그러나 국제적 언론기관의 적극적인 취재활동, 국제인권단체와 같은 국제적인 비정부기구의 보호활동은 과거처럼 다국적기업이 후진국 또는 개도국 시장에서, 노동력 착취를 기반으로 한 다국적기업의 이윤추구 행위에 제약을 가하는 역할을 한다. 국내외 환경감시단체, 인권감시단체들은 국제기업의 활동에 윤리의식과 사회적 책임을 높일 것을 강조하여, 국제기업의 경쟁방식 및 경영성과에 영향을 주는 요인이 된다.

2.4 기술적 요인

국제기업의 경영환경으로서 국제전략 설정에 영향을 주는 요인으로 기술적 요인이 있다. 통신산업에 있어서 기술진보는 국제적 기업 활동의 개발을 용이하게 할 뿐만 아니라, 국내 소비경향 및 유행을 다른 나라에 전파시킬 수 있는 기반을 제공하여 전 세계 소비자들의 구매에 대한 정보를 제공한다. 기술의 발전은 시장통합을 증가시키는 역할을 하기도 하지만, 반대로 특정 상품시장을 여러 부분시장으로 세분하는 역할을 할 수 있다. 기술의 발전이 경제적 사업 규모와 생산의 효율성에 영향을 줄 때에는 더욱 그렇다. 즉 기술발전은 제품 표준화를 통한 거대 소비시장의 통합을 가능하게 하기도 하며, 한편으로는 제품의 부분수정을 가능하게 해 현지시장에 대해 더욱 유연하게 목표시장 공략을 가능하게 해준다는 것이다.

예를 들어 설명하면, CAD(computer aided design) 또는 CAM(computer aided manufacturing)과 같은 컴퓨터를 이용한 생산 시스템은 포드 몬데오(Mondeo) 차량의 생산 경우처럼, 세계각지에 있는 기술자들이 공동으로 제품과 생산 시스템을 설계하는 일을 가능하게 한다. 제품의 표준화, 규모의 경제를 통해 국제생산비용의 절감이 가능하다는 얘기다. 또한 모듈생산(modular production) 기술의 도입은 회사로 하여금 세계 또는 지역시장을 위한 기본모델 및 수정모델을 디자인할 수 있게 해준다. 모듈생산방식은 특정 국가시장이나 세분시장에 맞게 스타일 또는 특정 부속품의 수정을 가능하게 하여 기업들이 소규모 시장이나 세분시장에 물건을 공급할 수 있게 한다. 기업은 실질적인 비용의 증가 없이 현지시장 소비자의 요구에 맞게 제품에 변화를 가할 수 있는 것이다. 이처럼 기술의 발전이 제품의 다양성과 생산비용 절감효과를 동시에 달성시키는 적절한 사례로서 일렉트로룩스(Electrolux)의 냉장고 생산사례가 있다. 일렉트로룩스는 핵심부품인 압축기 생산을 몇 군데 생산기지에 집중 배치하여 규모의 경제로 인한 실질적인 비용절감을 이룩한 이후, 모듈화되어 있는 조립생산 시설을 이용, 특정 현지시장 수요에 맞춘 냉장고(냉장고

크기, 디자인, 내부 칸수, 도어방식, 냉동실 유무 등)를 개별 현지시장에 공급하여 시장 영역을 확장시키고 있다. 기술발전에 의한 생산비용절감과 현지 적응화를 동시에 실현시키고 있는 것이다.

유무선, 인터넷, 위성 등 다양한 분야의 통신혁명은 세계 여러 나라의 시장, 관심, 행동양식 등에 접할 수 있어, 시장접근에 대한 잠재적인 기회를 더 많이 제공하게 한다. 위성통신의 성장과 글로벌 미디어의 출현은 새로운 혁신과 아이디어의 신속한 확산을 촉진시킨다. 아시아 지역에서 스타(Star) TV와 같은 위성방송과 현지 네트워크 방송의 성장은 유럽 및 미국기업들이 과거에 도달할 수 없었던 새로운 고객들에게 접근할 수 있게 해준다.

이러한 모듈생산방식과 통신산업에서 기술진보는 자국시장에만 시야를 고정시키고 있던 여러 잠재적 글로벌기업들에게 사업방식을 혁명적으로 변화시킬 것을 요구하고 있다. 다시 말해 기업들로 하여금 통신과 모듈생산공정의 발전, 통합정보시스템 개발을 통하여 글로벌 생산체제 완성, 물류의 통합 및 조정기능을 강화시키고, 차별화된 고객주문까지 만족시켜야 한다는 도전과제를 제공한다.

CHAPTER 2

무역이론과 국제경쟁력 이론

1. 교역우위와 국가경쟁력

국가 간 교역은 왜 일어나는가? 국가 간 자유로운 교역은 선(善)이며, 이를 방해하는 국가나 제도는 잘못된 것인가? 이에 대해 절대적으로 그렇다, 아니다를 말할 수 없다. 각 나라마다 처한 사정과 국가 간 상대성이 작용하기 때문이다. 어떤 나라는 자유무역이 국익에 도움이 되지만, 어떤 나라는 자유무역 제한조치의 실행이 자국의 이익에 도움이 된다. 정치적 상황을 배제한다면, 여기서 말하는 각 나라의 처한 사정과 국가 간 상대성의 기준, 국가 간 이득과 손해를 가르는 기준은 곧 국가 간 경쟁력 차이라고 말할 수 있다.

전통적 무역이론에서는 국가 간 경쟁력 차이가 곧 두 나라가 생산하는 제품에 대한 교역우위이다. 동일 수준의 품질이라면 결국 가격의 차, 즉 가격경쟁력 차이가 양국 간 경쟁력을 좌우하는데, 국제무역에서는 이를 교역조건(가격에 대비한 교환비율)이라 한다. 무역이론의 원조격인 애덤 스미스(Adam Smith)는 이러한 교역우위를 절대우위라고 부르고, 데이빗 리카르도(David Ricardo)는 비교우위라고 불렀다. 두 사람은 모두 교역조건을 유리하게 하는 교역우위를 노동생산성(재화별 투입 노동비용)으로 측정하였다.

양자 간 차이가 있다면 스미스는 자국이 생산하는 제품이 모두 교역 상대국가의 제품보다 각각 절대적인 교역우위가 있어야 상호 무역이 성사된다고 본 반면, 리카르도는 그렇지 못하더라도(모두 절대우위가 없더라도) 자국 내 생산제품 중 상대적으로 절대우위가 덜 열등한 제품에 모든 노동력을 집중하여 제품을 만들고 이를 교역하면 자국뿐만 아니라, 교역 상대국도 아예 무역을 안 하는 경우(폐쇄경제)보다는 상호 추가적 이익이 발생한다는 논리를 끌어냈다. 다시 말해 절대적으로 우위를 갖지 못하더라도, 상대국에 비해 열등 정도가 가장 작은(the least disadvantage) 제품, 즉 비교열위가 덜한 제품에 특화하여 교역하면 상호 이득을 볼 수 있다는 것이다. 리카르도 이론은 스미스의 이론에 의존할 경우에는 절대우위가 없어 자유무역 실행에 망설이는 국가까지 국제무역시장에 뛰어들게 하는 논리를 제공한다. 이 점에서 보다 강력한 자유무역 옹호이론이라 하겠다.

그런데 두 이론 모두가 자유무역을 옹호하는, 경쟁력을 이미 확보한 선진국 또는 강대국의 정책 담당자들에게는 구미에 맞는 논리이지만, 경쟁력이 없는 후진국 또는 약소국의 정책 담당자들은 찜찜하기 짝이 없는 추론이다. 절대우위, 비교우위와 같은 교역우위를 어떻게 상승시킬 것이냐에 대한 해답을 두 이론에서는 얻을 수 없기 때문이다. 교역우위를 상승시키려면 교역우위의 원천이 어디에 있는지 알아야 하는데, 두 이론에서는 단지 투입 노동력의 차이라고만 가정하고 있어 알 수가 없다. 포르투갈이 수출하는 포도주의 노동생산성이 왜 영국의 포도주 산업보다 높고, 반대로 영국의 방직제품의 노동생산성이 왜 포르투갈보다 높은지에 대해 속 시원히 보여주지 못한다. 이러한 현상은 단지 생산을 일으키는 경제자원을 노동력, 1개의 요소로 한정하였기 때문에 발생한 한계점이다.

경제자원 요소에 노동생산성뿐만 아니라 자본생산성까지 비용함수에 포함시킨 이들이 헥셔(Heckscher)와 오린(Ohlin)이다. 비로소 헥셔·오린에 이르러서 국가경쟁력의 원천이 양국 간 상대적으로 풍부하게 보유하고 있는 자본량(K)과 노동력(L)의 차이라는 원천이 밝혀졌다. 양국이 보유한 자본량과 노동력 간 요소부존량 차이가 양국 간 교역을 가능하게 하는 국가경쟁력의 원천인 것이다. 헥셔·오린에 따르면 미국과 같이 상대적으로 자본이 풍부한 국가는 자본을 이용한 생산방식을, 멕시코 및 중국과 같이 노동력이 풍부한 국가는 노동력을 십분 활용한 생산방식을 적용하여 제품을 만들어 교역하면 상호 이익을 발생시킬 수 있다.

그런데 무역정책 담당자의 고민은 아직 해결되지 않았다. 비교우위의 동태성, 즉 경쟁력의 동태성 문제가 남아 있기 때문이다. 경쟁력의 동태성 문제는 두 가지 측면에서 살펴볼 수 있다.

한 측면은 제품의 속성, 즉 노동집약적 제품 혹은 자본집약적 제품이라는 속성이 불변한 것인가, 가변적인 것인가 하는 문제이다. 헥셔·오린은 자신의 이론을 미국의 산업 연관표를 통해 실증적으로 검증한 레온티에프로부터 이에 대한 문제를 도전받게 된다. 레온티에프의 실증분석 결과는, 자본이 풍부한 미국이 오히려 상대적으로 자본집약적 제품을 더 많이 수입하며, 또한 노동집약적 제품을 더 많이 수출하고 있는 것으로 나타났다. 이른바 '레온티에프 역설(Leontief's paradox)'이 발생하고 있는 것이다. 그러나 이러한 실증결과의 모순은 이후 버논(Vernon)이 주장하는 국제무역 제품수명주기이론에 의해, 왜 이와 같은 역설이 나오는지 그 경위가 설명되었다. 버논은 노동집약적이냐, 자본집약적이냐 하는 제품의 속성은 항구적인 것이 아니라 제품의 수명주기에 따라 변할 수 있다고 주장한다. 가령 1940년대 TV 제품의 신개발과 같이 선진국에서 개발된 신제품 생산 초창기는 일반적으로 수공정이 많은 노동집약적 형태를 띠지만, 수명주기가 성숙기에 다다를수록 대규모 자본이 투자된 자동화 시설에서 표준화한 자본집약적 제품으로 속성이 변한다는 것이다. 이른바 '요소집약도 반전(factor-intensity reversals)' 현상이다. 따라서 미국이 개도국에서 생산하는 성숙기 단계의 TV 제품을 수입한다면 국제무역수지표에서는 '자본집약적 제품 증가'로 통계가 잡히어, 레온티에프의 역설처럼 헥셔·오린 이론이 잘 작동되고 있지 않는 것처럼 보이게 된다는 것이다.

경쟁력 동태성의 또 다른 측면은 경쟁력 자체를 정책담당자의 희망대로 상향 구축할 수 있느냐에 대한 문제이다. 국가경쟁력 구축이 무역정책자의 정책관리 대상으로서 조정 가능한 변수가 되느냐와 같은 의미로 정책담당자에게는 가장 중요한 문제이다. 불행하게도 헥셔·오린의 논리에 따르면 이와 같은 일은 거의 일어날 가능성이 없다. 자본이 풍부한 국가와 노동이 풍부한 국가는 단기적으로 정책자 의지대로 쉽게 올릴 수 없는 변수다. 자원 및 자본 풍부국, 노동 풍부국이 따로 세상에 존재하며, 각국은 각자의 유리한 생산방법으로 제품을 특화하고 교역하면, 모든 국가가 무역의 이익을 볼 수 있다는 것이 신고전학파 무역이론의 요지다. 헥셔·오린 이론은 경제변수를 조정하여 정책적 활용성을 높이는 데 주안점을 두기보다는, 두 나라의 시장 상황 차이가 거래(trade)를 통하면 요소가격 균등 원칙 등을 통해 상호 균형점으로 이동한다는 신고전학파의 경제논리를 담고 있다. 경쟁력을 동태적으로 구축·발전시킬 수 있는 논리를 제공한 사람은 마이클 포터(Michael Porter)이다. 그는 국가경쟁력의 원천을 사후적으로 정부정책으로 개선시키기가 어려운 요소조건 및 수요조건 이외에 기업정책과 산업정책까지 포함시킴으로써 정책담당자가 행하는 정책수단들의 유용성을 뒷받침하는 논리를 제공하였다. 헥셔·오린처럼 국가경쟁력을 국가마다 전통적으로 내재된 생산요소로 단기적 조정이 불가능한 변수로 정의한다면 정책자의 역할이 극히 제한될 것이다. 이는 세계화와 지역주의, 국가 간 경쟁전략 등 다양한 정책수요를 감당해야 하는 정부 정책자에게는 그다지 호감을 갖는 속성을 지닌 논리가 아니었다. 그런데 포터는 정부 정책자의 이러한 심정을 달랠 수 있는 근거를 마련한 것이다. 이제부터 이른바 '다이아몬드 모형(Diamond model)'이라 불리는 포터의 모형의 구성요소를 알아보자.

2. 포터의 다이아몬드 모형

포터가 보는 국가가 가진 경쟁력은 무엇일까? 다이아몬드 모형에서 그는 요소조건, 수요조건, 기업전략 및 경쟁여건, 연관 및 지원산업 등 경쟁력을 네 개 축으로 범주화하여 국가경쟁력의 원천을 규정하였다. 이때 요소조건은 자본과 노동만을 규정한 헥셔·오린과 달리 인적자원, 금융자원, 물적 하부구조, 기술·정보하부구조 등 '질적 요소조건'까지 고려하였다. 수요조건은 대표수요이론을 주창한 린더(Linder)로부터 영향을 받았는데, 포터는 특히 시장크기, 수요크기와 같은 양적 수요조건보다는 제품의 질을 평가할 수 있는 수준 높은 소비자의 존재와 같이 '질적 수요조건'이 경쟁력을 향상시키는 데 더욱 중요한 요소라고 강조하였다. 포터는 시장수요가 국가경쟁력에 기여하는 공헌도를 절대적 크기보다는 '혁신'을 자극할 수 있는 원천으로서의 가치에 비중을 두었다.

포터의 국가경쟁력 이론은 결국 자본 및 노동, 그리고 시장수요를 교역우위로 보았던 전통적 무역이론을 확장한 것이다. 무역이 국가 간 거래의 주요 수단인 측면에서 보면, 결국 상품 제조에 내재된 생산요소의 경쟁력, 자국 내 수요로 인해 유발된 경쟁력은 곧 국가경쟁력의 주요 원천인 것이다.

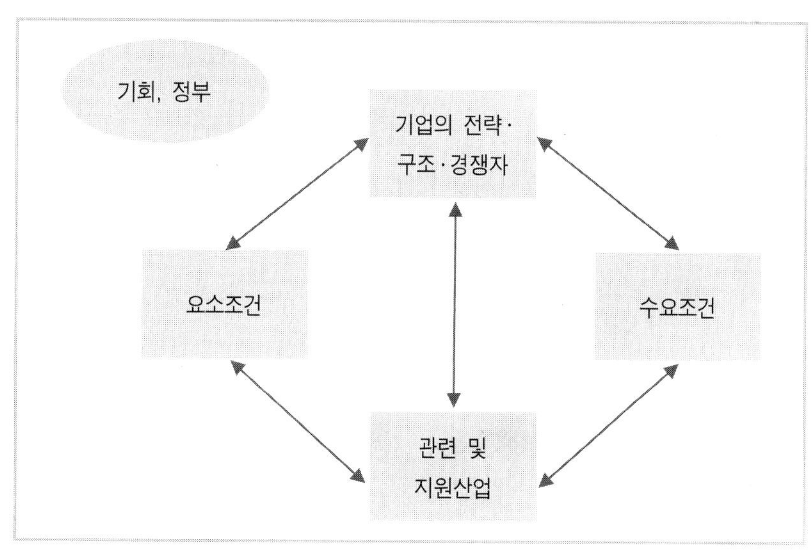

[그림 2-1] 포터의 다이아몬드 국가경쟁력 모형

2.1 요소조건

포터의 요소조건(factor condition)은 기본요소와 고급요소 간에 구별을 한다. 기본요소(basic factor)는 천연자원, 기후, 입지, 비숙련 및 준숙련 노동력, 채무자본 등이 해당하고, 고급요소(advanced factor)는 교통시설, 고숙련 노동력, 과학적 기반, 연구기관 등으로 정의한다. 이러한 요소조건은 헥셔·오린의 기본요소인 자본과 노동에서 영향을 받은 요소이다. 헥셔·오린식 요소는 기본요소에 가깝다. 포터 또한 국가가 가진 요소부존량이 경쟁우위의 원천 중 하나라는 것을 인정하고 있다. 그런데 차이점이 있다면, 기본요소보다는 고급요소가 더욱 현대 환경에서 경쟁우위를 형성하는 데 비중 높은 영향력을 미친다는 것이다. 오늘날과 같은 지식기반 경제에서는 기본적인 요소의 가치는 덜하다. 기업들은 이러한 요소들을 자국시장이 아니라도 해외시장에서 용이하게 얻을 수 있기 때문이다.

인력공급의 예를 보자. 국제기업은 대학을 졸업한 준숙련 노동력을 세계시장에서 일정량까지는 쉽게 채용할 수 있다. 이보다는 국제기업이 특정 산업에 속한 기업의 핵심역량을 제고하기 위해서는 특별히 전문화, 숙련된 인력이 필요하다는 것이다. 특정 산업은 특정한 인재를 요구하며, 이러한 인재를 양성(공급)하는 시스템을 갖추는 것이 지속 가능한 경쟁우위라는 것이 포터의 생각이다. 광학산업에는 선진적 코팅기술을 보유한 전문가가 필요하며, 컴퓨터 소프트웨어 산업에는 창의력 있는 프로그램 개발자가 필요하다.

포터는 국가가 특정 산업에서 경쟁력을 갖추려면 이러한 요소를 생산, 확대해 나가는 시스템을 창출할 수 있는가에 달려 있다고 주장한다. 덴마크의 의료산업은 전 분야에서 세계 최고는 아니지만, 인슐린을 제어하는 당뇨병 치료분야에 최고의 인력과 기술력을 보유하고 있다. 또한 네덜란드의 경우에는 꽃의 재배, 포장, 선적, 검수까지 전 과정에서 기술력과 하부시스템이 구축되어 있다. 이러한 요소는 외생적으로 주어진 것이 아니라 내부의 시스템 구축으로 창출 가능하다는 것이 신고전주의 헥셔·오린 모형의 생산요소 특성과 다른 점이다.

2.2 수요조건

포터의 수요조건(demand condition)은 요소조건과 함께 기존 무역이론인 린더의 대표수요이론에 영향을 받은 요소이다. 린더는 자국 내 존재하는 일정 규모 이상(규모의 경제를 달성할 수 있는) 수요가 특정 생산제품을 특화시키게 하는 요인이라 하였다. 그러나 포터의 수요는 이와 강조점이 다르다. 포터는 자국시장의 크기는 그다지 중요하지 않으며, 수요의 질이 중요하다고 하였다. 여기서 수요의 질이란 세계에서 가장 복잡하고 까다로운 소비자들을 자국시장에서 대상으로 할 때, 더욱 더 세계에서 경쟁력을 갖출 수 있는 경쟁우위를 지니게 된다는 것이다. 까다로운 자국의 수요의 존재는 최근에 생긴 세계 수요자의 니즈에 대한 신호를 명확하고 신속하게 기업의 생산활동에 반영하게 한다. 까다로운 소비자들은 기업들을 높은 표준생산을 유지·개선하게 하고, 보다 고급시장에 진출을 유도한다.

자국에서 지역사회의 가치, 주위의 환경 등은 기업의 혁신을 이끄는 중요한 자극제가 된다. 예를 들면, 일본 에어컨의 고효율 응축기의 소형화 및 무소음화는 국제 경쟁시장에서 핵심적 우위를 지니게 하는데, 이는 덥고 습기가 찬 일본의 긴 여름을 소형주택에서 작은 공간에 설치하려는 일본 특유의 수요적 특성이 반영되어 나타나게 된 결과물이라는 해석이다. 즉 일본 에어컨의 혁신적 생산은 일본의 협소한 공간이라는 자극, 작고 밀폐된 주거공간이라는 자극, 에너지 절약 정책에 대한 자극, 그리고 무덥고 습한 기후특성이 가진 자극에 대해서 일본 기업이 대응하는 과정에서 이루어진 경쟁우위라는 것이다.

이러한 예는 풍력발전의 수출 경쟁력을 확보하게 한 독일시장의 환경친화적·기후적 특성에 따른 혁신 자극, 또한 우리나라 휴대폰의 세계 경쟁력을 갖추게 한 국민정서의 역동성과 활동성에서 비롯한 혁신 자극

등도 동일한 맥락의 사례라고 할 수 있다.

2.3 기업의 전략 · 구조 · 경쟁자

포터는 각 나라마다 기업들의 탄생과, 조직구축, 경영활동이 각기 다르다는 것에 주목한다. 자국 내 경쟁환경 내지 경쟁자가 다른 것이 한 국가의 경쟁력에 영향을 미치는 요소가 될 수 있음을 강조한다. 그는 이탈리아의 가죽 및 의류산업과 독일의 화학 및 기계산업은 해당 분야에서 모두 세계 최고의 경쟁력을 보유하고 있지만, 이들 기업의 전략·구조·경쟁자(firm strategy, structure, and rivalry) 등 기업환경이 동일하지 않음에 착안하였다. 이탈리아의 가죽 및 의류산업은 가족기업 형태가 주류지만, 독일 화학 및 기계산업에서 기업형태는 계열화, 시스템적 경영관리 기법, 엔지니어 출신 전문경영인의 특징을 갖는 계열형 기업형태를 지니고 있다. 또한 이탈리아 기업은 전문화, 고객맞춤형 생산, 유연성, 틈새시장을 찾는 운영형태를 보이는 반면, 독일기업은 기술력을 기반으로 한 과학적 공정, 단계적 의사결정, 작업 매뉴얼을 통한 품질관리 등에 의한 운영형태를 보이고 있다. 이렇게 각기 전략과 운영형태가 다른 것은 각 산업의 특성이 다르며, 각 산업에서 요구하는 핵심성공요인이 다르기 때문이다.

자국 내 같은 시장에 있는 경쟁자에 따라서도 국가경쟁력을 촉진시킬 수 있다. 기업은 자국 내에서 강력한 경쟁자를 맞이하였을 때, 원가절감, 품질개선, 생산성 증대, 신공정 도입 등 혁신적 방법 도입에 대한 욕구가 커진다. 이러한 국내기업 간 경쟁에서 경쟁력이 창출된다면, 창출된 경쟁력은 역시 국제시장에서도 부가가치를 증가시키는 데 도움이 된다. 포터는 자국 내 경쟁이 치열하여 국제경쟁력을 확보한 사례로서, 독일의 자동차 산업, 일본의 전자산업, 이탈리아의 의류 및 가죽산업 등을 제시하고 있다.

2.4 관련 및 지원산업

자국 내에 형성된 강력한 산업 간 연계성은 기업이 해외에 진출하여 국제경쟁력을 갖추는 데 도움이 된다. 관련 및 지원산업(related and supporting industry)이 잘 발달된 인프라는 기업의 혁신과 기술력 강화에 긍정적 영향을 준다. 부품공급업자와 조립완성업자, 또는 관련 기업들이 한 곳에 모여 있거나, 긴밀한 협력관계를 유지한다면 기업 혁신과 기술개발에 시너지 효과를 발생시킬 수 있다. 거리적으로 가까우면 그만큼 의사소통을 원활히 할 수 있으며, 또한 아이디어, 혁신사례에 대한 학습과 이전이 용이하기 때문이다. 공급자들이 한 곳에 모여 있다면, 공급자 간 경쟁심도 유발된다. 이러한 경쟁심은 값싸고 질 좋은 원부자재를 공급받는 기회로 작용한다.

자국 내 잘 형성된 산업클러스터(industrial cluster)는 지역에 기반을 둔 기업이 국제무대에 나가서도 경쟁력을 발휘할 수 있는 원천이다. 한 국가가 모든 산업부문에 산업클러스터를 형성하는 것은 불가능하다. 따라서 지역적 특색을 감안하여 특정 산업에 전문화한 산업클러스터 형성전략이 필요하다. 전문화한 산업클러스터는 세계를 선도하는 국제경쟁력을 국가에게 제공한다. 예를 들자면, 이탈리아의 가죽신발 제조업체는 자국 내 세계 최고 경쟁력을 가진 가죽원단 납품업체로부터 세계 신발 유행 트렌드에 대한 정보를 입수할 수 있다. 가죽원단 업체는 이미 외국의 세계적인 신발제조업체와 업무관계를 맺고 있어 세계시장에 대한 정보를 파악하고 있기 때문이다.

CHAPTER 3

무역이론과 해외직접투자이론

1. 전통적 무역이론의 한계

지금까지 전통적인 무역이론이나 포터의 다이아몬드 이론을 분석하면서, 양국 간 무역거래를 발생시키는 교역우위는 일종의 국가경쟁력의 원천을 의미함을 설명하였다. 그런데 무역 또는 국가의 경쟁력은 결국 국제무대에서 활동하는 경제주체의 경쟁력으로부터 나온다. 즉 국가 내 국제경쟁력을 지닌 기업들이 많이 존재하면 그 국가의 국제경쟁력은 강해질 수밖에 없는 것이다. 그렇다면 기업의 국제경쟁력은 무엇이고 어떠해야 확보할 수 있을까? 이는 곧 무역이론 및 국가경쟁력 이론과 달리 그 경쟁우위를 국가수준이 아니라 기업수준에서 규명해야 한다는 것을 말한다. 기업이 해외시장에 입지를 옮겨 현지에서 직접 생산하는 국제생산방식, 즉 해외직접투자 현상을 이해하여야 한다.

그런데 제2차 세계대전 전까지는 해외직접투자를 설명하는 이론이 없었다. 당시에는 신고전주의 경제이론이 시대를 풍미하였다. 신고전주의는 1870년대에 주로 영국, 프랑스, 오스트리아, 스위스의 경제학자들이 주도하여 형성된 이론이다. 이들 신고전주의이론의 기본 원칙은 다음과 같다.

- 경제주체의 행동은 합리적이며, 시장에 대해 완벽한 지식과 시장 상황을 인지하고 있어, 시장 시스템에는 불확실성이 존재하지 않는다.

- 소비자들은 소득(예산)의 제약 범위 내에서, 소비를 통해 효용을 극대화시킨다.
- 시장은 다수의 생산자와 소비자가 존재하는 완전한 경쟁적 구조를 지닌다.
- 경제자원은 희소하고 한정돼 있으며, 활용처는 가격메커니즘에 의해 결정된다.
- 다양한 생산요소들(노동, 자본)의 생산성과에 대한 분배는 각자의 생산성 수준과 공헌 정도에 따라 가격기구 통제에 의해 균형을 이루며, 성장 및 발전과정에도 균형을 이루면서 진행된다. 이러한 원칙은 이 같은 재화시장 및 생산요소시장을 넘어, 투자자, 소비자, 가계 전 분야에서 경제활동의 적용원리로 작동된다.

위의 가정들을 한 눈에 봐도 분석단위가 국가수준이며, 국가를 형성하는 시장은 항상 균형이거나 설사 일시적 불균형 상태가 존재하더라도 균형으로 회귀한다는 것을 알 수 있다. 이들 시각으로는 제2차 세계대전 이후 활발히게 일어났던 기업이 국경을 넘어 현지 경영권을 확보하여 직접 생산활동을 조정하는 직접투자(direct investment) 현상을 결코 설명할 수 없었다. 투자자금이 국경을 넘는 현상은 오직 자본시장의 불완전성에 대처하기 위한 목적에서 비롯한 포트폴리오(portfolio) 투자만 존재하는 것이다.

그렇다면 기업의 해외직접투자 과정에서 현지 지분 확보를 위해 일상적으로 수반되는 자본이전 현상을 신고전주의 경제학에서는 어떻게 해석할 수 있을까? 이에 대한 답은 국가 간 서비스 및 상품의 이동을 설명하는 신고전주의 무역이론 차원에서 해석하였다. 대표적인 신고전주의이론인 헥셔·오린 모형에서 국가 간 자본의 이동은 이자율의 차이, 투자에 관한 수익률 차이에 대한 반응에서 발생한다. 자본의 수익률은 각 국가의 자본에 대한 상대적 부존도와 관련이 있으며, 자본 풍부국은 자본 부족국보다 더 낮은 자본수익률에 직면하여 있으므로, 시장 균형적 측면에서 자본은 자본 풍부국에서 자본 부족국으로 이동하는 현상이 발생한다.

이러한 현상에 직접투자 자금도 묻혀 포함시킨 것이다. 다시 말해, 신고전주의 경제학은 해외직접투자를 단지 국가 간 거시적 경제환경 차이에서 오는 경제자원 중 하나인 자본의 이동현상으로 보았다.

해외직접투자 이론을 초기에 정립한 학자는 스테판 하이머(Stephen Hymer)이다. 기업의 해외직접투자를 포트폴리오 투자와 구별하는 내용의 박사학위 논문을 저술하여 대학 출판물로 발간하려 하였다. 그러나 책으로는 출간되지 못하고 그가 죽은 이후 후세 사람들에 의해 출간됐다. 그의 해외직접투자(기업의 국제생산)를 보는 관점은 포트폴리오 투자와는 뚜렷이 구별된다. 포트폴리오 투자에는 현지 생산시설을 통제하고 활용할 의도가 전혀 없다. 자국시장 내에서 기업 간 경쟁상황을 우회하거나 극복하려는 목적을 지니지 않는다. 단순히 자본시장 간 불확실성에 대해 투자수익률을 보전하거나 증가시키기 위한 동기에서 이루어지는 행위가 포트폴리오 투자이기 때문이다.

그가 생각한 기업의 국제생산활동으로서 해외직접투자는 신고전주의이론이나 가정으로는 성립하지 않는다고 주장했다. 그의 국제생산이론을 정립한 기본 논지는 다음과 같은 점에서 신고주의이론의 가정과 차이가 존재한다.

- 현지국에 대한 직접투자의 실행과 현지국의 높은 이자율과는 관계가 없다. 설사 관계가 있다 하더라도 매우 미미한 수준이다.
- 직접투자는 투자기업이 어디서든지 자본을 빌릴 수 있고 새로운 투자를 위해 인접국가의 자본을 활용할 수 있기 때문에 반드시 본국과 현지국 간 필연적인 자본이동을 수반하지 않는다.
- 직접투자는 국가 간 동시 다발적이며, 상호투자적인 현상을 보인다. 특정국만이 해외투자를 실행하는 것은 아니다.
- 직접투자는 국가지향적이기보다는 산업지향적인 경향이 있다. 투자가 특정산업에 몰리는 현상은 발생하지만, 특정 국가가 여러 산업에 분산적으로 투자하는 현상은 발생하지 않는다.

하이머의 논지가 시사하는 바는, 자본들이 투자자로부터 국가로 이동한다는 해외투자를 보는 신고전주의이론의 원리가 유효하지 않다는 것이다. 즉 투자가 자본부존도와 이자율의 차이에 반응하는 것이라면 양 국가 사이에서 상호투자를 하는 경우를 설명할 수 없을 것이며, 양국 간 자본의 상대적 부존도는 국가가 아니라 특정 산업에 연관된 형태로 투자처를 찾는다는 것이다. 이러한 하이머의 견해는 새롭게 나타난 해외직접투자 현상을 적절하게 설명하는 이론으로서 기업의 국제생산활동을 국제무역이론으로부터, 또한 포트폴리오 투자로부터 분리하는 공헌을 하였다.

2. 더닝의 절충이론

존 더닝(John Dunning)은 하이머로부터 시작한 해외직접투자이론을 현대이론으로 정착하는 마무리 역할을 하였다. 그의 이론을 '절충이론(eclectic paradigm)'이라고 부른다. 또 더닝의 이론을 'OLI 패러다임'이라고도 부르는데, 그 이유는 이론을 구성하는 3가지 요소, 즉 소유우위(Ownership advantage), 입지우위(Locational advantage), 내부화(Internalization)의 영문명의 첫 자를 모으면 OLI가 되기 때문이다. 절충이란 이름에서도 알 수 있듯이 그의 이론은 어느 한 이론에 치우친 것이 아니라, 3가지 이론을 모두 다 섭렵하고 있다는 뜻을 내포한다. 그러나 다음과 같은 2가지 관점에서 정확한 번역은 절충이론보다는 오히려 종합이론이라 함이 더욱 타당할 것이다.

첫째, 그는 O, L, I를 단순히 나열적으로 결합한 것이 아니라, 3가지를 결합하여 새로운 논리성을 확보했다. 예를 들어 3가지 논리를 종합적으로 결합할 때, 직접투자와 흔히 비교되는 라이선싱 및 무역방식과 직접투자를 구분하여 설명하기가 용이하다. 그는 이에 대한 구분을 다음과 같이 설명한다.

어느 기업이 어떤 물건을 잘 만들 수 있는 능력(즉 기술력과 경영노하우)을 갖고 있을 때 그 능력을 국내의 생산요소(노동, 천연자원 등)와 결합하여 제품을 생산하여 해외에 이전하면 '수출'이 되고, 그 능력 자체를 해외에 임대하거나 파는 것은 '해외 라이선싱'이 되며, 반면에 기업의 우수한 능력을 해외에 이전시키되 이를 임대하거나 파는 것이 아니라 현지에서 기업을 설립하고 현지 생산요소를 결합해 제품을 생산하면 '해외직접투자'의 해외시장 진출방식이 된다. 즉 해외직접투자는 기업이 소유한 우월한 능력을 시장을 통해 거래하지 않고 이를 기업 조직으로 내부화하여 해외의 생산요소비용이 저렴한 입지에서 생산활동을 하는 것을 말한다고 할 수 있다.

둘째, 그는 단순히 기존 연구자들이 각각 연구한 독점적 우위요소(그의 이론에서는 소유우위), 내부화, 입지우위 등을 그대로 인용한 것이 아니다. 앞의 내부화이론 설명에서 보듯이 더닝은 레딩학파, 러그만 등 내부화이론논자와 마찬가지로 차별적 개념의 내부화 논리를 개발하고 연구하였다. 소유우위, 입지우위 등도 마찬가지다. 예컨대, 그가 보는 소유우위(또는 소유특유 우위)는 기업의 규모, 독점적 지위, 특허, 상표권, R&D 능력, 인적자본, 시장경험, 위험분산 능력, 정부협상력 등으로 측정될 수 있다고 하였다. 내부화로 인한 우위는 협상 및 조정비용, 매매자 불확실성, 독점적 권리의 보장, 제품품질 유지, 정부의 무역규제로부터 회피 등으로 개념 지었으며, 입지우위는 생산요소비용 외에 현지의 인프라 시설, 하부경제구조, 정치적 안전성, 문화적 거리 차이 등 다양화하여 설명하고 있다.

[표 3-1] 절충이론에서 본 해외시장 진출방식 구별

	소유우위	내부화	입지우위
해외직접투자	○ ······▶	○ ······▶	○
국제 라이선싱	○ ······	······▶	○
수출	○		

CHAPTER 4

해외시장 진출전략 수립

1. 해외시장 진출전략 환경과 과제

본국시장 지향적인 기업에게 국내외 여러 요인의 변화는 국내시장 내 자신의 위치를 재검토하게 한다. 산업재시장이나 소비재시장의 동향, 수요나 공급 상황 변화, 경쟁의 심화 등 환경변화는 그 대응방안으로서 해외시장 진출을 검토하게 된다. 아래에 기술한 몇 가지 사항들이 개별적 혹은 서로 연계돼 기업의 해외시장 진출 촉진요인으로 작용한다.

- 성장률 저하, 제한된 시장잠재력으로 인한 자국시장의 포화
- 기존 고객의 해외 이동에 따른 동반진출의 필요성
- 다양한 국가 및 제품시장 진출로 위험을 분산시키려는 욕구 증가
- 외국의 저렴한 생산비용 유혹
- 외국 경쟁회사의 자국시장 진입에 대한 보복
- 세계시장의 급속한 기술변화에 발맞춰 가려는 의도
- 정보제공, 시장조사 서비스, 신용보험, 면세조치, 개발지역 무상제공 등 국내외 정부의 동기부여
- 국제전화, 팩시밀리, 인터넷, 항공운송, 컨테이너 수송방식의 발달 등 운송 및 통신기술의 발달

일단 기업이 해외사업의 기회를 검토하고 해외시장으로의 진출을 결정하게 되면 그 기업은 국제화에 대한 새로운 도전이 시작된다. 새로운 도전은 기업으로 하여금 기존의 사업에 대해 갖고 있던 사고방식과 사업방식 등의 근본적인 변화를 요구한다.

해외시장 진출은 기업에게 새로운 확장 및 성장의 기회를 제공한다. 해외시장 진출을 처음 시도하려는 기업의 의사결정은 특정국가에 대한 친숙성, 우연한 주문 등 우발적으로 이루어지는 경우가 많다. 이는 미래의 발전이나 국제적 확장을 위한 최선의 선택과 동떨어진 선택일 수 있다. 잘못 내려진 결정은 기업의 해외의 해당시장 진출에 막대한 비용을 초래할 뿐더러, 향후 다른 국가시장에 대한 진출을 방해한다.

해외시장 진출을 결정한 기업이 고려해 해야 할 의사결정 사항은 '진출대상국 결정', '진출시기 결정', '진출방식 결정' 등 세 가지이다. 각 결정사항을 개별적으로 논의할 수 있지만, 상호 연관성이 크며, 따라서 상호조합에 따라 다양한 의사결정의 방향성이 도출되게 된다. 즉 진출대상국 결정요인(시장매력요인이나 기회 및 위험 파악 등)은 진출대상국에 대한 진출시기 및 진출방식에 영향을 준다. 또한 진출시기는 진출방식의 특성에 따라 영향을 받으므로, 진출방식을 고려하지 않은 진출시기 결정은 무의미하다고 할 수 있다. 각 결정사항을 내용을 살펴보도록 하자.

1.1 진출대상국 결정

진출대상국 결정은 현지시장의 사회문화 환경, 거시경제 지표, 법률체제 및 규제 정도, 시장의 크기, 산업발달 현황, 소비형태, 경쟁상태, 지리적 위치 등 이루 말할 수 없을 정도의 검토 요소가 있을 것이다. 해외시장 초기진출 단계에 있는 기업의 경우라면, 시장에 대한 시장의 친숙성, 자국시장과 유사성과 같은 심리적 요소들이 이미 글로벌 합리화 단계로 국제화를 진전한 기업들에 비해 상대적으로 비중 높은 요소가 된다. 예컨대 언어, 문화, 교육수준, 기업관행 등의 측면에서 유사성을 보이는 국가시장들은 심리적 거리감이 큰 이질적인 국가시장들보다 초기 국제화단계 기업에게 유리한 진입환경이 될 것이다. 실례로서 미국기업들조차도 초기 해외진출 단계에서 투자대상은 시장의 규모나 성장잠재력이 큰 독일이나 프랑스보다 오히려 시장특성이 유사한 캐나다 및 영국으로 먼저 진출하는 경향을 보이고 있다. 또 미국기업들은 호주시장을 시장규모에 비해 선호하는 경향이 있는데 이도 같은 사례라 할 수 있다.

또한 지리적 인접성과 같은 물리적 요소도 초기 해외시장 진출 기업의 의사결정에 비중 높은 영향을 주는 요소이다. 국경을 맞대고 있거나, 지리적으로 가까이에 있는 지역시장은 국제화가 고도로 발달한 기업들에게는, 특별히 멀리 떨어진 시장에 비해 꼭 유리한 시장 특성을 가진다고 평가받지 못할 수 있다. 그러나 국제화 초기 단계의 기업들에게는 지리적 인접성은 기본적인 정보수집 측면이나 현지시장에서 문제발생 시 시간적인 대응 측면에서, 국내시장이 아닌 해외시장 진출과정에서 인식되는 위험과 불확실성을 반감시켜 주는 충분한 가치를 지닌다.

이케아, 볼보와 같은 스웨덴 기업들의 사례에서도, 브라질 또는 아르헨티나, 호주와 같이 거리가 먼 국가보다 덴마크나 노르웨이, 핀란드 같은 가까운 이웃나라에 우선적으로 진입했음을 알 수 있다. 우리나라의 경우도 같은 중국시장이라도 칭다오, 다렌과 같이 지리적 측면에서 가까운 중국 내 동북지역에 상대적으로 집중적인 투자를 하고 있다. 마찬가지로 일본기업들은 우리나라 도시 중 부산에, 중국기업은 인천을 투자지로서 선호하고 있다. 이들 지역 내 일본 및 중국기업의 외국인 투자비율은 다른 국가가 투자한 금액보다 평균 4배에서 7배까지 높다.

1.2 진출시기 결정

진출시기와 관련된 중요한 선택적 결정은, 여러 나라 시장에 동시에 진출하느냐, 우선 한 나라에 진입한 뒤 여기에서 축적한 경험과 지식을 바탕으로 다른 나라에 순차적으로 진출하느냐를 결정하는 것이다. 해외시장에 진입하는 데에는 많은 노력과 자원의 투입을 필요로 한다. 즉 현지 생산시설, 마케팅 조직, 사후 서비스망을 갖추는 데는 상당한 재정적·관리적 자원들이 소요된다. 재정이나 총무적인 관리적 측면에서는 점진적이고 순차적인 해외시장 진출을 선호할 것이다.

그러나 이를 감당할 기업의 내부능력이 존재할 경우에는 동시다발적 진출방법을 선택한다. 동시다발적 진입방법은 모든 시장에서 발판을 동시에 마련함으로써 시장을 선점, 경쟁에 우월한 위치를 차지할 수 있으며, 다른 국제화 초기단계에 있는 국내 경쟁기업으로부터 모방의 기회를 최소화할 수 있다. 또한 잠재적인 규모의 경제와 학습의 효과가 보다 빠르게 나타나 단위비용을 감소시킬 수 있다.

현실적으로는 국제화를 하지 않은 기업이 재무적인 자원이 충분하다고 하여 한 번에 동시다발적으로 해외시장에 진출하는 것은 흔한 일이 아니다. 앞서 진출대상국 선정에 대한 의사결정 과제에서 설명한 바와 같이, 본국시장과 시장 유사성이 크고 상대적으로 해당 시장에 대한 정보를 많이 갖고 있는 인근 시장(이웃 나라 시장)에 먼저 진출한 후 경험 및 비즈니스 토대를 구축한 후 다시 이웃한 다른 시장에 진출하는 경우가 유럽 다국적기업들의 국제화 과정에서 많이 나타나고 있다. 또한 가장 중요한 목표시장에 들어가기에 앞서 테스트 시장으로 목표시장에 인접한 국가 또는 속성이 유사한 시장에 먼저 들어가는 경우가 있다. 예컨대, 현대자동차는 '80년대에 포니 브랜드를 미국시장에 상륙시킨 후 중형 자동차인 스텔라 브랜드를 미국시장에 진출시키기 위해서 캐나다시장에 먼저 진출하고 미비점에 대해 점검과 보완을 할 수 있는 기회를 가졌다. 모두 순차적 의사결정을 요구하는 사례라고 하겠다.

1.3 진출방식 결정

진출방식의 결정은 해외시장 경영활동에 대한 자원 투입의지, 투자 대상물을 통제하고자 하는 정도에 따라 결정한다. 라이선싱(licensing), 계약생산, 소수지분 합작투자 등 비교적 자산투입의 정도가 낮은 진출방식은 시장잠재력이 작거나 투자수익에 대한 기대성과가 낮은 경우에 채택할 수 있다.

라이선싱이나 계약생산은 지분참여가 없는 계약(contract)에 의한 진출방식이다. 이러한 방식은 단독투자 혹은 합작투자와 같이 지분참여형 진출방식에 비해 현지 사업에 대한 통제 정도가 낮다. 투자 대상지에 자원투입량이 적으니 투자 상대방에 대한 통제정도가 낮은 것은 당연한 이치다. 반면 합작투자나 단독투자방식은 라이선싱이나 계약생산에 비해 높은 통제수준을 유지할 수 있으나, 자원투자량이 많은 만큼 투자에 대한 위험도가 높게 된다. 즉 진입유형 간 속성차이는 투자량의 높고 낮음에 따른 통제력과 위험도 간 조합에 의한 차이라고 할 수 있다.

물론 이와 같은 투입한 투자량 기준으로 진입유형을 구별하는 것 외에도 다양한 접근법이 존재한다. 또 다른 접근법 중 하나는 필요자원에 대한 획득 의지이다. 만약 기업이 경쟁에서 필요한 핵심역량이나 노하우와 같은 자원을 해외의 특정 기업이 보유하고 있다면, 그 기업을 인수하여 필요한 자원을 얻을 필요성을 느낄 것이다. 이러한 동기에서 추진하는 사례가 국경 간 인수합병(cross-border M&A)의 경우이다. 이러한 전략적 자산확보 이유 외에도 M&A을 시도하는 이유는 또 있다. 현지 시장에 조속한 진입을 위해, 값싼 기업매물이 M&A 시장에 나왔을 때, 현지 경쟁기업의 제거 등과 같이 M&A를 전략적으로 시도하는 이유는 다양하다. 국경 간 M&A는 진출방식 중 직접투자(단독투자) 방식에 해당한다.

진출방식을 선택한 데 영향을 미치는 요소는 이처럼 자원투입량, 전략적 의도 등 여러 이유가 있다. 그러나 무엇보다 가장 강력한 영향요소는 현지 정부의 정책방향, 외국인투자에 대한 규제와 같은 정치·제도적 측면이다. 현지국 정부가 특정산업에 대한 외국인의 지분투자를 금지하는 경우에는 직접투자 방식으로 특정산업에 대한 진출이 원천적으로 불가능하다. 이런 경우 대안으로 계약방식에 의한 진입을 검토해야 할 것이다. 직접투자를 허용하는 경우라도 100% 단독투자를 금지하고 합작투자만을 제도로서 허용한다면, 아무리 투자자금이 많은 다국적기업이라도 역시

단독투자 진출은 포기해야 한다.

이 밖에도 운반비용, 관세 및 쿼터와 같은 수출제약 요인의 존재, 그리고 현지 생산비용, 시장규모, 성장잠재력 등 현지시장 매력도 수준에 따라 진출방식 유형은 달라진다. 운반비용, 관세, 쿼터 등 수출장벽이 존재한다면 이를 우회하는 라이선싱, 현지계약생산, 직접투자 방식이 유리하며, 반면 현지 생산비용이 낮고, 시장규모 및 성장잠재력이 큰 매력적인 시장이라면 보다 적극적 경영활동 측면에서 직접투자가 바람직할 것이다.

2. 해외시장 진출방식 결정이론

2.1 더닝의 절충이론 모형

해외직접투자이론 발전과정에 종합이론으로서 위치를 차지하는 더닝(Dunning)의 절충이론은 개별 해외시장 진출방식에 대한 구분에도 설명력이 매우 높다. 절충이론 구성요소의 하나인 '소유경쟁우위(ownership advantage)'는 진출방식 선택에서 기업의 내부자원 관여 정도를 설명하는 요인이 된다. 소유경쟁우위가 높은 경우, 현지시장에 대한 관여수준을 높이는 것이 유리하다. 내부자원 투입수준을 높여 관여수준을 높일수록 소유경쟁우위(기업특유우위)를 활용한 투자수익을 최대한 확보할 수 있기 때문이다. 이때 또 다른 우위인 '내부화우위(internalization)'는 현지 사업선에 대한 통제수준을 설명하는 요인이다. 이때 내부화우위는 앞의 소유경쟁우위와 밀접한 관련이 있다. 즉 내부화 대상은 경영노하우와 제품생산 기술력과 같은 기업특유우위, 다시 말해 소유경쟁우위이다. 또한 높은 수준의 내부화는 곧 이러한 내부자원 투입수준을 높이는 것이 된다. 그 결과는 상대방 파트너에 대한 통제력 증가로 연결되며, 이는 다시 위험

감수 수준의 증가, 비유연성 증대라는 속성을 지니게 한다. 절충이론의 마지막 구성요소는 입지우위(locational advantage)이다. 이는 절충이론으로서 국제화 과정을 설명하는 데 기본가정 역할을 한다. 국내보다 좋은 환경의 입지우위를 해외시장에서 찾는 것이 국제화의 모색이며, 만일 본국의 생산조건이 양호하다면 해외시장에 진출의지가 낮게 되거나, 진출한다하더라도 낮은 수준의 관여도(적은 양의 자원투입 및 통제권 확보)를 갖는 진출방식을 선택할 것이다.

본래가 해외직접투자를 설명하기 위해 탄생한 절충이론은 아무래도 직접투자를 중심으로 다른 진출방식을 비교·구분하는 데 강점이 있다. 기업이 국제화를 하려면 국내외 시장을 막론하고 경쟁우위를 창출하기 위한 원천을 지녀야 한다. 이것이 소유경쟁우위이다. 다음은 이를 어떻게 활용하여 국제화를 꾀하느냐인데, 본국시장의 생산매력도가 높아 본국에서 이를 적극적으로 활용하여 물품을 생산하고 생산된 제품을 해외시장에 이전하는 경우라면 수출방식에 의한 시장진출이 된다. 기업이 소유경쟁우위를 활용하여 수익을 얻는 방법은 이밖에도 두 가지가 더 있다. 기업경영 노하우 및 제품생산 기술력인 소유경쟁우위, 그 자체를 해외시장의 수요자에게 임대하거나 판매한다면 해외 라이선싱 방식이 된다. 마지

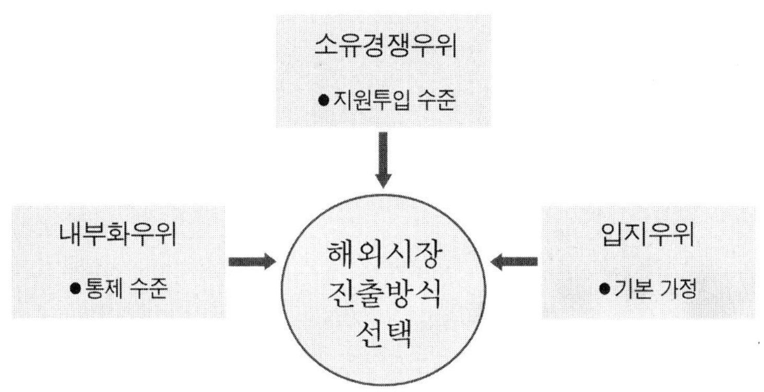

*자료: Woodcock, C. P., P. W. Beamish, S. Makino, 1994. "Ownership-Based Entry Mode Strategies and International Performance", *Journal of International Business Studies*, 25(2), pp. 258.

[그림 4-1] 더닝의 절충이론과 진출방식

막 방법은 소유경쟁우위를 기업 내부에 그대로 두고 생산시설을 현지로 옮기거나 추가로 생산시설을 구축하는 직접생산투자로서 수익을 창출하는 것이다. 이에 해당하는 진출방식이 해외직접투자방식이다.

2.2 루트의 통제력 · 위험수준 모형

루트의 모형은 내부화 정도와 관계된 요인인 통제력과 위험수준에 따라 기업의 국제화 과정에서 선택할 수 있는 진출방식의 변천과정을 설명한다. 루트(Root)에 따르면 일반적으로 기업들은 해외시장 진출 초기단계에서는 현지시장에 대한 시장통제력이 낮은 수준의 진출방식, 즉 간접수출 또는 라이선싱 등을 선택하나, 현지에서 경험이 축적되면서 시간이 흐르면 통제력을 높이는 방식으로 전환을 시도한다고 한다. 그런데 통제력을 높이는 데는 더 많은 자원투입량이 요구되므로 위험수준도 함께 증

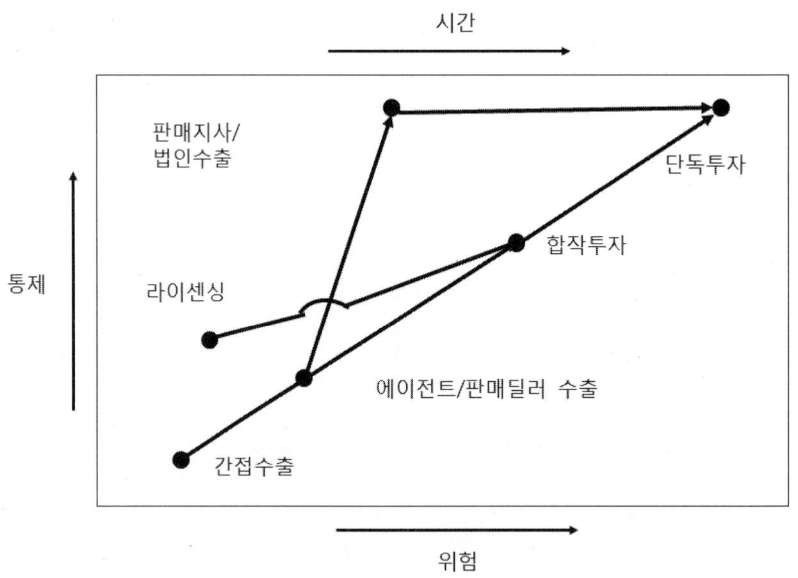

*자료: F. R. Root, 1987. *Entry Strategies for International Markets*, New York: MacMillion Bess Ltd. p. 18.

[그림 4-2] 루트의 국제화 전개과정과 진출방식

가하게 된다. 그럼에도 불구하고 루트의 주장은 해외시장에서 얻은 기존의 국제화 경험으로 위험에 대한 대응력이 생겨 지속적으로 시장에서의 통제력을 높여 수익성을 높일 수 있는 쪽으로 전개되어 나간다고 한다. [그림 4-2]는 통제와 위험을 기준으로 시간이 흐르면서 진출방식이 변경되어 나가는 흐름을 보여준다.

또한 루트는 국제화 전개과정을 네 가지로 요약하고 있다. 제1단계는 '간접수출(우연적 수출)' 단계이다. 이 단계에서는 간접수출 위주로, 수출이 우연적이고 비정기적으로 일어난다. 라이선싱은 소극적으로 추진한다. 제2단계는 '직접수출(적극적 수출) · 라이선싱' 단계이다. 이 단계는 에이전트 및 판매딜러를 통한 수출, 현지에 판매지사나 법인을 설립하여 수출하는 적극적인 수출방식, 적극적 라이선싱 방식 등을 병행한다. 제3단계는 '적극적 수출 · 라이선싱 · 투자생산' 단계이다. 일부 국가에서는 현지 투자생산이, 다른 국가에서는 수출 및 라이선싱을 혼용 사용하며, 기업 내 담당 조직은 기존 수출부를 국제사업부 조직으로 확대하여 담당케 한다. 마지막 제4단계는 '다국적 마케팅 · 생산' 단계이다. 현지 시장의 다양한 가용자원을 활용하여 각각 시장이 역할에 특화한 글로벌 체제를 형성한다. 국내시장도 글로벌체제 중 하나의 시장이 되며, 이때 기업조직은 국제지역조직 또는 국제제품조직 등 본격적인 글로벌 기업구조의 면모를 갖춘다.

루트가 구분하는 국제화 전개과정 4단계의 논점은 각 단계별로 진출방식이 변경되어 나간다는 것, 그리고 국제화 전개과정이 성숙되어 갈수록 기업의 국제화전략에 부응하는 진출방식의 선택 폭이 넓어진다는 것이라 하겠다.

CHAPTER 5

해외시장 진출전략 실행

1. 수출의 실행

1.1 수출경로의 선택

수출은 초기 해외시장 진출을 위한 전형적 진출방식이다. 국내기업은 수출을 시작으로 점차 해외 현지 사업활동 기반을 강화하는 방향으로 발전해 나간다. 그런데 수출은 산업 및 제품종류에 따라서는 국제화 초기 단계에서뿐만 아니라, 시간이 흐르더라도 궁극의 국제화 방법이 될 수 있다. 예를 들어, 항공기 산업에서처럼 규모의 경제와 학습곡선효과가 높고, 제품단위가 큰 경우에는 한 지역에다 생산시설을 집중시키는 것이 효율적이다. 이런 경우 생산한 제품을 수출방식으로 해외시장에 진출시키는 것은 가장 효과적인 국제화 방법이다. 세계 최대의 항공기 제조업체인 보잉(Boeing)은 시애틀(Seattle) 본거지에서 생산활동의 대부분을 수행하며, 이곳에서 만들어진 제품을 전 세계 시장으로 수출한다. 또한 세계시장에서 전문화된 틈새시장을 노리는 중소기업들은 대개 수출에 의존한다. 세계적으로 유명한 독일과 일본의 정밀공작 기계들은 주로 중소기업에 의해 생산·수출되고 있다. 이처럼 특정 업종의 기업들에게 수출방식은 해외시장 진출의 첫 단계가 아니라 해외시장 진출을 위한 가장 적

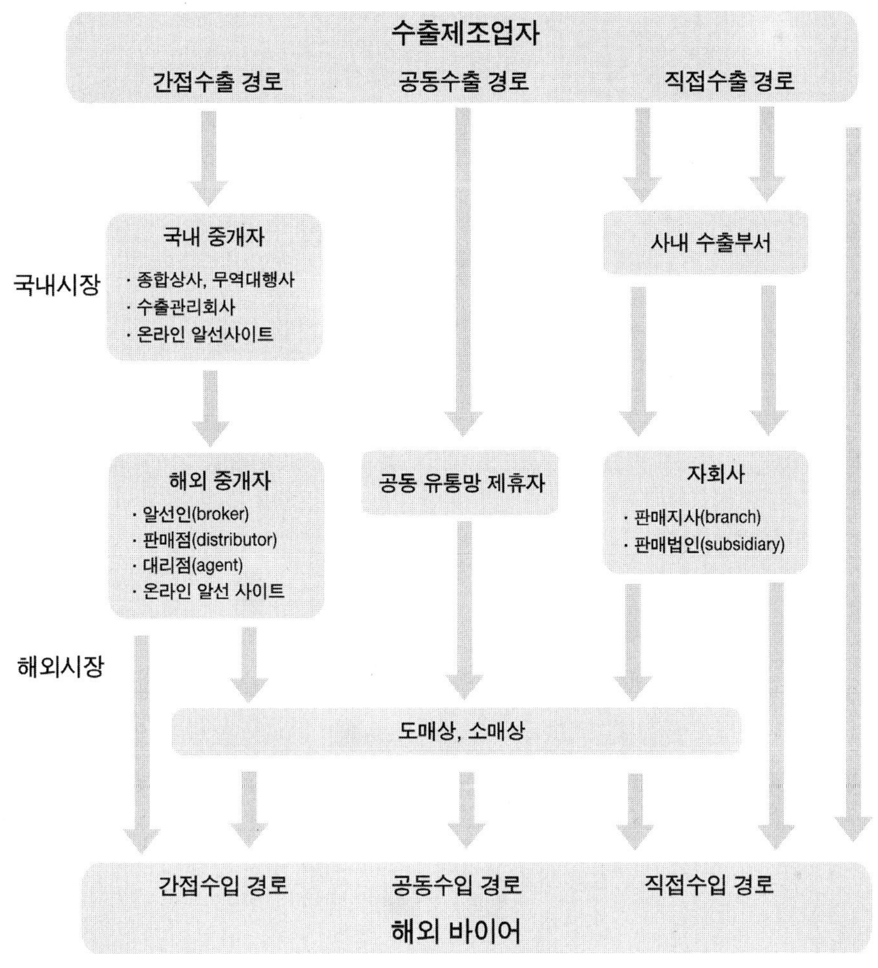

[그림 5-1] 수출유통 경로

합하고도 주된 방식이다.

수출을 시도하려는 기업이 가장 먼저 결정해야 할 사안이 있다. 수출유통경로의 설계이다. 수출경로 설계는 국내에서 생산한 제품을 해외시장에서 최종소비자에게 전달하는 데 어떤 유통경로를 통할 것인가를 계획하는 것을 말한다. 생산자와 해외 최종소비자 간 어떤 기능을 중개 유통업자에게 대행케 하고, 어떤 기능을 직접 수행할 것인가를 결정하는 것이다. 간접수출(indirect export)은 수출유통경로에 중개업체를 매개하여 이루어지는 것을 말하며, 직접수출(direct export)은 제조업체가 중개업체를 통하지 않고 최종소비자에게 전달하는 것을 말한다. 따라서 직접수출은 보통 유통조직을 직접 설립하는 것까지를 포함한다. 유통경로 길이 차원에서 보면 길이가 긴 유통경로가 간접수출이며, 상대적으로 짧은 유통경로가 직접수출이다.

수출유통경로와 관련한 또 다른 구분으로 공동수출(cooperative export)이 있다. 공동수출은 제조업 수출자가 수출기능의 수행을 전문 중개인에게 맡기는 것이 아니고, 현지의 제조업 또는 유통망을 운영하고 있는 회사와 상호 제휴를 통해 공동 진행하는 방식을 말한다. 이를 포함해 제조업체가 수출경로를 택하는 유형은 크게 직접수출과 간접수출, 그리고 공동수출 방식이 있다. 다음은 이들 방식의 적용 사례와 장·단점을 비교·설명해 보기로 하자.

간접수출과 직접수출

간접수출은 수출관리회사(export management company), 무역회사(trading company)를 이용하거나, 국내에 진출해 있는 외국기업의 판매중개조직(buying agent)에 수출과정을 위탁하는 것을 말한다. 요즘은 상대방 거래자를 찾는 데는 온라인 수출입 거래알선 사이트를 이용하기도 한다. 간접수출에서 해외의 수요자나 판매망을 찾고, 상품의 선적, 보험, 금융, 세관통과를 위한 서류 준비 등 수출에 수반하는 기능과 책임은 이들 중개기관에 이전하여 시행한다. 그리고 통관 이후에는 해외시장 현지의 알선인(broker), 판매점(distributor), 대리점(agents) 등이 현지 마케팅 활동을 수행하는 방식이다.

간접수출의 장점은 다음과 같다. 간접수출 경로를 통해 수출하는 제조업체는 해외시장 위험의 노출로부터 상당부분이 격리된다. 유통 및 판매조직을 직접 설립하는 비용을 지불하지 않아도 된다. 따라서 간접수출은 해외시장에 대한 관여 및 개입의 의지가 적은 기업에게 효과적이다. 수출의 주요 동기가 국내의 과잉생산물을 처리하거나, 국내사업의 부수적인 활동으로 추진되는 경우, 간접수출 방식을 권장한다. 또한 해외로의 확장에 전념할 여력이 없고, 수출조직을 신설하고 집중적인 자원투입을 하기 전에 해외시장의 반응을 테스트하면서 점진적인 진출을 추구하는 기업에게도 적절한 수출유형이다.

그러나 수출 전문 중개자를 거쳐 해외시장에 진출하는 간접수출 방식은 반드시 이점만이 있는 것이 아니다. 다음과 같은 간접수출의 단점이 있다. 무엇보다도 기업은 자사의 제품이 해외시장에서 판매되는 상황에 대해 통제를 할 수 없다. 수출제조기업은 제품의 유통, 보관, 판촉 등에 개입하지 않으므로, 현지에서 적절한 지원 또는 판촉활동 없이 제품이 판매되거나 제품가격이 제대로 책정되지 않는 경우가 발생하여도 이를 통제할 수 없다. 이로 인해 해외시장에서 제품에 대한 이미지가 심각하게 손상될 수 있으며, 시장을 개발하는 노력을 기울이지 않아 잠재적 시장기회를 상실하는 결과를 초래할 수도 있다.

이처럼 간접수출의 최대 단점은 현지시장과의 접촉이 거의 이루어지지 않는다는 점이다. 기업은 현지시장에 대해 극히 제한된 정보만을 접하게 되고 추가적인 확장을 계획하기 위해 필요한 자료를 충분히 확보하지 못한다. 이에 따라 시간이 지난 후 현지시장에 직접수출 방식으로 진출하고자 하는 경우에도 도매상, 소매상 등 현지 유통업자를 확보할 방법이 없다. 실례로 이러한 한계를 극복하기 위해 컴퓨터 제조업체인 애플(Apple)은 초기 중국시장 수출전략으로서 홍콩 유통업자를 통한 중국 본토 내 간접수출 방식을 청산하고, 제품의 판촉과 서비스를 지원하기 위하여 북경에 직접 사무소를 개설한 바가 있다.

본격적으로 해외시장에서의 발전과 성장을 추구하는 기업이라면 간접수출 경로보다는 직접수출 경로를 이용한다. 해외시장에서의 매출규모가 상당히 크고 해외시장 개척에 대한 기업의 의지가 확고한 경우에 자체적인 수출전담 부서를 신설한다. 기업의 자체 수출조직은 국내에 위치할 수도 있고, 현지시장에 위치할 수도 있다. 즉 사내 수출부서를 운영하거나, 여력이 되면 현지에 연락사무소(지사)나 판매법인을 설립한다. 수출전담 부서는 시장기회의 포착과 목표시장 설정, 수출에 필요한 서류절차와 운송에서부터 가격, 판촉, 유통 등을 포함한 마케팅 설계에 이르기까

[표 5-1] 간접수출과 직접수출의 장 · 단점

구 분	간접수출	직접수출
장 점	· 적은 투자자원의 투입 · 진출위험의 최소화 · 진출가능성 테스트, 진입과 퇴출이 용이하여, 유통경로상 활동의 유연성 증가	· 미래의 수익기회 획득 가능성 존재 · 현지 유통경로에 대한 강력한 통제 · 직접적 시장접촉에 따른 소비자 동향 파악 용이
단 점	· 잠재적 시장접근 및 수익창출 의 기회 손실 · 현지 유통경로에 대한 통제력 감소 및 상실 · 간접적 시장접촉에 따른 소비자 동향 파악 미흡	· 판매조직 구축에 대한 투자금이 소요되어, 초기 투자비용이 과다 · 간접수출보다 해외시장에 대한 관여 및 개입도가 커서, 그 만큼 위험에 노출 · 특히 비교적 퇴출에 대한 유연성이 낮고, 직접수출만을 고집할 경우 다양한 유통경로 구성하기가 곤란

지 수출과 관련된 모든 기능을 수행한다.

수출과 관련된 제반업무를 수출기업이 직접 담당함으로써 간접수출에 비해 더 높은 사업개시비용, 더 많은 정보의 수집분석, 더 높은 위험부담이 따르는 것은 직접수출의 단점이다. 반면 다음과 같은 현지마케팅 계획(유통, 가격, 촉진, 제품서비스 등)에 대한 통제력 확대, 현지 정보의 신속한 획득, 제조업자의 상표, 특허, 영업권, 기타 무형소유자산의 효과적인 보호 등은 장점이다. 또한 시장에 보다 밀착되어 있으므로, 새로운 기회와 시장동향을 포착할 수 있고, 경쟁자 행동분석이 용이하며, 이에 따라 계획이나 전략을 수정할 수 있다. 즉 미래의 시장 확장 가능성을 열어두어 추가 수익기회를 노려볼 수 있는 것이 직접수출이다.

공동수출

수출유통경로에서 수출제품에 대해 어느 정도의 통제력을 행사하고자 하지만 독자적인 수출조직을 구축하기에 자원이나 경험이 부족할 때, 공동수출 방식을 선택할 수 있다. 공동수출은 수출제조기업이 시장조사나 판촉, 수송, 유통 등 해외마케팅 활동에 있어, 다른 기업과 협력계약을 체결하여 공동의 활동을 추진하는 것을 말한다. 공동수출은 일종의 유통경로를 대상으로 하는 제휴방식의 한 유형이라 할 수 있다. 수출유통경로와 관련한 제휴관계도 역시 일반적 제휴관계 전제조건이 그렇듯 체결자 간 생산제품이 서로 보완적일 때 성립 가능성이 높다. 상호 보완성은 공산품에 한정된 것은 아니며, 쌀 목재, 말린 과일, 오렌지 등 농수산물 품목에서도 이미 공동수출 방식은 활발하게 적용되고 있다. 예를 들면, 캘리포니아 건과 수출협회나 미국 면직 수출조합과 같은 단체들은 세계무대에 진출하기 위해 시장조사와 화물의 선적, 수송, 광고 및 판촉활동 등을 공동으로 수행하는 제휴관계를 맺고 있다.

공동수출을 지칭하는 용어로 피기백(piggybacking)이 있다. 보통 피기백 마케팅(piggyback marketing)이라 함은 한 생산기업의 제품이나 서비스가 다른 회사의 유통조직을 통해 판매되는 것을 말한다. 피기백 방식의 수출은 수출하는 회사의 제품이 현지에 유통조직을 가진 회사의 제품라인을 완성시켜 줄 수 있는 보완적 관계가 있는 경우에 성립할 가능성이 더욱 높다.

미놀타(Minolta)는 미국시장 진출 초기단계에서 IBM의 사무기기 판매조직을 통해 저가 복사기를 판매하였다. 당시 미놀타는 거대 수출시장인 미국 내에 광범위한 판매망과 사후관리 서비스망을 구축하는 데 드는 막대한 비용을 부담할 수 없었다. 자금조달이 가능하다 하더라도 판매망과 서비스망에 대한 고정비용을 상쇄할 만큼 대량판매 가능성을 확신할 수 없었다. IBM 입장에서도 미놀타 제품의 도입은 득이 되었다. 대형 · 고가 위주였던 IBM의 제품군에서 미놀타의 소형 · 저가 복사기를 수입하여 매장 내에 갖춤으로써 IBM의 제품군은 보다 넓은 소비자층을 확보할 수 있었다.

우리나라에서도 미국의 브라운 전기면도기가 대우전자의 유통대리점을 통해 소개된 바가 있다. 브라운면도기는 대우전자의 대리점을 통해 최대 경쟁사인 필립스면도기에 비해 단기간 내 한국 소비자 시장에 접근할 수 있었으며, 대우전자는 세련된 디자인과 세계적인 브랜드력을 가진 제품을 자사 제품과 함께 판매함으로써 소형가전 전문매장으로서 판촉효과를 기대할 수 있었다. 또한 애플은 홍콩 수출대행사로부터 탈피하여 중국 본토 내 직접 사무소를 개설하였지만, 기존 시장이었던 서구시장과 너무 다른 중국시장의 풍토에 적응하기가 어려웠다. 그래서 피기백 마케팅방식을 선택하였다. 중국의 컴퓨터 회사인 레전드그룹(Legend Group)의 전국적인 유통망을 활용하기 위한 계약을 체결하고, 중국 공학교육의 산실인 청화대학(靑華大學)에 교육센터를 설립하였다.

공동수출의 장·단점을 살펴보자. 공동수출은 현지 유통망의 물리적인 공유뿐만 아니라 해외유통시장의 정보 공유, 통관, 사후관리 서비스망 제휴 등 다양한 분야에서 일어난다. 따라서 수출제조기업의 현지유통에 대한 통제력 정도는 제휴계약의 내용에 따라 수준이 다를 수 있다. 그렇다 해도 수출제조업체 입장에서는 공동수출은 전문 중개인을 통한 간접수출에 비해 현지시장 정보 수집과 통제력에서 유리하며, 직접수출보다는 그 대가로 적은 수준의 자원을 투입한다는 장점이 있다. 또한 동종의 제조업체 간 제휴라는 점에서 상대방 브랜드의 후광효과를 이전받을 수 있다는 점도 장점이 된다.

그러나 유통망을 가진 제휴기업이 동종 제품을 생산하며, 이미 현지에 강력한 시장점유율을 확보한 경우에는 잠재적 경쟁자에게 유통망 및 촉진활동을 의존함으로써 미래의 선두기업으로 성장하는 데 한계가 존재한다는 것은 단점이다.

1.2 유통조직 신설과 유통대리인 선정

직접설립과 유통대리인 이용

수출대상 시장에서 유통을 담당하는 조직의 유형은 크게 직접 유통조직을 신설하는 현지 판매지사 및 판매법인, 그리고 현지시장의 기존 유통조직인 유통대리인(대리점, 판매점, 현지 도소매업자)으로 나눌 수 있다. 대기업의 경우라면 초기단계에서부터 수출시장에 진출할 때, 주요 시

[표 5-2] 판매지사 · 법인 신설과 유통대리인 비교

구 분	판매지사, 판매법인 신설	해외 유통대리인 이용 (대리점, 판매점, 도소매업자)
장 점	· 마케팅활동에 대한 직접적 통제 · 본사와 밀접한 관계(소통원활) · 통합 이미지 관리 유리 · 서비스질의 관리 용이	· 현지시장에 대한 해박한 지식 이용 · 기존 네트워크 활용 · 마케팅비용(고정비용) 절감 · 통관절차, 서류작성 부담 완화
단 점	· 추가 설립비용(고정비용) 소요 · 일정액의 투자 부담 발생 · 자체 촉진노력의 부담 존재 · 거래선 발굴의 어려움 존재	· 판매에 대한 통제력 미약 · 타 회사 제품 취급 가능성 · 판매노력의 한계 · 일정 계약기간에 한정됨

장에 지사 또는 현지 판매법인의 설립이 가능할 것이다(직접수출). 그러나 중소기업의 경우에는 현실적 제약으로 유능한 유통대리인을 선정하여 제품의 현지화와 마케팅 업무를 위탁하여야 한다(간접수출).

양자 간 장 · 단점을 살펴보자. 현지에 직접 판매지사 또는 판매법인 설립의 장점은 마케팅활동에 대한 직접적 통제와 소통원활화로 현지에서 통합 이미지 및 서비스 품질관리가 수월하다는 것이다. 단점은 그만큼 설립비용, 운영비용 등 고정비용이 크고 현지시장에 익숙지 않은 만큼 자체 촉진 노력에 대한 부담, 거래선 발굴의 어려움이 발생할 수 있다.

판매지사, 판매법인, 연락사무소

다음은 직접 유통조직을 신설하는 유형 중 현지 판매지사와 판매법인에 대한 비교이다. 양자의 구분은 법적 성격, 본사와 지사 간 회계 · 결산 독립성 여부, 영업의 범위, 납세의 의무, 조세혜택 등의 기준에서 판단할 수 있다. 판매지사(branch office)의 법적 성격은 모기업이 있는 본국법의 적용을 받는다. 회계 · 결산은 본사와 판매지사가 동일 인격체이므로 본사의 연결재무제표로 작성한다. 영업이익이 발생하여도 본사의 계산으로 처리하는 것이다.

지사와 유사한 유형으로 연락사무소(liaison office)가 있다. 연락사무소

는 본사로부터 운영자금 일체를 제공받아서 지시에 의한 단순 연락업무, 시장조사, 연구개발 등 비영업활동만을 수행하며 그 외 영업활동은 불가능하다. 판매지사는 본사로부터 중개수수료를 지급받을 수 있지만, 연락사무소는 수수료를 지급받을 수 없고 직접 수출입거래도 할 수 없다. 납세의 의무도 현지국 원천소득에 대해서만 징수를 한다. 단, 계약체결, 이익발생 등 본사를 위한 중요한 업무수행 시에는 현지국 정부가 과세를 한다. 판매지사나 연락사무소는 현지정부로부터 외국기업에게 주는 투자 인센티브인 세금감면혜택을 거의 받지 못한다.

판매법인(subsidiary)은 현지법에 의해 설립된 독립법인이다. 독립법인이라 하면 본사로부터 회계·결산이 독립적이고, 또한 현지국 법인들과 동등의 지위를 가짐을 뜻한다. 따라서 모든 소득에 대해 납세의무를 지고 업무영역에 제한이 없다. 현지정부의 외국인투자촉진법에 정한 투자 인센티브 요건을 충족하면 조세감면, 보조금 수혜 등을 받을 수도 있다.

[표 5-3] 판매지사, 판매법인, 연락사무소 비교

구 분	판매지사	판매법인	연락사무소
법적 성격	· 본국법에 의해 설립 · 외국회사 영업소설치 등기	· 현지국법에 의해 설립 · 주식회사 설립등기(이사회 구성)	· 본국법에 의해 설립 · 등기는 필요 없음
회계·결산 독립성	· 동일 인격체 · 회계·결산을 본사에 연계하여 작성	· 모기업과 별도의 인격체 · 회계·결산이 독립적	· 동일인격체 · 외화를 반입하는 경우 그 건에 대해 신고
영업의 제한	· 제한 없음 · 직접수출입거래 가능	· 제한 없음 · 직접수출입거래 가능	· 단순 연락, 시장조사, 연구개발 등 비영업활동만 수행 · 직접수출입거래 불가능
납세의 의무	· 영업이득에 대한 납세	· 현지국 내외의 모든 소득에 대해 납세의무	· 현지국 원천소득에 대해서만 징수(단, 계약체결 등 본사를 위한 중요한 업무수행시에는 납세)
조세경감	· 대개 경감혜택 없음	· 현지국 외국인 투자유치 촉진법상 조세경감 혜택 가능	· 대개 경감혜택 없음

대리점과 판매점

유통대리인의 유형 중 대리점과 판매점에 대한 구분을 하여 보자. 대리점(agent)은 단순히 수출제조업체의 대리인으로서 자신에게 자금부담과 법적 책임이 없으며, 중개수수료 획득을 목적으로 한다. 일반적으로 재고에 대한 책임도 없다. 반면 판매점(distributor)은 수입 및 마케팅 비용에 소요되는 비용을 전적으로 자신이 부담하고 판매 시장성을 판단하고 모든 위험을 감수한다. 판매점은 일종의 바이어이다.

즉 자신이 수입업자가 되어 제품을 자국시장 내 들여와 도소매업자나 최종소비자에게 재판매함으로써 수입원가와 판매가격 간 차이인 이윤을 획득한다. 따라서 판매점의 이윤의 크기는 보통 대리점의 중개수수료보다 크다. 판매점 입장에서는 부담하는 위험만큼 높은 수익률 보장을 당연히 요구하기 때문이다. 대리점과 판매점의 경로 중 하나를 선택하기 위해서는 각 선택 시 기대되는 판매성과와 판매비용을 비교 평가하여,

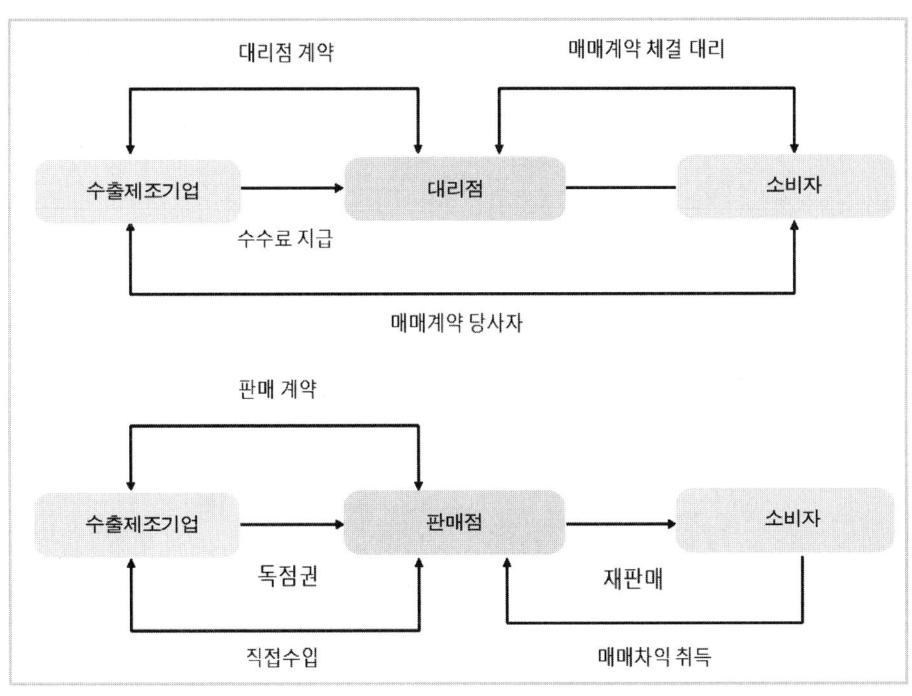

[그림 5-2] 대리점과 판매점의 구분

수출제조기업에게 더 큰 이익을 제공하는 쪽을 선택하면 된다. 물론 현지시장을 세분화하여 복수의 경로를 선택해도 무방하다.

일반적으로 판매점은 수출제조업체에게 높은 판매마진과 함께 시장 내 독점판매권을 줄 것을 요구한다. 수출제조기업이 수출경로로서 판매점을 선택하는 사례는 보통 수출경험이 없거나, 현지시장 개척이 어려울 경우로 협상력이 떨어져 상대방에게 독점판매권을 쉽게 부여하는 경향이 있다. 그러나 한 번 부여한 독점판매권은 적어도 계약기간 동안 변동이 불가능하다. 책임을 다하지 않거나 무능한 판매점에게 최초 거래부터 독점판매권을 부여하는 것은 미래의 수익을 감소시킬 뿐만 아니라 시장 진출 자체가 실패로 돌아갈 수 있다.

1.3 수출상표의 선택

자기상표와 OEM상표는 수출기업이 가장 많이 선택하는 대표적인 수출상표 유형이다. 자기상표의 장점은 앞서 수출상표 기능으로 제시되었던 것들 모두가 해당된다. 자사의 고유상표를 사용함으로써 제품인식의 차별화가 가능해지고, 소비자에게 상표충성도와 가격안정성을 높여, 수출기업이 수출유통경로 내 협상력 강화를 가져온다. 즉 자기상표 수출의 장점은 상표에서 오는 추가적 이윤확보와 아울러 유통경로에서 수출기업이 촉진활동에 대해 높은 통제력을 유지하는 데 도움을 준다는 것이다.

그러나 자기상표는 상표개발에 대한 내부능력과 상당한 투자비용이 필요하다. 자기상표는 타사제품에 대해 제품차별성 보유를 기초로 하기 때문에 일정 수준 이상의 제품품질 경쟁력을 확보해야 하며, 상표명, 기호 디자인, 광고, 홍보조직 구성 등 유통경로관리를 하는 데 추가 비용이 소요된다. 또한 능력과 비용지불이 없는 상태로, 사실상 상표기능을 발휘 못하는 '무늬만 자기상표'를 부착한다면, 미래의 상표 이미지 개선 기회까지 상실할 수 있다. 이처럼 초기 투자비용 부담이 발생하며, 일정수준의 해외마케팅 능력을 갖지 못한 경우 채택이 불가능하다는 것은 자기상표 수출의 단점이다.

이와 같은 자기상표의 단점은 역으로 OEM상표 수출 시 수출기업이 누리는 장점이 된다. OEM상표 수출의 장점을 열거해 보자. 첫째, 주문자 상표로 제품을 출고함으로써 자기상표 사용으로는 접근이 불가능했던 판매경로 및 시장에 접근이 가능해져, 제조기업은 자신에게 강점이 있는 생산활동에만 주력하면서도 일정량의 매출액을 확보할 수 있다. 둘째, 매출액을 확보함으로써 유휴설비를 활용할 수 있어(가동률을 높여) '규모의 경제효과'에 따른 원가절감이 가능해진다. 수출제품의 가격경쟁력이 생기는 것이다. 셋째, 해외주문자가 제공하는 설계도와 품질검수 과정을 통해 신기술 습득 및 품질관리 능력을 제고할 수 있으며, 간접적인 경로이긴 하지만 해외 선진시장에 대한 기초 정보획득도 가능해진다.

한편, OEM상표의 수출의 단점은 자기상표로 수출하였을 때 발생하는 장점을 향유하지 못한다는 것이다. 첫째, 자기상표 수출에서처럼 장기적 관점에서 확보된 고객을 기반으로 한 안정적인 생산 및 투자계획을 수립할 수 없다는 문제가 있다. 둘째, 자신이 직접 마케팅활동을 수행하지 않

[표 5-4] 자기상표 수출과 OEM상표 수출의 장 · 단점

구 분	자기상표 수출	OEM상표 수출
장 점	· 미래의 시장확대 기회 제공 · 장기적 · 안정적 생산 및 투자계획 수립 가능 · 유통경로 내 통제력 강화 · 상표충성도 형성에 따른 추가 이윤 보장	· 자기상표로는 접근이 불가능한 판매경로 및 시장진출이 가능 · 대량주문을 통한 저원가 경쟁력 확보(규모의 경제효과) · 주문자로부터 기술이전 및 노하우 습득 기회 발생 · 초기 수출기업에게 해외시장 정보를 (간접적이나마) 획득할 수 있는 기회 제공
단 점	· 상표개발을 위한 초기 투자비용이 큼 · 유통경로 내 촉진관리를 위한 추가비용 소요 · 일정수준의 마케팅 능력 보유를 요구하며, 그렇지 못할 경우 수출유통 경로 진입 자체가 어려울 수 있음	· 상표충성도를 통해 확보된 최종소비자가 없어 자체적인 미래 생산계획을 세우기가 어려움 · 해외주문자에 대한 의존도가 크고, 협상력이 미약하여 수출마진이 적음 · 해외 소비자시장 동향 파악이 어려워 향후에도 OEM 수출밖에 할 수 없는 경우 발생

으므로, 해외 주문자에 대한 의존도가 크고 경로 내 협상력이 약화된다. 협상력 약화는 제조기업이 가격설정 및 이윤상에서 불이익을 감수하게 됨을 의미한다.

2. 라이선싱의 실행

2.1 라이선싱의 장 · 단점

계약진출방식은 시장규모의 측면에서나, 운송비 · 무역장벽 등의 측면에서 현지 소비자로부터 가까운 곳에서 직접 생산하는 것이 유리하지만, 기업이 이러한 활동을 직접 수행할 여건이 되지 않을 경우 현지 파트너와 계약에 의해 기술이나 노하우를 임대하여 수익을 얻는 간접진출방식을 말한다. 계약진입방식으로 라이선싱(licensing), 프랜차이징(franchising), 계약생산(contract manufacturing), 경영관리계약(management contract), 기술제휴(technical agreement) 등이 있다. 계약진출방식의 가장 일반적 형태인 라이선싱의 추진에 있어 그 장 · 단점은 다음과 같다.

라이선싱의 장점으로는 첫째, 현지 정부가 설정한 관세, 쿼터와 같은 수출장벽으로 수출이 불가능할 때, 이를 우회하여 시장진출을 가능하게 한다. 수출국 환율의 강세, 완제품에 대한 높은 관세율, 기타 현지시장에서의 제도적인 수출제한조치 등은 수출기업의 채산성을 악화하거나, 수출 자체를 봉쇄하는 요인이다. 이때 현지기업과 라이선싱 체결은 이러한 장애를 극복하는 대안 중 하나이다. 둘째, 직접투자에 비해 현지 정치적 위험에 노출 정도가 작다. 라이선싱의 경우 현지에서 국유화, 재산수용, 몰수 등 정치적 위험으로부터 회피할 수 있다. 셋째, 자본재를 요구하는 소유권 위험, 직접판매 및 생산에서 오는 운영위험이 없는 낮은 위험수준의 진출방식이다. 이와 같은 낮은 위험수준의 라이선싱 진출은 현지시장의 성장잠재력이 낮을 때 직접투자나 수출에 비해 장점을 발휘하는 방식이다. 이처럼 라이선싱은 최소의 자원투입과 위험부담으로 독점적인 자산을 활용, 해외시장에서의 시장기회를 활용할 수 있는 이점이 있다. 그러나 이러한 최소 자원투입과 위험부담으로 해외시장에 진출할 수 있다는 장점은 역으로 상대 파트너와 현지시장에서의 영향력을 행사하는데 그만큼 제약요인이 된다. 따라서 다음의 단점들을 고려하여 합리적인 선택을 해야 한다.

라이선싱의 단점으로는 첫째, 라이선스 제공자(licensor)의 노력으로 귀속 이익을 제어하기가 어렵다. 라이선스 도입자(licensee)의 관심과 능력 및 자원이 부족한 경우 현지시장에서의 성공을 보장할 수 없다. 뿐만 아니라 라이선스 도입자가 로열티를 제대로 지불하지 않는 경우가 발생하기도 하고, 로열티 산정의 기준이 되는 매출을 추적하는 것이 어려울 수도 있다. 둘째, 라이선싱계약은 미래에 라이선스 제공자가 특정 해외시장에 직접 진출하고자 할 때 장애가 될 수도 있다. 계약기간이 한시적이라고 하여도 계약의 만료와 동시에 바로 시장에 진입하기는 어렵다. 기존의 라이선스 도입자가 잠재적 경쟁자로 대두될 수 있을 뿐만 아니라, 시장에 대한 정보를 새로 수집해야 하며, 시장기반을 구축하고 유통경로를 개척해야 한다. 셋째, 라이선싱 방식 대상이 한정적이며, 라이선싱 대상물에 대한 실수요자를 찾기가 어렵다. 라이선싱 대상인 기술, 노하우, 브랜드 등은 무형으로 존재하는 경우가 많다. 그만큼 내용 그대로 제공하기도 어렵고 도입하기도 어렵다. 또한 이들 자체가 수익을 창출하는 것은 아니며 제품 및 서비스에 체화되어 최종재를 소비자가 구매함으로써 이윤이 발생한다. 이러한 속성은 시장에서 라이선스 도입 실수요자로서 후보자의 수를 제한적이게 한다.

2.2 라이선싱 구조와 대상

라이선스 제공자는 상표, 브랜드, 디자인, 특허권, 기술력, 경영 노하우

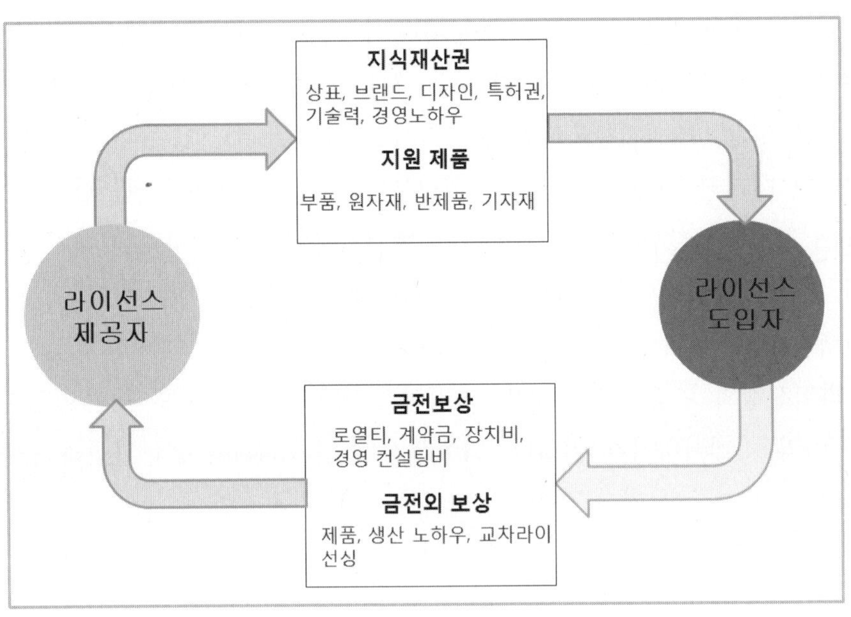

[그림 5-3] 라이선싱의 구조

등의 독점적 자산을 라이선스 도입자에게 사용할 권리를 제공하는 계약을 체결하고, 그 대가로 일정금액 또는 매출액에 연동한 로열티를 받는다. 라이선스 계약에 따라 다르겠지만, 보통 라이선스 기간을 5~7년마다 갱신한다는 조항을 계약서에 넣는다. 또한 매출액 대비 로열티 수준은 보통 2~5% 정도이다. 물론 제품의 특성, 양자 간 협상력 차이에 따라 그 수준은 다를 것이다. 또 라이선스 제공자는 이러한 지식재산권을 도입자에 제공할 뿐만 아니라, 이러한 지식재산권이 상품으로서 완성되어 가치를 창출하게 하기 위해서 지원기술 및 서비스, 원부자재와 반제품, 그리고 기계장비와 같은 자본재를 제공하는 것이 일반적이다.

라이선스 도입자는 이에 대한 대가로 로열티, 계약금, 장치비, 경영 컨설팅비 등 금전적 보상을 제공자에게 지불한다. 물론 모든 보상이 화폐를 매개로 한 금전보상으로만 이루어지는 것은 아니다. 라이선스를 통해 생산한 제품으로 지불금을 대신하는 경우도 있고, 생산 노하우 및 교차라이선싱(cross-licensing)을 통해 같은 지식 재산권으로 되갚는 방법도 사용할 수 있다. 이러한 보상방식은 계약서에 명기되어 있는 경우에 가능하다.

라이선싱의 주요 거래대상인 지식재산권에는 특허권, 상표, 노하우 등이 있다. 각각에 대해 정의와 특성을 정리하면 다음과 같다.

특허권

특허권은 실용신안, 의장, 상표 등을 일정 기간 동안 독점적으로 사용할 수 있는 권리를 말한다. 거의 모든 국가에서 특허권에 대한 보호를 하고 있으나, 각국의 특허시스템의 차이로 특허기간(보통 5~20년), 특허대상, 특허범위, 재연장 등에서 차이가 있다. 발명자는 특허신청으로 그 권리를 보호받는데, 특허신청 과정에서 특허의 독창적 부문이 공개되어 오히려 특허보호에 방해가 될 수 있다. 따라서 특허권 획득 및 관리에 대한 불확실성이 높다면 기업은 특허출원보다는 기업 내 기밀사항으로 유지하는 것이 더욱 효과적일 수 있다.

상표권

상표권이란 의류, 스포츠용품, 음식, 음료, 장난감 등 광범위한 분야에서 타사 제품에 대해 자사의 제품을 구별하기 위한 기호, 문자, 도형 또는 그 결합을 말한다. 상표권은 설정등록으로 보통 7년부터 25년(우리나라는 10년)간 지배력이 발생하고, 갱신등록 출원으로 재연장이 가능하다. 대부분의 국가에서는 상표를 최초로 등록한 기업에게만 소유권을 부여하므로, 진출한 시장이나 진출할 시장 모두에 출원을 해두어야 한다. 국제법규인 「램햄조약」(Lanham Act)이나 「파리조약」(Paris Union)에는 국제상표권 보호규정을 두고 있으나, 각국마다 상표권에 대한 특별한 제도를 두는 경우가 있으므로 자사 상표권에 대한 더욱 확실한 보호를 위해 현지법 적용을 통한 출원과 관리조치가 필요하다.

노하우

노하우는 제조공정, 관리기술, 입안서, 공식, 사업정보 등 영업비밀을 말한다. 노하우는 특허권이나 상표권과 같이 공인된 보호를 받지 못하지만, 많은 국가들은 영업비밀 유지를 법률로서 인정하고 있다. 노하우에 대한 분쟁은 특히 프랜차이징 방식에서 잘 일어난다. 경영관리 노하우는 생산기술이나 상표와 같이 전문적 형태를 지니지 않으며, 일반인에게도 모방이 가능한 아이디어, 운영매뉴얼, 요령 등의 성격을 지니기 때문이다. 따라서 해외에서, 또한 지속적으로 프랜차이즈 영업권을 유지하기 위해서는 권리유지를 위한 확실한 조치(지식재산권으로 등록, 서약서 및 계약서 작성)를 취해야 한다.

2.3 프랜차이징과 계약생산

프랜차이징

국제시장 진출을 위한 프랜차이징(franchising) 체결은 계약방식을 통한 진출방식의 한 형태이다. 프랜차이징은 기업의 특허, 브랜드, 상표, 기술 등을 활용할 권리를 주는 것 외에, 모기업은 디자인, 설비, 조직 그리고 운영을 위한 마케팅의 지원을 제공한다. 라이선싱은 주로 제조업에서 발생하지만, 프랜차이징은 흔히 소매업과 서비스업에서 발생한다.

프랜차이징은 라이선싱의 경우와 마찬가지로 실질적인 자본투자 없이 해외로의 진출을 가능하게 해준다. 이러한 점은 특히 전 세계적인 영업입지를 구축하는 비용이 매우 큰 서비스산업에서 중요한 의미를 가진다. 예를 들어 현재 70여 개국에 14,000개 이상의 점포를 보유하고 있는 맥도날드의 경우 미국에서 점포를 하나 개설하는 데에는 약 110만 달러의 초기투자자본이 소요되는 것으로 추산되고 있다.

프랜차이징은 사업운영에 있어 소비자 접촉이 핵심이 되는 사업에 대해 특히 적절한 계약방식이다. 프랜차이즈 제공자 입장에서 보면, 현지

고용원과 고객을 다루는 데 수월하며, 현지의 독특한 환경을 이해하고 있는 현지사업자의 사업가적 능력을 활용할 수 있기 때문이다. 프랜차이즈 도입자의 입장에서 보면 매장운영에 직접적인 책임을 지는 소유주이며, 상당한 정도의 자율성을 가지고 관리한다는 주인의식을 갖게 되어 동기부여 효과가 높다.

프랜차이징은 라이선싱의 경우와 마찬가지로, 세계 각처에서 사업을 운영하는 프랜차이즈 도입자(franchisee)를 잘 감독하고 전 세계에 균등한 상품과 서비스가 제공될 수 있는 엄격한 관리 및 감독기준을 세우는 것이 중요하다. 프랜차이징은 물리적인 상품을 다루는 것이 아니라 무형의 사업방식을 파는 것이기 때문에, 기준을 설정하는 것이 라이선싱의 경우보다 더 중요해진다.

맥도날드는 국제적으로 명성이 높은 그들의 제품 및 서비스 수준을 전 세계에 걸쳐 동일하게 유지되도록 성공적인 관리를 수행해온 좋은 사례이다. 무엇보다도 맥도날드는 햄버거에 들어가는 고기의 양과 질 등 품질에 대한 엄격한 기준을 세워 시행하고 있다. 감자튀김도 길이와 감촉이 기준에 부합하도록 요구되고 있다. 이 때문에 맥도날드는 엄격한 품질기준을 준수할 만한 현지사업자를 찾는 데 어려움을 겪는다. 때로는 막대한 비용을 들여 직접 설비를 설립하여야만 했다. 러시아에서 맥도날드는 고기, 유류, 빵, 감자 등의 처리를 위해 모스크바 외곽에 4,000만 달러를 투입, 공장을 신설하였다. 현지에서 감자, 오이 등을 재배하는 농부들은 맥도날드의 기준을 만족시키도록 교육받고 있다.

제품에 대한 품질기준과 더불어 청결, 매장유지, 서비스에 관한 관리기준도 엄격히 설정되어 있다. 신속하고 친절한 서비스 및 고객에 대한 관심은 맥도날드의 대명사이다. 맥도날드는 일리노이 주에 지점운영자들을 위한 교육프로그램을 만들어, 참석자에게는 햄버거학(hamburgerology) 학위를 수여한다. 모스크바 지점의 운영자들은 유럽과 캐나다 등지에서 교육받고, 종업원들은 친절하게 손님을 대접하도록 교육받는다. 또한 음식의 품질, 매장, 서비스 기준의 충족을 감시하는 감사팀이 전 세계 매장을 감독한다.

맥도날드의 예에서 볼 수 있듯이 프랜차이징은 비록 적은 수준의 자원 투입과 재무적 위험을 수반하지만, 전 세계 점포망을 성공적으로 운영하기 위해서는 상당한 노력을 필요로 한다. 특히 프랜차이징의 성공을 위해서는 제품 및 서비스의 엄격한 관리와 감독체계를 확립하는 것이 필수적이다.

계약생산

계약생산(contract manufacturing)은 다른 기업에게 생산 및 제조 기술을 제공하면서, 동시에 특정 제품의 생산을 주문하고, 그 주문 생산된 제품을 공급받아 현지시장이나 제3국의 시장에다 재판매하는 방식이다. 무역용어에서 계약생산과 비슷한 개념으로 '수탁가공무역(processing trade on consignee)'이 있다. 이 방식은 거래상대방으로부터 원료의 일부 또는 전부를 수입하여 가공한 후, 그 거래당사자 또는 그가 지정하는 자에게 수출하고, 계약에 따라 가공임, 운임, 보험료, 창고료 등의 가득액을 취득하는 것을 말한다. 무역거래에서는 물품의 이동측면을 강조하여 임가공품의 교역으로 보는 반면, 기업경영활동을 강조하는 국제경영학에서는

[표 5-5] 라이선싱, 프랜차이징, 계약생산의 장 · 단점

구 분	라이선싱	프랜차이징	계약생산
장 점	• 투자 필요 없음 • 위험 최소화 • 신속한 진입 • 소규모 시장에 적절	• 재무적 투자 적음 • 기존 상표자산을 활용하며, 현지 파트너의 지식과 기업가 능력을 이용할 수 있음	• 투자 필요 없음 • 관세장벽회피 가능 • 신속한 진입 • 저렴한 생산비 • 진입 · 퇴출의 유연성 • 라이선싱과 달리 마케팅 및 사후서비스 관리가 가능
단 점	• 제한된 수익 • 향후 시장개척의 가능성이 제한됨 • 라이선스 도입자를 잠재적 경쟁자로 만듦	• 현지 프랜차이즈 도입자 관리가 어려움 • 파트너와 갈등으로 법적분쟁 발생 가능성이 높음 • 프랜차이즈 도입자를 잠재적 경쟁자로 만듦	• 적합한 생산 파트너 발굴이 어려움 • 추가 기술지원 비용이 발생 • 품질, 납기, 수요조절 등에 제약

계약생산 방식의 투자활동으로 간주한다.

계약생산의 장점은 투자자원의 낮은 수준 투입, 해외 목표시장에 대한 신속한 진출, 현지국 소유권 제한(투자지분율)에 대한 우회 진출 등이라 할 수 있다. 또한 라이선싱과는 달리 마케팅 및 사후서비스(AS)에 대한 통제가 가능하다는 것도 장점이다. 이러한 계약생산 방식은 현지시장의 규모가 직접투자로 진출하기에는 너무 협소하거나, 또는 본국에서의 수출방식 진출이 각종 수입장벽으로 인해 사실상 불가능할 때 매우 유용하다. 섬유유연제와 세제를 생산하는 P&G는 러시아 시장 진출 시 제조비용을 낮추고 수입품에 대한 관세를 회피하기 위한 목적으로 계약생산 방식을 활용한 바가 있다. 시장에 대한 진입·퇴출의 유연성 측면에서도 계약생산은 여러모로 다른 진출방식보다 유리하다. 제품의 품질이 기업이 요구하는 수준에 미치지 못하거나 생산자가 납기를 준수하지 못하는 경우 계약의 만료와 동시에 다른 제조업자를 찾을 수 있다. 아울러 기업이 특정 시장으로부터 철수를 결정할 경우 생산설비를 포기해야 하는 해외직접투자 방식에 비해 손해를 줄일 수 있다.

그러나 계약생산의 단점으로는 적합한 현지 생산업체를 발굴하기가 어렵고, 적합한 생산업체를 발굴하였더라도 그들로 하여금 일정 수준의 생산력과 품질을 유지하도록 하기 위해서는 상당한 기술지원이 뒷받침되어야 하는 점이다. 품질에 대한 문제 외에도 생산자가 납기를 제대로 준수하지 못하거나 수요의 변동에 따른 공급의 적절한 조정이 어려울 수도 있다.

계약생산을 활용할 수 있는 최적 상황은 현지 유통경로에서 확고한 위치를 갖고 있거나 마케팅 능력을 보유하고 있을 때이다. 위에서 열거한 대로 많은 장점을 갖고 있으므로 현지 파트너의 생산 품질과 납기에 대한 욕구를 충족시켜 줄 수 있는 보완적 장치를 마련한다면 초기 국제화 단계 기업들에게 매우 유용한 해외시장 진출방식이라 하겠다.

3. 해외직접투자의 실행

3.1 해외직접투자의 동기

국제기업들은 왜 해외직접투자를 선택할까? 국제경영학에서 이와 관련한 사항을 다국적기업의 해외직접투자 동기라고 한다. 다국적기업의 해외직접투자 동기는 일반적으로 시장지향(market-seeking), 생산효율지향(efficiency-seeking), (천연)자원지향(resource-seeking), 전략적 자산 및 능력습득지향(strategic asset or capability-seeking) 등 네 가지로 구분한다. 그런데 이때 세 번째와 네 번째 동기는 모두 자원을 습득하기 위한 동기이다. 다만 자원의 종류가 다르다는 데 차이가 난다. 앞의 자원은 광물, 농수산물 등 천연 및 1차 자원을 의미하는 반면, 뒤의 자원은 전략적 자산, 즉 제품생산 기술력, 경영노하우와 같은 기업의 내부 경쟁력을 구성하는 능력이다.

또한 두 자원이 존재하는 시장이 다르다. 천연자원은 개도국 시장이지만 전략적 자산은 선진국 시장에 있다. 이는 각기 다른 방향성의 투자현

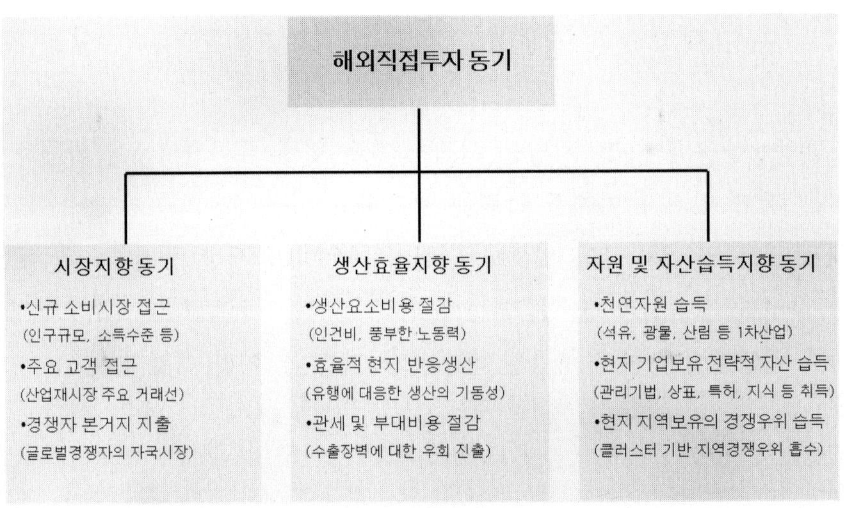

[그림 5-4] 해외직접투자 동기

상을 설명케 한다. 즉 전자는 선진국 기업의 개도국 투자를, 후자는 개도국기업의 선진국 투자의 원인을 제공한다. 본서는 세 번째와 네 번째 지향동기를 합쳐 자원 및 자산습득지향(resource/asset-seeking)이라 명명하고 [그림 5-4]에서처럼 3개의 해외직접투자 동기로 구분한다.

시장지향 동기

시장지향 동기는 여러 해외직접투자 동기 중에서도 기업들이 가장 선호도가 높으며, 또한 대부분의 기업들에게서 공통적으로 볼 수 있는 대표적 동기이다. 시장에 대한 접근 필요성은 매우 다양한 상황이 있겠으나, 주로 다음과 같이 신규소비자, 주요 고객, 경쟁자의 본거지 등이 있는 시장에 접근하기 위한 동기로 구분된다.

① 신규 소비시장에 대한 접근

잠재적 소비시장의 존재는 국제기업에게 진출을 유인하는 요인이 아닐 수 없다. 이미 포화된 기존시장에서 수익성이 한계에 부딪혔을 때 새로운 시장은 추가이윤을 확보할 수 있는 기회를 제공한다. 코카콜라, IBM, 토요타 등이 중국시장에 서둘러 들어간 이유는 13억 인구의 거대한 중국 잠재시장을 포기할 수 없어서이다. 그렇다고 인구수가 많다고 해서 반드시 신시장으로서 매력적인 요소를 갖춘 것은 아니며, 제품을 구매할 수 있는 소득수준을 가진 소비자 규모가 얼마인가도 함께 고려해야 할 요소이다.

② 주요 고객에 대한 접근

이러한 동기는 특히 산업재 시장에서 찾아볼 수 있다. 산업재 시장은 부품 공급업체와 조립완성 업체가 계열화되어 있는데, 주요 고객인 조립완성 업체가 해외시장에 있는 경우, 그 회사에 적극적으로 납품을 하기 위해 시장진출을 시도한다. 이러한 주요 고객 접근 동기는 함께 국내에서 조업 중인 거래처가 해외에 진출했을 때, 동반진출 현상으로 이어지는 경우가 많다. 예컨대 P&G가 중국시장에 들어갔을 때 용기납품 거래선인 플라스틱 성형물 제조기업이 함께 진출하였던 것이나, 현대자동차가 북경에 생산시설을 구축하였을 때, 한국에 있던 주요 납품업체들이 함께 동반하여 진출한 사례가 이에 해당한다.

③ 경쟁자의 본거지 시장에 진출

시장에는 신규 소비자와 주요 고객만이 있는 것이 아니라, 유사한 제품을 생산하는 경쟁자도 있다. 경쟁자가 있는 시장에 의도적으로 진출하는 것도 시장지향동기 직접투자에 포함한다. 예를 들어, 미국 중장비업체인 캐터필러(Caterpillar)는 미쯔비시(Mitsubishi)와 손을 잡고, 국제시장에서 경쟁자인 코마츠(Komatsu)를 견제하고자 코마츠의 본사가 있는 일본 시장에 직접 진출한 사례가 있다.

생산효율지향 동기

생산효율지향 동기는 시장 확대를 통하여 발생하는 생산비용상의 '규모의 경제' 혹은 '범위의 경제' 효과를 실현하기 위한 직접투자 동기이다. 현지에 직접투자를 함으로써 얻을 수 있는 생산효율성 증대효과도 다양한 경우가 있겠지만, 다음과 같이 직접적인 생산요소비용 절감, 효율적인 현지반응 생산, 관세 및 부대비용절감 차원에서 그 사례를 정리한다.

① 생산요소비용 절감

저렴한 인건비와 같이 생산요소 가격이 낮은 경우 현지에서 생산한 제품경쟁력은 더욱 커질 수 있다. 선진국에서는 비숙련 근로자이더라도 고용비용이 비쌀 뿐더러 많은 수의 고용자를 확보하기가 어렵다. 그러나 중국, 인도, 베트남 등 아시아 신흥국가에서는 상대적으로 저렴하며 풍부한 생산요소를 쉽게 확보할 수 있다. 세계의 공장이라 불리는 이들 지역 외에도 미국기업의 멕시코 진출, 유럽기업의 동유럽국가 진출 등은 인근 지역에서 저렴한 생산요소 확보를 위한 직접투자인 경우가 많다.

② 효율적인 현지반응 생산

인건비가 저렴하지 않더라도 현지에 직접 생산시설을 설치하고 생산활동을 하는 것이 본국보다 더 유리한 경우가 있다. 현지 소비시장이 세계적으로 주요 시장일 때, 이들 소비자들의 반응을 보며 즉각적인 생산·공급을 추진하는 입지로 해당 시장만큼 좋은 곳은 없다. 이와 같은 현상은 고가격 제품의 패션업계에서 잘 일어난다. 패션은 유행에 민감하며, 고가의 고급제품일 경우 순수 생산비용이 가격에서 차지하는 비중이 매우 낮다. 스페인의 자라(Zara), 스웨덴의 H&M이 저렴한 생산요소를 제공받을 수 있는 중국, 인도, 베트남 등의 입지보다 주요 소비시장인 유럽에 생산시설을 둔 이유가 여기에 있다.

③ 관세 및 부대비용 절감

제품의 국제가격 형성에는 생산요소의 비용뿐만 아니라 세금, 운송비용 등 여럿의 부대비용이 들어간다. 해외의 목표시장에서 현지 정부가 높은 수입관세를 할당해 두었다면 수출제품의 현지 가격경쟁력은 매우 낮을 수밖에 없다. 또한 제품속성상 완제품의 부피가 커서 제품 운송비용이 많이 든다면 수출방식 진출을 우회하는 직접투자 방식이 생산효율성을 높이는 적절한 방식이다. 이 점에 착안하여 현지 정부는 더 많은 국제기업을 자국시장 내 유치하기 위한 정책적 조치로 직접투자기업에 대해 부대비용 절감 인센티브를 제공하기도 한다. 외국인투자에 대한 법인세 및 관세감면 제도가 그 예이다.

자원 및 자산습득지향 동기

국제기업은 자신이 자원 또는 부족한 역량을 해외에서 보충하기 위해 직접투자 방식진출을 시도하기도 한다. 부족한 역량을 습득하기 위한 투자란 단순히 석유와 광물과 같은 천연자원 외에 기업의 경쟁우위에 도움이 되는 경영자원을 현지시장에서 얻기 위한 시도를 말한다. 이때 현지시장이 제공하는 자원은 국토가 보유한 천연자원, 현지기업이 보유한 전략적 자산, 현지지역이 보유한 경쟁우위 등으로 구분할 수 있다.

① 천연자원 습득

천연자원은 말 그대로 석유, 광물, 산림, 물 등 자연상태로 존재하는 경제자원을 말한다. 천연자원 개발 자체가 1차 산업으로 투자대상이 되지만, 한편으로는 이들 천연자원을 이용한 2차 가공생산투자에서도 천연자원 확보형 직접투자는 이루어진다. 이러한 천연자원 확보형 투자는 2차 대전 이후 1950~60년대 당시에 유행했던 서구 선진국의 후진국에 대한 전통적인 직접투자 패턴이다.

그러나 최근 중국을 비롯한 신흥국가들이 고도 경제성장률을 유지하기 위해 더 많은 에너지 및 자원이 필요하자, 이들 국가의 기업을 중심으로 아프리카와 같은 저개발국에 대한 천연자원 개발투자가 다시 확대되는 모습을 보이고 있다.

② 현지기업 보유의 전략적 자산 습득

전략적 자산이란 경영노하우 및 생산기술력과 관련한 경영관리기법, 상표 및 기술특허, 기타 암묵적 지식 등을 포함한다. 해외직접투자 기업은 이러한 전략적 요소를 기본적으로 갖추고 있어야 현지시장에서 이를 활용한 부가가치 창출이 가능하다.

만약 갖추지 않은 상태에서 해외에 진출하는 경우라면, 이를 얻기 위한 투자일 것이다. 이러한 동기에서 비롯한 투자유형이 전략적 자산 습득형 투자이다. 현재 보유하지 않았기 때문에 이를 보유한 현지기업으로부터 전략적 자산을 이전받는 극단적인 상황이 바로 대상 기업에 대한 '인수'이다.

③ 현지지역 보유의 경쟁우위 습득

얻고자 하는 전략적 자산이 기업에게만 내재되어 있는 것은 아니다. 특정지역에서 존재하는 경우가 있다. 지역경쟁우위의 기반이 산업클러스터이다. 예컨대 독일의 기계·자동차 산업, 이탈리아의 패션·가죽산업, 일본 전자산업의 경쟁력은 지역 내 구축된 클러스터로부터 나온다.

특정 분야에 대한 전략적 자산이 없는 국제기업이 그 자산을 얻는 방법은 자산을 갖고 있는 기업을 인수하는 방법도 있지만, 클러스터에 기반을 둔 지역에 진출하여 지역경쟁우위를 학습·공유·이전받아 역량을 키우는 방법도 있다.

3.2 합작투자와 단독투자

해외직접투자를 자본금에 대한 소유권 비율로 구분할 때, 100% 소유지분율은 단독투자, 100% 미만의 소유지분율은 합작투자(joint ventures)로 나뉜다. 또한 합작투자는 다시 상대 합작선과 비교한 자사의 지분율에 따라 다수지분(majority), 소수지분(minority), 동등지분(equality) 등 세 가지 형태의 합작투자로 분류한다.

합작기업은 2개 이상의 기업이 특정 목적을 달성하기 위해 설립한 공동사업체이다. 국제기업들이 무엇보다도 합작투자를 선호하는 이유는 현지 경영활동에 대한 통제를 어느 정도 유지하면서도 단독투자의 경우처럼 전면적인 위험부담은 지지 않는다는 것이다. 이처럼 합작투자는 투자에 대한 위험을 현지기업과 공유함으로써 분산시킨다는 것이 장점이다. 그런데 그런 만큼 투자에 대한 수익도 현지기업과 양분하며, 자신의 자원도 마찬가지로 현지기업에 공개하게 된다. 즉 자원의 공유와 공개는 합작투자의 장점이자 단점으로 작용한다.

단독투자가 아닌 합작투자 방식만이 갖는 고유의 장점은 현지 파트너가 가진 현지시장에 대한 정보력과 네트워크를 활용할 수 있다는 것이다. 현지 합작파트너는 시장상황 및 소비자에 대한 이해와 지식을 보유하고 있고, 현지 유통업자 및 주요 관련 기관과의 기존관계를 활용함으로써 현지시장 적응이 용이하다는 점이다. 투자기업은 현지파트너를 통해 시장환경, 고객의 욕구 및 반응, 주요 경쟁자 및 예상되는 반응 등에 관한 지식과 피드백을 얻게 되어 현지에서 경영활동에 필요한 경험을 빠르게 축적해 나갈 수 있다. 현지에 대한 지식이 거의 없고, 국내시장과 문화적 차이가 큰 이질적 시장에 진출할 때에는 합작투자의 장점이 크게 발휘될 수 있다. 사회주의 국가와 같이 경제체제가 다른 시장에 진출할 경우도 마찬가지이다.

합작투자의 단점은 무엇보다도 참가기업 사이의 의사소통문제가 심각한 장애요인으로 제기되고 있다. 합작의 주체가 모두 선진국이라도 의사소통상의 문제가 발생할 여지는 충분히 있다. 하물며 사업운영방식과 문화 및 가치관에 있어 큰 차이를 보이는 선진국과 개도국 기업 간 합작투자는 이러한 문제 발생 가능성이 더욱 크다. 기업들은 각기 다른 기업문화와 경영철학을 가지고 있어, 합작주체 간의 이러한 차이를 극복하고 조화로운 협력체제를 구축·유지하는 일은 결코 쉽지 않다.

합작투자 파트너 대상은 현지기업 또는 제3국 기업 및 정부가 될 수 있고, 합작의 범위는 2개 기업 간 합작이 가장 전형적이기는 하지만, 3개 이상의 주체가 결합될 수도 있다. 현지정부가 파트너가 되는 대부분의 합작투자 경우는 대규모 수로사업, 발전소 건설, 철광 개발과 같이 국가적 중요성을 띄는 대형 사업에 다수의 외국기업이 참여하는 컨소시엄 합작투자 형태로 진행된다. 이런 사업들은 주로 개도국에서 이루어지며, 완료한 뒤에는 현지 경영체제의 확립과 통제를 위하여 정부가 개입하는 것이 보통이다.

한편 일부 시장들, 특히 개도국들은 특정 산업분야에 있어 자국기업의 육성을 위해 외국기업의 단독투자를 금지시키는 대신, 현지기업과의 합작투자를 장려한다. 유고슬라비아, 루마니아, 폴란드와 같은 동구권 국가들, 인도네시아, 중국, 인도와 같은 아시아의 개도국들은 외국기업과 자국기업과의 합작투자를 강력히 장려하고 있고 이런 경우 단독투자로의 진출이 훨씬 유리하더라도 투자기업은 시장진출을 위한 차선책으로 합작투자를 선택할 수밖에 없다.

단독투자에 대한 현지정부의 규제가 없고, 충분한 자원을 보유하고 있는 경우라면 합작투자의 단점을 극복하기 위해 완전소유 자회사(wholly owned subsidiaries, WOS)의 설립을 생각해 볼 수 있다. 완전소유 자회사 설립, 즉 단독투자의 장점은 현지에서의 생산 및 마케팅활동에 대한 완

[표 5-6] 합작투자와 단독투자 비교

구 분	합작투자	단독투자
장 점	• 제한적인 자본 및 경영자원 투입(위험 분산) • 파트너의 정보력과 네트워크 활용 • 상대방의 경영자원을 공유할 기회 • 현지 정부로부터 우호적 투자환경을 제공받을 수 있음(합작투자 인센티브)	• 파트너가 없으므로, 갈등발생, 의사소통 문제, 정보공개 위험 등에 우려가 없음 • 현지시장에 대한 통제력 강화
단 점	• 파트너와의 갈등 발생 가능성 • 의사소통 문제와 관리 문제 • 상대방에게 경영자원 공개의 위험 • 현지시장에 대한 통제력의 한계	• 투자에 소요되는 자금을 모두 직접 충당하여야 함(위험 증가) • 파트너의 자원(정보력, 네트워크, 기타 경영자원)을 공유할 수 없음 • 현지 정부의 단독투자 금지 규제에 직면할 수 있으며, 허용한다하더라도 우호적 환경을 제공받기가 어려움

전한 통제를 가능하게 하고, 계약생산이나 라이선싱, 혹은 합작투자에서 발생할 수 있는 이해관계의 충돌과 관리상의 문제점들을 제거할 수 있다. 아울러 완전소유 자회사의 활동으로부터 획득되는 모든 이익은 모기업에 귀속된다.

반면 단독투자의 단점으로는 합작투자에서 존재하는 합작 파트너를 활용할 수 없다는 점이다. 투자에 소요되는 자금을 본사가 모두 충당하여야 하며, 파트너의 정보력, 네트워크와 같은 경영자원을 공유할 수 없어 높은 투자위험을 감수해야 한다. 또한 현지정부는 통상 단독투자보다는 합작투자를 선호하고 있어, 투자인센티브 수혜 및 우호적인 투자환경을 현지정부로부터 제공받을 기회가 적다는 것도 단점이다.

4. 전략적 제휴의 실행

4.1 전략적 제휴의 범위

전체 진출방식의 범주에서 다른 진출방식과 구분된 전략적 제휴의 범위를 살펴보자. 진출방식에서 수출을 제외하면 진출방식은 크게 계약방식과 지분참여 방식으로 나눠진다. [그림 5-5]에서처럼 계약방식은 다시 전통적 계약방식과 비전통적 계약방식으로 세분할 수 있다.

전통적 계약방식이란 일반적인 라이선싱, 교차라이선싱과 같은 라이선스 방식의 통칭이다. 여기에 프랜차이징, 판매대행 등 마케팅과 관련한 계약방식과 기술지원 및 하청계약과 같은 생산관련 계약방식을 포함한다.

비전통적 계약방식에는 공동 연구개발, 공동생산, 공동마케팅, 장기소싱계약, 판매 및 서비스망 공유 등에 대한 계약 등이 있다.

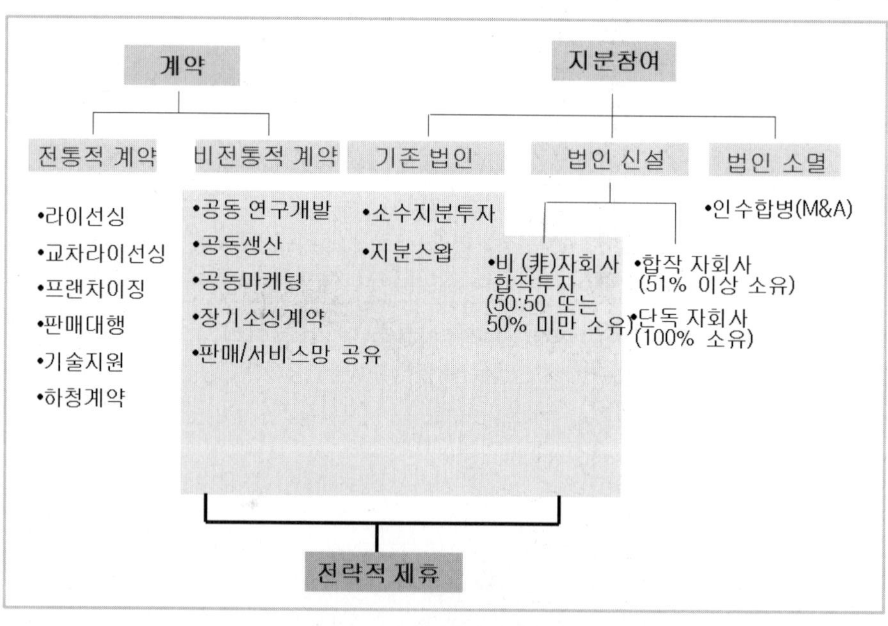

[그림 5-5] 전략적 제휴의 범위

비전통적인 계약이 전통적 계약과 다른 점은 계약대상물에 대한 제공과 도입이 서로 상호적이라는 데 있다. 또한 그 대상물을 임차하는 데에 대한 보상이 금전적 지불이 아닌 대상물 자체의 상호 교환으로 일어난다. 즉 전통적 계약에서는 계약대상물의 도입대가가 주로 자금이지만, 비전통적 계약에서는 자신이 갖은 전략적 우위 요소가 대가이자 계약대상물 자체가 된다. 다시 말해 전통적 계약은 자신이 갖고 있는 경쟁우위를 상대방에게 빌려주어 금전적 수익을 올리거나, 상대방이 갖고 있는 경쟁우위를 차용하는 대가로 금전적 보상을 하는 데 비즈니스의 초점이 맞추어져 있다. 그러나 비전통적 계약은 자신이 원하는 경쟁우위를 확보하는 대가로 역시 자신이 갖고 있는 경쟁우위를 공유케 하는 방식으로서 경쟁력 확보 유무에 비즈니스의 초점이 맞추어져 있다. 이 점에서 비전통적 계약은 전형적인 전략적 제휴의 한 형태라 할 수 있다.

지분참여 방식은 자본구조에 직접 관여하지는 않는 계약방식이 아니라, 직접 상대 법인의 자본구조에 투자하여 일정지분을 확보하는 경우를 말한다. 지분참여는 기존법인의 지분에 참여하는 경우와 새롭게 법인을 신설하고 신설한 법인의 지분을 소유하는 경우로 나뉜다. 전자의 기존법인 투자는 소수지분투자 또는 지분스왑(equity swap) 형태로 나타난다. 이때, 지분스왑은 신규지분에 대해 자본금을 불입하는 대신에 자신의 주식을 교환하여 일정 지분을 확보하는 경우이다.

한편 새롭게 신설법인을 설립하는 후자의 법인신설 투자의 경우는 먼저 본사의 전적인 지배를 받는 자회사 법인과 비(非)자회사 법인으로 나뉜다. 비(非)자회사 법인은 보통 소유지분율이 50 : 50이거나 50% 미만을 소유한 경우로 51% 이상을 소유하는 합작 자회사나 100%를 소유한 단독 자회사와 구별된다. 전략적 제휴는 파트너가 있는 합작투자의 경우이지만 자회사로 설립되는 합작자회사는 대상에서 제외된다.

지금까지의 설명을 토대로 전략적 제휴의 범위를 요약해 보자. 전략적 제휴는 계약 방식과 직접투자 방식 모두에서 나타난다. 계약 방식에서는 전통적 계약은 제외되고, 직접투자 방식에서는 파트너가 있는 합작투자라 하더라도 본사의 전적인 지배를 받는 자회사 설립의 경우가 제외된다. 이처럼 전략적 제휴의 범주를 설정하는 기본원리는 목표시장 진출에 대해 시장거래(계약)를 통할 것인가, 또는 조직 내부화(직접투자)를 이용할 것인가에 있는 것이 아니라, 전략적 목적 차원에서 어떻게 상대방의 전략적 자산을 확보하고 공유할 것인가에 초점을 맞춘 개념이다.

다만 이러한 전략적 목적을 달성하는 과정에서 나타나는 외형적 모습이 계약형태로도 실현될 수 있고, 직접 법인의 자본구조에 참여함으로써 실현될 수 있을 뿐이다. 물론 일반적으로 계약보다는 자본구조에 서로 참여하는 것이 더욱 제휴관계를 공고히 하거나, 오랜 기간 동안 존속하는 데 유리할 것이다.

4.2 전략적 제휴와 전통적 합작투자 간 비교

앞서 전략적 제휴에 대한 범주 구분에서는 전략적 제휴는 파트너가 있는 합작투자라 하더라도 본사의 전적인 지배를 받는 합작 자회사의 경우는 제휴방식 범주에 포함시키지 않는다고 하였다. 이와 같은 구분은 전략적 제휴를 단순히 외형이 아닌 전략적 목적에 비중을 두고 그 개념을 정립하고 있기 때문이다. 전통적인 단순 합작투자와 전략적 제휴 방식 모두는 필요한 자원을 상대 파트너와 서로 공유한다. 그러나 공유하는 자원의 속성이 다르다.

직접투자 방식에서 단독투자와 합작투자의 구별은 법인설립에 요구되는 투자자금을 모두 마련하지 못할 때, 100% 소유권을 갖는 단독투자 방식이 아니라 그 이하의 소유지분을 갖는 합작투자를 선택하게 된다는 것이다. 즉 공유하는 자원이 자금이며, 합작파트너의 역할은 부족한 자금을 보완하는 역할을 한다. 그러나 전략적 제휴에서 공유하는 자산은 현금과 같은 재무자산이 아니라 자사의 경쟁력을 보완하기 위해 상대방이 가진 전략적 자산 자체가 재무자산을 투자하는 목적이 된다. 예컨대 과거 50 : 50의 전략적 제휴관계를 형성한 LG-필립스의 반도체 생산법인은 각 회사가 비단 부족한 자금 때문에 합작회사를 설립한 것은 아니다. 다시 말해 전략적 제휴는 핵심역량을 보완하기 위한 특정 합작선에 대한 전략적 선택인 반면, 단순 합작투자는 투자자원의 부족, 단순한 거대 몸집효과(규모 효과)를 구현하기 위한 자금의 결합을 의미한다.

또한 전략적 제휴는 단순 합작투자와는 달리 기존의 알려진 위험을 대처하는 것이 아니라, 파트너와 함께 미래에 발생하는 유무형의 복잡한 경쟁환경에 대한 포괄적 협력체제로 사업의 불확실성을 제거하는 데 목적을 둔다. 합작투자로 진출하는 것은 단독투자보다는 그만큼 재무적 위험이나, 현지시장에서 소규모 투자에 대한 약점보완 측면이 강하게 작용한다. 반면 전략적 제휴는 빠른 기술수명주기, 급변하는 경쟁자 시장환경으로 발생하는 불확실한 미래에 대해 최적의 단기적 대안으로서 선택하는 전략적 행위이다. 그러다 보니 '오늘의 파트너가 내일의 적'으로 변하는 상황이 전략적 제휴 관계에서는 종종 찾아 볼 수 있다.

전략적 제휴는 복잡한 합작의도와 경쟁환경에 노출된 만큼 여러 파트너와 네트워크 형태로 존재하게 된다. 그러나 단순 합작투자는 자신과 상대방, 이렇게 양자 간 결합이 보편적인 존재 형태가 된다. 전략적 제휴와 전통적인 단순 합작투자 간 차이점을 다시 한 번 정리하면 다음과 같다.

- 전략적 제휴는 '핵심역량 보완'을 위한 전략적 선택인 반면, 단순 합작투자는 결합을 통한 '규모효과'에 초점
- 전략적 제휴는 향후 복잡하고 불확실한 경쟁구도 변화에 대해 포괄적인 '사업 불확실성' 제거에 목적을 둔 반면, 단순 합작투자는 재무위험과 같은 '알려진 위험'에 대한 경감 목적에서 실행
- 전략적 제휴는 현재의 협력 파트너가 '미래의 경쟁자'로서 둔갑하는 현상이 종종 일어나는 데 비해, 단순 합작투자는 결렬되어도 '협력관계는 계속 유지'되는 경우가 많음
- 전략적 제휴는 여러 파트너 간 '공동 네트워크' 구축으로 복수의 파트너를 선정하는 반면, 단순 합작투자는 자사와 상대방 양자 간 '결합'인 경우가 일반적임

4.3 전략적 제휴의 유형

수직적 제휴와 수평적 제휴

전략적 제휴의 유형을 나누는 기준 중 하나는 공급사슬(supply chain)을 이용한 구분이다. 공급사슬의 흐름대로 판매자와 구매자 간에 일어나는 제휴관계는 수직적 제휴(vertical alliance), 같은 공급사슬 위치에 있는 구매자와 구매자 간에 일어나는 제휴는 수평적 제휴(horizontal alliance)이다. 국제시장에서 수직적 제휴는 공급망 안에서 그들의 기술이나 능력을 공유해서 사용하는 것에 동의하는 국제적 공급자와 구매자 사이에서 형성된다. 대표적 사례로서 마이크로소프트와 각국 정부 간의 전자정부(e-government) 프로젝트가 있다. 마이크로소프트는 해당 국가의 정부와 전자정부의 추진계획, 전자정부 실행전략, 보안과 관련된 IT 인프라 등에 대해 광범위한 제휴관계를 형성하고 정보공유와 실질적인 실행능력의 확보를 위한 공동 노력을 하고 있다.

수평적 제휴는 같거나 유사한 물건과 서비스를 제공하는 경쟁기업 간에 형성된다. 이를 공동제휴라고도 한다. 공동제휴 관계는 설사 다른 기업과 일을 함께 추진하더라도 자기만의 전략을 침해받지 않거나 고수할 수 있을 때 흔히 일어난다. 이런 관계는 경쟁이 없는 시장이나 기술이나 기능측면에서 그들의 능력과 경쟁적 위치를 강화하기 위해 보통 1위, 2

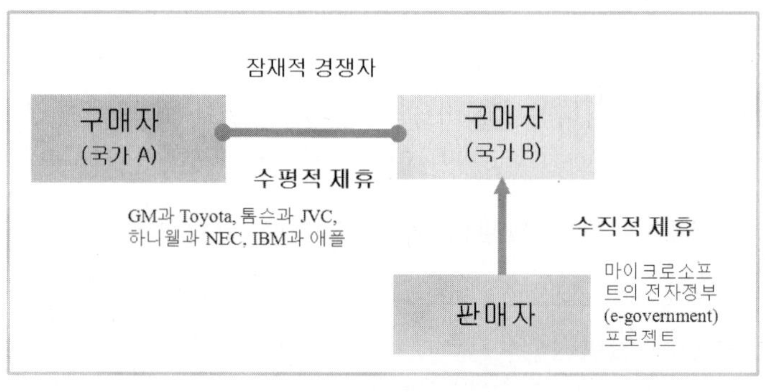

[그림 5-6] 수직적 제휴와 수평적 제휴

위 기업들에 의해 시도된다. 상호 보완적 관계성이 높거나, 향후의 잠재적 경쟁자 출현에 대응하기 위한 방법이라고는 하나, 역시 수평적 관계인만큼 제휴가 깨지고 언제 경쟁관계로 맞서게 될지 모르는 위험이 있다. 최소한 현재의 제휴 중인 비즈니스 분야가 아니더라도 다른 신제품 시장 또는 다른 국가시장에서 경쟁자 관계가 될 가능성이 상존해 있는 것이다. 수평적 제휴의 대표적 사례로는 GM과 토요타, 지멘스와 필립스, 캐논과 코닥, 톰슨과 JVC, IBM과 애플, 노던텔레콤(Northern Telecom)과 모토롤라 등이 있다. 전략적 제휴가 가장 활발히 일어나는 분야인 항공산업의 예를 들면, 각 항공사들의 공동노선 운영, 티켓팅 판매망 공유 등은 수평적 제휴이며, 항공사들과 호텔, 렌트카 회사, 여행사 간 업무협력의 체결은 수직적 제휴 형태에 해당한다.

규모형 제휴, 보완형 제휴, 경쟁형 제휴

제휴 파트너 간 경쟁력의 종류나 결합상황으로 유형을 분류하면, '규모형 제휴(scale alliances)'를 위한 파트너 선정, '보완형 제휴(complementary alliances)'를 위한 파트너 선정, '경쟁형 제휴(competitive alliances)'를 위한 파트너 선정 등 세 가지로 요약할 수 있다.

① 규모형 제휴 파트너

국제기업이 투자비용 과다에 따른 위험을 최소화하고 상대 파트너의 기존 시설 및 장비를 활용하기 위한 제휴가 규모형 제휴이다. 규모형 제휴의 전제조건은 제휴기업 간 강·약점이 비슷하고 설비 호환성이 높을 때 가능하다. 이때 공유하는 자원은 현금, 부동산, 기자재 등 재무적 자산뿐만 아니라 판매망, 기술, 지식재산권과 같은 비재무적 자산도 포함한다. 다른 유형인 보완형 제휴, 경쟁형 제휴에서처럼 상대방 파트너가 보유하고 활용하는 자산이 핵심역량 분야가 아니라 일반적 자원이며, 이들 자원의 결합 그 자체에서 규모효과가 발휘되어 경쟁력을 이룬다는 데 구별점이 있다. 가령 한국과 말레이시아 간 국제로밍서비스를 제공하기 위해 우리나라 통신기업인 SK텔레콤과 말레이시아의 맥시스(Maxis) 사이의 통신망 공유 제휴가 해당 사례가 된다.

② 보완형 제휴 파트너

보완형 제휴는 참여하는 파트너가 주력하는 전략적 자산과 경쟁우위가 각기 다를 때 성립한다. 상대방의 자산을 서로 교환하지만, 교환을 통해 동일한 핵심역량을 갖게 되는 것이 아니며, 각자의 완성된 핵심역량은 서로의 각기 다른 경쟁자들에게 상대우위로 작용하게 되는 안정적 구조의 제휴이다. 파트너 간 경쟁관계를 형성하지 않는다는 점에서 다음의 경쟁형 제휴보다 장기적인 관계유지가 가능하며 파트너에 대한 만족도가 크다. 보완형 제휴 파트너를 선정한 대표적 사례는 볼보의 버스사업부와 중국의 시안항공산업의 중국 내 합작법인인 시안실버버스(Xi'an Silver Bus)가 있다. 볼보는 버스생산의 핵심제조 및 기술을 제공하고, 시안항공산업은 인적자원과 현지에서 장비를 지원하였다.

③ 경쟁형 제휴 파트너

경쟁형 제휴는 실질적 혹은 잠재적인 경쟁기업과 제휴를 맺는 것을 의미한다. 경쟁적 제휴 파트너는 동일 업종 또는 연관 사업분야에서 같은 고객군을 대상으로 경영활동을 영위한다. 비록 규모형 또는 보완형으로 시작하였더라도 시간이 지나면서 경쟁형 제휴 파트너로도 변신할 수 있다. 경쟁형 제휴의 사례로 상하이-선윈버스(Shanghai-Sunwinbus) 사례를 들어보자. 이 제휴는 볼보의 버스사업부와 상하이자동차(SAIC)가 중국 내 버스 판매를 위해 손잡으면서 시작되었다. 그러나 SAIC의 버스 생산에서의 기술습득 목적과 볼보의 중국시장 정보 획득이라는 서로의 목적을 위해 탄생한 이 제휴는 아주 짧은 기간 동안만 존속할 수 있었다. 동일 버스 업종에서 일어난 보완형 제휴인 시안실버버스와는 전개과정이 달랐다. 시안항공산업은 SAIC보다 버스 제조에 관심이 적었고, 볼보의 잠재적인 경쟁자는 아니었다. 볼보는 시안실버버스와 상하이-선윈버스, 두 버스회사와 제휴관계를 맺었다. 볼보는 초기에 양쪽 제휴 파트너들 모두와

균형 있는 투자관계를 유지하였다. 그러나 시간이 경과함에 따라 각 파트너에 대한 의존도는 차이가 나게 되었다. 보완성과 경쟁성이 각기 다른 제휴의 존속기간에 영향을 준 것이다.

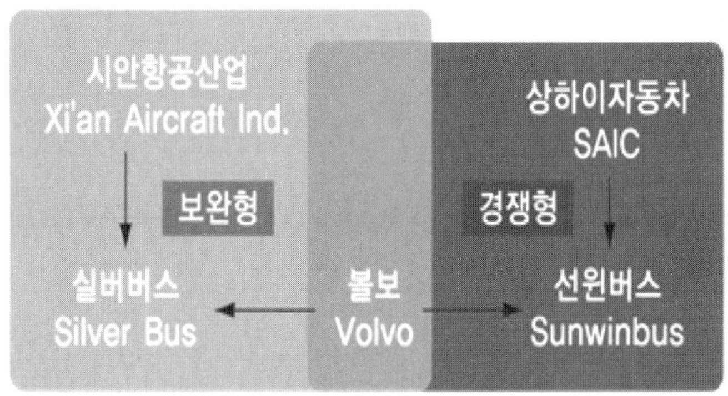

[그림 5-7] 중국에서 볼보의 전략적 제휴

CHAPTER 6

국제경영 윤리와 사회적 책임

1. 국제경영 윤리

1.1 국제기업의 윤리의식

국제적 기업의 최고경영자, 국제경영 기업은 특히 국내기업보다 더 사회적 책임이 따른다. 다국적기업은 자국 시장을 넘어 하루 소득 1달러로 살아가는 국가에 이르기까지 세계시장에서 경영활동을 수행한다. 진출한 후진국 시장에서는 천연자원 확보, 저렴한 노동력 이용, 대중 소비자에게 제품 판매 등으로 수익을 올린다. 다국적기업의 뛰어난 제품생산 기술력과 경영 노하우는 현지의 시장구조에 절대적인 영향을 미친다. 이러한 경쟁우위는 현지 시장에서 건전한 토착기업 육성 기회를 애초에 사라지게 해 자립적인 시장 발전에 방해를 줄 수도 있다. 국내기업에 비해 각국 시장에 존재하는 정부, 공급자, 소비자, 근로자, 경쟁기업, 사회단체 등 다양하고 많은 수의 이해관계자들(stake holders)과 직·간접적인 관계를 형성한다.

스타벅스는 세계적인 구제단체인 케어(CARE)와 협력하여 제3세계 시골지역에 구제사업을 해오고 있다. CARE에 자금을 지원하여 커피 생산국인 인도네시아, 과테말라, 케냐, 에티오피아 등 4개국에 정수 공급시스템, 건강위생교육, 문맹퇴치 활동을 지원하고 있다. 스타벅스가 기업의 사회적 책임을 느끼고 원자재 공급국에 지원을 하게 된 것은 특정 사건이 일어난 이후부터이다. 1994년, 과테말라 노동운동가는 자국에서 커피 생산 농부에게 커피 1파운드(0.45kg)에 고작 2센트를 지불하는 사실을 소비자들에게 알렸다. 그러나 정작 스타벅스가 과테말라산 커피를 조달하는 비율은 전체 과테말라 커피 생산량 중 극히 미미했다. 스타벅스는 과테말라 현지 실사를 통해 이러한 문제를 파악하는 과정에서 정말 커피 농부들이 어려운 여건에서 일하고 있다는 사실을 인식하게 됐다. 이후 스타벅스는 커피수매가를 일반 거래가의 2배로 책정하는 한편 개도국의 빈곤층을 돕는 사회적 책임활동을 추진하기 시작한다. 1997년 초부터는 과테말라의 영세 커피 농사꾼들이 수확물의 품질을 개선하고, 시장에 직접 접근할 수 있도록 국제기술관련 기구와 공동으로 프로그램 개발을 추진하기 시작하였다. 환경보호를 위해 습식커피 처리 설비를 도입하고, 커피 재배자들의 질병과 영양실조를 개선하는 의료활동도 벌이고 있다. 코트디부아르, 가나 등 아프리카의 초콜릿 생산 농부들에게 공정무역 프로그램을 적용하여 생활을 돕는 다국적 식품회사의 '착한 초콜릿' 운동도 이와 유사한 사례라 하겠다.

스타벅스의 사례가 이해관계자 중 특히 원료공급자와 관련한 기업의 사회적 책임에 해당한다면, 다국적 화장품 회사인 에이본(Avon)의 사례는 소비자에 초점을 맞춘 사회적 책임활동이라 할 수 있다. 에이본은 회사 고객인 여성에게 흔히 걸릴 수 있는 유방암에 대한 예방 및 퇴치 프로그램을 전 세계 여성을 대상으로 지원한다.

이들 사례와 달리 이해관계자들에 의해 기업이 사회적 책임을 다할 것을 강요당하는 사례도 있다. 1995년 4월 30일, 세계적인 석유 다국적기업 로열더치쉘(Royal Dutch/Shell)의 경영진들은 환경단체 그린피스(Greenpeace)가 북해에 위치한 석유 저장시설인 브렌트 스파(Brent Spar)에 승선했다는 소식에 충격을 받았다. 브렌트 스파의 생산성이 떨어지자 로열더치쉘은 대서양에 브렌트 스파를 가라앉힐 계획이었다. 영국 정부는 로열더치쉘의 처리 계획을 강력히 지지했다. 그러나 그린피스는 브렌트 스파가 유해 물질을 포함하고 있어 수장계획 대신 육상에서의 해체를 주장했다. 거의 두 달 동안 브렌트 스파 문제는 영국과 다른 나라의 언론을 휩쓸었다. 그린피스가 브렌트 스파를 점유하고 있는 동안, 세계 도처에서 반대시위가 벌어졌다. 시위는 독일에서 가장 거세게 일어났으며, 로열더치쉘은 독일에서의 유류 판매액이 급격히 감소하였다.

마침내 1995년 6월, 로열더치쉘은 브렌트 스파를 수장시키려는 계획을 전면 취소한다고 발표하였다. 로열더치쉘의 경우는 그래도 끝내는 다국적기업이 윤리적 책임을 다한 사례이다. 그러나 몇몇의 다국적기업은 환경단체와 같은 비정부기구(NGO)나 현지 주민들의 항의에도 불구하고 자사의 이익을 끝까지 지키는 사례를 보여주고 있다.

미국 메탈클래드(Metalclad)는 멕시코 동북부 미국과 접경지역 과탈카사르 시 인근 계곡에 유해 폐기물 매립장을 설립하였다. 이후 마을에 암환자들이 속출했다. 설립 후 4년 동안 전체 1,200명 주민 중 암으로 20명이 사망하고, 10만 명에 1명꼴인 무뇌아, 척수 이상 기형아가 부지기수로 발생했다. 그린피스가 나서 역학조사를 해보니 지하수가 오염되어 있었다. 지방정부가 가동 중지 명령을 내리자 북미자유무역협정(NAFTA)의 투자자-국가 직접소송제도를 활용하여 멕시코 정부를 월드뱅크그룹 산하 '국제투자분쟁해결본부(ICSID)'에 제소하였다. 메탈클래드는 승소하여 멕시코 정부가 165억 원을 물어주라는 판결을 받아냈다.

1.2 국제경영과 부정부패

부패(corruption)는 일반적으로 '공적인 지위를 사적인 이익을 위해 남용하는 것'을 말하며, 구체적 행태는 뇌물, 사기, 돈세탁, 연고주의, 금품강요, 횡령 등으로 나타난다. 부패는 공무원 및 관료와 같이 공적 지위를 가진 주체들에게서만 나타나는 것은 아니며, 기업 내 권위 있는 직책을 가진 자가 사적인 이익에 직책을 남용하는 경우에도 해당한다. 과거에는 기업 또는 기업가의 부패에 대해 사업을 이행하기 위한 과정에서 옳지는 않지만 경영과정에서 어쩔 수 없는 불가결 사항으로 인식하는 경향이 있었다. 그러나 오늘날에는 기업들의 부패가 국가와 시장의 발전과 성장에 악영향을 미치며, 부패에 참여하는 이해관계자가 부패의 희생양이기보다는 오히려 부패를 영속시키는 핵심적인 행위자라는 인식이 지배적이다. 월드뱅크는 오늘날 경제발전의 가장 큰 장애물이자 법률을 왜곡하고 경제발전을 위한 제도적 기반을 악화시키는 것으로서 부패를 꼽았다. 부패가 경제에 미치는 폐해를 열거하면 다음과 같다.

높은 수준의 부패를 보이는 국가는 일반적으로 낮은 수준의 GDP와 투자율을 보인다. 부패는 정부의 세수를 감소시키며 이는 결과적으로 정부의 공공 보건과 교육에 대한 투자를 제한시킨다. 또한 전기, 수송, 통신과 같이 인프라 구축 시에 비용이 많이 들고, 간헐적으로 제공되는 서비스의 과부족을 야기하여 기업 성장에 영향을 미치는 공공 인프라를 약화시킬 수 있다. 특히 건설과 관련된 프로젝트는 건설회사가 공무원에게 주는 금품과 건설 과정에서 지급되는 뇌물이 계약입찰에 포함되기 때문에 필요 이상으로 많은 비용이 소요되게 된다.

또한 부패가 금융위기나 경제침체에 미치는 민감도를 증가시킬 수 있다는 증거가 지속적으로 발견되고 있다. 1997년의 아시아 금융위기, 1998년의 러시아 금융위기, 1980년대와 90년대의 남미국가들에서 일어난 수차례의 금융위기의 원인 중 하나가 부패라는 것이 드러났다. 부패는 장래성 있는 기업들의 혁신적인 활동을 가로막고 국가의 발전 차원에서 이득이 거의 없는 비생산적인 활동에 종사하게 하여 국가의 장래 성장 가능성에 상당한 손실을 입힐 수 있다.

더불어 국가가 경제성장의 발판을 구축하기 위해 추진하는 국가 대형 프로젝트에도 악영향을 발생시킨다. 부패는 개발주체, 정부의 관리기관의 프로젝트에 대한 통제력을 상실하게 하여, 결과적으로 잠재 투자자들로부터 투자대상의 매력도를 잃어버리게 한다. 정부의 법적 규제가 적절치 못하거나 투명성과 책임이 상대적으로 약한 국가시장에 투자하는 것을 꺼리게 되는 것이다.

부패는 소득계층 중 경제침체의 충격에 가장 민감하고 공공 서비스에 가장 많이 의존하는 저소득 계층에게 특히 심한 피해를 준다. 부패로 인해 공공자금이 개인자금으로 빠지게 되면, 그만큼 정부재정 지출규모가 감소하게 되는데, 이때 저소득층을 위한 기초서비스와 사회보장을 위한 예산부터 삭감하는 경향이 있기 때문이다. 즉 부패자금으로 전환된 정부재정만큼 저소득층을 위한 국가 기초 복지프로그램이 위축 운영되게 된다.

기업들이 부패에 참여하는 이유 중 첫째는 지역의 관습이나 규범을 따르는 것이 그 이유이고, 둘째는 기업들이 부패를 통하지 않으면 경쟁기업들에 비하여 불이익을 받고 이로 인하여 사업에서 실패할 것을 두려워하기 때문이라 한다. 경영활동에 대한 부패의 폐해는 경영상의 비용을 증가시키는 한편, 미래 경쟁력 확보 의지를 감소시키며, 정상적인 시장으로의 접근을 방해한다. 무엇보다 부패는 경영비용을 상승시킨다.

부패는 국가에 경제적 폐해를 줄 뿐만 아니라 기업의 경영비용을 상승시킨다. 1999년도 ≪이코노미스트(*The Economist*)≫의 조사에 따르면 인도네시아에서는 경영비용의 20%가 뇌물지급에 이용된다고 한다. 이러한 뇌물지급은 되풀이되어 이루어진다. 뇌물을 지급하기 시작한 기업들은 종종 더 많은 뇌물을 각 계약 과정마다 지급해야 하고, 요구되는 지불규모가 기업들 간의 경쟁으로 인하여 계속해서 증가하는 경향이 있기 때문이다. 또한 뇌물은 근본적으로 비밀스런 행동이기 때문에 법적 경로를 통해 중단시키기가 매우 어렵다.

부패자금 충당에 따른 직접적인 경영비용 부담보다 더욱 기업에게 부패가 미치는 악영향은 기업의 미래 경쟁력 확보 의지를 감소시킨다는 것이다. 부패가 만연한 시장에서는 기업이 시장경쟁의 자극을 통한 혁신의지를 무력화시킨다. 다시 말해, 경쟁력이 없는 시장은 경쟁력 있는 기업을 유인하지 못하며, 이는 다시 기업에 혁신의 자극을 주지 못해 미래 경쟁력에 대한 상실을 가속화하는 악순환을 영속하게 한다.

부패는 기업의 정상적인 시장접근을 방해한다. 시장에서 기업들이 가격과 질을 통한 경쟁을 하기보다는 '뇌물을 통한 시장으로의 접근을 위한 경쟁'을 하기 때문이다. 뇌물이 직접 시장으로의 진입을 결정하기 때문에, 혁신과 효율성의 증대를 통하여 경쟁적인 이점을 도모하는 기업들은 목표했던 시장에 진입할 수가 없게 된다. 기업활동의 무대가 황폐화된 만큼 기업의 시장진입비용과 경쟁비용은 더욱 늘어나게 된다.

1.3 국제경영과 국제인권

인권은 모든 개인이 일정한 기준의 기본적 대우를 받을 수 있는 권리를 가리킨다. 인권에 대해 가장 보편적이고 국제적으로 널리 알려진 기준이 1948년 UN에 의해 채택된 「세계인권선언문」이다. 각 나라의 인권에 대한 지침들은 인권선언문을 주축으로 정부의 정책 등의 활동들의 기본적인 방향을 설정하는 가이드라인 역할을 한다. 하지만 이러한 지침에도 불구하고 많은 개도국에서는 인권이 완전하게 보호받고 있지는 못하다. 기업활동의 국제화가 확산됨에 따라 인권기준이 취약한 개발도상국가로 진입이 더욱 확대되어 보다 많은 기업들이 인권문제에 연루되는 사례가 빈번해지고 있다.

이 가운데 전 세계적인 논쟁거리를 제공하고 윤리적 딜레마가 되는 것이 바로 아동노동 문제이다. 윤리적 딜레마란 기업이 윤리적인 책임을 준수하여 아동노동을 금지하면 더 이상의 아동노동 착취문제가 없어지겠지만, 이로 인해 빈곤국에서 더 많은 수입을 필요로 하는 현지 가정의 수입기회를 박탈하게 되어 결과적으로 어린이들을 거리로 나앉게 하는 결과를 초래한다는 것이다.

유니세프(UNICEF)에 따르면 전 세계적으로 2억 4,600만 명의 아동노동이 진행되고 있다고 한다. 이들 전체 아동 노동인구 중 4분의 3가량이 지뢰지대, 화학물질로 뒤덮인 논과 밭, 위험한 기계를 다루는 공장과 같이 위험하고 열악한 환경 속에서 일을 하고 있다. 또한 이들 중에서도 몇몇은 마약거래상(1,200만 명), 부채상환을 위한 노역과 같은 각종 형태의 노예(5,700만 명), 매춘(1,800만 명), 군사분쟁지역에 참전(300만 명), 그 외 불법적인 활동(600만 명)을 하고 있다.

이러한 아동노동에 세계의 주요 다국적기업들이 직·간접적으로 관여하고 있다는 것이 속속 밝혀지고 있다. 축구공 및 운동용품을 만드는 나이키와 아디다스 등 다국적 스포츠용품 업체들은 아동노동 착취 사례가 있으며, 월마트나 까르푸와 같은 국제적인 유통기업들은 개도국으로부터 조달받는 수십억 달러의 재화들의 제조과정에서 종종 아동노동 착취문제가 게재되어 있다.

2. 국제기업의 사회적 책임

2.1 기업의 사회적 책임의 개념과 환경

기업의 사회적 책임이란 복지사회 이행으로의 욕구가 고조되는 가운데 기업이 경제적 이윤추구 과정에서 사회 일원으로서 책임의식을 자각하고 이를 실천해야 한다는 소명의식 또는 책임감을 말한다. 기업들의 무분별한 이윤추구 행위로 인해 야기하는 부정부패, 공해, 투기심리, 가격편승, 인권침해 등으로 지역사회 및 이해관계자들의 권익과 복지 수준 감소가 초래될 수 있다는 가정을 전제로 하고 있는 개념이다.

경제학자들은 기업의 설립목적을 '이윤극대화'로 보고 있다. 제한된 '희소 자원'을 가장 효율적으로 활용하는 것이 생산성이며, 기업은 생산성 향상을 통해 이윤추구 목적을 달성한다. 그런데 생산과정은 인적 고용, 원자재 및 부품 구매, 시설투자 등 다양한 투입물을 요구한다. 투입물을 조달받는 과정에서 근로자, 원부자재 공급업자, 시설설비업자 등 각 이해관계자들에게 소득을 발생시킨다. 또한 발생한 소득은 세금부과 대상으로서, 정부는 이에 대한 세금 징수로 재정과 복지활동의 원천을 마련한다. 이처럼 기업의 이윤추구 행위는 사회의 전체적인 생산 및 분배 메커니즘의 한 가운데에서 제 역할을 다하고 있는 것이다.

사회적 책임은 근본적으로 이러한 경제적 책임을 다하는 과정에서 존재한다. 기업의 사회적 책임을 요구하는 환경을 분류하면 경제적 책임환경, 법적·윤리적 책임환경, 인권적 책임환경, 지속성장 책임환경, 국제시민 책임환경 등이며, 그 내용을 간추리면 다음과 같다.

경제적 책임환경

기업은 경제활동에 종사하는 주체로서 지속적으로 이윤을 창출해야 하고 주주, 종업원, 거래선 등에 대해서는 경제적 피해를 끼쳐서는 안 된다. 다른 책임환경보다 가장 기본적 환경인데, 너무 당연시 하여 오히려 사회적 책임에 포함하지 않기 쉽다. 경제적 책임을 다하는 과정에서 실제 목적은 아니었다 하더라도, 자원의 효율적 배분, 고용창출 등의 다양한 공익적 가치를 발생시키므로 기업의 고유한 공익 환경이자, 다른 사회적 책임을 완수하게 하는 원천적 환경이라는 속성을 지닌다.

법적·윤리적 책임환경

기업은 국가 내의 법률적 존재이므로 법에 따라 행동해야 하며 동시에 사회가 요구하는 윤리성을 가져야 한다. 즉, 자연인이 법률을 지켜야 하듯이 기업도 상법, 근로기준법, 환경기준 등을 준수해야만 하는 최소한의 책임을 수행하여야 한다. 여러 책임환경 중에서 가장 원시적이며 기초적인 환경으로서 속성을 지닌다. 최소한의 책임환경이라 칭할 수 있다.

인권적 책임환경

최근 기업에게 요구되는 사회책임 환경으로 가장 주목받는 환경이다. 기업이 이윤을 내기 위하여 해당 국가에서의 여러 가지 인권침해 활동을 공모하거나, 임금 절감을 위한 아동노동의 착취 등이 인권침해의 가장 대표적인 형태이다. 기업의 활동 무대가 전 세계로 확대됨에 따라 사회적인 인권기준이 뒤떨어지는 국가시장 진출은 많은 인권문제를 일으키는 요인이 되고 있다. 인권침해는 엠네스티(Amnesty International), 국제인권연맹 등과 같은 비정부단체의 기업 감시활동을 활성화하는 요인이 되기도 하였다.

지속성장 책임환경

지속성장에 대한 책임환경은 기업의 활동범위가 넓어지면서 환경과 관련된 문제가 심각해짐에 따라 미래의 후손들이 현재와 같은 지구환경에서 생활할 수 없을 것이라는 경각심에서 비롯되었다. 오늘날 지속가능한 발전을 위하여 각 국가들이 모여 국제협정을 맺고 있으며 이에 따라 다국적기업들은 점점 다양해지는 환경규제를 준수해야만 하는 상황이다. 따라서 기업들은 친환경시설의 연구개발을 통해 환경오염을 최소화시키면서 에너지 효율성을 높이는 다양한 방법을 시도하고 있다.

국제시민 책임환경

기업이 경영활동 과정에서 해당 사회의 경제·사회·기술·인류 발전에 기여하여야 하는 책임까지 요구되는 환경이 국제시민 책임환경이다. 오늘날 많은 기업들은 다양한 방법을 통하여 지역 이해관계자들과 소통하고 있으며, 지역사회의 발전을 위한 여러 가지 사업들을 개발하고 있다. 이러한 사업들은 지역사회의 갈등을 최소화하는 것은 물론, 구성원 전체의 삶을 나아지게 한다.

2.2 사회공헌활동과 경영성과

기업의 사회적 책임은 국제시민의식을 실현하는 사회공헌 활동만을 요구하는 것은 아니다. 사회적 책임 구성환경의 가장 기본은 기업의 수익추구 행위과정에서 이해관계자들이 각기 추구하는 경제적 가치(즉 소비, 급여, 투자수익, 세금 등)를 제공하는 경제적 책임환경에 있다. 따라서 기업의 사회적 책임에 대한 요구는 기업의 수익추구 행위를 금지하거나 제한하여서는 안 되며, 다른 사회적 책임(즉 정도경영, 환경경영)과 건전한 수익추구 행위(성과경영) 간 균형을 유지하며 발전해 나가는 것이 바람직하다.

일반적으로 진출한 외국기업에 대해 현지 정부 및 주민들은 높은 사회공헌의 기대감을 갖는 경우가 많다. 또한 국내기업보다 더욱 엄격한 윤리와 환경규약으로 경영활동을 감시한다. 이는 외국기업에 대해 막연히 배타적인 정서를 갖고 있기도 하지만, 사실 과거에 자원개발 다국적기업들이 아프리카나 남미 등 개도국시장에서 약탈적 자원확보와 독점적 수익추구 행위를 한 사례가 있기 때문이다.

그러나 지역주민들에게는 외국기업을 유치하는 것 자체가 국내시장에 고용확대와 지역개발 기회를 제공한다. 외국기업 입장에서도 진출시장의 소득수준 증대와 지역발전은 기업에게는 미래의 잠재소비시장, 조달시장의 발달을 의미한다. 따라서 국제기업의 사익적 성과와 공익적 책임 간 조화는 기업에게나 지역주민이 발휘하여야 할 중요 과제가 된다.

기업의 사회적 책임 완수가 기업수익에 직접적 영향을 미친다는 가설이 지지되기 위해서는 좀 더 많은 연구가 있어야 할 것이나, 기업들의 사회공헌 활동이 기업 또는 제품 이미지나 매출성과에 긍정적 효과로 이어지는 사례는 쉽게 찾아볼 수 있다. 국제기업들의 사회적 책임 활동의 내용을 보면, 자선단체에 대한 금전적 기부행위와 함께 자사가 생산하는 상품과 서비스를 직·간접적으로 활용한 자선행위를 시도하는 경우가 많다. 에이본의 유방암 퇴치운동, 마이크로소프트의 초등학교 PC 지원사업, 맥도널드의 결식아동 햄버거 급식, 휴렛패커드(HP)의 벤처기업 프로젝트 지원사업 등이 이에 해당한다. 또한 기업의 사회공헌 활동은 회사 내 임직원의 조직몰입도를 높이는 데도 도움이 된다. 가난한 계층에 대한 식품 및 의료지원, 임직원이 참여하는 고아원 및 장애인시설에서의 봉사활동은 회사에 대한 자긍심과 일에 대한 의욕을 높이는 데 기여한다. 이렇게 궁극적으로 높아진 제품 이미지와 근로의욕은 생산성 및 매출액 증대를 통해 긍정적인 기업성과로 이어질 가능성이 높다.

CHAPTER 7

국제마케팅 활동

1. 국제마케팅의 이점과 장애요인

다수의 해외시장에 진출한 국제기업에게는 마케팅 전략으로 각 시장을 별도의 개별시장으로 관리하는 것보다 하나의 통합된 시장으로 보아 글로벌 표준화 전략을 구사한다면 다음과 같이 생산비용 절감, 영업관리의 용이성, 자원의 공유 및 이전, 소비자에 대한 접근성 등에서 표준화의 이점이 발생한다.

첫째, 먼저 표준화의 이점으로 제품생산 및 관리활동에 규모의 경제효과를 실현할 수 있어 원가절감 효과가 발생한다. 표준화한 제품, 표준화한 광고는 개별시장에 맞게 수정할 필요가 없어 그만큼 비용을 절감할 수 있다.

둘째, 표준화가 이루어지면 개별시장에 대한 조정이 용이해져 차별적인 통제가 의미가 없어지거나 쉬워진다. 단일한 기준이 적용되기 때문이다. 만약 개별시장별 기준이 많아지게 되면 그 수만큼 조정의 폭이 넓어지고 기준 간 상충할 소지가 커져 개별시장 마케팅 활동에 대한 조정 및 통제가 그만큼 어려워진다.

셋째, 표준화는 마케팅 경험과 아이디어, 기타 현지에서 습득한 경영관리 기법 등 다양한 노하우를 다른 시장에 전파시키거나 복제·적용하기가 수월해지는 장점이 있다. 개별시장의 노하우가 다른 시장과 호환성이 달성되기 때문이다.

넷째, 표준화는 단일 이미지 확보에 따른 글로벌 고객확보, 국제적 의사소통을 가능하게 준다. 앞의 장점이 원가절감, 조직 및 시장통제, 노하우의 이전 등이 생산과 일반 경영관리 활동과 관련한 장점이라면, 단일 이미지는 고객, 소비자와 직접적으로 연관된 표준화의 장점이다.

그러나 기업이 표준화 전략으로 표준화의 이익을 얻기까지 현지시장 정부에 의한 법적 규제로부터 소비자들의 상이한 선호도에 이르기까지 현실에서 수많은 장애요인들이 존재한다. 현실에서 시장은 모두 똑같지 않은 것이다. 이는 현지시장에 적합하도록 마케팅 프로그램의 수정을 요구하는 결과를 가져온다. 이러한 표준화에 대한 제약요인을 기술하면 다음과 같다.

첫째, 시장마다 마케팅 기반구조가 다를 수 있다. 홍보 및 광고에 필요한 미디어 매체기반, 유통기관과 같은 유통매체의 상이(相異) 등은 마케팅 프로그램의 수정 필요성을 증대시킨다.

둘째, 법적·제도적 규제가 존재한다. 관세 및 쿼터, 현지 부품조달의 의무(local content) 비율 충족 조건 등과 같은 무역규제, 제품내용과 브랜드 이름과 관련한 정부규제 등의 존재는 국제기업이 본국시장 또는 제3국 시장의 마케팅 프로그램을 그대로 적용하는 데 제약을 가져오게 한다.

셋째, 고객의 특성과 반응패턴 차이 또한 마케팅 표준화를 방해하는 요소 중 하나이다. 소비자 반응의 유형이나 구매행태, 미디어에 대한 노출정도, 생활유형, 조직구조 등의 차이와 각국의 이질적인 소비자행동 때문에 역시 마케팅 프로그램을 수정해야 할 필요가 있다.

넷째, 지역에 토착화된 경쟁자들도 외부에서 진출한 기업의 표준화 의도를 무력시키는 요소로 작용한다. 경쟁자가 지역 내 광고매체, 특정 유통기관을 선점하였다면 이전에 진출했던 시장에서 사용한 특정 광고매체, 특정 유통기관에 맞춘 촉진전략, 유통전략의 수정화가 불가피하다. TV 위주로 구성해온 촉진전략은 TV 방송 매체를 확보하지 못함으로써 인쇄 위주, 거리 판촉 활동 위주로 바꾸어야 하고, 대형 할인점 위주로 구성한 포장 및 가격전략은 현지에서 이용 가능한 유통매체인 소매점, 슈퍼마켓용으로 전환해야 하는 번거로움과 비용 상승요인이 발생하게 된다.

이렇게 마케팅 프로그램의 수정이 불가피한 경우, 현지시장에 맞게 마케팅 전략을 수정하는 데 대한 가장 큰 딜레마는 이로 인해 글로벌 이미지가 손상되어 전체 시장에서 얻는 수익까지 떨어질 수도 있다는 데 있다. 이러한 문제에 일본에 진출한 다국적 외식업체인 피자헛과 KFC의 대응방식은 확연히 달랐다. 피자헛의 일본 측 파트너인 아사이 양조는 메뉴에 햄버거와 차우더, 칩 등을 첨가하고 피자헛의 양념과 반죽성분을 일본인 식성에 맞게 바꾸길 원했는데 피자헛 경영진은 이를 거부했다. 왜냐하면 이러한 행위가 피자와 샐러드, 파스타 등에 기초한 피자헛의 이미지와 피자헛의 독특한 판매 콘셉트를 희석시킬 수 있다고 생각했기 때문이다. 그 결과 합작사업은 깨지게 되었고 각각 점포를 절반씩 나누어 가지는 사태로까지 확대되었다.

반대로 일본의 KFC는 세계적 이미지를 조절·관리하면서 동시에 현지의 마케팅 조건에 적응하는 쪽으로 의사결정을 하였다. KFC는 양계사업을 막 시작하고 일본 치킨시장을 개발하고자 하였던 미쯔비시와 합작으로 일본에 진입했다. 합작투자의 초기결과는 실망스러웠다. KFC는 도심이 아닌 부심권에 크고 넓은 매장을 설립하는 미국시장과 동일한 입지전략을 추진하였다. 그러나 미국에 비해 상대적으로 여성운전자의 수가 적은 일본 소비시장 특성과 부합하지 않아, 여성 소비자들을 이끌지 못했다. KFC는 즉각 기존시장에서 해왔던 마케팅 전략을 변경하여 적용했다. 인구가 밀집한 도시에 소규모 매장을 세우고, 각종시설들을 보다 작은 공간에도 어울릴 수 있도록 크기를 줄이고 적절히 배치함으로써 공간을 확보하였다. 매장의 위치를 알리기 위한 KFC의 상징인 샌더스 대령 밀랍인형까지 매장 정면에서 비켜나게 해 측면 보도에 세워 두었다. 메뉴에도 변화를 주었다. 여전히 치킨이 메뉴에서 중심을 이루지만, 훈제 닭이나 생선 같은 항목들을 메뉴에 추가하는 부분 수정을 감행하였다. 광고 내용도 수정하여 광고 인물로서 샌더스 대령은 빵 굽는 아이로 등장시켰다. 이는 미국에서처럼 닭요리법의 전통성과 전문성 외에도 패밀리 레스

토랑으로서 친근하고 가정적인 이미지를 부여하기 위함에서다. 매장 주문 시 직원들은 고객에게 신속히 대응하면서도 일본인 특유의 예의를 중시하는 점에 부응하여, 최대한 공손히 손님을 대해 주문을 받을 때도 정중히 인사하도록 종업원을 교육하였다.

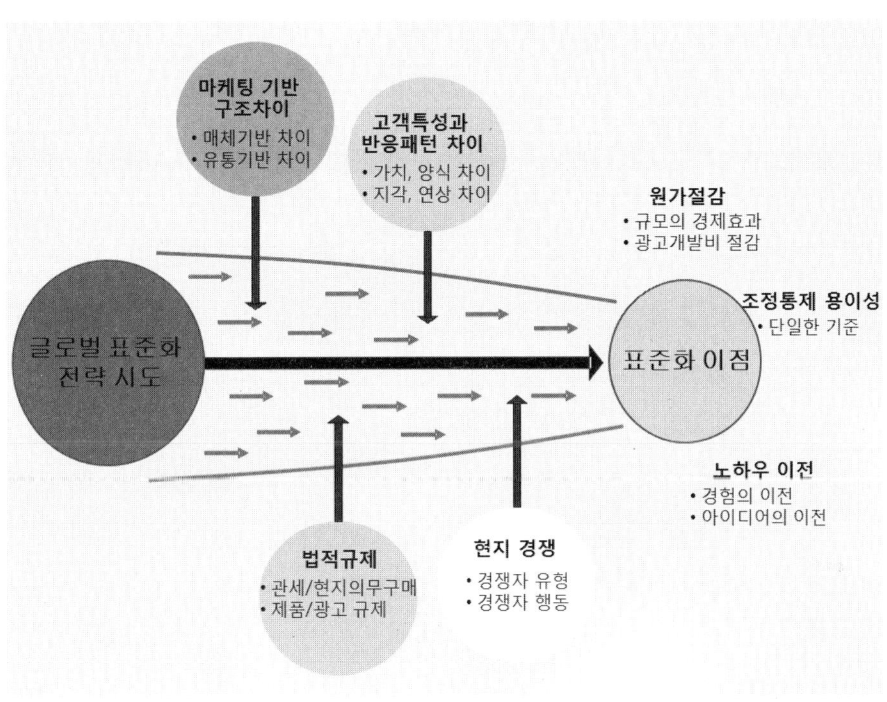

[그림 7-1] 국제마케팅 표준화의 이점 및 장애요인

2. 현지화 마케팅과 표준화 마케팅

2.1 현지화 마케팅

현지 경쟁자와 더욱 효과적으로 경쟁하기 위한 전략, 신제품 개발 전략 등을 통해 보다 세분시장으로의 확장욕구가 발생한다. 그동안 자국에서 수출방식으로 쌓았던 해외시장의 경험은 현지에서 직접 경영활동을 함으로써 현지화에 대한 직접적인 자극에 노출된다. 현지시장 확장에 대한 촉진요인은 다음과 같다.

- 시장성과를 높이기 위한 현지시장에 적합한 제품수정 또는 신제품 개발 욕구 증가
- 가격, 촉진 등의 측면에 있어 현지 선도기업에 대응할 필요성 발생
- 현지 경영진의 창의성과 동기부여를 촉진하고자 하는 욕구 확대
- 구축한 생산시설, 판매조직, 현지기관과 관계 등 현지자산을 보다 효과적으로 활용하려는 욕구 발생
- 시장제약 요인들(운송시스템, 미디어, 유통구조 등)의 자연적인 경계 확장으로 인한 이득

이와 같은 촉진요인들은 현지에 진출한 기업의 경쟁전략으로서 현지지향적 접근법을 받아들이게 된다. 이러한 접근법은 개별 국가시장을 중심으로 마케팅 활동을 관리하고, 전 세계 시장은 개별 국가시장의 단순결합 시장으로 인식하게 한다.

현지화 마케팅을 강화하기 위해서는 현지의 소비계층을 넓히고 새로운 시장을 개발하기 위한 제품과 전략의 수정이 필요하다. 제품라인을 확장하고 현지에 맞게 수정된 제품을 도입하며, 현지의 독특한 수요에 맞는 신제품과 서비스를 개발한다. 예를 들면, 코카콜라는 진출한 현지시장의 확대를 위해 현지 소비자에 입맛에 맞는 새로운 청량음료 제품을 출시하고, 기존의 유통망을 공유하여 추가의 이익을 창출한다. 한국 시장에서는

식혜와 수정과와 같은 전통 음료, 홍차 및 녹차, 그밖에 곡물음료를 추가로 출시한 후, 기존 유통망에서 이를 소화시킨다.

동일한 브랜드로 새로운 제품이나 파생제품을 판매함으로써, 잘 알려진 브랜드나 기업이미지를 현지시장에서 최대한 활용하는 사례도 시장확장에 경쟁우위를 활용한 경우에 해당한다. 스위스 패션시계 제조사인 스와치(Swatch)는 미국시장에서 자사의 세련된 패션이미지를 활용하기 위해 패션 액세서리로 저렴한 선글라스를 출시하였다. 담배제조업체인 말보로도 자사 브랜드의 강렬하고 개성 있는 이미지를 이용하여 유행에 민감한 젊은 소비자들에게 가죽잠바를 비롯한 캐주얼의류를 몇몇 시장에서 출시한 바가 있다. 기존제품의 강렬한 이미지를 신제품이나 제품라인에 심어 현지 소비자의 구매 선호도를 높이려는 시도이다.

현지시장에서의 성장을 추진하기 위한 주요 의사결정 과제는 적절한 제품 수정과 변경, 제품라인의 증가, 그리고 브랜드 수정 및 인수와 같은 마케팅활동의 조정을 포함한다. 현지시장에 적합하게 제품을 수정하고 변경시킴으로써 잠재적인 시장영역을 넓힐 수 있다. 햄버거 체인망인 맥도널드는 다른 국가에 진출한 점포와는 달리 프랑스 점포에서 포도주를 판매하고 있으며, 한국에 진출한 KFC는 한국 소비지가 선호하는 매운맛이 강한 메뉴를 추가해 판매하고 있다. 켈로그(Kelloggs)는 신제품으로 현미 후레이크를 개발하여 너무 단맛을 싫어하는 한국인 식성에 부응한다. 우리 기업도 마찬가지로 해외진출 시 적절히 제품수정을 가하고 있다. 현대자동차는 캐나다와 같이 눈이 많이 내리는 국가에 수출하는 자동차에는 제설제(염화칼슘)에 의한 부식을 방지하기 위해 특수코팅을 추가한다.

광고, 판매촉진활동, 가격결정, 유통경로설정과 같은 마케팅활동도 시장 현지화 측면에서 조정하여 추진한다. 비용증가가 총수익을 저해하지 않는 범위 내라면 광고카피의 수정, 현지에 적합한 광고테마의 개발은 적절한 조정활동이 될 것이다. 이러한 시도는 소비자의 구매욕구를 자극하여 제품에 대한 수요확대로 연결될 수 있다. 가격결정도 현지시장침투를 원활하게 하기 위한 방향에서 조정한다. 단순히 비용만을 고려한 가격설정이 아니라, 현지소비자의 가격민감도, 경쟁제품, 대체품의 가격 등을 고려한 현지가격 설정은 시장확대를 위한 현지화 의지가 반영된 기업활동이라 하겠다.

2.2 표준화 마케팅

현지시장 확장 단계의 개별국가에 집중하는 현지화 마케팅 전략은 현지시장에서 존재하는 부가가치를 획득할 수 있지만, 개별시장을 하나의 거대 시장으로 묶음으로써 발생하는 규모의 경제 효과 내지 글로벌 시너지 효과로 인한 새로운 부가가치는 얻을 수 없다. 개별 국가시장에 맞는 복잡하고 중복적인 경영시스템 구축은 소비자 기호 및 선호의 수렴 현상, IT 및 운송기술 발달을 통한 생산 부대비용 절감, 정치적 또는 경제적인 지역통합 움직임 등 세계시장 통합추세와 격리된 기업활동으로 간주될 수 있다. 즉 세계시장의 글로벌화에 따른 글로벌 효율화, 즉 글로벌 합리성 달성은 제품 공급자와 수요자 모두가 바라는 도달목표이자 자연스런 추세다. 이를 반영한 마케팅 전략이 표준화 마케팅이다. 표준화 마케팅 촉진을 유도하는 주요 동인은 다음과 같다.

- 국가별로 독립된 사업활동으로 인한 노력의 중복과 비효율성에 대한 거부감
- 개별 국가시장 간 브랜드, 아이디어, 사업경험의 이전에 대한 가능성 및 필요성 증대
- 소비재시장과 산업재시장에서 글로벌 고객의 등장
- 국경 없는 범세계적 차원의 기업경쟁 격화로 인한 원가절감 요구
- 국가 간 경영기반 인프라(기술개발, 생산, 마케팅 인프라 등)의 연계성 증대로 인한 글로벌 인프라의 발전

표준화 마케팅은 각 국가 시장들 간, 서로 다른 기능부문 간 운영의 합리화와 조정의 강도를 높임으로써 효율성을 제고할 수 있다. 연구개발, 생산, 조달과 같은 상류부문의 활동을 통합하면 노력의 중복을 피하고 잠재적인 규모의 경제를 실현할 수 있다. 글로벌 물류 시스템으로의 통합은 여러 부품들이 특정 지역에서 집중 생산되어 다른 지역에 있는 생산공장 또는 조립공장으로 수송을 가능하게 한다. 지역에서 이루어진 연구개발, 생산기술, 경영노하우 등은 전 세계적인 차원에서 공유하고 활용될 수 있다.

그러나 표준화 마케팅 전략을 사용할 때는 다음과 같은 점을 주의하여야 한다. 첫째, 기업들이 글로벌화를 향해 나아가는 속도는 지역과 산업 업종에 따라 상이하다. 가전산업의 경우, 월풀(Whirlpool)은 북미에서의 운영을 성공적으로 합리화하여 세탁기와 건조기의 50% 이상을 2개의 공장에서 생산한다. 반면 유럽에서 일렉트로룩스(Electrolux)의 범유럽 경영전략은 어려움에 직면하였다. 냉장고에 대한 유럽소비자는 지역별로 선호도에는 많은 차이가 있었기 때문이었다. 북부유럽의 소비자들은 1주일에 한 번만 쇼핑하기 때문에 냉동실이 밑에 있는 대형냉장고를 선호하는 반면, 쇼핑이 매일의 행사인 남부유럽 소비자들의 경우는 냉동실이 위에 있는 소형냉장고를 선호한다. 냉동식품이 인기가 있는 영국의 소비자들은 냉동실이 냉장고 전체의 60%를 차지하는 냉장고를 원한다. 결과적으로 일렉트로룩스는 120종류의 기본디자인에 1,500종류의 수정된 냉장고를 생산한다. 또한 이와 같은 백색가전은 중간정도의 표준화 속성을 지닌 산업분야이다. 반면 컴퓨터 부품, 반도체와 같은 산업분야는 더욱 글로벌 표준화 제품으로서 속성을 지닌다. 그러나 식기, 식품 등은 현지화를 요구하는 가장 낮은 수준의 표준화 속성을 지니는 산업이라 하겠다.

둘째, 글로벌 표준화 환경에서 기업이 경영활동을 무리 없이 수행하기 위해서는 해외 각국 사업장 간의 조정 및 통제 메커니즘을 확립하여 전체적인 통합과 효율성을 증진시켜야 한다. 실례로 이러한 전략을 추진하는 다국적기업은 본사차원의 조정위원회와 같은 기구를 설립하여 사업장 간 통합과 효율성을 증진시킨다. 지식과 정보의 상호교환을 촉진하고 지역별 활동 간 조정과 통합의 책임을 지는 P&G의 유로브랜드(Eurobrand) 팀이나 소니(Sony)의 특정 지역의 사업활동을 통일적으로 지도하는 마케팅 또는 판매조직은 바로 이러한 조정 메커니즘을 위해 설립한 조직이다.

3. 국제마케팅 관리의 방향

3.1 국제마케팅 관리 속성

국제마케팅에서 전략적 방향 두 가지는 앞서 제시한 바와 같이 글로벌 표준화와 지역시장에 대응한 현지화이다. 국경을 넘는 경쟁자의 존재, 소비자의 기호의 수렴화, 인터넷과 같은 기술의 발달 등으로 국제마케팅에서 글로벌이 가속화되고 표준화의 이점이 증가추세에 있는 것은 사실이나, 국경은 여전히 존재하며 지역시장도 여전히 존재한다. 국제마케팅 환경이 글로벌화에 점점 다가서고 있다고 하여도 엄연히 국제마케터들에게는 여전히 차별적인 지역시장 진출에 따른 해당 지역시장의 저변 확대 동기를 갖고 있다.

따라서 국제마케터를 양성하기 위한 국제마케킹 기법 소개 시 표준화 마케팅 전략보다는 현지화에 맞춘 마케팅 프로그램 수립과 실행에 초점을 맞추는 것이 타당하다. 완전한 가정하의 글로벌 표준화에 대한 마케팅 활동은 말 그대로 표준화된 단일시장을 염두에 두기 때문에, 애초 계획을 수정하거나 국내시장과 차별적인 마케팅 활동을 펼칠 이유가 없다. 현실에서 글로벌 시장(통합된 시장)의 비중이 얼마이며, 차별화된 현지시장(분리된 시장)의 비중이 얼마인지 따지는 것은 현장에 있는 국제마케터들에게는 중요한 사안이 아니다. 현지 시장에 진출하였거나 진출예정인 기업의 고민은 현지의 소비자 구성, 정부규제, 산업규제, 경쟁조건에 어떻게 적응하느냐에 있으며, 진출실패에 따른 철수 상황까지 내몰리지 않는 데에 있다.

국제마케팅 환경은 완전히 통합된 표준화 환경이 아니며, 또한 완전히 분리된 차별화 전략을 적용해야 하는 환경이 아니다. 상황에 따라 전략적 기조를 정하며, 또한 각 마케팅 믹스별로 마케팅 믹스 내 세부내용별로 표준화 차별화의 이점과 불리한 점을 고려하여 세부 활동을 추진하는 것이 바람직하다. 국경을 넘어서 경쟁능력, 이미지, 시장지위의 가장 바람직한 마케팅 목표를 설정하고, 이러한 목표 달성을 위해 시장에 더 깊이 침투하기 위하여 현지 시장에 적응하는 것과 표준화를 통해 규모의 경제 및 효율성을 실현하는 것에 대한 균형 설정은 전적으로 국제마케팅 추진기업의 가치판단 문제이다.

3.2 국제마케팅 믹스별 수정 요인

현지시장에서 현지의 정부나 규제기관에 의해 새로운 규정이나 기준이 세워지는 경우에는 마케팅 프로그램의 수정이 반드시 필요할 것이다. 그런데 이러한 제도적·법적 환경의 변화가 없는 경우에도 기본적으로 현지 상업습관이나 관습, 사회시스템, 언어적인 측면에서 마케팅 프로그램의 수정이 불가피한 경우가 발생한다. 현지 시장에 맞춰 마케팅 전술 수정 사항은 결국 현지시장이 요구하는 조건에 맞는 기존 프로그램의 변경폭, 이를 수정하는 데 드는 비용에 좌우될 것이다. 또한 마케팅 현지화에 대한 경영층의 관심, 자국 정부의 방침, 이해관계자 구조 등도 마케팅 믹스 수정 정도에 영향을 주는 기타 요인이라고 할 수 있다.

현지시장 환경을 반영한 개별 마케팅 믹스의 변경은 다음 기준에 준해 이루어질 수 있다. 제품마케팅은 현지의 상이한 사용조건과 제품기준, 세부사항, 고객선호 등에 맞추어 수정한다. 광고내용이나 촉진내용의 촉진마케팅은 정부의 규제, 매체의 가용성과 도달범위, 고객의 반응유형을 고려하여 수정한다. 마찬가지로 가격마케팅도 비용을 커버하는 동시에 시장마다 존재하는 수요조건과 가격민감성, 경쟁품이나 대체품, 경쟁서비스나 대체서비스, 그리고 규제의 차이를 고려하여 설정한다. 마지막으로 유통마케팅은 현지고객의 쇼핑유형과 유통구조, 경쟁업자의 점포 통제, 그리고 정부규제에 맞추어 수정한다.

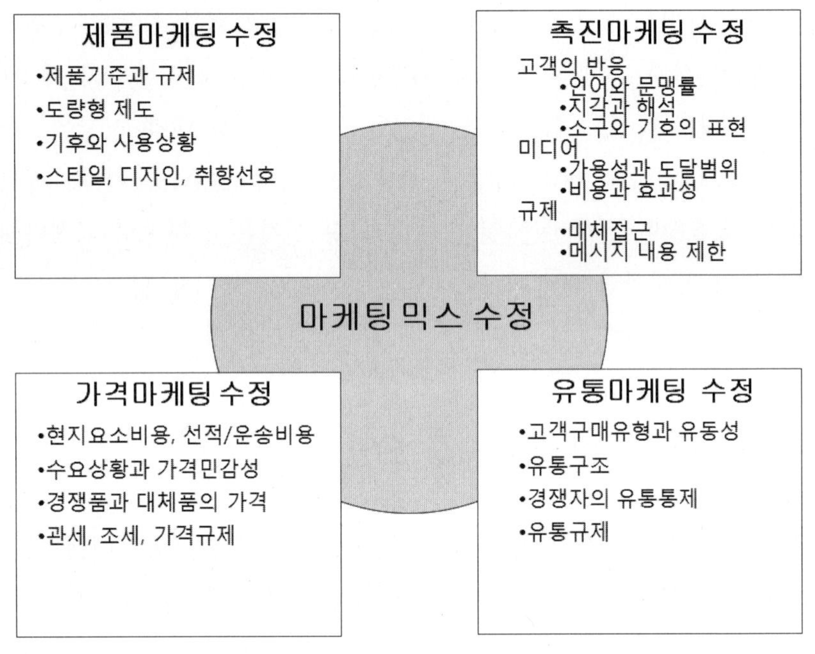

[그림 7-2] 국제마케팅 믹스의 수정 요인

4. 국제마케팅 제품관리

"선진국에서 성공한 제품은 개도국 시장에서도 통한다"는 통념을 많은 기업들이 갖고 있다면 현지 시장에서 토착기업과 경쟁에서 쓴 실패의 교훈을 얻을 수도 있다. 개도국 시장에서도 소비자의 냉혹한 평가와 경쟁자의 날선 마케팅 전략은 존재한다. 제품의 철저한 현지화, 한발 나아가 새로운 유행을 비즈니스 모델을 제시해야 소비자 관심을 끌 수 있다. 그런 점에서 글로벌 휴대폰 제조기업인 노키아가 인도에서 펼친 전략은 참고할 만하다.

노키아는 인도 인구의 70%가 거주하는 지방시장을 주목하고 철저하게 그 시장을 위한 제품을 내놓아 성공을 일궜다. 정전이 잦은 현지 사정을 감안해 휴대폰에 플래시라이트 기능을 추가했고, 먼지가 많은 지역특성에 주목해 키패드도 새로 제작했다. 아울러 여러 사람이 휴대폰을 공유하는 점을 감안해 개인별 통화시간을 체크하는 기능도 제공했다.

때로는 오히려 수정이 없을 때 고품격의 이미지를 만들 수 있기 때문에 의도적으로 수정하지 않는 경우도 있다. 예를 들어 캐딜락처럼 기름을 많이 소비하는 대형의 고급 미국 자동차는 유럽에서 고품격의 가치를 가지고 있다. 비록 유럽의 좁은 거리에는 잘 적응하지 못하지만, 오히려 이런 사실이 유럽의 높은 유가에 아랑곳하지 않고 그러한 차를 유지하게 하는 이유가 된다. 이와 마찬가지로 일본에서는 왼쪽에 운전대를 가진 차종은 수입된 것이 분명하므로 일반적인 오른쪽 운전대와 달리 운전에 불편하여도 그런 차를 소유하는 것은 품격을 높이는 일로 간주되는 경향이 있다.

제품기준이나 다른 규제를 충족시키기 위해서는 제품수정이 필수적인 경우도 있다. 국민의 건강과 환경오염에 관련해서 각국 정부는 엄격한 제품표준에 대한 규제를 하고 있다. 또한 제품크기, 양, 무게 등과 같은 사양들을 다양한 도량형에 맞추는 것은 현지 규제(수입품 정보 고시)에 대한 대응이기도 하지만, 소비자 만족도를 높이는 바람직한 조치로서 실행한다. 언어나 다른 인지적 요소 때문에 포장이나 설명서를 수정해야 할 때도 있다. 또 기후나 기술적 기반구조 등과 같은 주어진 국가적 혹은 환경적 상황에서 제품이 효과적으로 제 기능을 발휘하도록 제품을 수정해야 하는 경우도 있을 것이다. 국제기업은 이러한 제품수정 조치의 비용수준을 결정해야 하고, 이것이 가격이나 유통과 같은 다른 마케팅 믹스의 요소에 어떠한 영향을 줄 것인지도 사전에 대비한 후 현지 시장에 진출하여야 한다.

4.1 제품표준과 규제

특정 상품은 해당국의 제품규정과 품질표준에 따르기 위한 수정을 해야 하는 경우가 발생한다. 의약품이나 음식, 전자제품, 자동차 제품의 경우가 해당한다. 미국시장에 식품과 농산물을 수출하기 위해서는 미국식품의약국(FDA) 또는 개별 주(州) 정부의 농업청이 규정하는 법률에 부합하는 여러 기준들을 충족하여야 한다. 이러한 미국의 기준은 유럽 및 아시아 국가들이 동 분야에 수입품의 자격기준을 정할 때 참고가 되기도 한다. 그러나 반드시 이들 국가가 미국의 기준을 따르는 것은 아니며, 개도국 또는 후발 선진국인 경우라도 오히려 미국보다 엄격한 규제를 갖는 경우도 있다. 대표적인 사례가 쇠고기 도축시장 관리 규정의 경우 미국보다 한국 또는 일본이 더 철저한 위생조건과 관리 기준을 확보하고 있다는 평가가 있다.

국제표준화기구(ISO)는 'ISO9000'이라는 품질관리 규정을 개발하였는데, 듀폰, GM, 브리티시 텔레콤(BT), 필립스 등 많은 수의 다국적기업들은 자사에 부품을 공급하는 하청업체들에게 이러한 ISO9000 기준 준수를 요구하고 있다. 흔히 제품표준과 관련된 규제들은 자국 산업을 보호하는 무역장벽 조치로 사용되기도 한다. 예를 들어, 엄격한 농수산 위생 관리, 환경오염 규정, 소비자 보호권 강화 등은 비관세 장벽으로 그 수위를 놓고 다국적기업과 현지 정부 간 첨예한 갈등을 낳기도 한다. 유럽은 디젤엔진 차량에 대해 미국보다 더 엄격한 환경오염 규정을 적용하고 있다. 과거에는 이와 반대로 미국의 반환경오염 규정에 따라 모르건(Morgan)이나 로터스(Lotus) 같은 유럽 스포츠카가 미국시장 진출이 원천 봉쇄당한 경우도 있다. 비슷한 사례로 선진국 시장에서 의약품에 대한 엄격한 기준 적용은 선진국 시장침투를 노리는 후발 제약업체인 인도기업들의 시도에 부정적인 영향을 미쳤다.

4.2 도량형 규제

또 다른 제품수정의 유형은 현지 도량형 제도와 관련한 제품수정이 필요한 경우이다. 곡류나 세제와 같은 일반잡화물을 영국식 도량형을 사용하는 국가들의 시장에서 판매할 때는 파운드(lb)나 1/2 파운드 포장하여야 한다. 그러나 우리나라와 같이 미터식 도량형을 사용하는 국가는 킬로그램(kg)이나 500g 단위로 포장·판매되어야 한다. 자동차 속도계나 지도상의 거리 역시 마일에서 킬로미터로 수정하여 표기해야 하며, 갤런(gallon)이나 쿼트(quart), 파인트(pint) 단위의 병이나 캔류도 리터로 수정되어야 한다.

컴퓨터나 재봉틀, 헤어드라이, 축음기와 같은 전기기기도 다양한 볼트나 사이클에 맞추어져 있어야 한다. 그러나 점차 상이한 도량형을 사용하여 각각의 시장에 판매되는 상품들을 다국적 용도로 설계·디자인하고 있다. 속도계는 마일과 킬로미터를 동시에 보여주고 헤어드라이, 커피분쇄기, 전기면도기, 그리고 다른 전자제품들이 110V/220V 전압 모두에서 사용될 수 있도록 프리볼트 회로를 장착하고 있다.

4.3 기후 및 사용조건

현지 기후조건이나 상이한 사용 환경은 제품의 정상적인 사용을 방해하는 경우가 있다. 중동에서 사용하는 벽돌이나 시멘트와 같은 건축자재는 중동 특유의 큰 일교차와 건조한 기후로 인해 건조해지거나 갈라지는 것을 막기 위한 특별한 배합구성비로 재배합한 제품을 출시해야 한다. 우리나라 자동차 제조업체들도 캐나다와 같이 눈이 많이 오는 지역에 자동차를 수출할 때, 제설용 염화칼슘에 의한 부식을 고려하여 특수코팅한 강판을 사용한다. 기후는 산업재뿐만 아니라 아기용 기저귀와 같은 일상소비재의 수정에도 요구한다. P&G는 일본의 높은 습도가 아기 피부에 찰과상을 일으키는 것을 예방하기 위해 피부와 닿은 부분을 보다 부드럽게 재설계한 제품을 판매하였다.

또한 국가간 상이한 사용상황에 적합하게 제품을 수정해야 한다. 트럭, 자가용, 기계류, 그리고 기타 기자재는 물리적 기반시설, 즉 비포장도로, 전력파동, 정전 등의 차이에 대응하기 위한 수정이 필요하다. 트럭이나 자가용은 인도나 동유럽과 같은 국가의 열악한 도로사정에 대응하기 위해 내구성을 재강화한 구조물을 적용하며, 전동 기계류나 장비는 이러한 국가에서 급격히 변동하는 전압에 견디도록 재설계되어야 한다.

일본에서 판매 중인 P&G의 팸퍼스 기저귀는 다른 시장보다 더 얇게 만들어져 있다. 일본의 어머니들은 하루에 14번 정도 아이들의 기저귀를 갈아 준다. 이 정도의 사용빈도는 미국 사용빈도의 2배 이상이라고 할 수 있다. 또한 쓰레기 발생에 대한 심한 거부감을 갖고 있으며, 좁은 주거 공간 역시 일본 주부들이 얇은 기저귀를 선호하게 현상을 낳게 하는 원인으로 작용했을 것이다. 실제 말레이시아, 인도네시아 등 동남아 슈퍼마켓에서는 사용 후 부피를 줄이기 위해 돌돌 말 수 있게 하는 접착테이프가 없는 기저귀 제품만을 볼 수 있다. 반면 우리나라와 일본 제품에는 사후 처리용 접착테이프가 장착되어 있다. 우리나라의 경우는 일본 어머니의 습성과 유사한 점도 있지만, 아마 쓰레기 종량제의 시행이 제품수정에 영향을 미친 결과가 아닐까 한다.

세탁기, 식기 세척기, 냉장고, 냉동기 등과 같은 가정용품은 디자인뿐만 아니라 기능상의 변화를 요구한다. 온수 사용이 쉽지 않은 국가에서는 가열기를 첨가하여야 하며, 특히 영국, 유럽, 한국, 일본과 같은 국가에서는 미국과 달리 작은 부엌에 맞는 작은 제품에 대한 선호도가 높다. 일본에서는 각각의 용도에 맞게 식품을 보관할 수 있도록 냉장고의 내부 공간을 온도별로 세분화하는 경우도 이와 유사한 경우이다.

4.4 언어와 상징

기본적으로 라벨이나 조립·사용설명서는 현지 언어로 번역하여 소비자의 이해도를 돕는다. 특히 제품 용량이나 용법을 설명하는 문구일 경우에 번역의 필요성이 더 커진다. 매출액이 작을 때에는 라벨에 적절한 설명을 덧붙이거나 기본라벨에 번역을 덧붙임으로써 이를 간단히 해결할 수 있을 것이다. 언어 부분을 적게 하고 그림설명을 삽입하여 언어번역의 부담을 덜 수도 있다. 예를 들어, 조립가구 회사인 이케아(Ikea)와 어린이 완구업체인 피셔프라이스(Fisher-price) 등은 제품 조립을 위해 그림설명서 첨부를 기본으로 하고 있다.

포장이나 언어에서 연상되는 상징은 나라에 따라서는 상반된 이미지를 가질 수도 있으며, 원래의 뜻은 부분적으로만 전달될 수도 있다. 우리나라 제과업체인 오리온의 초코파이가 대표적으로 이미지 현지화 마케팅을 적극적으로 추진하고 있다. 초코파이가 강조하는 광고 소구점은 '정(情)'이다. 그런데 우리나라에서 '정'을 중국과 일본시장에 그대로 사용하면 어째 분위기가 살지 않는다. 같은 한자 단어에 대해서도 한중일 간 사회성과 민족성에 따라 느끼는 감정이 다르기 때문이다. 오리온은 중국에서는 보다 친근한 단어인 '인(仁)'으로, 일본에서는 '미(美)'로 대체하여 이미지 광고 주재로 활용하고 있다.

어떤 경우 외국어를 사용하는 것이 고품격이나 고품질임을 의미하게 된다. 향수·옷·장신구의 경우 프랑스어나 이탈리아어를 사용하는 경우가 이에 해당한다. 동유럽국가, 러시아 혹은 개도국에서는 영어라벨을 사용하는 것이 품질을 보증하는 도장과 같은 효과를 나타내기도 한다. 폴란드에서 P&G는 세제라벨을 완벽하게 번역하기보다는 영어와 혼용하여 폴란드어로 불완전하게 풀어 사용하였다. 모두 품격마케팅 효과를 보기 위한 조처에서이다.

현지시장에서 색에 대한 연상 이미지로 인해 제품 또는 광고물을 수정을 해야 할 경우가 발생한다. 녹색은 동남아시아 국가들에서는 부정적인 의미를 가지고 있다. 녹색은 말레이시아에서는 위험을 상징한다. 결과적으로 녹색은 동남아 판매용 제품의 포장용으로는 적절하지 않은 색이라 할 수 있다. 또 어떤 시장에서 노란색은 미신을 불러일으킬 소지가 있는 색으로 간주된다. 반면 붉은색을 정서적으로 너무 강렬하다고 하여 싫어하는 시장도 있다. 앞의 오리온 초코파이도 한국에서 원래의 포장상자의 색채인 붉은 색을 중국에 진출할 때는 마침 중국인들이 선호하는 색이어서 그대로 사용하였지만, 일본에 진출할 때는 노란색으로 바꿔 포장상자를 구성하였다.

4.5 스타일, 디자인, 기호 선호

스타일이나 디자인에 대해 현지시장에 뚜렷한 선호가 형성되어 있다면 이에 맞춘 제품 수정은 불가피할 것이다. 에이본(Avon)은 일본 여성들이 서구시장에서 많이 사용하는 플라스틱 튜브나 포장들이 저가, 열악한 품질의 상징으로 인식하였다. 에이본은 이를 반영하여 고가품은 물론이고 중저가 품목의 포장까지 일본 국내 화장품 제조사가 사용하는 불투명 유리용기로 교체하였다. 일본에 맞춘 포장 스타일로 소비자의 기호를 충족시킨 사례이다.

또 제품은 소비자의 취향에 맞추어 재구성되어야 한다. 종종 국가 간에는 단맛과 신맛에 관한 선호의 차이가 있다. 때문에 캠펠(Champell)은 영국에서는 너무 달지 않게 토마토 스프의 설탕 양을 줄여 판매하고 있다. 일본에서 나비스코(Nabisco)는 쿠키품목에서 설탕 양을 줄였고, 스낵품목에서는 소금 양을 줄였다. 그러나 반대로 단맛을 선호하는 라틴아메리카 시장에서 코카콜라는 세계적 표준 맛에 변경을 가하여 '클래식 콜라(Classic Coke)'에 설탕을 조금 더 첨가하여 판매한다.

다국적기업의 식품 체인은 때때로 현지취향에 맞추기 위해 시장별로 기존 제품구성에 새로운 상품을 첨가하거나 대체하기도 한다. 일본에서 맥도널드는 테리야키 맥버거 품목을 추가하고, 한국에선 불고기 버거를 판매한다. 중국 KFC는 전통적인 보조메뉴로 서양식 비스킷 대신 에그타르트(egg tart)를 제공한다. 에그타르트는 바삭한 페이스추리 위에 계란을 넣어 부드럽게 만든 마카오와 홍콩에서 유행하고 있는 쿠키이다. 2009년부턴 신상품으로 전통중국 식품인 '튀긴 빵 스틱(youtiao)'을 중국시장에서만 출시하였다.

5. 국제마케팅 촉진관리

1994년, 코카콜라는 경쟁사인 펩시콜라보다 뒤늦게 인도시장 진출을 결정한다. 코카콜라는 인도의 TV 보유수준이 상대적으로 낮은 데 착안하여, 길거리 광고를 중심으로 직접 판촉활동을 하기로 결정하였다. 우선 코카콜라는 타지마할 유적 북쪽의 아그라(Agra)에 제일 먼저 진출하였는데 그곳은 펩시의 강세지역이었다. 출시 첫날 특별히 디자인된 삼륜자동차, 세발자전거, 그리고 손수레의 행렬로 아그라의 거리를 메우면서 자동차 경적소리를 울리며 사람들에게 코카콜라가 이곳에 상륙한다는 것을 알려주었다. 트럭의 양면에는 디지털 동화상을 설치하여 타지마할과 코카콜라 로고를 번갈아가며 보여주었고 세발자전거에는 커다란 붉은색 코카콜라 우산을 달아 놓았다. 동시에 오토바이가 대열에 앞장서서 도시의 여러 부분에 있는 시장을 다니며 붉은색 풍선을 나눠주고 코카콜라가 곧 시판될 것이라고 알렸다. 소매업자에게는 냉장용 아이스박스와 콜라의 진열을 위한 특수 가판대를 제공하였다. 코카콜라를 상징하는 붉은 간이매점을 시내 곳곳에 세웠다. 인도 내 다른 도시인 봄베이(Bombay)에서 코카콜라는 실외 광고와 게시판을 광범위하게 설치하였다. 봄베이 지하철에 삼차원의 입체 네온간판을 세웠고 선전트럭에는 디지털 간판을 그리고 소규모 소매 매장에는 동화상 간판을 설치하였다. 그리고 이 모든 활동을 "나의 꿈과 함께 해요, 나의 코카콜라와 함께 해요(Share my dream, Share my Coca-Cola)"라는 TV 광고를 통해 지원하였는데, 이 광고 카피는 스페인에서 1971년에 최초로 사용하였던 것을 인도출시에 맞추어 인도모델을 기용해 수정한 것이다.

국가 간 제품 포지셔닝이 동일할 때에도 환경과 시장특성상의 차이로 인해 커뮤니케이션이나 광고 문안을 수정해 작성한다. 필립모리스(Philip Morris)는 일본에서 버지니아슬림(Verginia Slims)을 광고하면서 여성해방의 이미지를 동일하게 사용할 수는 있었지만, '오랜 길을 걸어 오셨습니다(You've Come A Long Way, Baby)'를 때로는 '당신의 목소리를 찾으세요(Find Your Voice)'라고 변경한다. 또한 일본에서 이와 같은 메시지가 부적합하다고 판단하고 '가늘고 섹시하다(Oh So Slim, So Sexy)' 또는 '신선한 계절에 상쾌한 기분을(Fresh Season, Refresh Sense)'로 변경하였다.

이와 같은 전략은 개도국 여성을 대상으로 촉진활동을 전개할 때도 사용되었다. 여성들이 좋아할 만한 '슬림', '수퍼슬림', '라이트', '마일드'와 같은 표현을 광고 촉진에 강조하고, 일자리를 갖기 시작한 여성들을 마케팅의 주요 대상으로 삼았다. 다국적기업의 내부문건을 분석한 영국과 미국 대학 공동연구팀은 이러한 전략들을 적절하게 구사하여 최대로 성공한 지역을 한국으로 꼽고 있다. 한국에서 다국적 담배사들은 담배를 피우는 여성은 '자유롭고 독립적이며 사회적으로 성공했다'는 이미지를 심는 데 주력했으며, 한국 정부의 규제를 피하고자 상표 대신 회사 이름을 사용하는 방법을 사용하였다고 했다. 또 보고서는 젊은 여성들이 자주 찾는 카페, 나이트클럽과 같은 장소에서 담배를 무료로 나누어 주었고, 상표 다각화(담배 상표를 양말, 옷 등에 사용하는 것)와 함께 각종 행사의 후원을 맡는 촉진활동을 활발히 전개하였다고 하였다.

이처럼 현지시장에 맞는 촉진마케팅의 수정은 다음과 같은 세 가지 측면을 고려해야 한다. '촉진마케팅에 대한 정부 규제', '촉진마케팅 매체기반 구조 차이', '촉진마케팅에 대한 소비자 반응 차이' 등이다.

5.1 촉진마케팅에 대한 정부 규제

정부의 광고 및 촉진활동에 대한 태도와 규제는 각 나라마다 크게 차이가 난다. 유럽 국가들의 경우 TV 광고의 대상과 내용을 엄격히 규제한다. TV를 중요한 교육적 매체로 간주하고 있으며, 이를 엄격히 모니터해야 한다는 사회 전반적인 통념이 있기 때문이다. 유럽 국가들은 TV 광고뿐만 아니라 매장 또는 거리의 촉진활동도 소비자 보호와 공정 경쟁을 위해 규제대상에 포함시킨다. 이러한 정부규제는 개도국의 경우에는 완화되어 나타날 수 있다. 왜냐하면 개도국의 언론 대중매체가 잘 발달되지 않고, 소비자 보호가 중요한 사회적 문제로 인식되어 있지 않기 때문이다. 담배, 약품, 술 등 청소년에게 유해한 상품에 대해 유럽보다는 개도국에서의 TV 광고가 더 너그러울 수 있다는 것이다.

촉진마케팅에 대한 정부의 규제를 매체접근 규제, 광고내용 규제, 직접 촉진활동 규제 등으로 나누어 살펴보자.

매체접근 규제

촉진활동을 규제하는 수단의 하나는 매체에 대한 접근 자체를 규제하는 것이다. 과거에는 많은 정부들이 TV(특히 정부 통제하의 채널)의 광고시간을 규제했다. 노르웨이나 스웨덴, 스위스 등은 TV광고 자체를 규제하고 있다. 다른 나라들은 총광고시간이나 광고 시간대를 제한한다. 독일의 국영 TV 방송국은 프랑스나 이탈리아보다 광고방영에 대해 엄격한 제한을 가하고 있다. 특히 저녁 8시 이전에는 두 시간대에 20분간 묶음 광고만을 할 수 있으며 일요일과 공휴일에는 광고방송이 아예 금지된다. 세 번째 채널에 대해서는 광고방송이 완전히 금지되었다. 그러나 공중파 자유화 조치, 케이블 TV의 성장, 위성방송으로 인해 TV광고시간을 더 많이 이용할 수 있게 되었고 광고시간에 대한 규제가 완화되고 있다.

이와 같은 매체 이용에 대한 제한은 광고시간에 대한 엄청난 압력과 경쟁을 발생시킨다. 또한 매체의 접근에 대한 규제가 없다고 하더라도 미국이나 영국과 같이 광고매체경쟁이 치열한 상황 속에서 현지시장에 진출하려는 기업들이 신제품 출시에 맞춰 일상적인 대규모 TV광고를 시행하는 것은 결코 쉽지 않은 일이라 할 수 있다.

광고내용 규제

나라별로 광고내용에 대해서도 상당한 제약이 있다. 어떤 국가들은 윤리와 도덕성을 유지하기 위해 규제를 가한다. 페르시아만의 국가들은 물론이고, 말레이시아나 인도네시아 같은 회교국가에서도 여성이 나오는 광고를 규제하고 있다. 몇몇 국가에서는 라디오나 TV에서 담배, 주류, 의

약품 같은 제품군들을 광고하는 것도 제한하고 있다. 광고가 가능한 경우라도 광고모델이 흡연을 하거나, 술을 직접 마시는 행위를 금지한다. 특히 유럽 국가들은 금지 대상을 점차 특정 식품, 완구, 사적 금융제도, 화장품까지 확대할 조짐을 보이고 있다. 특정 영양성분을 강조하거나 건강이나 사회적 성공을 보장하는 광고 내용에 대한 금지도 여기에 포함된다.

여성의 성(性) 못지않게 각국 정부들은 아동에 대한 광고를 규제하고 있다. 예를 들면, 캐나다의 경우에는 아동을 대상으로 하는 광고물은 심의위에 사전제출해서 승인을 받아야 한다. 다른 나라에서도 아동을 상대로 광고하는 제품을 규제하거나 광고의 내용을 규제하는 데 이탈리아에서는 광고에서 아동이 스낵을 먹는 장면이 나와서는 안 되며, 네덜란드에서는 아동대상의 캔디광고에는 반드시 아이가 이를 닦는 장면이 함께 들어가 있어야 가능하다. 프랑스에서는 아이들이 광고에서 제품을 선전하는 것이 허용되어 있지 않다. EU도 아동대상의 TV 광고에 대한 지침을 만들고 규제를 가하고 있다.

직접판촉활동 규제

공정경쟁과 소비자 보호를 위해 많은 나라에서 쿠폰이나 선물, 게임 등과 같은 판촉수단의 사용을 규제하고 있다. 미국에서는 쿠폰제공이 소비재 판촉 시 주요한 방식이지만 호주, 독일, 그리스에서는 제한적으로 사용이 허용된다. 원플러스원(1+1), 증정선물도 다수의 국가에서 제한되어 있다. 프랑스와 그리스는 판촉물이 제품가치의 5%로 제한되어 있고, 이탈리아에서는 8%로 제한되어 있다. 복권이나 사행성게임을 통한 판촉은 영국, 일본, 아르헨티나, 남아프리카, 포르투갈, 프랑스, 벨기에 등 다수의 국가에서 제한 또는 규제를 받는다. 이처럼 미국, 아시아 등 일반적으로 허용되는 평범한 직접판촉 활동 또한 특정국가에서 수정할 필요가 있으며, 따라서 본사는 판촉활동에 대한 재량권을 현지 지사에 위임하는 경우가 많다.

5.2 촉진마케팅 매체기반 구조 차이

현지 매체기반의 발달 정도는 촉진마케팅 프로그램의 수정에 영향을 미치는 요소 중 하나이다. 촉진마케팅에 영향을 주는 매체기반 차이를 매체 가용성 및 도달범위, 매체비용과 효과성으로 구분하여 설명하면 다음과 같다.

매체 가용성 및 도달범위

촉진마케팅에서 사용하는 매체의 가용성과 도달범위는 나라마다 상이하다. 상이한 정도는 정부의 규제, 경제적 발전 수준, 문맹률, 교육수준 등에 의해 좌우된다. 현지 소비자들의 TV, 라디오, 인터넷 등과 같은 통신기기의 소유는 한 국가 내에서도 지역 또는 지방에 따라 편차가 많이 난다. 이미 산업화가 이루어진 국가에서는 모든 가정이 이들 통신기기를 보유하고 있지만, 아프리카, 중앙아시아, 인도, 중국 등 일부 국가들에서는 도시와 농촌 간 지역별 보유 정도가 많이 차이난다. 그렇다고 이들 매체를 소유하지 못한 농촌 가정이라 해서 반드시 매체에 대한 이용이 불가능한 것은 아니다. 가족들, 친구들, 이웃들과 함께 TV을 보거나 라디오를 들을 수 있기 때문이다.

통신기기와 달리 인쇄매체의 영향력과 유효성은 발행부수와 해당 지역시장의 문맹률 및 교육수준에 영향을 받는다. 독일이나 영국, 일본에서는 이탈리아나 스페인에 비하여 잡지나 신문 발행부수가 매우 높다. 이 같은 점에서는 독일, 영국, 일본 시장에서는 이탈리아나 스페인보다 상대적으로 인쇄매체도 TV및 라디오와 함께 홍보활동 매체로서 비중 있는 영향력을 갖는다고 볼 수 있다. 높은 문맹률을 가진 개도국에서 인쇄매체는 제한된 가치를 가진다. 이때 마케팅 담당자는 현지의 TV와 라디오 보급률을 감안할 때, 게시판이나 이동광고 같은 거리 매체에 의존할 필요가 있을 것이다.

매체비용과 효과성

매체에 대한 이용 가능성은 각 시장별 가용성과 도달범위에서도 차이가 나지만, 비용과 효과성 측면에서도 차이가 난다. TV 시간이나 인쇄, 잡지의 사용료는 같은 유럽지역이라도 천차만별이다. 일반적으로 이들 매체에 대한 사용가격은 독일이 프랑스에 비해 높다고 할 수 있다. 또한 독일의 TV 광고시간에 대한 이용 규제는 이용가격의 인상요인으로 작용하며, 결과적으로 현지 마케팅 수단을 옥외매체나 고객에게 직접 편지나 광고전단을 보내는 직접마케팅 등 다른 촉진 기법을 더 많이 이용하게 된다. 쿠폰이나 할인가격 적용과 같은 직접촉진활동을 전개할 때는 현지 유통구조의 차이로 인해 원활한 이용(접근)이 불가능할 수 있으며, 가능하다 하더라도 높은 비용을 지불해야 하는 경우가 발생한다. 소규모 가족소유상점 위주로 분산화된 유통구조를 갖고 있는 국가시장에서는 유통업자의 부정적 반응과 높은 관리비용으로 인하여 쿠폰, 공짜 서비스 상품, 가격할인 등을 판매점에서 추진하는 데 많은 제약이 따른다. 게다가 공간이 협소하여 매장 내 전시나 덕용포장 판매가 제한될 수 있다.

촉진활동으로 샘플을 전달하는 방법도 개도국 및 동구권 국가들에서 사용할 때는 주의를 기울여야 한다. 시장 개방 당시, 샘플을 주는 서구식 촉진기법은 이에 익숙지 않은 동구권 국가인 폴란드에서 P&G가 대규모 판촉행사로 비달 사순 샴푸(Wash & Go) 샘플을 가정에 우편으로 직접 송부한 경우가 있다. 그러자 주민들이 우체통을 뒤지는 경우가 발생하여 목표 소비자에게 샘플을 원활하게 전달할 수 없었다.

촉진마케팅에 대한 소비자 반응 차이

각국의 소비자 반응 차이도 또한 촉진마케팅 프로그램을 수정해야 하는 요인으로 작용하는데, 이에 대한 사항을 시각자극에 대한 지각 및 해석, 취향 표현과 소구점으로 구분해 설명해 본다.

① 시각자극에 대한 지각 및 해석

시각자극이 일으키는 심리적 연상과 인지적 지각, 해석은 나라와 문화마다 다르다. 인도에서 코끼리는 자비의 상징으로 간주되기 때문에 오래 쓴다는 의미로 건전지를 코끼리에 비유하는 것은 부적절하다. 홍콩에서는 어떤 미국기업이 광고 중 녹색모자를 사용하다 실패하였는데, 홍콩에서는 녹색이 아내의 부정을 상징하였기 때문이다. 유명인을 이용할 때에도 수정이 필요하다. 예를 들어 세제나 청소기, 식품을 판촉할 때에는 현지 유명인이나 모델이 쉽게 인지되기 때문에 효과적이다. 외국 모델을 이용하는 것이 훨씬 효과적인 경우도 있다. 예를 들어 마이클 조던, 사라 포바, 타이거 우즈 등은 대표적인 스포츠 스타로 세계 어느 나라에서나 상징적 이미지로 스포츠 용품 광고에 자주 등장하는 친근한 인물이다.

만화의 주인공을 이용하는 것도 시각적 지각이나 해석의 문제를 해결하는 효과적인 수단으로 활용된다. '티니툰스'나 공룡 '바니' 같은 만화주인공들은 널리 알려져 있고 전 세계의 어린 소비자들에게 인기를 얻고 있다. 켈로그는 호랑이 '토니'를 광고 모델로 채택하였는데, 콘플레이크 광고를 세계적으로 거의 동일하게 실시하면서, 현지시장에 맞게 약간 조정만 하였다. 원래 광고에서는 토니가 그의 친구들과 테니스를 하다가 토니와 그의 친구가 경기에서 이겼을 때 네트를 뛰어 넘는데, 유럽에서는 넘지 않도록 하였다. 왜냐하면 유럽에서는 이러한 행위가 통상적 관습에 부합하지 않기 때문이다.

② 취향 표현과 소구점

촉진마케팅 활동의 일환으로 광고에 제시하는 소구점에 대해 현지 소비자들은 천편일률적이 아닌 다양한 반응을 보인다. 저돌적이고 강압적인 판매방법을 취하는 것이 어떤 시장환경에서는 자연스러운 일이지만, 다른 시장환경에서는 불쾌하게 받아들여질 수 있다. 미국에서는 강압적인 판매기법을 사용하는 것이 일반적이다. 즉, 제품이나 서비스에 대하여 다소 공격적인 판매나 과장된 주장을 하는 것이 고객들에게 별 무리 없이 수용되어진다. 그리고 심지어 고객들은 내심 이를 기대하기도 한다.

그러나 영국과 같은 다른 나라에서는 이러한 공격적인 판매를 경박하고 저급한 것으로 생각하며, 일본에서도 역시 이러한 판매방식은 부정적인 반응을 불러일으킨다. 동부유럽이나 러시아에서는 정도를 넘어선 과다 광고가 오히려 부정적인 반응을 일으킨다. 이는 사회주의 국가체제에서 사회주의 정부가 보여준 정책 선전용 집중 광고에 대한 거부감을 느꼈던 경험이 있기 때문이다. 특히 일본인들은 비교광고에 대한 거부감이 강하다. 일본사람들은 사적 관계에서 타인과의 조화나 예의범절을 선호하기 사회적 관습을 지니고 있기 때문이다.

유머에 대한 소구나 유머의 개념도 문화적 맥락에 따라 다양하다. 영국에서는 유머에 의한 소구가 널리 사용되는데, 이때 유머는 다소 냉소적인 경향이 있다. 아시아에서는 체면을 중시하기 때문에 이러한 소구가 그다지 효과적이지는 않다. 성(性)적 소구가 수용되는 정도나 바람직한 윤리적·사회적 행동에 대한 개념도 문화마다 다양하다. 예를 들어, 광고에서 여성의 누드를 이용하는 것이 스웨덴과 프랑스에서는 널리 수용되지만, 인도에서는 여성의 누드에 대한 암시마저도 부정한 것으로 간주된다. 또한 많은 회교국가에서는 광고에서 여성을 등장시키는 것조차 허용되어 있지 않다. 문화적 규범이나 태도상 이러한 차이가 존재하기 때문에 목표시장의 문화적 규범에 맞도록 촉진의 소구내용을 수정해야 한다. 이것을 제대로 하지 못할 경우 소비자의 부정적인 반응을 불러일으키거나, 심지어 적대적 태도를 유발하여 참혹한 결과를 초래할 수 있다.

6. 국제마케팅 가격관리

현지시장에서 가격에 대한 민감도, 고객의 지불능력, 시장이나 지역 간 경쟁의 차이 등이 존재하므로 가격마케팅에 대한 적절한 수정이 필요하다. 수출을 통해 해외시장에 진출하는 경우, 운송 및 통관과 관련한 비용이 추가될 것이고, 수입관세뿐만 아니라 현지정부가 자국시장에 물가안정을 위해 가격을 통제하는 경우라면 역시 현지 가격을 국내 가격과 동일하게 설정하기는 어렵다. 즉, 현지시장이 본국시장과 달리 현지 시장만이 갖는 가격에 대한 민감성, 추가비용 발생 요인, 정부의 가격규제 등은 현지 마케팅 프로그램 수정 시 가격설정에 영향을 주는 사항이라 할 수 있다.

6.1 가격에 대한 민감성

가격민감성은 가격탄력성, 즉 가격변화에 대한 수요의 증감 정도를 말하는데, 이러한 가격탄력성은 각 시장마다 다르다. 가격민감성은 소득 및 지불능력, 브랜드와 관여도, 경쟁품과 대체품 정도에 따라 달라진다. 소득과 지불능력은 소비자의 구매 예산에 관련한 사항이라면, 브랜드와 관여도는 브랜드 충성도, 실질적인 품질과 혜택, 필수품 여부 등에 관한 사항이라 하겠다. 한편 경쟁품과 대체품의 존재는 해당 제품의 대(對)소비자 가격협상력과 관련된 문제라 하겠다.

만약 소득수준과 지불능력이 큰 경우, 제품이 주는 품질과 혜택이 크고 필수품으로서 속성을 지닐 경우, 경쟁품과 대체품이 존재하지 않거나 그 정도가 미약할 경우라면 진출 제품에 대한 가격변화에 소비자는 덜 민감할 것이다.

소득수준 및 지불능력

소득수준은 세계의 지역마다 다르며, 해당 지역의 높은 소득수준은 일반적으로 소비자의 지불능력을 향상시킨다. 개도국에서 가격설정은 선진국 소비자를 대상으로 추진하던 사례를 그대로 적용할 수 없을 것이다. 개도국의 경우에는 소득수준이 낮기 때문에 진출상품이 소비성 내구재라면 구매가능성이 있는 유효시장은 소수의 상위소득 고객이 속한 상층 집단으로 제한된다.

다국적기업들은 많은 인구수로 잠재적 성장가치가 높은 인도시장의 경우, 세탁기나 컬러 TV, 라디오, 화장지, 세제 등과 같은 소비재 상품시장은 총인구 7억 명 중 절반 정도의 중산층 소비자 시장을 보고 있다. 다국적 식품업체 네슬레는 쌀국수나 케첩, 인스턴트커피 등의 자사제품을 판매할 시장크기로 1억 명 정도를 예측하였으며, 바슈앤롬(Bausch & Lomb)은 시장초기 진출단계에서 3천만 명에서 5천만 명의 인도인들을 콘택트렌즈를 구매할 수 있는 고객시장으로 상정하였다. 일본 화장품 회사인 시세이도의 경우, 중국 진출 초기에는 부유층을 타깃으로 해 중국 전체 인구의 2% 점유율 획득을 목표로 하였다. 그러나 현재는 중국 현지 생산을 통해 원가 부담을 낮춰 중산층을 주요 목표고객으로 삼고 있다.

경쟁품과 대체품

진출시장에서 유사한 기능 혹은 유사한 수요를 만족시키는 경쟁자나 대체품이 있는 경우와 없는 경우에 따라 현지의 가격결정 전략은 달라야 한다. 만약 진출기업의 경쟁전략이 제품이나 서비스를 차별화하는 것보다 원가우위를 강조하는 전략일 경우에는 현지 존재하는 경쟁품과 대체품에 더욱 주의하여 가격 설정을 해야 한다. 이때 경쟁품과 대체품에 대한 정의와 존재의 파악은 가급적 그 범위를 넓게 잡거나, 미래에 발생할 가능성도 미리 예측하여 설정하는 것이 바람직하다. 먼저 고려 범위에 관한 예를 들면, 냉동식품을 현지 시장에 출시하고자 하는 기업은 현지 음식점들의 포장음식 가격을 포함시켜야 한다. 실례로 인도에 진출한 맥도널드는 사무노동자들이 배달시켜 즐겨 먹는 전통음식의 가격을 햄버거 가격 설정 시 고려 대상으로 삼았다. 우리나라의 경우라면 아마 대표적 배달음식인 자장면 가격이 기준이 될 것이다.

또 목표시장의 현재 가격구조에 적응하면서, 현 가격전략에 대한 경쟁사의 예상반응과 경쟁자들이 현 시장에 진입할 가능성을 함께 고려해야 한다. 만약 공격적인 가격전략을 채택할 때는 자사의 비용구조가 상대회사의 공격적인 보복가격을 장기간 유지할 수 있는지, 그리고 이것이 이윤과 시장점유율에 어떠한 영향을 미칠지를 예측하여야 한다. 비록 해외시장에 그 제품이 없을지라도 경쟁업체의 진입으로 치명적인 손해를 볼 수 있는 경우는 비일비재하다. 초기 R&D 비용을 회수해야 하는 기술적 혁신제품에 대해 스키밍 가격전략(skimming pricing strategy)의 일환으로서 초기 단계에 고가격을 설정하게 되는데, 경쟁자가 유사제품으로 동일시장에 침투할 경우 추가적인 가격인하가 불가피하며, 이로 인해 현지 소비자들에게 신뢰를 잃는 계기가 될 수 있다. GE는 해외 의료기기 시장에 컴퓨터 X선 단층 촬영장치인 '캣 스캐너(CAT scanner)'를 진출시켰을 때, 토시바(Toshiba)의 3차원 엑스선을 통합시킨 기계가 곧 출시됨에 따라 3개월 만에 40%나 가격을 인하해야 하는 경우가 발생하였다.

브랜드와 관여도

원산지 효과로 선진제품이라는 이미지를 프리미엄 가격으로 적용하는 사례를 종종 찾아 볼 수 있다. 일찍이 위생용품이나 개인용품이 발달한 선진국인 미국의 세제나 면도기, 여성용품 등은 해외시장에서 고가격 정책을 가능하게 하였다. P&G의 카매이 비누, 퍼트 플러스 샴푸, 오래이 나이트 크림 등은 초기 러시아 시장 진출 시 현지산 제품보다 8배나 비싼 가격으로 설정되었으며, 이들 제품은 러시아의 '여성의 날'과 같은 특별한 날에 여성들을 위한 선물용품으로 팔려나갔다. P&G 위스퍼 생리대 또한 중국 진출 시 현지상품의 10배 이상의 가격으로 팔렸고, 존슨앤존슨 샴푸와 반창고는 5배의 프리미엄 가격에, 인도에서 1회용 질레트 면도기는 경쟁 제품보다 2배의 가격으로 출시했다. 이밖에도 특정 산업분야에서 전통적인 원산지라는 고급 이미지는 해외시장에서 품질 이상의 가격설정을 가능하게 해준다. 스칸디나비아산 가구, 프랑스산 향수 그리고 이탈리아산 양모제품 등이 여기에 해당하는 제품이라 하겠다.

개도국에 비해 까다롭고 수준 높은 소비자가 있는 성숙시장인 경우에는 브랜드 또는 기업이 의도한 상품 이미지에 크게 영향을 받지 않고 철저하게 가격대비 품질을 측정하는 소비시장이 있다. 예를 들면, 카메라 필름시장의 경우에 영국 고객은 상표 간 품질의 차이를 거의 느끼지 않으므로 가격에 매우 민감하다. 이 경우 시장진출 가격전략으로 홍보를 강화하여 마케팅 비용을 상승시키기보다는 경쟁자보다 가격을 낮게 설정하는 침투가격 전략이 바람직할 것이다. 성숙한 까다로운 소비자가 존재하는 우리나라의 카메라 시장, 휴대폰 시장 등도 같은 분야라고 할 수 있다.

6.2 추가비용 발생

제품을 국내 또는 제3국에서 생산하여 목표시장에 진출시킬 경우에는 여러 가지 부대비용이 뒤따른다. 대표적인 부대비용은 운송비이다. 운송은 보통 배로 선적하여 하지만, 물량이 소량이거나 고액의 제품, 신선도가 생명인 농수산물 등은 항공으로 선적하여 운송한다. 운송에는 운송비용뿐만 아니라 통관과 관련한 검사비용, 운송 보험료, 창고비용 등도 포함된다. 만약 수입국에서 높은 물품관세를 설정한 경우에는 수출 후 현지판매 가격은 더욱 올라가게 된다. 수입국의 관세부과 제도는 너무 고세율로 설정한 경우에는 수량제한(쿼터) 제도와 함께 현지국 진출의 진입장벽 역할을 하기도 한다.

현지 목표시장에 물품이 수입된 이후에도 현지의 복잡한 유통구조나 몇몇 유통업체에 의해 유통시장이 독점되어 있을 경우, 유통비용은 더욱 상승할 수 있다. 게다가 도소매 할인과 환불, 반품정책, 신용거래 등을 허용하는 유통관행이 있다면 현지시장에서 판매 마진폭은 상당히 줄어들게 된다. 현지국의 부가세 제도 운영은 유통비용의 연쇄적 증가를 가져올 수 있다. 부가세는 각각의 유통단계마다 또는 소유권이 바뀔 때마다 부과되는 세제이므로, 중간상의 수가 증가할수록 유통비용도 연쇄적으로 동반 상승한다.

러시아는 1992년도에 전격적으로 전국에 판매세를 부과한 사례가 있다. 이처럼 갑작스런 세제 신설은 현지에서 거래하는 상품들의 가격을 일률적으로 올려, 경쟁자와 경쟁구도에서 불이익이 발생하지 않으므로 안이하게 대처할 수도 있겠지만, 만약 맥도널드의 햄버거와 같이 구매빈도가 높은 대중적 소비재로서 포지셔닝한 경우에는 해외시장 가격정책에 큰 피해를 입을 수 있다. 당시 맥도널드는 러시아의 세제 신설에 대응하여 자체 가격인하를 통해 가격 상승분을 흡수하는 전략을 구사하였다. 이러한 사례는 특히 사회주의 시장체제에서 자본주의 시장 체제로 전환하는 이행경제기 국가들(transition economies)에서 자주 발생할 수 있는 사례이다.

중국에 화장품을 수출하기 위해서는 사전에 중국 당국의 품질·검역 검사를 받아 등록된 제품이라야 수입이 가능한데, 일본 화장품이 중국 내에 진출하기 위한 검사비용은 1개 제품에 약 1만 4천 위안(282만원)이 들고 검사기간은 4개월 정도 소요된다. 또한 중국 정부는 2007년부터 화장품 수출과 관련한 심사나 허가사항을 변경하여, 위생허가증에 판매업체명을 반드시 기재하도록 하였다. 중국 정부가 요구하는 위생허가증을 작성하는 데 1개 제품당 1백만 원 정도의 비용이 추가로 소요된다. 화장품은 제품 속성상 소량 다품종인 경우가 많아 수출품목이 많은 진출기업의 경우 전체적인 비용지출 증가로 애초 설정한 현지 설정 가격대보다 높은 가격으로 재설정해야 하는 원인이 되고 있다. 이러한 추가비용으로 일본에서 수출하는 경우, 같은 제품이라도 수송비용과 관세 등의 경비부담으로 인해 중국 소매가격은 일본 도매가격보다 약 3배나 비싼 가격에 유통되고 있다.

6.3 정부 가격규제

현지 정부의 가격통제 및 규제 조치는 현지 시장에 진출한 기업들의 가격정책에 영향을 준다. 현지 정부 및 경제관련 공적 기구는 인플레이션을 막기 위해 선별적 산업에 대해 가격상한선을 설정하거나, 가격인하를 위해 유통마진을 제한하는 조치를 취하는 경우도 있다. 주로 만성적인 인플레이션에 시달리고 있는 남미국가 시장에서 종종 목격할 수 있는데, 1988년도에 아르헨티나와 브라질 정부는 이러한 조치를 취하여 시장 내 한시적인 가격동결을 이끌어냈다.

어떤 경우에는 정부가 특정산업의 가격을 직접 규제하기도 한다. 서민생활을 안정시키고 식품비용 지출수준을 유지하기 위해 빵이나 우유, 쌀과 같은 기초식품의 가격을 동결시킨다. 한국의 경우도 2008년 말 원유가격 상승으로 인플레이션이 가중되자 대통령의 지시로 생필품 52가지에 대한 관리가격 정책을 시행하였다.

독과점 산업에서의 경쟁을 제한하거나 지나친 고가격설정을 막기 위해 가격을 규제하는 제도는 후진국, 선진국을 막론하고 정책적인 자유재량 행위에 해당한다. 항공료나 에너지 가격, 우편 및 전화요금의 변경은 다수의 국가에서 규제의 대상이 된다. 특히 사회의료체계를 가진 국가에서는 의약품에 대한 강력한 가격규제를 한다. 대부분의 유럽국가들은 국민들의 보건위생비용을 낮추기 위해 약품의 가격을 규제한다. 예를 들어 프랑스에서는 약품에 대한 엄격한 가격통제 체제를 갖추고 있으며, 영국 국립보건원에서는 사회의료체제상 보상의 대상이 되는 약품의 가격을 제한한다. 우리나라도 국민의료보험 제도를 시행하며, 특정 종류의 약품 수가를 정부가 직접 설정하여 가격관리를 하고 있다. 이러한 규제는 의약품 제조기업이 가격을 설정할 수 있는 자유를 제약하는 것이 틀림없으나, 국가의 국민보건정책이라는 측면에서 현지 정부와 국민에 의해 고수되고 있다.

7. 국제마케팅 유통관리

현지 시장에 맞춘 마케팅 믹스 프로그램의 수정은 유통마케팅의 경우도 예외일 수 없다. 각국 시장마다 유통구조가 다르고, 또한 현지인들의 사회생활 및 관습, 인구밀도 및 지리적 조건, 선호도 등에 따라 고객쇼핑 유형에 차이가 나타나 이에 대응한 유통마케팅 프로그램 추진이 필요하다. 이뿐만 아니라 현지 또는 글로벌 경쟁자의 유통전략은 목표한 현지 시장에서 유통전략 수정의 또 다른 이유가 된다. 여기에 현지 정부의 유통산업 및 유통시장에 대한 규제는 직접적인 현지 유통환경을 이루는 요소가 되어 이에 대한 적절한 대응이 필요하게 된다.

이를 종합·요약하면 현지시장에서 유통구조, 고객쇼핑 유형, 경쟁자의 유통전략, 정부의 유통규제 등은 현지 목표시장에 진출하려는 기업들에게 유통마케팅의 수정을 요하는 사항이라 하겠다.

7.1 유통구조

진출대상으로서 특정 국가시장의 유통구조 특징은 대형 유통기관의 비중, 유통기관 간 유통채널상의 권력위치, 유통인프라 및 구성원의 기술적 수준 능에 따라 구분할 수 있다. 이러한 특징은 영세 소매상을 지원하는 현지 정부의 정책방향에 따라 영향을 받기도 하지만, 현지 고객의 쇼핑 유형, 인구밀도, 도시의 지형적 특성, 그리고 우리나라의 보부상, 5일 장터 제도와 같이 역사적 관습 등 다양한 요인으로부터 영향을 받는다.

그러나 개도국의 경우는 선진국 다국적기업들의 세계시장의 글로벌화 촉진에 따른 전면적인 유통시장 개방 조치로 인해 급격히 서구식 유통시장 구조로 바뀌는 경우가 많다. 1994년도 우리나라가 그랬으며, 10년 뒤인 2004년도 중국 유통시장 개방이 그랬다. 일단 전면적인 유통시장 개방은 현지시장에서 간단한 생필품을 판매하던 동네 슈퍼마켓, 가족형 소규모 영세점포를 퇴출시키기며 대형 할인점의 상륙을 의미한다.

그럼에도 불구하고 많은 국가의 유통구조는 여전히 소규모의 독립적인 가족 사업체가 지배적이다. 특히 식품부문에서는 더욱 이러한 현상이 두드러지는데, 개도국에서는 일반적으로 소규모 사업체와 노천시장의 매출이 소매매출의 90%를 차지한다. 슈퍼마켓이나 하이퍼마켓 그리고 할인점이나 백화점처럼 대규모의 현대적인 유통망은 있다하여도 대규모 도시에만 있고 매출액의 일부분만을 차지한다. 이탈리아나 일본처럼 산업화된 나라에서도 슈퍼마켓이나 백화점 체인처럼 조직화된 대규모 유통망은 그 역할이 한정되어 있고, 소규모 가족 사업체가 여전히 소매 매출액의 60% 이상을 차지하고 있다. 이탈리아에서는 잡화점, 식음료, 그리고 상비약품의 40% 이상이 노점상이나 가두매점(Kiosk), 그리고 행상 같은 비전통적인 유통업체를 통해서 판매된다.

대형할인점이나 직판점 체제를 갖춘 현지 유통구조라면 이들 유통기관에 직접 물건을 납품하여 소비자에게 전달하면 되지만, 소규모 영세적인 긴 유통구조를 지닌 시장이라면 소비자에게 전달력을 높이기 위해 중간 도매상을 통해 제품을 판매하여야 한다. 이러한 경우라면 도매상 및 소매상 판매원들이 소비자가 어떤 제품이나 상표를 선택할 것인지 결정하는데 중요한 역할을 하므로, 소비자들보다는 유통업자들에게 촉진활동의 초점을 맞춰야 한다.

유통시장이 열악한 구조라면 불가피하게 제조업체가 직접 현지 유통업의 체계를 세워가며 판매하는 경우도 있다. 유니레버는 체코슬로바키아에서 아이스크림회사를 인수하였을 때, 체코에는 제품을 소매점에 공급할 수 있는 믿을 만한 유통체제가 없었다. 따라서 국영트럭이나 국영창고에 의존하는 유니레버의 아이스크림은 반쯤 녹아서 도착하기 일쑤였다. 유니레버는 제품판매를 위하여 상당한 시간과 노력을 투자하여 효과적인 도매상의 체계와 운송체계를 동유럽 국가들에서 세워야만 했다.

유통관련 기술의 발전 정도도 현지 유통구조를 구분하고, 다른 시장과 차별적 시장으로 간주하는 요인이 된다. 전자 태그, 바코드, RFID(무선주파수 인증) 방식으로 판매나 재고관리가 가능한 유통시장은 신제품이나 회전율이 낮은 항목의 파악을 용이하게 할 뿐더러 촉진활동에 대한 효과측정이 수월하다. 본국 및 제3국 시장에서 이러한 시스템에 의해 유통관리를 해왔던 국제기업이라면, 해당국의 낮은 유통관련 기술수준은 그 시장이 다른 시장과 다른 유통구조를 갖는다고 평가할 것이다.

이러한 하드웨어적인 요소뿐만 아니라 판매원의 의사소통 능력, 서비스 정신 등도 유통구조를 특징짓는 차이점이 된다. 최고급 기능성 화장품과 같이 방문판매를 통해 소비자에게 접근해야 하는 경우나, 특급호텔, 리조트, 자산관리 서비스와 같은 경우는 판매되는 제품의 질과 함께 이를 전달하는 판매원의 질 또한 제품가치를 구성하는 요소가 된다.

7.2 고객쇼핑 유형

소비자의 쇼핑유형과 선호도는 시장마다 상당히 다양하며, 이는 유통채널을 설계하는 데 주요한 고려요인이라 할 수 있다. 특히 인구밀도, 고객의 유동성, 사회적 생활방식의 변화 등은 소매유통의 성격과 구조를 형성하는 데 중요한 요인이다.

미국과 같이 국토가 크고 인구밀도가 낮은 나라에서는 쇼핑을 위하여 자동차로 이동한다. 이때 소비자들은 근접성이나 배달서비스에 대한 관심보다는 주차를 할 수 있는지 여부가 매장을 선택하는 기준이 된다. 그러나 다른 나라의 소비자들은 대중교통을 이용하거나 걸어서 쇼핑을 한다. 이들은 자주 쇼핑하고, 날마다 혹은 일주일에 여러 번 소량으로 구매한다. 가정에 물품을 저장할 공간이 부족하고 냉장고가 없는 데다 포장된 가공식품보다는 신선한 식품을 선호하기 때문에 이러한 행동이 유발되는 것이다. 일본의 식사는 생선회나 채소 같은 신선한 음식이나 가볍게 구운 생선으로 하는 것이 일반적이다. 이러한 식생활로 인해 많은 일본 주부들은 매일 음식을 사러 가고 심지어는 하루에 두 번 쇼핑을 하기도 한다. 이점에서는 우리나라 주부들도 마찬가지다. 이러한 쇼핑 유형은 소매점 특히 작은 구멍가게의 역할을 강화시킨다. 일본에서 식품·음료 제조업자들은 간접 유통망을 이용하거나 소매업자들에게 각종 지원과 신속한 배달을 제공하는 등의 유통전략을 채택해야 한다.

미국 소비자들은 콜라나 맥주를 편의점이나 소매점에서 한 개씩 구입하는 경우는 거의 없다. 편의점에서 구입하는 경우가 있더라도, 6팩 또는 12팩씩 구매한다. 그러나 일본이나 한국의 경우에는 동네슈퍼 및 자판기를 이용하여 한 번 먹을 분량의 콜라를 구입한다. 이러한 소비자 습성에 착안하여 코카콜라는 이들 시장 진출 시 수천 대의 코카콜라 운송차량을 직접 (위탁)관리하며 소매점에게 자사 제품을 공급하였다. 이러한 접근은 소매업자에 대한 배달과 거리의 자판기 재고관리에 효율적으로 대처할 수 있어, 해당 시장에서 신속하고 효과적인 유통망을 확보하게 하였다.

그러나 도시 외곽 및 저밀집 지역에 대형할인점, 슈퍼마켓 체인점, 쇼핑몰 등이 성장함에 따라 각 나라의 유통체계는 점점 수렴화 현상이 벌어지고 있다. 콜라 및 음료수에 대한 대량구매가 빈번하게 일어나고 있는 것이다. 할인점의 발달은 이들 식음료에 대한 구매행동뿐만 아니라, 의류와 가구, 전자제품 등에 대한 구매형태에도 큰 영향을 주고 있다. 발전한 대형 할인점 체제는 소비자들의 소량구매 형태에도 대응하고 있다. 유럽 및 아시아의 할인점에선 대량포장 단위로만 물건을 진열하진 않는다. 생선, 수박, 파인애플, 파와 같은 수산물이나 과일, 채소 등에 대해 1인이 먹을 만큼, 예컨대 1/4쪽으로 나눈 수박 포장, 반쪽으로 나눈 생선 등 소량단위의 포장이 진열되어 있다. 이는 대가족 제도에서 점차 소가족, 혼자 독립하여 사는 사람들에 대한 욕구를 충족시키기 위한 조처이다. 생활관습의 서구화는 대량구매뿐만 아니라 소량구매까지 다양한 고객쇼핑 유형을 발생시키고 유통시장의 변화를 요구하고 있다.

7.3 경쟁자의 유통전략

현지에서 유통채널 설계 시 경쟁사의 유통망 또는 유통전략을 고려해야 한다. 예를 들어 대형할인점, 백화점, 전문양판점 등과 같은 조직화된 유통 부문이 상대적으로 작고, 경쟁기업이 이러한 유통채널을 선점하였다면 다른 채널을 통해 소비자에게 접근할 수밖에 없다. 대체로 다른 채널의 유통시스템은 효율적이지 못해 유통에 대한 관리비용과 이용성과가 만족스럽지 못할 가능성이 크다. 이러한 점을 이용하여 경쟁자가 기존 유통채널을 선점하거나 접근을 제한하는 전략을 구사하는 경우가 있다.

예를 들어 켈로그는 아침식사용 시리얼을 해외시장에 가장 먼저 소개하였는데, 이로 인해 후발주자인 제너럴 밀즈(General Mills)는 판매망을 확보할 수 없었다. 청량음료 시장에서도 이와 같은 상황은 자주 목격된다. 각 나라마다 대개 전통적 역사를 지닌 음료수 회사는 존재한다. 청량음료수는 장소와 시대를 막론하고 일상생활에서 가장 기본적인 애용식품이기 때문이다. 그러나 코카콜라나 펩시와 같은 세계적인 유명 청량음료 브랜드를 가진 다국적기업들은 개도국 시장에 진출할 때 현지의 전통적 음료 제조기업의 유통망을 통해(보틀링 라이선스 계약을 통한 유통망 공유) 현지시장의 유통범위를 넓힌다. 이러한 유통망의 선점은 진입장벽이 되어, 후발주자의 시장 내 추가진입을 억제하는 효과를 발생시킨다.

이러한 경우에는 체코슬로바키아의 아이스크림 시장에 진출한 유니레버와 같이 불가피하게 사용하는 유통망의 발달을 이끌면서 현지 영업을 해야 하는 경우가 발생한다. 이러한 방법이 불필요한 가용자원을 투입하는 것이라면 델(Dell) 컴퓨터식의 유통마케팅을 선택할 수 있을 것이다. 1987년도에 델은 유럽의 시장에 진입하면서 우편주문으로 PC를 판매하였다. 이 전략은 미국에서 큰 효과를 거둔 전략과 동일한 것으로, 오프라인의 유통업 관리에 필요한 재정을 아끼면서 대신 집중적인 소비자 교육활동과 우월한 제품 서비스 제공, 낮은 판매가격을 보장함으로써 큰 효과를 거두었다. 반면 기존 선발주자인 컴팩(Compaq)은 자사가 점유한 유통 진입장벽을 우회한 델에 맞서 전통적 방식인 오프라인에서의 강력한 도소매업자 네트워크를 강화하면서 대응하였다. 컴팩은 델의 다양한 서비스 대신, 직접 도소매업자들의 판매동기를 유발시킬 수 있는 독점판매권 보장, 이윤보장 등을 제공하였다.

7.4 정부의 유통규제

다른 마케팅 믹스 활동에서처럼 현지 정부의 의한 규제는 유통 프로그램을 수정하는 데 영향을 미친다. 유통산업은 자체적으로 부가가치가 높은 산업이며, 실업률을 낮추는 고용효과가 크고, 또한 소규모 영세 소매상 측면에선 사회 양극화 문제와 관련이 있는 등 이러한 특성은 정부정책의 추진대상이자 규제대상이 되게 한다. 따라서 기업들의 유통활동은 현지국 정부로부터 제한을 받을 수 있다.

현지 정부는 다국적 유통업체와 같은 대형 점포 개점 자체를 금지하는 규제를 가하거나, 개점을 허용한다고 하여도 점포의 입지, 투자자 지분비율, 개점시간 등에 대해 규제를 하는 사례가 종종 발생한다.

많은 국가들은 유통산업의 입지규제를 소규모 소매상의 보호정책에 맞춰 시행하고 있다. 대형 슈퍼마켓을 세우려는 기업에게 도심에 소규모 독립업체들에게 매장면적을 제공해야만 시외에 대형슈퍼마켓 설립이 가능하도록 하는 경우도 있으며, 대형 슈퍼마켓업자들이 매장 설립에 필요한 기반시설에 대해 직접 건축하게 하거나, 그런 장소에 접근하는 비용을 부담해야만 하는 경우도 있다. 유럽국가 중 이러한 정책을 추진하는 나라에 진출하고자 하는 다국적 대형 할인점 또는 패스트푸드 체인업체들은 이와 같은 제약요인으로 인해 교외가 아닌 도심에 소규모 입점 쪽으로 유통전략을 전환해야 했다.

정부는 특정 제품에 대해서는 국영 독점기업을 설립하여 유통망에도 직접 개입하여 규제하는 경우가 있다. 예컨대, 정부는 담배나 주류, 그리고 소금과 같은 제품을 취급하는 독점적 유통기업을 설립하기도 한다.

일본에서는 담배전매공사가 1981년도까지 유통을 통제하였다. 시장이 개방된 뒤에 필립모리스(Philip Morris)와 레이놀드(R. J. Reynolds)는 광범위한 유통망과 일본에서 담배를 공급하는 수많은 가판점과 자판기를 광범위하게 이용하기 위해, 그들의 브랜드를 일본전매공사를 통해 배급하였다.

우리나라의 경우도 2002년부터 한국담배인삼공사가 완전히 민영화되어 KT&G라는 새로운 법인이 시장점유율 70%를 차지하고 있고, BAT, 필립모리스, JT(Japan Tabacco) 등 다국적 담배회사가 나머지 유통시장을 점하고 있다.

2부
국제재무관리

들어가는 말

저자는 2002년 8월부터 2003년 7월 말까지 Fulbright 교환교수로 미국 필라델피아에 있는 University of Pennsylvania(U Penn)에서 근무했었는데 2002학년도 가을학기 및 2003학년도 봄학기에 U Penn 학생들을 대상으로 'Korea in International Finance'라는 타이틀로 국제금융론을 강의한 바 있다. 미국 동부의 전통적인 명문대학 그룹인 Ivy League 소속의 U Penn에는 세계 각지에서 몰려 든 우수한 학생들이 학업에 열중하고 있는데 최근 들어 대한민국을 위시한 신흥시장(Emerging Markets)의 경제 및 정치 사정에 큰 관심을 갖고 있음을 확인할 수 있었다.

본서는 저자가 지난 10여 년 넘게 건국대학교에서 강의한 국제재무론과 U Penn에서 강의한 국제금융론의 내용을 중심으로 정리한 것이다. 원활한 재무관리를 위해서 다국적기업은 여러 나라의 문화 및 역사에 대한 이해와 더불어 기업지배구조와 같은 제도적 차이까지 분석해야 한다. 다국적기업을 포함한 모든 기업들이 공히 환(FX)리스크에 노출되어 있다고 하겠지만, 한 국가에 한정된 경영을 하는 기업과는 달리, 다국적기업의 경우는 정치적 리스크와 같은 특유의 리스크에도 신경을 써야 한다. 게다가 다국적기업의 경우에는 일반기업 재무관리의 영역을 넘어서는 도전들이 있는데 자본조달, 자본예산, 운전자본관리, 세금관리, 신용분석 등에 있어 국제비즈니스의 특성이 필히 반영되어야 한다. 일반기업 재무관리에 통용되는 재무기법들 또한 다국적기업 재무관리의 경우 적절히 변형되어 적용되어야 할 것인데 여기에는 통화옵션, 통화선물, 금리스왑 및 통화 스왑이 포함된다.

1장에서는 국제재무 분석의 기본으로 국제통화제도와 외환시장에 대해 살펴본다. 1973년 이후 국제통화제도의 변동환율시스템 가동에 따라 환(FX)리스크관리가 중요해지고 선물, 옵션 등 외환파생상품시장이 급속하게 발전하게 된 배경을 검토한다. 2장에서는 물가-이자율-환율간의 평가(parity) 이론에 기초하여 구매력평가 및 이자율평가의 이론과 실제에 대하여 학습한다. 다국적기업의 재무활동에 있어 환리스크관리가 지극히 중요하고 환리스크관리 수단으로서 외환파생상품에 대한 이해가 절대적임에 따라 3, 4, 5장에서는 선물환(Forward), 통화선물(Futures), 옵션, 스왑에 대해 학습한다. 다국적기업의 재무전략으로서 국제자본조달과 국제포트폴리오투자에 대한 논의는 6장 및 7장에서 검토된다.

CHAPTER 1

국제통화제도와 외환시장

1. 국제통화제도

국제통화제도(International Monetary System)란 국가간 재화나 자본의 이동에 따른 지불을 원활히 수행할 수 있게 하는 금융결제시스템을 의미한다.

국제통화제도는 금본위제도(Gold Standard System), 금환본위제도(Gold Exchange Standard System), 달러(U$)본위제도 성격의 브레튼우즈체제(Bretton Woods System)를 거쳐 1973년 이후 변동환율제도로 발전되어 왔다. 금 1온즈당 U$35의 태환을 보장했던 브레튼우즈체제는 1971년 8월 미국 닉슨 대통령

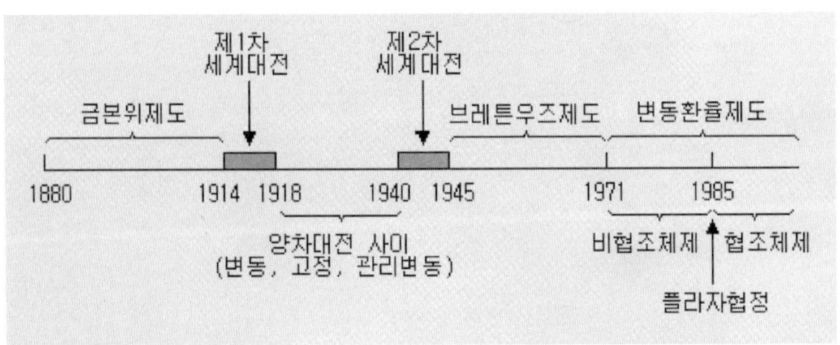

*자료: 『국제금융론』(1999) p. 436.

[그림 1-1] 국제통화제도의 변천

의 금태환 정지로 사실상 붕괴되었고, 1973년 이후 국제통화제도는 변동환율제도가 중심이 되었다. 변동환율제도의 등장을 배경으로 환리스크에 대한 관심이 높아지고 파생금융상품 개발을 중심으로 한 리스크관리 기법이 급속히 발전하게 된다.

2. 우리나라의 환율제도[1)]

우리나라는 지난 1945년 10월 1일 고정환율제도를 도입했는데 당시 미국 군정 당국의 공정 환율은 달러당 15원이었다. 6·25전쟁 이후 지속적인 물가 상승으로 원화의 평가절하가 불가피했으며, 드디어 1964년 5월3일 단일 변동환율제도로 바뀌었는데 당시 환율은 달러당 255원이었다. 그 후 국내물가 상승으로 네 차례(1969년, 1971년, 1974년, 1980년)에 걸쳐 집중기준율을 인상했지만 환율은 물가상승률을 제대로 반영치 못한 데다 국제수지 조정기능도 떨어져 1980년 2월 27일 미국 달러화뿐 아니라 주요 교역상대국 통화의 국제 시세에 원화 환율을 연동하는 복수통화바스켓제도를 채택하게 되었다.

[표 1-1] 우리나라 환율제도의 변천

1945년 10월 1일	고정환율제도	1991년 9월	변동폭 ±0.6%
1964년 5월 3일	단일변동환율제도	1992년 7월	변동폭 ±0.8%
1980년 2월 27일	복수통화바스켓 방식에 따른 변동환율 제도	1993년 10월	변동폭 ±1.0%
		1994년 11월	변동폭 ±1.5%
		1995년 12월	변동폭 ±2.25%
1990년 3월 2일	시장평균환율제도 도입: 시행초기 하루 환율변동폭 ±0.4%	1997년 11월 20일	변동폭 ±10%
		1997년 12월 16일	완전변동환율제 (하루 변동 상하한폭 철폐)

1) 주간매경(1997년 12월 31일) 기사 참고.

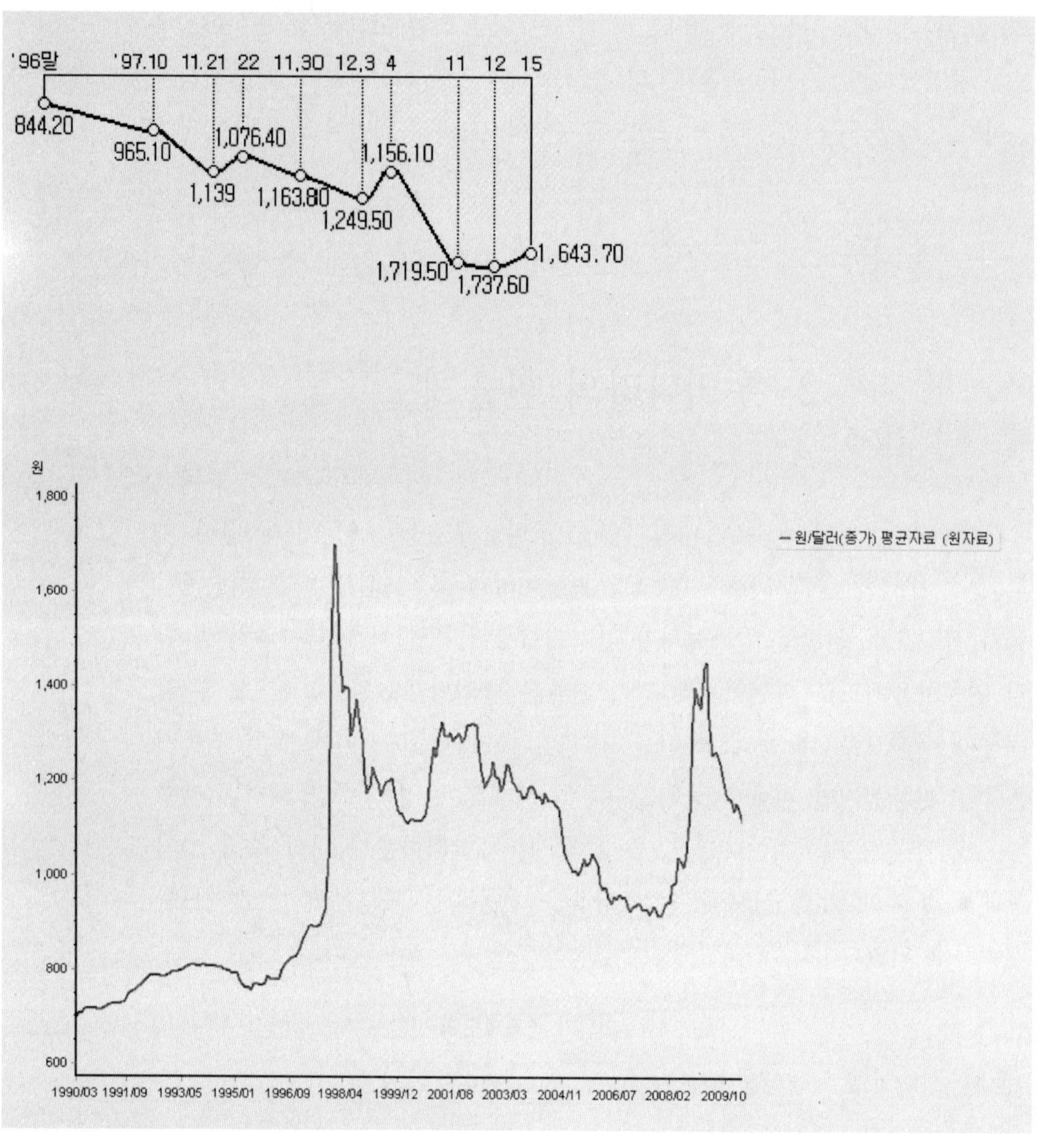

*자료: 한국은행

[그림 1-2] 원화 대미달러 환율 추이

그러나 미국을 중심으로 한 선진국들이 우리 정부가 환율을 조작한다는 의혹을 제기하며 통상 압력을 가해오자 정부는 1990년 3월 2일자로 시장평균환율제도를 도입했다. 시장평균환율은 미국 달러화에 대한 원화의 교환비율로 금융결제원을 경유해 외국환 은행 간에 거래된 현물환율과 거래액을 가중 평균해 산출되었다. 시장평균환율제도가 처음 도입되었을 때는 하루 환율변동폭이 상하 0.4%에 불과했으나 이후 여섯 차례(± 0.6→0.8→1.0→1.5→2.25→10%)에 걸쳐 하루 변동폭이 상향 조정되었다. 1997년 12월 16일 외환위기 상황에서 우리는 완전 변동환율제를 도입하게 된다.

3. 외환시장

1997년 11월 말 IMF 구제금융 신청 이전에 원화의 대미달러 환율은 1,000원 미만이었으나 외환위기 상황에서 1997년 12월 중순 1,800원 수준으로 급격히 올라간 바 있다. IMF 구제금융 지원 이후 대미달러 환율은 빠른 속도로 안정되었으나 2008~2009년 기간 중 글로벌 금융위기의 여파로 1,400원 수준까지 급등하기도 했다. 2010년 1월 현재 대미달러 환율은 1,140원 수준이다.

외환시장은 대규모 도매시장이다. 전 세계적으로 하루 24시간 가동되는 국제외환시장은 국제상업은행을 위시한 많은 대형 시장 참여자들이 거래하는 효율적인(efficient) 시장이다. 국제외환시장의 일평균 거래규모는 2007년 현재 3조 8,300억 달러(U$)에 달한다.

[표 1-2] 국제외환시장 일평균 거래규모 추이

(단위: 십억 달러)

구 분	1995	1998	2001	2004	2007
현 물 환	494	568	387	850	990
선 물 환	97	128	131	250	510
통화스왑	546	734	656	1,850	2,330
오 차	53	60	36		
총 계	1,190	1,490	1,210	2,950	3,830

*자료: 국제결제은행(BIS)

국제상거래에 따른 대금결제 외에 외환시장 참여의 목적은 다음과 같다.

① 환리스크 회피를 위한 헷징(hedging)
② 환율차이를 이용하여 시세차익을 꾀하는 차익거래(arbitrage)
③ 적극적인 시장 개입을 통하여 이익을 추구하는 투기(speculation)

여기서는 차익거래의 예를 들어보기로 한다. 동일 시점에 미달러와 유로화 사이의 환율이 뉴욕 외환시장과 프랑크푸르트 외환시장에서 각각 다음과 같다고 가정해 보자.

뉴욕:	1.2406U$/€	(또는 0.8061€/U$)
프랑크푸르트:	0.8050€/U$	(또는 1.2422U$/€)

동일한 통화인 유로화에 대하여 뉴욕 시장에서의 가격과 프랑크푸르트 시장에서의 가격이 위에서와 같이 다르다면 차익거래를 통하여 이득을 취할 수 있게 된다. 상대적으로 유로화의 가격이 싼 뉴욕에서 유로화를 사고 동시에 프랑크푸르트 시장에서 유로화를 팔게 되면 이득이 생긴다. 같은 이치로 상대적으로 미달러화가 싼 프랑크푸르트 시장에서 미달러를 사고 동시에 뉴욕에서 달러를 팔게 되면 이득을 챙길 수 있다. 이와 같이 동일한 재화에 대하여 여러 시장에서 상이한 가격이 형성되어 있다면 '싸게 사서 비싸게 파는(Buy Low, Sell High)' 차익거래를 통하여 이득을 취할 수 있다. 그러나 소위 말하는 효율적인(efficient) 시장에서는, 이런 차익거래를 통하여 금전적 이익을 취할 수 있는 상황은 오래 지속될 수 없는데 이는 가격 차이에 의한 수요/공급의 변화에 따라 균형 상태로의 조정이 빠르게 이루어지기 때문이다.

외환시장의 효율성은 소위 '삼각재정(triangular arbitrage)'으로 설명이 될 수 있는데 이는 서로 다른 세 통화간의 환율 관계가 다음 식을 만족시키는 상황을 의미한다.

$Sab \times Sbc \times Sca = 1.0$

여기서 Sab = 통화 a, b 간의 환율

Sbc = 통화 b, c 간의 환율

Sca = 통화 c, a 간의 환율

외환거래의 형태로는 현물거래(Spot Trading), 선물거래(Forward Trading), 스왑거래(FX Swap Trading)가 있는데 통상 현물환율(Spot Rate)은 S_0로 선물환율(Forward Rate)은 $F_{0,\ t}$로 나타낸다. S_0는 t = 0(현재) 시점의 현물환율을 의미하며, $F_{0,\ t}$는 미래 시점 t = t에 통화간의 교환이 이루어지는 거래에 있어 t = 0(현재) 시점에 정해진 선물환율을 의미한다.

선물환율 $F_{0,\ t}$에 선물거래를 하는 경우를 생각해 보자. 롱(매입)포지션을 취하는 거래자의 경우는 만기 시점의 현물환율이 $F_{0,\ t}$를 상회할 것으로 예상하고 그에 따른 차익 실현을 기대하며, 숏(매도)포지션을 취하는 거래자의 경우는 만기 시점의 현물환율이 $F_{0,\ t}$를 하회할 것으로 기대한다. 두 포지션의 합은 정확하게 '0'이 되는바 소위 제로섬(zero sum) 상황이 되는 것이다.

선물거래의 만기 이전에 반대매매를 통하여 원래의 포지션을 정리할 수도 있는데 이런 반대매매를 통하여 그때까지의 이익을 실현하거나 예상되는 손실을 줄일 수도 있다. 그러나 선물환(Forward) 거래의 경우, 반대매매를 위한 거래 상대방을 찾기가 매우 어렵다는 문제가 있는바 이 문제는 통화선물(Futures) 시장의 정형화된 거래를 통하여 상당 부분 해결이 가능하다.

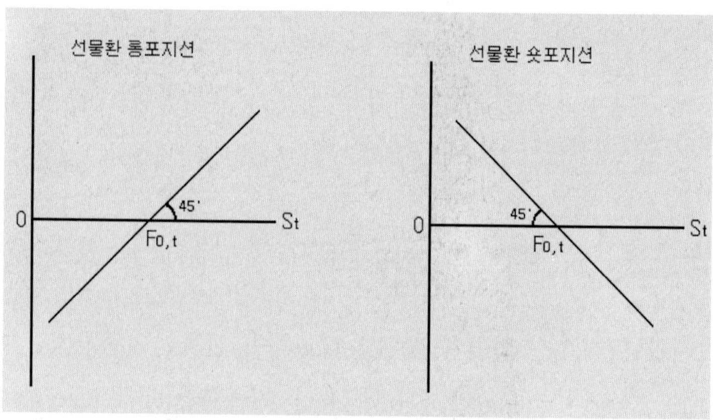

[그림 1-3] 선물환 롱/숏 포지션의 손익구조

4. 선물환 할증/할인

선물환 할증/할인(Forward Premium/Discount)은 다음 식으로 설명된다.

$(F_{0,t} - S_o)/ S_o \times 12/m \times 100$

여기서 m = 선물거래 기간(월 수)

결과가 +이면 기준 통화는 비교 통화에 대해 할증되어 거래된다고 말하며, 결과가 −이면 기준 통화는 비교 통화에 대해 할인되어 거래된다고 말한다. 예를 들어 미달러화가 영국의 파운드화와 유로화에 대하여 다음과 같은 현물환율과 선물환율(1년물)을 가지고 있다고 하자.

	£/U$	€/U$
S_o	0.5668	0.8061
$F_{0,t}$	0.6000	0.7900

이 경우 미달러화는 파운드화에 대하여 (0.6000−0.5668)/0.5668 × 12/12 × 100 = +5.86% 즉 5.86% 할증 상태, 유로화에 대하여 (0.7900−0.8061)/0.8061 × 12/12 × 100 = −2.0% 즉 2.0% 할인 상태에 있다.

사례: 환율은 왜 오르내리나[2)]

나라 경제상황 따라 수시 변화

현재 우리가 겪고 있는 금융위기를 흔히 환란이라 한다. '환율에서 온 난리'라는 말이다. 환란이 오기 전 달러당 900원대에 있던 원화환율은 지난해 말 한때 2,000원을 돌파한 적이 있다. 지금도 작년보다 50% 가량 절하된 1,300원대에 머무르고 있으니 이로 인한 손실과 고통이 이만 저만이 아니다. 일본은 85년 달러당 250엔대에 머물던 엔화환율이 불과 4년 후 100엔까지 육박하는 '엔고'를 경험하기도 했다. 인도네시아 태국 말레이시아 등도 지금 우리와 함께 환란을 겪고 있고 멕시코 아르헨티나 스웨덴 등도 과거에 외환위기를 겪은 경험이 있다.

환율은 왜 이렇게 널뛰기를 하는가? 국제통화기금(IMF)이나 국제금융가에서 내놓는 고전적 설명방식은 해당국가에 뭔가 문제가 있기 때문에 이 같은 환율변동이 생긴다는 것이다. 예를 들어 한국은 금융기관들의 대규모 부실채권과 기업들의 허약한 재무구조가 드러났고 태국은 경상적자가 너무 큰 데다 금융기관들이 부동산에 너무 많이 투자했다고 지적된다. 따라서 개혁을 통해 잘못들을 고치면 환율이 다시 안정된다는 것이 고전적인 처방이다. 이런 시각에서는 환율이 각국 경제를 평가하는 '가장 공정한 심판관'이 된다. 그렇지만 문제는 환율이 한 나라가 잘못한 만큼만 움직이지 않는 데 있다. 한 번 움직이기 시작한 환율은 과다하게 움직이기(overshooting) 일쑤다. 한국 정부나 기업, 금융기관들이 잘못한 점

2) 매일경제신문(1998년 5월 4일) 기사.

이 있다 하더라도 국부의 50%가 날아가 버려야 할 정도로 잘못했는지 수긍하기 어려운 면이 있다. 인도네시아도 내부적인 문제가 있다지만 루피아화 가치가 한때 과거의 5분의 1까지 떨어지는 '징벌'을 받아야 할 만큼 심각한 것이었는지 궁금하다. 실제로 연구기관들은 한국 등 외환위기국들의 현재 시장환율이 '적정환율'에서 크게 벗어나 있다는 분석을 이구동성으로 내놓았다.

외국 돈도 주식처럼 차익거래

이렇게 환율이 실물경제와 동떨어져서 움직이는 가장 큰 이유는 외환이 단순하게 실물거래의 매개수단으로만 쓰이는 것이 아니라 자체논리에 따라 거래가 이루어지는 하나의 '상품(commodity)'으로 발전해왔기 때문이다. 세계 경제가 1973년 변동환율제로 이행하기 전까지만 해도 외환거래만을 위한 외환거래의 비중은 별로 크지 않았다. 고정환율제가 유지되는 상황에서는 어떤 화폐로 자산을 보유하는지가 중요하지 않았기 때문이다. 그러나 변동환율제 하에서는 보유 화폐를 무엇으로 하는가에 따라 자산가치가 크게 변화한다. 따라서 주식 투자자들이 주가변동을 예상하고 주식을 매매하듯 환율변동 예측에 따라 외환을 사고파는 일이 빈번해졌다. 또 이같이 가격차만을 노리는 거래가 많아지면서 '투기'의 여지도 커졌다.

결과는 외환거래량의 폭증이다. 1973년에 불과 100억~200억 달러에 불과하던 하루 외환거래량은 1990년에 1,990억 달러로 10배 늘었고 5년 만인 1995년에 다시 10배가 넘는 1조 2,000억 달러까지 뛰어올랐다. 이제 닷새 치 외환거래량은 1년치 세계교역량과 맞먹는 수준이다. 이를 중앙은행 외환보유고와 비교해보면 더 흥미롭다. 1983년까지만 해도 미국 독일 일본 영국 스위스 등 세계 5대 중앙은행이 갖고 있던 외환보유고는 1,390억 달러로 당시 하루 외환거래량 390억 달러보다 3배 이상 많은 수준이었다. 그러나 86년에 차이가 두 배로 줄어들었고 1992년에는 외환보유고 2,780억 달러, 외환거래량 6,230억 달러로 '대역전'이 벌어졌다. 1997년 말에는 외환보유고 4,258억 달러에 비해 외환거래량은 1조 5,000억 달러로 3배 이상 격차가 벌어진 것으로 추산된다. 이에 따라 중앙은행들이 외환의 '양'으로 환율변동을 억제할 수 있는 단계는 지나버렸다. 프랑스 파리대학의 도미니크 폴리옹 교수는 실물경제와 비교할 때 국제자본 규모가 연간 3,000억 달러면 적정하다며 국제자본 이동의 70%가 생산성과 전혀 관계없는 순수한 투기자본이라고까지 규정했다.

최근에는 환율변동이 실물경제 흔들어

일본에서는 "개가 꼬리를 흔드는 것이 아니라 꼬리가 개를 흔든다."고 표현한다. 경제성장률 인플레이션 등 실물 부문의 차이가 환율에 반영되는 것이 아니라 환율이 자체논리에 따라 급변동하면서 실물 부문을 오히려 흔들어 놓는다는 것이다. '장기적으로' 환율이 실물 부문의 움직임을 반영한다는 학설에는 아직 많은 우군이 있다. 순간적인 환율 급등으로 수출품의 가격경쟁력이 높아지면 무역흑자가 쌓이게 되고 다시 환율이 떨어지게 된다는 것이다. 그러나 정상궤도를 벗어난 환율은 오래도록 유지되면 실물 부문이 이에 적응하면서 환율이 처음 수준으로 떨어지지 않을 수도 있다. 일종의 '경직성'이 작용하는 것이다. 특히 조그마한 시세차익만 보여도 돈을 재빨리 움직이는 외환중개인들의 단기투자 결정에는 펀더멘털이 참고지표에 불과한 게 현실이다.

CHAPTER 2

외환시장 메커니즘

1. 물가-이자율-환율 평가 관계

완전한(perfect) 또는 효율적인(efficient) 시장을 가정하고 물가 이자율 환율간의 평가(parity) 관계에 대하여 검토해 보기로 한다. 우선 완전한(또는 효율적인) 시장은 다음과 같은 특성을 갖고 있다. 완전한 시장은 ① 완전경쟁적이고, ② 시장정보가 시장 참여자들 사이에 완전하게 공유되며, ③ 세금 및 거래비용, 규제가 없는 시장을 말한다.

이와 같은 완전한 시장에서는 소위 말하는 '일물일가의 법칙(law of one price)'이 지켜진다. 실물시장, 금융시장을 막론하고 하나의 상품에 대해서는 하나의 가격이 있게 되므로 차익거래에 따른 이득 발생의 가능성이 없다. 따라서 다음의 관계들이 성립된다.

① 피셔효과 $i_n - i_n^* = \pi - \pi^*$

② 구매력 평가 $(S_t^e - S_o) / S_o = \pi - \pi^*$

③ 이자율 평가 $(F_{o,t} - S_o) / S_o = i_n - i_n^*$

④ 국제피셔효과 $(S_t^e - S_o) / S_o = i_n - i_n^*$

여기서 i_n = 명목이자율(즉, 실질이자율 + 물가상승률)

i_n^* = 외국의 명목이자율

π = 물가상승률

π^* = 외국의 물가상승률

S_o = 현재$(t = o)$의 현물환율

S_t^e = 미래$(t = t)$의 예상 현물환율

$F_{o,t}$ = 선물환율

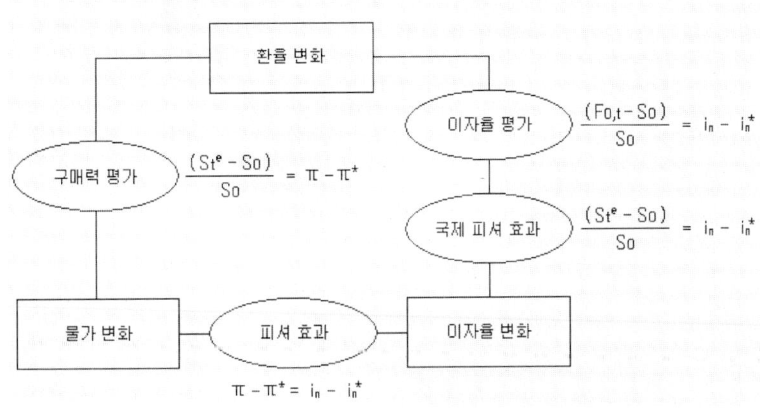

[그림 2-1] 물가-이자율-환율 평가(Parity) 관계

2. 피셔(Fisher) 효과

시장이 균형 상태에 있을 때 물가와 이자율 간의 관계에 대하여 분석해 보기로 한다.

우선, 명목이자율은 실질이자율과 물가상승률의 합이다. 즉, $i_n = i_r + \pi$. 또, 일물일가의 법칙이 준수되는 완전한 금융시장에서는 국내 및 외국의 실질이자율이 같을 수밖에 없다. 즉, $i_r = i_r^*$. 특정 시점에 양국 간 실질이자율의 차이가 있게 되면 수요/공급의 변화에 따라 빠르게 조정이 이루

어져 (실질이자율이 일치하는) 균형 상태로 돌아가게 된다. 이 경우

국내: $i_n = i_r + \pi$ ①

외국: $i_n^* = i_r^* + \pi^*$ ②

①식에서 ②식을 빼고 정리하면, 다음과 같은 피셔효과 식을 얻을 수 있다.

$$i_n - i_n^* = \pi - \pi^*$$

시장이 균형 상태에 있을 때 양국 간 명목이자율의 차이는 양국 간 물가상승률의 차이와 같다.

3. 구매력 평가

구매력 평가(PPP: Purchasing Power Parity)에 따르면 동일한 상품은 완전한 시장에서 하나의 가격을 갖게 된다. 그렇지 않으면 차익거래를 통하여 금전적 이익을 취할 수 있는데 이는 시장의 완전성에 부합하지 않는 것이다. 구매력 평가가 성립하는 경우 특정 기간 동안의 환율의 변화는 양국 간 물가상승률의 차이와 일치하게 된다.

$$(S_t^e - S_o) / S_o = \pi - \pi^*$$

예를 들어, 동일한 형태와 성능의 볼펜이 한국과 미국 양국에서 판매되고 있다고 하자. 특정 시점, 예를 들어 1월 1일 한국에서는 1,000원에, 미국에서는 U$1에 판매되었고 양국 간 환율은 1,000원/U$이었다고 하자.

1월 1일 현재 구매력 평가가 성립함을 알 수 있다. 1년이 지난 12월 31일 현재 볼펜의 가격이 미국에서는 변함없이 U$1인데 한국에서는 2,000원으로 올랐다고 하면 볼펜가격을 기준으로 하는 물가상승률은 미국이 0인 반면 한국의 물가상승률은 100%가 된다.

이런 경우, 환율이 1월 1일 수준인 1,000원/U$ 에 머물러 있게 되면 차익거래에 따른 이윤 획득의 기회가 발생한다. 상대적으로 볼펜 값이 싼 미국에서 볼펜을 구입, 한국에서 팔게 되면 이득을 보게 된다. 이런 과정에서 미달러화는 강세를 보이게 되고 한국의 원화 가치는 떨어지게 되는데 2,000원/U$ 수준에서 더 이상의 움직임이 없는 균형 상태가 회복된다.

사례: 구매력 평가와 빅맥지수

The Big Mac index, a light hearted guide to exchange rates, is based on the idea of purchasing power parity, which says currencies should trade at the rate that makes the price of goods the same in each country. So if the price of a Big Mac translated into dollars is above $3.54, its cost in America, the currency is dear; if it is below that benchmark, it is cheap.

The hamburger standard

	Big Mac prices		Implied PPP* of the dollar	Actual exchange rate: Jan 30th	Under (-)/over(+) valuation against the dollar, %
	in local currency	in dollars			
United States†	$3.54	3.54	-	-	
Argentina	Peso 11.50	3.30	3.25	3.49	-7
Australia	A$3.45	2.19	0.97	1.57	-38
Brazil	Real 8.02	3.45	2.27	2.32	-2
Britain	£2.29	3.30	1.55‡	1.44‡	-7
Canada	C$4.16	3.36	1.18	1.24	-5
Chile	Peso 1,550	2.51	438	617	-29
China	Yuan 12.5	1.83	3.53	6.84	-48
Czech Republic	Koruna 65.94	3.02	18.6	21.9	-15
Denmark	DK 29.5	5.07	8.33	5.82	43
Egypt	Pound 13.0	2.34	3.67	5.57	-34
Euro area§	€3.42	4.38	1.04**	1.28**	24
Hong Kong	HK$13.3	1.72	3.76	7.75	-52
Hungary	Forint 680	2.92	192	233	-18
Indonesia	Rupiah 19,800	1.74	5,593	11,380	-51
Israel	Shekel 15.0	3.69	4.24	4.07	4
Japan	¥290	3.23	81.9	89.8	-9
Malaysia	Ringgit 5.50	1.52	1.55	3.61	-57
Mexico	Peso 33.0	2.30	9.32	14.4	-35
New Zealand	NZ$4.90	2.48	1.38	1.97	-30
Norway	Kroner 40.0	5.79	11.3	6.91	63
Peru	Sol 8.06	2.54	2.28	3.18	-28
Philippines	Peso 98.0	2.07	27.7	47.4	-42
Poland	Zloty 7.00	2.01	1.98	3.48	-43
Russia	Ruble 62.0	1.73	17.5	35.7	-51
Saudi Arabia	Riyal 10.0	2.66	2.82	3.75	-25
Singapore	S$3.95	2.61	1.12	1.51	-26
South Africa	Rand 16.95	1.66	4.79	10.2	-53
South Korea	Won 3,300	2.39	932	1,380	-32
Sweden	SKR 38.0	4.58	10.7	8.30	29
Switzerland	CHF 6.50	5.60	1.84	1.16	58
Taiwan	NT$75.0	2.23	21.2	33.6	-37
Thailand	Baht 62.0	1.77	17.5	35.0	-50
Turkey	Lire 5.15	3.13	1.45	1.64	-12

*Purchasing-power parity; local price divided by price in the United States
†Average of New York, Chicago, Atlanta and San Francisco ‡Dollars per pound
§Weighted average of prices in euro area **Dollars per euro

Sources: McDonald's; *The Economist*

*자료: *The Economist*(2009)

4. 이자율 평가

이자율 평가(IRP: Interest Rate Parity)는 금융시장에서의 구매력 평가라고 이해할 수 있다. 동일한 금융 상품은 완전한 시장에서 하나의 가격, 즉 특정 이자율을 갖게 된다. 그렇지 않으면 차익거래를 통하여 금전적 이익을 취할 수 있는데 이는 시장의 완전성에 부합하지 않는 것이다. 이자율 평가가 성립하는 경우 특정 기간 동안의 환율의 변화는 양국 간 명목이자율의 차이와 일치하게 된다.

$$(F_{o,t} - S_o) / S_o = i_n - i_n^*$$

예를 들어, 동일한 내용의 금융 상품이 미국과 한국에서 판매되고 있다고 하자. 동 상품에 1년 동안의 투자를 통해서 투자자가 미국에서 얻게 되는 투자 수입(투자액 U$1당)은 U$1(1 + i_n^*)이 된다. 같은 투자자가 한국에서 동 금융 상품에 투자하는 경우의 투자 수입은 $S_o(1+ i_n) / F_{o,t}$이 된다. 완전한 금융시장을 전제로 할 때 동일한 금융 상품에의 투자를 통하여 얻게 되는 투자 수입은 같을 수밖에 없다.

$$(1 + i_n^*) = S_o (1 + i_n) / F_{o,t}$$

$$F_{o,t} / S_o = (1 + i_n) / (1 + i_n^*)$$

$$(F_{o,t} - S_o) / S_o = (i_n - i_n^*) / (1 + i_n^*)$$

$$\cong i_n - i_n^*$$

외환위기 직후인 1998년 초 우리나라의 명목이자율은 20% 대의 높은 수준이었는데 이는 자본의 국외 유출을 막고 외국 자본의 유치를 위한 고금리 정책의 영향이 컸던 탓이다. 그러나 20% 대의 고금리에도 불구하고 당시 외국 자본의 국내 유입 실적은 미미했는데 그 이유는 다음과 같이 이자율 평가 이론에 의해 분석될 수 있다.

1998년 1월 현재 한국의 명목이자율은 20%, 미국의 명목이자율은 6% 수준이었다고 하자. 한편, 당시 현물환율은 S_o = 1,400원/U$, 선물환율(1년물)은 $F_{o,t}$ = 1,700원/U$이었다고 하자. 이런 상황에서 금리에 민감한 국제 투자자는 과연 한국에 투자할 의사가 있을까? 금리 수준만 놓고 본다면 당연히 한국에 투자하는 것이 유리하겠지만 투자 수입을 달러로 환산하는 시점의 환율, 즉 환리스크가 관건이 된다.

$$i_{KOR} - i^*_{US} = 20\% - 6\% = 14\%p$$

$$(F_{o,t} - S_o) / S_o = (1,700 - 1,400)/1,400 \cong 21\%$$

이런 상황에서 한국에 투자하는 투자자는 14%p의 금리차익을 취할 수 있지만 21%의 환차손을 입게 되어 결국 투자 손실을 보게 된다. 불확실한 경제 상황에서 큰 폭의 원화 평가절하가 예상되면서 환차손이 금리차익을 능가하여 외국 자본의 국내 유치에 어려움을 겪었던 것이다. 환율 안정의 중요성이 크게 부각되었던 좋은 예이다.

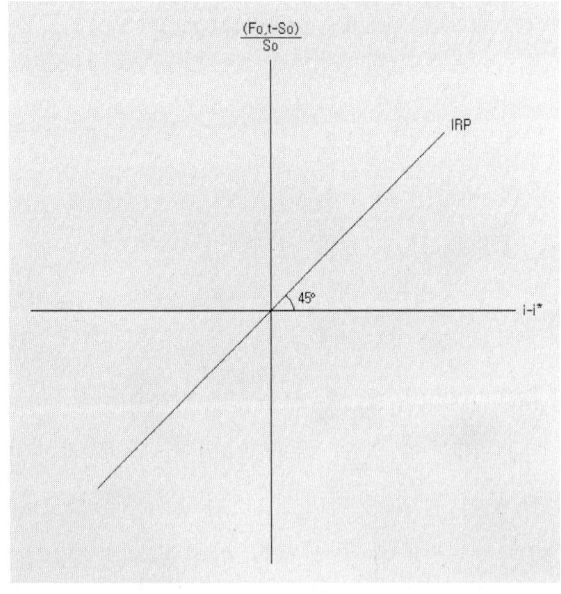

[그림 2-2] 이자율 평가(IRP) 관계

5. 국제피셔효과

국제피셔(International Fisher)효과식은 피셔효과식과 구매력평가식을 통해서 얻을 수 있다.

피셔효과 $i_n - i_n^* = \pi - \pi^*$

구매력 평가 $(S_t^e - S_o) / S_o = \pi - \pi^*$

각 식의 우변이 양국 간 물가상승률의 차이로 동일하기 때문에 이를 제하면 다음의 국제피셔효과식을 얻게 된다.

국제피셔효과 $(S_t^e - S_o) / S_o = i_n - i_n^*$

국제피셔효과가 의미하는 바는 완전한 시장에서 특정 기간 동안 예상되는 현물환율의 변화는 양국 간 명목이자율의 차이와 같다는 것이다.

국제피셔효과는 외형상 이자율평가와 유사하나 이자율평가가 금융시장과 외환시장간의 균형을 확정적인 관계로 설명하는 데 반해, 국제피셔효과는 이들의 관계를 불확정적인 관계로 설명하고 있다. 즉 이자율평가가 선물환으로 커버(cover)된 차익거래를 보여주는 반면 국제피셔효과는 커버되지 않은(uncovered) 투기거래를 보여주고 있다.

CHAPTER 3

선물환과 통화선물

1. 외환 파생상품

파생금융상품(financial derivatives)은 그 상품의 가치가 통화, 주식, 채권 등과 같은 기초자산(underlying assets)의 가격에 의해 결정되는 상품을 말한다. 파생금융상품은 계약 형태에 따라 Forward, Futures, Option, Swap 등으로 구분되며, 기초자산에 따라 통화, 주가, 금리 관련 상품 등으로 구분된다.

파생금융상품은 금융시장에서 매우 유용하게 쓰이는데 그 주된 기능들은 다음과 같다.[3] 첫째, 숏포지션을 취하기가 용이하고 거래비용이 낮기 때문에 헷징 및 투기에 매우 유용하다. 둘째, 기초자산 가치와의 가격차를 이용한 차익거래에 사용될 수 있다. 셋째, 선물거래소에서 거래되는 파생금융상품은 유동성이 뛰어나고 거래비용이 낮기 때문에 기초자산보다 값싸고 빠르게 포트폴리오를 조정할 수 있다. 또한 파생금융상품은 고객맞춤식의 상품 결합이 가능하기 때문에 기초자산만으로는 불가능한 방법으로 적기에 포트폴리오 조정이 가능하다.

3) 국제재무관리론(1995) 참고.

외환 파생상품은 계약 형태에 따라 다음과 같은 상품들로 구분된다.

① 선물환(Forward) ② 통화선물(Futures)

③ 통화옵션(Option) ④ 통화스왑(Swap)

2. 선물환과 통화선물

이제까지 우리는 선물환 거래에 대해서 살펴보았는데 선물환과 비슷한 개념의 파생상품으로 통화선물이 있는바 두 상품의 유사점과 차이점을 확실히 알아둘 필요가 있다. 이해를 돕기 위해 현실성이 떨어지긴 하지만 간단한 예를 들어 보기로 한다.

5월 10일 A와 B 사이에 다음과 같은 내용의 선물계약이 이루어졌는데 사흘 후인 5월 13일 A는 B에게 1,200원을 지불하고 U$1을 받기로 했다. 이 경우 미달러화에 대해서 A는 롱포지션을 취하고 B는 숏포지션을 취한 것이다. 계약 체결에 있어 신의성실의 원칙에 의거하여 계약당사자인 A, B 양자는 동 선물계약의 내용을 이행할 의무가 있다.

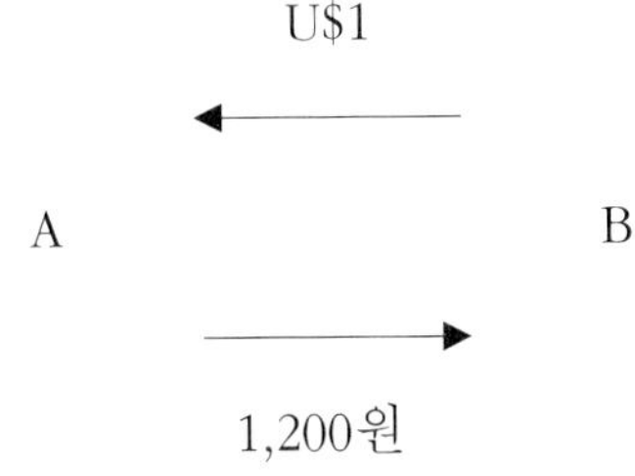

2.1 선물환(Forward) 거래의 현금흐름

5월 10일 선물환계약 체결 (5월 13일, U$1과 1,200원 교환)
5월 10일 (현금흐름 없음)
5월 11일 (현금흐름 없음)
5월 12일 (현금흐름 없음)
5월 13일 외환거래에 따른 현금흐름 발생

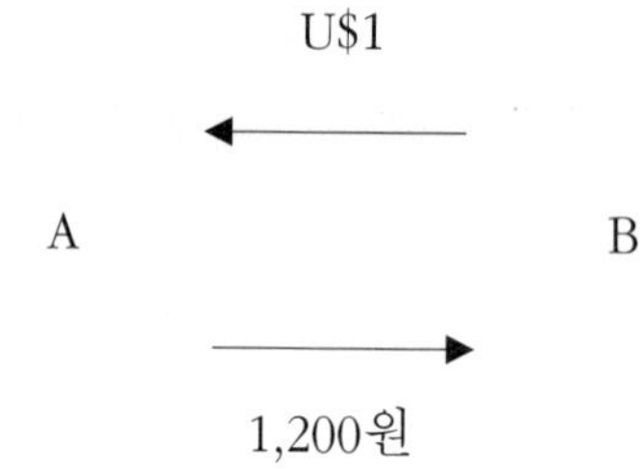

선물환 거래의 문제점은 계약불이행의 신용리스크(credit risk)가 존재한다는 점이다. 여하한 이유로 인해 일방이 계약의 내용을 충실히 이행하지 못할 때 상대방에게 적지 않은 피해를 입히게 된다. 이런 선물환 거래의 신용리스크 문제를 관리하기 위하여 개발된 파생상품이 통화선물이다.

2.2 통화선물(Furures) 거래의 현금흐름

우선, 거래 기간(5월 10일~5월 13일) 동안의 통화선물 시장 종가가 다음과 같다고 가정하자.

5월 10일	5월 11일	5월 12일	5월 13일
1,195원/U$	1,191원/U$	1,197원/U$	1,198원/U$

계약 체결 시점부터 만료 시점까지의 통화선물(Futures) 거래 현금흐름은 다음과 같다.

5월 10일 통화선물계약 체결 (5월 13일, U$1과 1,200원 교환)

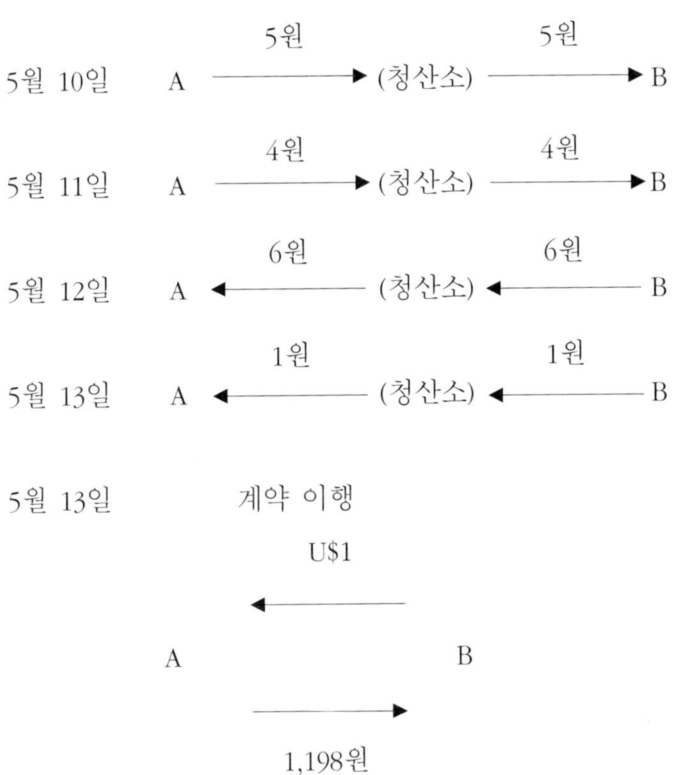

앞서 검토했던 선물환 거래와 비교할 때 통화선물 거래에는 몇 가지 특이한 점들이 있다. 우선, 계약 체결 시점부터 만료 시점까지 매일 매일 현금흐름이 발생하는데 이를 일일정산(daily marking to market)이라고 한다. 선물거래소의 청산소(clearing house)가 정산 관리의 역할을 맡고 있는데 통화선물 거래 당사자의 증거금(margin)에서 현금이 실제로 유입 내지 유출된다. 이와 같은 통화선물 거래의 일일정산 메커니즘을 통하여 계약불이행의 신용리스크를 상당히 줄일 수 있게 된다. 둘째, 계약 이행 시점에 U$1 수령의 대가로 1,200원이 아닌 1,198원이 지급되는데 이는

통화선물 거래 최종일의 종가 환율에 준한다. 거래 최종일 종가로 결제함으로써 일일정산에 따른 순이익이나 순손실이 발생하지 않는 결과를 도출하게 되는데, 이런 과정을 거침으로써 U$1을 1,200원에 교환하고자 했던 원래의 선물계약 내용에 부합하는 효과를 얻을 수 있다. 결국 계약의 이행을 전제로 할 때 최종적인 외환 거래의 내용(U$1과 1,200원의 교환)은 선물환계약이 되었든 통화선물계약이 되었든 간에 동일함을 의미한다. 그러나 엄격한 의미에서, 거래기간 동안의 현금흐름의 유무와 그에 따른 이자의 발생 여부를 감안할 때, 두 계약의 최종적인 결과는 다를 수밖에 없다.

선물환 시장은 도매 시장이다. 국제 상업은행 등 대형 거래자들이 특정 목적을 위하여 최소 몇 백만 달러 상당의 대규모 거래를 하고 있는 시장으로 상호 신용도가 높은 투자자들끼리 거래를 한다. 이런 진입 장

[표 3-1] 선물환과 통화선물의 비교

구 분	선물환계약 (Forward)	통화선물계약 (Futures)
거래 규모	필요에 맞게 정함. 대개 U$5백만 상당 이상임	표준화되어 있음. 대개 U$50,000~100,000 범위 내임
통화 종류	• 대부분의 유럽통화 및 태평양 연안국의 통화를 포함하여 약 50개 통화 • 기본적으로는 해당 통화의 단기금융시장이 존재하는 모든 통화	• 유동성이 있는 주요 통화 • CIMM(Chicago International Monetary Market)의 경우 유로, 엔, 캐나다달러, 파운드, 스위스프랑, 호주달러 등
만 기	1주일에서 10년까지 필요에 따라 정함	표준화되어 있음. 대개 1년에 4회의 결제일이 있음
결 제	실제 거래통화를 인도하거나 현금결제가 이루어짐	대개 현금결제하며, 현물인도가 가능한 경우에도 실제로는 거의 이용되지 않음
규 제	자율규제(은행들에 대한 통상적인 감사는 예외)	거래소규약 및 정부기관에 의해 규제됨
신용리스크	계약이행에 대한 신용리스크가 크므로 신용한도의 설정을 요함	증거금제도(margin deposit)와 일일정산제도(daily cash settlement of profits or losses)에 의하여 신용리스크가 대부분 제거됨

*자료: Ian H. Giddy, 'Global Financial Markets'

벽 때문에 환리스크에 노출되어 있는 중소기업 등은 선물환 시장에의 접근이 거의 불가능하였는데, 그럼에도 불구하고 앞서 살펴본 바와 같이 1973년 국제통화제도의 변동환율제도로의 이행 이후 환리스크관리는 기업 경영의 주요 이슈가 되어 왔다. 바로 이런 필요에 의해 등장한 외환파생상품이 통화선물(Futures)이다. 통화선물시장에서는 국제적으로 유동성이 큰 일부 주요 통화들을 대상으로 특정 거래소에서 정형화된 거래를 하기 때문에 시장 접근이 훨씬 용이하다. 또한, 특정 만기를 가진 통화선물을 대상으로 한 거래의 유동성이 높기 때문에 포지션 조정이 용이하고 거래소의 일일정산 기능을 통해 신용리스크도 크게 줄일 수 있다.

사례: Non Deliverable Forwards(NDFs)4)

Non-deliverable foreign exchange forwards

Turbulent foreign exchange markets have highlighted the need to consider currency risk on trade and investment exposures. NDFs provide an offshore mechanism to hedge some currencies which were previously considered 'unhedgeable'; either due to the absence of a local forward market or limited foreign access to local currency markets.

What is an NDF?

An NDF is conceptually similar to an outright forward foreign exchange transaction. A (notional) principal amount, forward exchange rate and forward date are all agreed at the deal's inception. The difference is that there will be no physical transfer of the principal amount in an NDF transaction. The deal is agreed on the basis that net settlement will be made in US dollars or – another fully convertible currency – to reflect any differential between the agreed forward rate and the actual ex-

4) http://my.dreamwiz.com/stoneq/articles/ndf.htm

change rate on the agreed forward date. It is a cash-settled outright forward.

How is an NDF settled?

A fixing methodology is agreed when an NDF deal is contracted. It specifies how a fixing rate is to be determined on the fixing date, which is normally two working days before settlement, to reflect spot value. Generally, the fixing spot rate is based on a reference page on Reuters or Telerate with a fallback of calling four leading dealers in the relevant market for a quote. Settlement is made in the major currency: paid to, or by, the customer, and reflects the differential between the agreed forward rate and the fixing spot rare.

Why use a non-deliverable forward?

The non-deliverable forward market allows offshore parties to hedge exchange rate exposures on many Asian and African currencies, without any physical transfer of these currencies and without having to deal in the local market. Therefore, local counterparry risk and the cost of holding accounts in local currencies can be avoided. Further, US dollar-settled NDFs between two offshore counterparties are not generally subject to local monetary controls. As an active participant in the NDF market, [BANK] can provide guidance on hedging with NDFs.

How about availability?

NDFs are available in several emerging market currencies. For most of these currencies, NDF prices are quoted for up to one year. Typical interbank transaction size is currently US$3－5 million per trade.

NDF linked hedging solutions

[BANK] is able to offer cash settled currency options in NDF currencies, generally for maturities up to one year. Additionally, the market for cross currency swaps is developing, enabling longer term solutions up to five years to be formulated for customers.

How does an NDF work?

An investor has invested US$2 million in stock on the Taiwanese stock market for one year. He expects the stock market to rise, but is worried about potential Taiwan dollar (T$) depreciation. He wishes to hedge his foreign exchange exposure using an NDF.

- A non-deliverable forward rate of T$35.80 per US dollar is agreed between the bank and the customer.
- The principal amount is US$2 million.

There are three possible outcomes in one year's time: the T$ has reached the forward rate, depreciated further or appreciated relative to the forward rare. Examples of the three scenarios ate shown below. In all outcomes, the customer has achieved the objective of hedging the T$ exposure at 35.80.

In Outcome A, the exchange loss that the customer would suffer if he sells his investment and exchanges the T$ proceeds in the spot market, is compensated by the proceeds of the NDF. In Outcome C, the customers exchange gain on realisation of his investment is countered by the payment he makes on the NDF.

NDF EXAMPLE

	Outcome A	Outcome B	Outcome C
US dollar/Taiwan dollar	Depreciated		Appreciated
Fixing spot rate	36.10	35.80	35.50
Equivalent amount ($)	1,983,379.50	2,000,000.00	2,016,901.41
Settlement ($)	Bank pays customer	No net payment	Customer pays bank
	$16,620.50		$16,901.41

Currency-linked deposits

Deposits in a major currency with the return linked to the exchange rate of an NDF currency are offered by [BANK]. The yield reflects the implied local interest rates derived from the NDF market, which may be significantly higher than the major currency interest rates. The NDF currency-linked deposit is particularly suitable for asset managers who need to hold a physical asset, but, at the same time, wish to gain access and exposure to higher yielding markers.

These deposits not only have many of the same advantages as NDFs, but they also often allow depositors to assume a lower credit risk or to earn more interest than depositing onshore.

NDF currency-linked deposits cannot normally be withdrawn or terminated prior to the fixed maturity date. Should a currency linked depositor wish to make an early withdrawal, the bank will use its best endeavours to accommodate it, although the terms which allow early withdrawal will depend on market considerations.

How does an NDF currency-linked deposit work?

An investor wishes to receive a Philippine peso interest rate on US$2 million for six months and assumes the peso currency exposure on both the principal and interest element of his deposit. He uses a peso-linked deposit.

- Assume peso coupon is 17.50% pa (six month US$ Libor is 5.50%).
- The current spot rate for dollar/peso is 43.50.
- Interest yield at the end of the six months
  = US$2 million × 17.50% × 180/360 = US$175,000.00.
- Principal plus interest at maturity if unlinked would be US$2,175,000.00.

NDF CURRENCY LINKED DEPOSIT–EXAMPLE			
	Outcome A	Outcome B	Outcome C
US dollar/peso at fixing	47.50	43.50	39.50
Redemption amount ($)	1,991,842.11	2,175,000	2,395,253.16
Return ($)	8,157.89	175,000	395,253.16
Annualized return	0.81%	17.50%	39.53%

• Linked redemption amount = US$2,175,000 × 43.50/Fixing spot rate.

Examples of the three possible outcomes in six months' time are shown in the table.

In Outcome A, the depreciation of the Philippine peso has reduced the earnings on the linked deposit to a sub zero return. In Outcome C, the appreciation of the peso allows the investor to gain an even greater return on the deposit than the original enhanced coupon.

For further information, please contact your local [BANK] Treasury office or the Global NDF team. Indicative NDF prices/commentary can also be found on Reuters pages NDFX, NDFY and NDFZ.

CHAPTER 4

통화옵션

1. 통화옵션

앞장에서 검토한 선물환/통화선물 계약의 이행은 계약 당사자의 '의무'이다. 반면에 이 장에서 검토하게 되는 옵션 계약의 이행은 옵션 매입자의 '권리'라고 하겠다. 일정 대가를 지불하고 옵션 상품을 매입하는 자는 만기 시점에 혹은 만기 이전에 상황이 자신에게 유리한 경우 옵션을 행사할 수도 있고, 유리하지 않은 경우 옵션 행사를 포기할 수 있는 권리가 있다. 이런 권리가 주어지기 때문에 옵션 매입자는 이에 대한 대가로 옵션 프리미엄을 지불하게 된다. 옵션 상품의 가치 산정인 옵션가격 결정(OPM: Option Pricing Model)에 대해서는 뒤에서 검토하기로 한다.

통화옵션에는 콜옵션과 풋옵션의 두 가지 상품이 있다. 우선, 콜옵션은 특정 통화를 특정 가격, 즉 행사가격(Exercise Price or Strike Price)에 '살' 수 있는 권리의 옵션 상품으로 이 콜옵션에 대해서 거래자들은 롱포지션이나 숏포지션을 취하게 된다. 롱포지션을 취하고자 하는 콜옵션 매입자는 일정 옵션 프리미엄을 지불하고 옵션 행사 권리를 취득하게 되며 향후 상황의 변화에 따라 옵션 행사 여부를 결정하게 된다. 반면, 옵션 프리미엄을 받고 숏포지션을 취하는 콜옵션 매도자의 경우는 콜옵션 매입자의 옵션 행사 여부에 철저히 따라야 할 의무만이 있다.

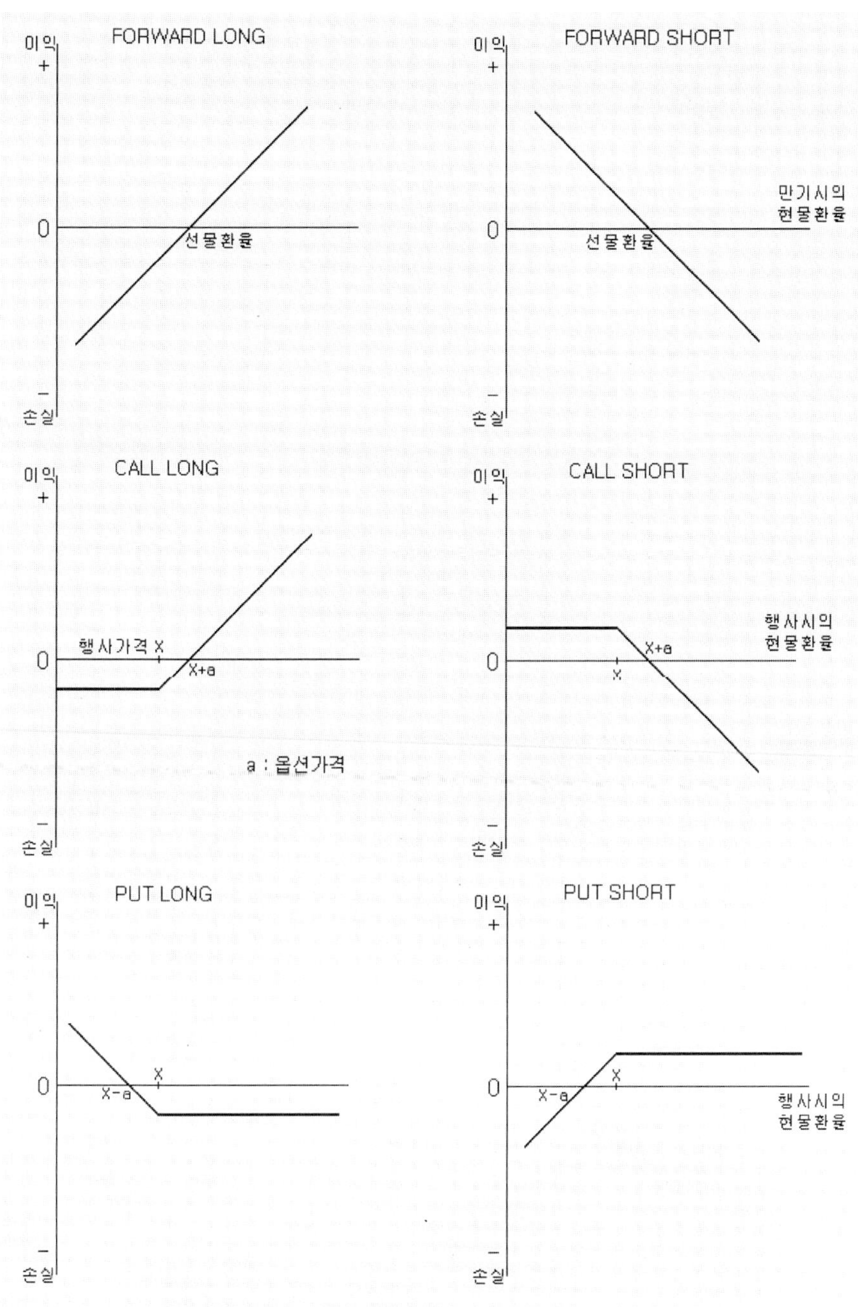

[그림 4-1] 옵션 롱/숏 포지션의 손익구조

풋옵션은 특정 통화를 특정 행사가격에 '팔' 수 있는 권리의 옵션 상품으로 이 풋옵션에 대해서도 거래자들은 롱포지션이나 숏포지션을 취하게 된다. 롱포지션을 취하고자 하는 풋옵션 매입자는 일정 옵션 프리미엄을 지불하고 옵션 행사 권리를 취득하게 되며 향후 상황의 변화에 따라 옵션 행사 여부를 결정하게 된다. 옵션 프리미엄을 받고 숏포지션을 취하는 풋옵션 매도자의 경우는 풋옵션 매입자의 옵션 행사 여부에 따라야 한다.

2. 선물과 옵션의 합성

파생금융상품의 최대 장점 중의 하나는 투자자의 특수한 투자 목적에 부응하는 투자 상품의 조합이 가능하다는 점이다. 소위 맞춤형(tailor-made) 투자 상품의 개발은 투자자의 다양한 니즈에 부합한다는 차원에서 그 자체로 선진적이라 할 수 있는데 이러한 맞춤형 투자 상품의 내용을 보면 선물, 옵션 등 파생금융상품의 지위가 절대적이다. 선물, 콜옵션, 풋옵션 등의 포지션을 달리 조합하여 합성선물이나 합성옵션 상품을 재생산할 수 있고 시황 분석에 걸맞는 특수한 포지션을 창조해 낼 수도 있다.

합성상품의 예를 검토하기 전에 투자자의 입장에서 선물포지션과 옵션포지션을 취하는 이유의 차이에 대한 확실한 이해가 필요하다. 특정 상품의 가격 움직임에 대한 투자자의 분석이 상이할 때 투자자가 취하는 포지션은 다음과 같이 정리될 수 있다.

상품 가격 움직임에 대한 투자자의 분석	투자자의 포지션
가격 상승에 대한 강한 기대감 (++)	선물 롱포지션
가격 상승에 대한 약한 기대감 (+)	콜옵션 롱포지션/풋옵션 숏포지션
가격 하락에 대한 약한 기대감 (−)	풋옵션 롱포지션/콜옵션 숏포지션
가격 하락에 대한 강한 기대감 (− −)	선물 숏포지션

가격 상승(하락)에 대한 확신 수준의 기대감이 있을 때 투자자는 선물 롱(숏)포지션을 취할 것이고, 가격 움직임에 대한 기대감이 상대적으로 약할 때 투자자는 콜옵션 내지 풋옵션에 투자할 것이다. 예를 들어, 가격 상승에 대한 기대감이 큰 차례대로 투자자는 선물 롱, 콜옵션 롱, 풋옵션 숏포지션을 취하게 된다. 그러나 이러한 투자자의 가격 움직임에 대한 기대감은 시간의 경과에 따라 달라질 수도 있다는 점에 유의하여야 할 것이다. 시간이 지남에 따라 상황이 원래 분석했던 바와는 다르게 전개될 수도 있고 이러한 상황의 변화에 맞추어 투자자의 포지션도 조정될 여지가 있는 것이다. 바로 이런 상황에서 합성상품의 진가가 부각된다.

2.1 합성선물(Synthetic Futures)

콜옵션 롱포지션 + 풋옵션 숏포지션 = 선물 롱포지션
콜옵션 숏포지션 + 풋옵션 롱포지션 = 선물 숏포지션

처음에 가격상승에 대한 약한 기대감으로 콜 롱포지션을 취했던 투자자는 시간의 경과에 따라 가격 상승의 기대감이 커질 수 있는바, 이런 경우 프리미엄을 받고 풋옵션을 팔 수 있는데 결과적으로 콜 롱과 풋 숏의 합성은 선물 롱과 동일한 결과가 되는 것이다. 이런 포지션의 재조정을 통해서 이익 실현의 가능성을 크게 할 수 있다.

마찬가지로, 처음에 프리미엄을 받고 콜옵션을 팔았던 투자자는 가격 하락의 기대감이 커짐에 따라 심지어 프리미엄을 지불하면서까지 풋옵션을 살 수도 있는데 그 이유는 콜 숏과 풋 롱의 합성이 결과적으로 선물 숏과 동일한 결과를 가져오고 그만큼 이익 실현의 여지가 커지기 때문일 것이다.

여기서 '풋-콜-선물 평가(Put-Call-Futures Parity)'에 대해서 분석해 보기로 한다. 위에서 검토한 바와 같이 콜 풋옵션의 조합은 선물과 동일한

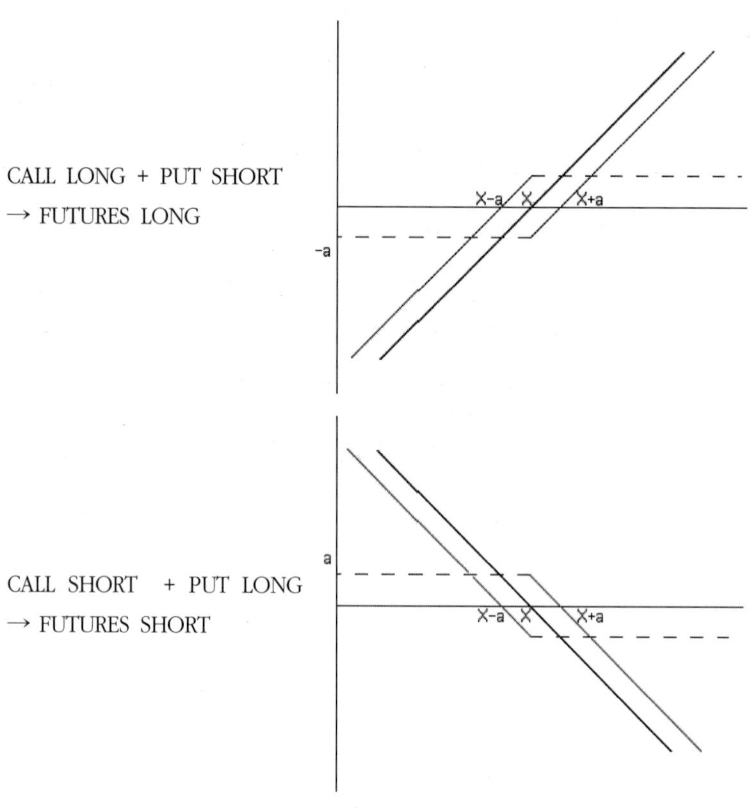

[그림 4-2] 합성선물의 손익구조

결과를 가져오는데 완전한 금융시장에서의 균형 상태에서는 특정 상품에 있어 옵션시장에서의 가격과 선물시장에서의 가격이 상이할 수 없다는 논리다. 만약 가격이 다르다면 차익거래를 통한 이익 실현이 가능하다는 이야기가 되며 이런 상황은 지속될 수가 없는바 수요/공급의 변화에 따라 빠른 시간 내에 일물일가로의 가격 조정이 이루어질 것이기 때문이다.

$$C - P = (F - X) / (1+r)$$

여기서 C = 콜옵션 가격

P = 풋옵션 가격

F = 선물 가격

X = 행사가격

r = 옵션 만기까지의 이자율

오늘 현재 콜옵션을 매입하고 풋옵션을 매도한 포지션의 합은 만기 시점에 (F－X) 만큼의 손익을 가져오게 된다. 따라서 현재가치로 환산한 양 포지션의 가치는 동일하여야 한다는 논리가 '풋-콜-선물 평가'(Put-Call-Futures Parity)이다.

2.2 합성옵션(Synthetic Options)

가격 상승에 대한 강한 기대감으로 처음에 선물을 매입한 투자자는 상황의 변화에 따라 포지션을 조정할 필요가 생길 수 있으며 이런 경우 풋옵션을 매입하거나 콜옵션을 매도함으로써 콜옵션의 롱포지션이나 풋옵션의 숏포지션으로 전환할 수 있다. 마찬가지로, 가격 하락에 대한 강한 기대감으로 처음에 선물을 매도한 투자자는 상황의 변화에 따라 풋옵션을 매도하거나 콜옵션을 매입함으로써 콜옵션의 숏포지션이나 풋옵션의 롱포지션으로 투자 포지션을 조정할 수 있다.

선물 롱포지션 + 풋옵션 롱포지션 = 콜옵션 롱포지션
선물 롱포지션 + 콜옵션 숏포지션 = 풋옵션 숏포지션
선물 숏포지션 + 풋옵션 숏포지션 = 콜옵션 숏포지션
선물 숏포지션 + 콜옵션 롱포지션 = 풋옵션 롱포지션

2.3 기타 합성 상품

합성선물, 합성옵션 외에 선물/옵션 상품들의 여러 가지 조합에 의해 투자자의 니즈에 부합하는 다양한 합성 상품을 만들어 낼 수 있는데 여기서는 가장 대표적인 예로서 스트래들(Straddle)과 스트랭글(Strangle)에 대해서 분석해 보기로 한다.

행사가격이 일치하는 콜옵션과 풋옵션을 동시에 매입(매도)함으로써 스트래들 롱(숏)포지션을 만들 수 있는데 스트래들 롱포지션을 취하는 투자자는 해당 상품의 가격 변동이 클 것으로 예상하고 동 포지션을 취한다. 반면, 스트래들 숏포지션을 취하는 투자자는 해당 상품의 가격이 행사가격 중심에서 크게 벗어나지 않을 것으로 예상하고 있는 것이다. 행사가격이 다른 콜옵션과 풋옵션을 동시에 매입(매도)하는 경우에는 스트랭글 롱(숏)포지션이 만들어진다. 스트랭글 롱(숏)포지션은 스트래들 롱(숏)포지션에 비해 각각 가격 변동의 폭이 넓어지는 경우로 이해할 수 있다.

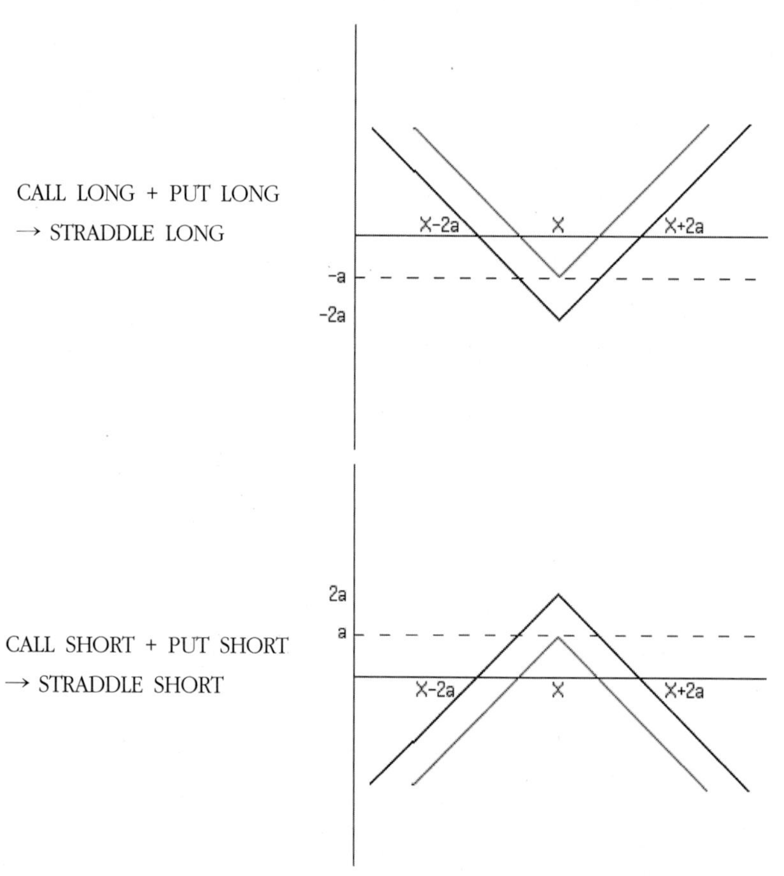

[그림 4-3] 스트래들 롱/숏 포지션의 손익구조

사례: How Leeson Broke Barings[5)]

The activities of Nick Leeson on the Japanese and Singapore futures exchanges, which led to the downfall of his employer, Barings, are well documented. The main points are recounted here to serve as a backdrop to the main topic of this chapter the policies, procedures and systems necessary for the prudent management of derivative activities.

Barings collapsed because it could not meet the enormous trading obligations, which Leeson established in the name of the bank. When it went into receivership on February 27, 1995, Barings, via Leeson, had outstanding notional futures positions on Japanese equities and interest rates of US$27 billion: US$7 billion on the Nikkei 225 equity contract and US$20 billion on Japanese government bond (JGB) and Euroyen contracts. Leeson also sold 70, 892 Nikkei put and call options with a nominal value of $6.68 billion. The nominal size of these positions is breathtaking; their enormity is all the more astounding when compared with the banks reported capital of about $615 million.

The size of the positions can also be underlined by the fact that in January and February 1995, Barings Tokyo and London transferred US$835 million to its Singapore office to enable the latter the meet its margin obligations on the Singapore International Monetary Exchange (SIMEX).

Reported activities (Fantasy)

The build-up of the Nikkei positions took off after the Kobe earthquake of January 17. This is reflected in Figure 1 – the chart shows that Lesson's positions went in the opposite direction to the Nikkei – as the Japanese stock market fell, Leeson's position increased. Before the Kobe earthquake, with the Nikkei trading in a range of 19,000 to 19,500,

5) http://risk.ifci.ch/137550.htm

Leeson had long futures positions of approximately 3,000 contracts on the Osaka Stock Exchange. (The equivalent number of contracts on the Singapore International Monetary Exchange is 6,000 because SIMEX contracts are half the size of the OSE.) A few days after the earthquake Leeson started an aggressive buying programme which culminated in a high of 19,094 contracts reached about a month later on Februaryr 17.

But Leeson's Osaka position, which was public knowledge since the OSE publishes weekly data, reflected only half of his sanctioned trades. If Leeson was long on the OSE, he had to be short twice the number of contracts on SIMEX.

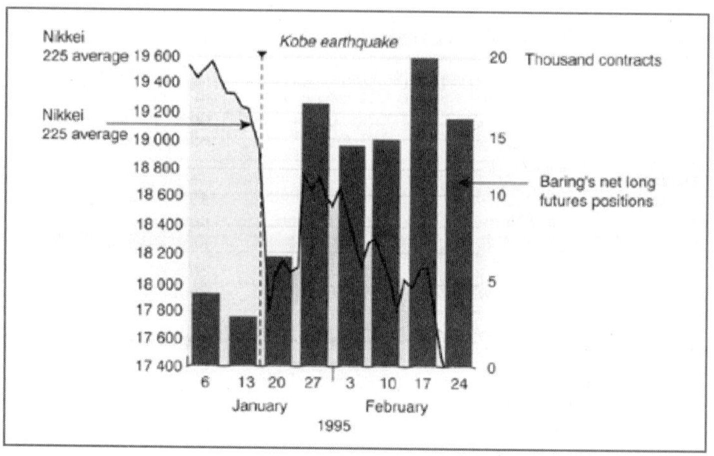

Figure 1. Baring's Long Positions against the Nikkei 225 Average.
Source: Datastream and Osaka Securities Exchanges

Why? Because Leeson's official trading strategy was to take advantage of temporary price differences between the SIMEX and OSE Nikkei 225 contracts. This arbitrage, which Barings called 'switching', required Leeson to buy the cheaper contract and to sell simultaneously the more expensive one, reversing the trade when the price difference had narrowed or disappeared. This kind of arbitrage activity has little market risk because positions are always matched.

But Leeson was not short on SIMEX, in fact he was long approximately the number of contracts he was supposed to be short. These were unauthorized trades which he hid in an account named Error Account 88888. He also used this account to execute all his unauthorized trades in Japanese Government Bond and Euroyen futures and Nikkei 225 options: together these trades were so large that they ul-

Table 1. Fantasy versus Fact: Leeson's Positions as at End February 1995.

	Number of contracts[1] nominal value in US$ amounts		Actual position in terms of open interest of relevant contract[2]
	Reported[3]	Actual[4]	
Futures			
Nikkei 225	30112 $2809 million	long 61039 $7000 million	49% of March 1995 contract and 24% of June 1995 contract.
JGB	15940 $8980 million	short 28034 $19650 million	85% of March 1995 contract and 88% of June 1995 contract.
Euroyen	601 $26.5 million	short 6845 $350 million	5% of June 1995 contract, 1% of September 1995 contract and 1% of December 1995 contract.
Options			
Nikkei 225	Nil	37925 calls $3580 million 32967 puts $3100 million	

1. Expressed in terms of SIMEX contract sizes which are half the size of those of the OSE and the TSE. For Euroyen, SIMEX and TIFFE contracts are of similar size.
2. Open interest figures for each contract month of each listed contract. For the Nikkei 225, JGB and Euroyen contracts, the contract months are March, June, September and December.
3. Leeson's reported futures positions were supposedly matched because they were part of Barings' switching activity, i.e. the number of contracts on either the Osaka Stock Exchange, the Singapore International Monetary Exchange or the Tokyo Stock Exchange.
4. The actual positions refer to those unauthorized trades held in error account '8888'.

*Source: The Report of the Board of Banking Supervision Inquiry into the Circumstances of the Collapse of Barings, Ordered by the House of Commons, Her Majesty's Stationery Office, 1995.

timately broke Barings. Table 1 gives a snapshot of Leeson's unauthorized trades versus the trades that he reported.

Unreported positions (Fact)

The most striking point of Table 1 is the fact that Leeson sold 70,892 Nikkei 225 options worth about $7 billion without the knowledge of Barings London. His activity peaked in November and December 1994 when in those two months alone, he sold 34,400 options. In industry parlance, Leeson sold straddles. i.e. he sold put and call options with the same strikes and maturities. Leeson earned premium income from selling well over 37,000 straddles over a fourteen month period. Such trades are very profitable provided the Nikkei 225 is trading at the options' strike on expiry date since both the puts and calls would expire worthless. The seller then enjoys the full premium earned from selling the options. (see Fig 2 for a graphical presentation of the profit and loss profile of a straddle.) If the Nikkei is trading near the options' strike on expiry, it could still be profitable because the earned premium more

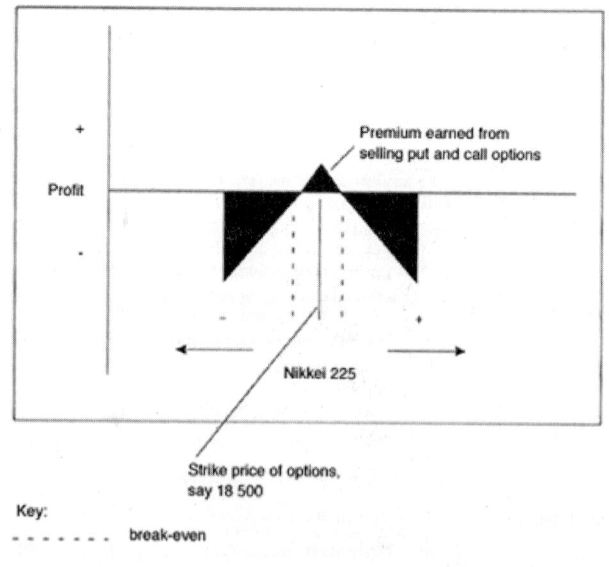

Figure 2. Payoff Profile of a Straddle.

than offsets the small loss experienced on either the call (if the Tokyo market had risen) or the put (if the Nikkei had fallen.).

The strike prices of most of Leeson's straddle positions ranged from 18,500 to 20,000. He thus needed the Nikkei 225 to continue to trade in its pre. Kobe earthquake range of 19,000~20,000 if he was to make money on his option trades. The Kobe earthquake shattered Leeson's options strategy. On the day of the quake, January 17, the Nikkei 225 was at 19,350. It ended that week slightly lower at 18,950 so Leeson's straddle positions were starting to look shaky. The call options Leeson had sold were beginning to look worthless but the put options would become very valuable to their buyers if the Nikkei continued to decline. Leeson's losses on these puts were unlimited and totally dependent on the level of the Nikkei at expiry, while the profits on the calls were limited to the premium earned.

This point is key to understanding Leeson's actions because prior to the Kobe earthquake, his unauthorised book, i.e. account '88888&' showed a flat position in Nikkei 225 futures. Yet on Friday 20 January, three days after the earthquake, Leeson bought 10,814 March 1995 contracts. No one is sure whether he bought these contracts because he thought the market had over reacted to the Kobe shock or because he wanted to shore up the Nikkei to protect the long position which arose from the option straddles. (Leeson did not hedge his option positions prior to the earthquake and his Nikkei 225 futures purchases after the quake cannot be construed as part of a belated hedging programme since he should have been selling rather than buying.)

When the Nikkei dropped 1000 points to 17,950 on Monday January 23, 1995, Leeson found himself showing losses on his two-day old long futures position and facing unlimited damage from selling put options. There was no turning back. Leeson, tried single-handedly to reverse the negative post Kobe sentiment that swamped the Japanese stock market. On 27 January, account '88888' showed a long position of 27,158 March 1995 contracts. Over the next three weeks, Leeson doubled this long position to reach a high on 22nd February of 55,206 March 1995 contracts and 5640 June 1995 contracts.

The large falls in Japanese equities, post-earthquake, also made the market more volatile. This did not help Leeson's short option position either – a seller of options wants volatility to decline so that the value of the options decrease. With volatility on the rise, Leeson's short options would have shown losses even if the Tokyo stock market had not plunged.

Leeson engaged in unauthorised activities almost as soon as he started trading in Singapore in 1992. He took proprietary positions on SIMEX on both futures and options contracts. (His mandate from London allowed him to take positions only if they were part of 'switching' and to execute client orders. He was never allowed to sell options.) Leeson lost money from his unauthorised trades almost from day one. Yet he was perceived in London as the wonder boy and turbo-arbitrageur who single-handedly contributed to half of Barings Singapore's 1993 profits and half of the entire firm's 1994 profits. The wide gap between fact and fantasy is illustrated in Table 2 which not only shows the magnitude of Leeson's recent losses but the fact that he always lost money. In 1994 alone, Leeson lost Barings US$296 million; his bosses thought he made them US$46 million, so they proposed paying him a bonus of US$720,000.

Table 2. Facts versus Fantasy: Profitability of Leeson's Trading Activities.

Period	Reported (million)	Actual (million)	Cumulative actual[1] (million)
1 Jan 1993 to 31 Dec 1993	+GBP 8.83	−GBP 21	−GBP 23
1 Jan 1994 to 31 Dec 1994	+GBP 28.529	−GBP 185	−GBP 208
1 Jan 1995 to 31 Dec 1995	+GBP 18.567	−GBP 619	−GBP 827

1. The cumulative actual represents Leeson's cumulative losses carried forward.

*Source: Report of the Board of Banking Supervision Inquiry into the Circumstances of the Collapse of Barings, Ordered by the House of Commons, Her Majesty's Stationery Office, 1995.

The cross trade

How was Leeson able to deceive everyone around him? How was he able to post profits on his 'switching' activity when he was actually losing? How was he able to show a flat book when he was taking huge long positions on the Nikkei and short positions on Japanese interest rates? The Board of Banking Supervision (BoBS) of the Bank of England which conducted an investigation into the collapse of Barings believes that "the vehicle used to effect this deception was the cross trade." A cross trade is a transaction executed on the floor of an Exchange by just one Member who is both buyer and seller. If a Member has matching buy and sell orders from two different customer accounts for the same contract and at the same price, he is allowed to cross the transaction (execute the deal) by matching both his client accounts. However he can only do this after he has declared the bid and offer price in the pit and no other member has taken it up. Under SIMEX rules, the Member must declare the prices three times. A cross trade must be executed at market price. Leeson entered into a significant volume of cross transactions between account '88888' and account '92000' (Barings Securities Japan − Nikkei and JGB Arbitrage), account '98007' (Barings London − JGB Arbitrage) and account '98008' (Barings London − Euroyen Arbitrage).

After executing these cross trades, Leeson would instruct the settlements staff to break down the total number of contracts into several different trades, and to change the trade prices thereon to cause profits to be credited to 'switching' accounts referred to above and losses to be charged to account '88888'. Thus while the cross trades on the Exchange appeared on the face of it to be genuine and within the rules of the Exchange, the books and records of BFS, maintained in the Contac system, a settlement system used extensively by SIMEX members, reflected pairs of transactions adding up to the same number of lots at prices bearing no relation to those executed on the floor. Alternatively, Leeson would enter into cross trades of smaller size than the above but when these were entered into the Contac system he would arrange for the price to be amended, again enabling profit to be credited to the 'switching' account and losses to be charged to account '88888'. Table 3 below is an example of how Leeson manipulated his books to show a profit on Baring's switching activity.

The BoBS report notes "In each instance, the entries in the Contac system reflected a number of spurious contract amounts at prices different to those transacted on the floor, reconciling to the total lot size originally traded. This had the effect of giving the impression from a review of the reported trades in account '92000&' that these had taken place at different times during the day. This was necessary to deceive Barings Securities Japan into believing the reported profitability in account '92000' was a result of authorised arbitrage activity. The effect of this manipulation was to inflate reported profits in account '92000&' at the expense oF Account '88888', which was also incurring substantial losses from the unauthorised trading positions taken by Leeson. In addition to crossing trades on SIMEX between account '88888&' and the switching accounts, Leeson also entered fictitious trades between these accounts which were never crossed on the floor of the Exchange. The effect of these [off market trades, which were not permitted by SIMEX], was again tocredit the 'switching' accounts 7ith profits whilst charging account '88888' with losses."

The bottom line of all these cross trades was that Barings was counterparty to many of its own trades. Leeson bought from one hand and sold to the other, and in so doing did not lay off any of the firm's market risk. Barings was thus not arbitraging between SIMEX and the Japanese exchanges but taking open (and very substantial) positions, which were buried in account '88888'. It was the profit and loss statement of this account which correctly represented the revenue earned (or not earned) by Leeson. Details of this account were never transmitted to the treasury or risk control offices in London, an omission which ultimately had catastrophic consequences for Barings shareholders and bondholders.

Table 3.

	No. of contracts in account '88888'2		Price per SIMEX	Average Price per CONTACT	Value per SIMEX JPY millions	Value per CONTACT JPY millions	Profit/(Loss) to '92000' JPY millions
	Buy	Sell					
20 January	6984		18950	19019	66173	66413	240
23 January	3000		17810	18815	26715	28223	1508
23 January		8082	17810	18147	(71970)	(73332)	(1362)
25 January	10047		18220	18318	91528	92020	492
26 January	16276		18210	18378	148193	149560	1367
							2245

1. This table is Figure 5.2 of Report of the Board of Banking Supervision Inquiry into the Circumstances of the Collapse of Barings, Ordered by the House of Common, Her Majesty's Stationery Office, 1995.
2. This column represents the size of Nikkei 225 cross-trades traded on the floor of SIMEX for the dates shown, with the other side being in account '92000'.

2.4 옵션가격 결정(OPM: Option Pricing Model)

옵션의 개념은 오래 전부터 있어 왔다. 그러나 옵션의 적정 가치 산정은 최근에야 이루어졌다고 하겠다. 옵션가치 산정에 수학을 사용하고자 했던 노력은 1900년 L. Bachelier로부터 시작되어 1950년대 들어 P. Samuelson 등이 객관적인 옵션가치 산정 시도에 가세하게 된다.[6] 1973년 F. Black, M. Scholes, R. Merton 등이 물리학의 열교환방정식 아이디어를 이용하여 Black-Scholes Model이라 불리는 '옵션가격결정모델'(OPM: Option Pricing Model)을 발표하게 되는데 이를 기점으로 옵션시장은 급속하게 활성화 된다. 이후 옵션가격결정모델은 주식, 채권 등 자본시장에 존재하는 여러 자산들의 가치 산정에 폭넓게 활용되고 있는데 여기서는 옵션가격결정모델의 기본적인 주요 개념들만 정리하고 넘어가도록 하겠다.

이해를 돕기 위하여 개별 주식 옵션의 예를 들어보도록 하겠다. 오늘 주식 하나를 매입하고 동 주식에 대해 행사가격 X인 풋 롱포지션과 콜 숏포지션을 동시에 취하는 경우를 생각해 보자. 옵션 만기인 미래 시점 t = t 에 주가 St와 X의 차이에 따라 각 포지션의 손익은 달라지겠지만 포트폴리오 전체의 손익은 주가 변동에 관계없이 X 수준에서 일정하다. 이와 같이 가격 변동에 무관하게 일정한 수익을 가져다준다는 점에서 동 포트폴리오는 무위험 포트폴리오가 된다.

만기 가치인 X를 현재가치로 환산한 후 오늘 현재의 투자포지션 가치와 일치시키면 다음과 같은 관계식을 구할 수 있다.

$$S + P - C = X \ / \ (1+r)^t$$

여기서 r = 무위험이자율

t = 옵션의 만기

6) 번스타인, 『신을 거역한 사람들』(1997).

위 식을 재정리하면 다음과 같은 '풋-콜 평가'(Put-Call Parity) 식을 얻게 된다.

$$C - P = S - X / (1 + r)^t$$

풋-콜 평가(Put-Call Parity)는 동일한 기초 자산에 대해서 만기와 행사가격이 동일한 콜옵션의 가격과 풋옵션의 가격이 균형상태에서 어떠한 관계를 갖게 되는지를 보여준다. 현재가치를 연속복리 계산 형태로 나타내면 풋-콜 평가식은 다음과 같이 된다.

$$C - P = S - Xe^{-rt}$$

구　　분	투자 포지션 가치	만기 가치	
		$S_t < X$	$S_t > X$
주식 매입	+S	S_t	S_t
풋 롱포지션	+P	$X - S_t$	0
콜 숏포지션	−C	0	$-(S_t - X)$
포트폴리오	S+P−C	X	X

풋-콜 평가식을 통해 다음과 같은 콜옵션 가격의 경계조건을 분석해 볼 수 있다.

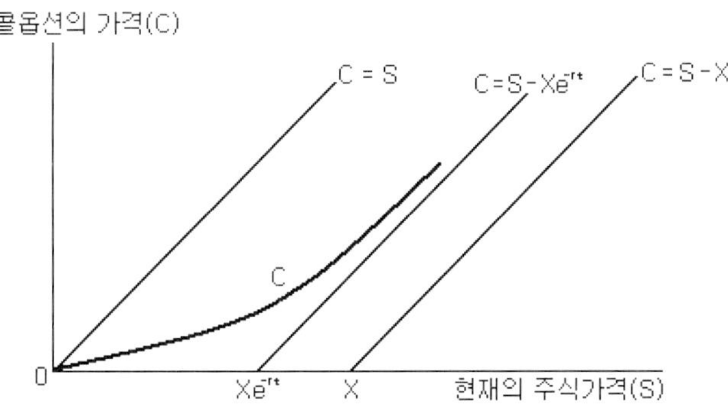

[그림 4-4] 콜옵션 가격의 경계조건

① $C \leq S$

② $C \geq 0$

③ $C \geq S - X$

④ $C \geq S - Xe^{-rt}$

첫째, 파생상품인 콜옵션의 가격은 기초자산의 가격보다 높을 수 없다. 둘째, 콜옵션 가격은 마이너스일 수 없다. 셋째, 풋-콜 평가식에 따르면 콜옵션 가치 C는 $S - Xe^{-rt}$보다 크다. 또, Xe^{-rt}은 X의 현재가치이므로 C는 당연히 $S - X$ 보다 크게 된다. 이런 경계조건을 감안해 볼 때 콜옵션은 만기 이전에 그 권리를 행사할 이유가 없다.[7)]

위의 경계조건들을 검토할 때 우리는 콜옵션 가격에 영향을 주는 요인들을 기초자산 가격(S), 옵션 행사가격(X), 옵션만기(t), 무위험이자율(r), 기초자산 가격의 변동성(σ^2) 등으로 정리할 수 있다.

① 기초자산 가격(S)은 콜옵션 가격과 플러스의 관계에 있다.

② 옵션 행사가격(X)은 콜옵션 가격과 마이너스의 관계에 있다. 콜옵션의 내재가치(intrinsic value)는 기초자산 가격과 옵션의 행사가격 차이에 의해 결정된다.

③ 옵션만기까지의 기간(t)은 콜옵션 가격과 플러스의 관계에 있다. 콜옵션의 시간가치(time value)는 현 시점에서 만기까지의 남은 기간이 길수록 상승한다.

④ 무위험이자율(r)은 콜옵션 가격과 플러스의 관계에 있다. 콜옵션은 미래에 행사가격으로 기초자산을 매입할 수 있는 권리이므로 미래에 자금의 지출이 생긴다. 이러한 미래 지출금액의 현재가치는 무위험이자율이 높을수록 작아진다.

⑤ 기초자산 가격의 변동성(σ^2)은 콜옵션 가격과 플러스의 관계에 있다. 기초자산 가격의 변동성이란 시간의 변화에 따라 기초자산의 가격이 상승하거나 하락할 가능성을 의미한다. 이러한 기초자산 가격의 변동성이 높을수록 콜옵션 가격은 상승한다.

---

7) "Call options are worth more alive than dead."(R. Merton, 1973)

풋옵션 가격의 경계조건은, 콜옵션의 경우와 같은 이치로, 다음과 같이 정리할 수 있다.

① $P \le X$
② $P \ge 0$
③ $P \ge Xe^{-rt} - S$

풋옵션 가격에 영향을 주는 요인들도 기초자산 가격(S), 옵션 행사가격(X), 옵션만기(t), 무위험이자율(r), 기초자산 가격의 변동성(σ^2) 등으로 정리된다.

① 기초자산 가격(S)은 풋옵션 가격과 마이너스의 관계에 있다.
② 옵션 행사가격(X)은 풋옵션 가격과 플러스의 관계에 있다.
③ 옵션만기까지의 기간(t)은 풋옵션 가격과 플러스의 관계에 있다.
④ 무위험이자율(r)은 풋옵션 가격과 마이너스의 관계에 있다.
⑤ 기초자산 가격의 변동성(σ^2)은 콜옵션 가격과 플러스의 관계에 있다.

CHAPTER 5

통화스왑

1. 스 왑

스왑(Swap)은 두 거래당사자가 미리 약정한 방식에 따라 미래 일정 시점에 현금흐름을 교환하기로 하는 계약이다. 스왑은 각 거래자가 서로 다른 금융시장에 접근하고 또 서로 다른 수요를 가지고 있기 때문에 존재한다고 할 수 있다. 예를 들어, 어떤 기업은 다른 기업보다 유로엔 시장에 보다 쉽게 접근할 수가 있을 것이며, 어떤 기업은 변동금리를 선호하는 반면 다른 기업은 고정금리를 선호할 수 있다. 이런 경우 자기가 직접 시장에서 차입하는 것보다 다른 기업과 통화나 금리를 스왑함으로써 자신의 부채 형태를 변화시키는 것이 유리할 수 있다. 1970년대 영국정부의 외환규제를 피하기 위해 기업들이 고안한 상호대출(Parallel Loan) 형식으로 시작된 스왑은 그 이후 다양한 형태로 발전하면서 시장이 급속히 성장해 왔다.

스왑 거래는 크게 통화스왑(Currency Swap)과 금리스왑(Interest Rate Swap)으로 구분되며, 금리스왑은 변동금리와 고정금리를 교환하는 쿠폰스왑(Coupon Swap)과 서로 다른 변동금리간의 교환인 베이시스 스왑(Basis Swap)으로 나뉜다.

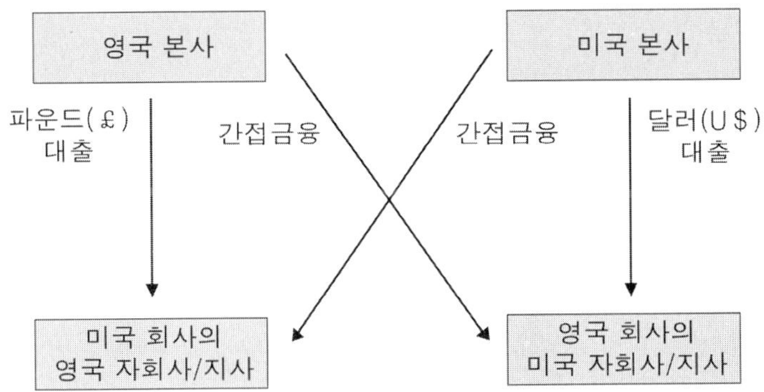

*자료: 『국제재무관리론』(1995)

[그림 5-1] 상호대출의 예

2. 통화스왑

구체적인 통화스왑[8]의 예를 들어 보자. 미국 캘리포니아의 전력회사인 Flower Power와 덴마크의 생명공학회사인 Novo사가 스위스 프랑화와 미 달러화 간의 통화스왑을 체결한다.

2.1 스왑이 없는 경우

먼저 스왑이 없는 경우 두 회사의 상황을 생각해 보자. 은행 대출을 통해 미달러를 조달하는 Flower사는 6개월 LIBOR + 0.25%의 금리로 자금을 조달한다. Novo는 스위스에 공장을 짓기 위하여 고정금리로 스위스프랑을 조달하고자 하는데, 이 경우 연리 5.75%의 조달비용이 든다고 하자.

8) Ian H. Giddy, *Global Financial Markets*, Ch.13 Currency and Interest Rate Swaps 참고.

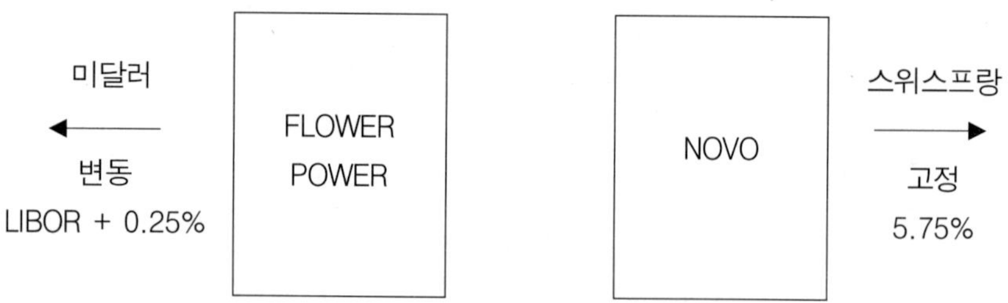

2.2 비교 우위에 있는 시장에서 자본 조달

스왑 브로커로 활동하는 국제상업은행의 주선으로 Flower 사와 Novo 사가 접촉하게 되어 자본조달에 관한 조언을 받게 되었다. 은행의 분석에 따르면, 미국의 전력 사업에 관심이 있는 스위스 내의 투자 수요를 감안할 때 Flower 사는 스위스프랑화 채권을 표면금리 5%의 유리한 조건으로 발행할 수 있고, Novo 사는 과거의 신용을 감안할 때 6개월 LIBOR 수준에서 유로달러를 조달할 수 있다는 것이었다.

두 회사는 금리 및 원금을 교환하기로 약정함으로써 스왑이 없는 경우보다 양 사 모두 저렴한 비용으로 자금을 조달할 수 있게 되었다. Flower 사는 5년 만기 스위스프랑화 채권을 발행, 연 5% 금리에 1억 5천만 스위스프랑을 조달하는데, 이는 당시의 현물환율 SF1.50/U$에 기준하여 1억 달러에 상당한다. 한편, Novo 사는 5년간 1억 달러를 6개월 LIBOR 금리에 차입한다.

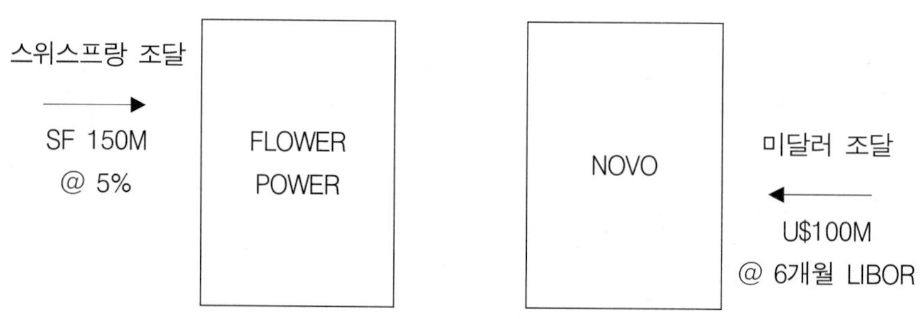

2.3 통화스왑에 따른 최초의 원금 교환

스왑의 첫 단계에서 Novo는 Flower에게 1억 달러를 주고 그 대신 1억 5천만 스위스프랑을 수취한다. 그러나 이런 절차는 통화스왑에서 반드시 필요한 것은 아닌데 그 이유는 각 사가 현물환시장에서 조달 통화를 매각하여 각 사가 원하는 통화로 교환할 수 있기 때문이다.

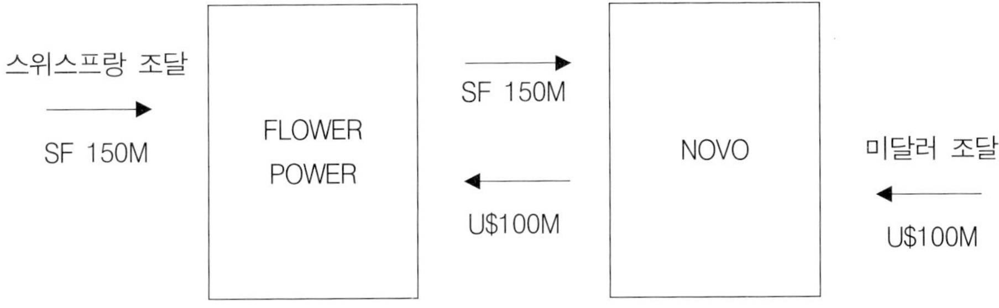

2.4 통화스왑: 정기적인 쿠폰이자 교환

매년 Flower의 스위스프랑화 채권의 이자 지급 기일이 도래하면 Novo는 Flower에게 스위스프랑화 이자 5%를 지급하게 되며, 마찬가지로 Novo가 달러화 부채에 대한 이자 지급을 하여야 할 때는 Flower가 Novo에게 달러화 이자 LIBOR를 연 2회 지급하게 된다.

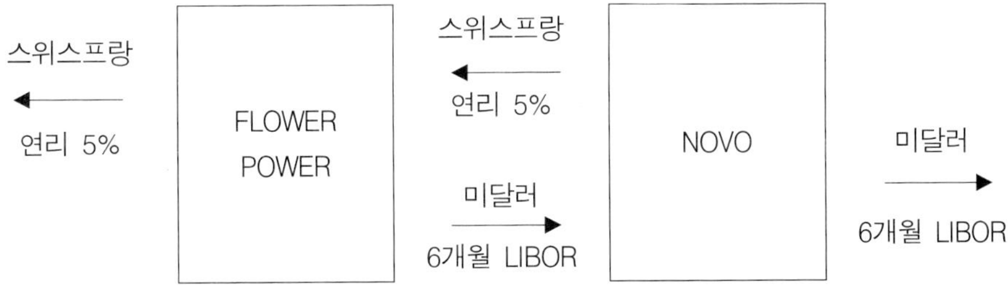

이런 과정을 통하여 Flower의 스위스프랑화 이자 지급 및 수취는 서로 상쇄되어 순수한 달러화 이자 지급만이 남게 되고, Novo는 순수한 스위스프랑화 이자 지급만이 남게 되는데 이것이 바로 원래 그들이 원했던 것이다. 이러한 이자 교환은 만기가 되는 해를 포함하여 매년 이루어진다.

2.5 통화스왑: 만기 시 원금 재교환

마지막으로, 만기가 되는 시점에서 원금의 재교환이 이루어져 Flower와 Novo 각 사는 자신들이 조달하였던 원래의 부채를 상환할 수 있게 된다.

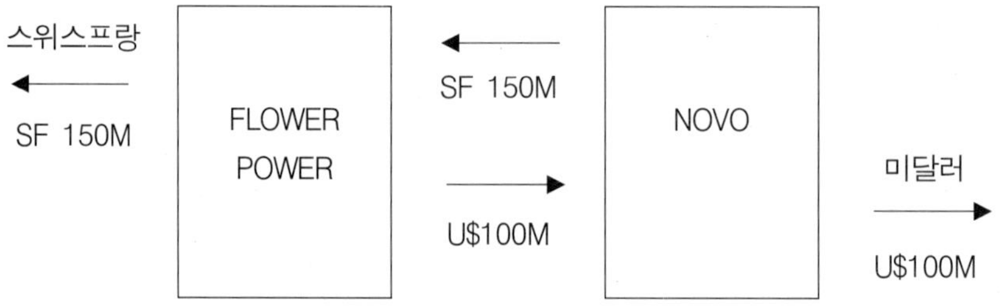

이상의 통화스왑을 통하여 Flower Power와 Novo 양자는 자본조달 비용을 절감하게 되었는데 그 구체적인 내역은 다음과 같다.

통화스왑 후 Flower Power

자본조달: 스위스프랑화 금리 5% 지급
스왑 : 미달러화 LIBOR 지급
스위스프랑화 금리 5% 수취
순비용 : 미달러화 LIBOR

스왑이 없었다면 Flower Power는 (LIBOR + 0.25%)의 미달러화 조달 비용이 들었을 터이나 스왑을 통하여 0.25%p의 조달 비용을 절감하게 되었다.

통화스왑 후 Novo

자본조달 : 미달러화 LIBOR 지급
스　　왑 : 스위스프랑화 금리 5% 지급
　　　　　미달러화 LIBOR 수취
순비용　 : 스위스프랑화 금리 5%

스왑이 없었다면 Novo는 5.75%의 스위스프랑 조달 비용이 들었을 것이나 스왑을 통하여 0.75%p의 조달 비용을 절감하게 되었다.

3. 스왑의 경제성(Economics of Swaps)[9)]

시장에 대한 서로 다른 접근가능성을 가진 차입자들에게 스왑이 상당한 정도의 비용절감 효과를 가져다준다는 사실은 현실적으로 시장의 불완전성이 존재한다는 사실의 반증이라고 하겠다. 물론 스왑시장은 진입장벽이 거의 없는 대단히 경쟁적인 시장이기 때문에 스왑거래를 통한 이익이 줄어들기는 했으나 그 이익은 여전히 스왑 거래에 부수하는 비용이나 신용리스크를 커버하고도 남을 만큼 충분하다. 스왑 거래를 통한 이익 실현을 가능케 하는 시장 불완전성의 주요 내용은 다음과 같다.

---

9) Ian H. Giddy, *Global Financial Markets*, Ch.13 Currency and Interest Rate Swaps 참고.

3.1 자국 시장의 친숙도(Home Market Familiarity)

기업이 자본을 조달하기에 가장 유리한 시장은 자국 시장이 될 것이다. 투자자들은 같은 신용도를 가진 경우 외국기업보다는 자국기업이 덜 위험하다고 인식하는 경향이 있는데, 이는 투자자들이 자국기업에 익숙해 있고 보다 많은 정보를 가지고 있기 때문일 것이다. 이런 이유로 인해 자국 기업이 투자 대상으로 훨씬 유리한 위치에 있다.

3.2 리스크에 대한 인식의 차이(Different Risk Perceptions)

자본시장과 은행의 대출시장은 기업에 대한 신용리스크를 달리 평가하는 것으로 알려져 있는데 사실 신용리스크의 평가는 주관적일 수밖에 없기 때문에 이런 사실이 놀라운 바는 아니다. 이런 상황에서 자본을 조달하고자 하는 기업은 자사를 보다 양호하게 평가해 주는 시장에서 보다 낮은 금리로 자금을 차입하여 이를 다시 자신이 원하는 내용으로 스왑할 수 있다. 서로 다른 나라의 시장에서는 차입자에 대한 인지도, 상이한 신용평가 기준, 리스크에 대한 문화적 태도의 차이 등으로 인해 리스크에 대한 인식의 차이가 존재한다.

3.3 자본조달/투자에 대한 정부의 규제(Government Regulations)

대부분의 시장에서는 날로 증가하는 리스크로부터 자국의 투자자를 보호하기 위하여 외국기업이 기채할 수 있는 금액에 제한을 가하는 정부의 규제가 존재한다. 이러한 정부의 규제는 결국 특정 시장을 특정 차입자에게 유리하게 만드는 결과를 가져온다. 스왑은 특정 시장에서 차입을 원하는 기업으로 하여금 자신보다 더 유리한 조건을 가진 상대방을 통해 차입할 수 있도록 함으로써 이와 같은 규제를 우회할 수 있도록 해준다.

3.4 정책금융(Subsidized Financing)

통화스왑은 기업으로 하여금 그들이 원하지 않는 통화로만 차입할 수 있는 수출금융 및 기타 유리한 조건의 정책금융에의 접근을 가능하게 한다.

3.5 자금가용성의 차이(Fund Availability in Different Markets)

단기금융시장이나 자본시장에서는 일시적으로 자금의 수급 불균형 현상이 발생할 수 있다. 이처럼 다른 시장간의 상이한 경제적 상황을 이용한 차익거래를 행하거나 차입자가 원하는 유인을 제공하기 위하여 스왑이 이용될 수 있다.

3.6 거래당사자의 특성(Nature of Counterparties)

개별 거래당사자의 특성에 기초하여 그들이 보유하고자 하는 자산과 부채의 형태가 결정되는데 자산/부채관리야말로 스왑이 제공하는 가장 중요한 이점 중의 하나이다. 스왑을 함으로써 다른 시장에서의 낮은 금리에 따른 이익을 추구하는 한편, 예를 들어 은행은 필요한 변동금리 부채를, 그리고 제조업체는 원하는 고정금리 부채를 확보할 수 있게 된다.

3.7 시간 변화에 따른 금리차(Inter-temporal Rate Differences)

시간의 흐름에 따른 변화 역시 시장간 차이에 영향을 미친다. 상대적인 변화는 그 변화가 발생하기 이전에 발행된 채권과 최근에 발행된 채권 사이의 차익거래 기회를 제공할 수 있다.

3.8 특정 시장의 과도한 활용(Excessive Use of a Market)

어떤 기업은 특정한 한 시장에서만 계속하여 차입을 원하는데 그동안의 과도한 활용으로 인해 더 이상 그 시장에서 필요한 만큼 차입이 불가능해질 수 있다. 이런 경우 그 기업은 스왑을 통하여 상대방으로 하여금 그 시장에서 필요한 자금을 차입하게 하여 교환할 수 있다.

사례: How J.P. Morgan Got Tangled in a $500 Mln Derivatives Debacle[10)]

Reported in Bloomberg (1/24/99) and Korea Herald (1/27/99)

Just over a year ago, on the first Sunday of 1998, a J.P. Morgan & Co. executive answered the telephone in Room 1808 of the Hotel Shilla in Seoul. Bang Choon Ho, a Morgan vice president, had flown to the South Korean capital from Hong Kong to persuade eight financial companies to swallow a $757 million trading loss. If the Korean firms didn't pay and it didn't look like they would then Morgan, the fourth largest U.S. bank in terms of assets, would be on the hook for an amount equal to half of the $1.465 billion it earned in 1997.

At issue then as it still is today was who should bear responsibility for a series of derivatives trades that had gone wrong. Would it be Morgan, which had brokered the transactions and offered its clients the prospect of a 30 percent return? Or would it be the Korean firms, which had invested the money and taken the risks? Just after 3 p.m. on Jan. 4, 1998, Bang listened as Song Jae Ho, another Morgan vice president, urged him

10) http://my.dreamwiz.com/stoneq/articles/skjp2.htm

to shut down the investments. Speaking Korean, Song pleaded with his colleague not to let the clients try to trade their way out of trouble. "I don't think restructuring would work," said Song in a conversation that was tape recorded by J.P. Morgan. "Kurom!" ("Right!") replied Bang. "You bet when you're making money," Song said, "never when you're losing money."

Who Will Pay?

A year later, Morgan is still trying to contain the damage from its misadventures in Korea. The New York bank has set aside $500 million to cover any liability from the soured trades. That amount represents the money still due after two Korean banks paid up on part of the losses. The potential damage dwarfs the $165 million hit taken by Bankers Trust Corp. in 1996 in a landmark derivatives dispute with one of its clients, Procter & Gamble Co. Morgan's bottom line is already smarting from other trading losses. Its profit fell 34 percent last year to $963 million, the worst result since 1989. Analysts view the New York bank as a prime takeover target.

Morgan's clients bet big in Korea, chasing double digit returns with what looked like little risk. The Korean trades blew up after one Asian currency, the Thai baht, plunged 18 months ago, detonating a chain reaction of devaluation, bankruptcy, default and trading losses that rocked not just Morgan and its clients but banks and securities firms around the world.

Did the Korean firms enter into these investments as consenting adults? Or did Morgan somehow dupe them? Morgan and the Koreans are arguing over these questions in nine separate lawsuits in Seoul and New York. Bloomberg News reporters listened to 40 of the 460 tapes that Morgan submitted to a U.S. District Court in New York in connection with two of these suits. The conversations, in Korean and

English, run about five and a half hours. Like many U.S. banks, Morgan routinely tapes telephone calls to maintain a record of client trades and to check that employees are complying with regulations. The bank recorded these calls between September 1997 and February 1998, a period when the Korean trades were hemorrhaging money.

'Casino Financing'

Beginning in January 1997, Morgan arranged seven derivatives investments for five Korean clients a securities firm, an insurer and three investment companies. In addition, three Korean banks played a role in guaranteeing the trades. All seven transactions consisted of a web of interlocking trades involving three currencies: the U.S. dollar, the Japanese yen and the Thai baht. At least two of the transactions also involved the Indonesian rupiah. Morgan called them the "Promax Deals," for "Profit Maximization." For the U.S. bank and the Koreans, the only thing these trades have maximized so far is trouble. Two of the Morgan executives responsible for the trades are out of a job. One of Morgan's clients, Shinsegi Investment Trust Co., has been forced out of business. Another client, Hannam Investment Trust Co., went broke and was bought by a rival.

The Korean firms suing Morgan say the U.S. bank didn't adequately explain the risk of derivatives. "These deals should have been labeled 'casino financing,'" said David Yu, the general counsel of Housing & Commercial Bank in Seoul, which guaranteed three Promax Deals. Morgan's response to all the plaintiffs: A contract is a contract. "The Korean institutions entered into valid, binding contracts for transactions that were, in some cases, proposed by them and structured to meet their specific business objectives," said Joseph Evangelisti, a bank spokesman.

Morgan Chairman and Chief Executive Douglas "Sandy" Warner III and other senior officials declined to be interviewed.

Morgan Feels Pain

J.P. Morgan, founded 138 years ago by legendary financier J. Pierpont Morgan, has been trying for a decade to transform itself into a Wall Street style investment firm. The results are mixed. Its return on equity which averaged 14.8 percent in the past five years is nowhere near the 24 percent posted by Merrill Lynch & Co., the largest U.S. securities firm. Morgan has, however, managed to become a leader in one area of the securities business derivatives. These investments are contracts between two parties whose value can be tied to price changes in stocks, bonds, currencies, commodities or virtually any combination of those things.

The Bank for International Settlements estimated the "notional" amount of derivatives worldwide at $70 trillion as of June 30. That figure represents the value of the assets that underlie these contracts, not the amount that banks and other parties actually have at risk. The notional amount of Morgan's derivatives has grown 40 percent per year since 1991, reaching $8.64 trillion by Sept. 30. The bank ranks third in the worldwide derivatives market, behind Chase Manhattan Corp. and Citigroup Inc., according to Swaps Monitor, an industry newsletter.

Enter Dr. Chi

The Promax story begins in 1996. Asia was booming, and the Korean economy was a standout performer. From 1992 to 1996, Korea's gross domestic product expanded at an average annual rate of 7.3 percent. The prime rate, the interest banks charge their best customers, stood at 9.5 percent. Korean financial firms were in a bind. Their cost of funds was rising, and their customers were defecting to the international capital markets, where money was cheaper. The Korean firms asked foreign banks for help. And Morgan, which had maintained a liaison office in

Seoul since 1986, was eager to cooperate.

In November 1996, Morgan dispatched to Seoul a Hong Kong based vice president named Chi Chang Hyun. Now 38, Chi (pronounced CHEE) had, by his own count, orchestrated some 100 derivatives trades in the past decade. A Korean national whose father was once ambassador to Italy, Chi holds a Ph.D. in economics from George Washington University in Washington, D.C. Engaging and witty, he is known by friends and colleagues as Dr. Chi. Chi outlined the Promax Deals in a one page, handwritten letter faxed to SK Securities Co., a Korean securities firm, on Nov. 14, 1996. He proposed that SK Securities boost its returns through a trade he called a "yen loan hedged with baht."

A 'Synthetic' Loan

But Chi's trade wouldn't actually be a loan, and SK Securities wouldn't actually hold any yen or baht. Instead, Morgan would use derivatives to mimic the kind of low interest loan SK Securities would get if it were to borrow yen at the prevailing rate of 2 percent from a Japanese bank. Why didn't SK Securities, a subsidiary of the SK Group, Korea's fifth largest conglomerate, just go to a Japanese bank and borrow yen? With a standard yen loan, SK Securities' repayment costs would rise if the won, the currency in which it kept its accounts, weakened.

Chi had a plan to avoid that risk, one that would enable SK Securities to borrow money and invest it with a single transaction. What Chi offered the Seoul securities firm was one stop shopping. Using algebraic equations, he sketched a formula that involved the dollar, the yen and the baht. It would, Chi said, effectively cut SK Securities' borrowing costs by 4 percentage points. In derivatives lingo, this was a "synthetic" loan. Chi said in an interview on Jan. 14 that he had never structured a deal like this before, one where the Thai currency was the linchpin. For his plan to work, the baht, pegged since 1984 to a group of currencies that included the dollar and the yen, would have to hold fast. If the Thai currency fell, the Koreans could lose all the money they invested and more.

The Tremors Start

Dr. Chi had a further prescription for SK Securities. The Korean firm could use the synthetic yen loans to buy notes tied to the Indonesian rupiah. Put the two things together, the yen/baht formula and the rupiah notes, Chi told the Koreans, and you can achieve an annual return of about 30 percent, paid in dollars. That's what his fax said: 30 percent.

Chi saw little risk that the baht would come unstuck. In the 12 years that the Thai currency had been pegged, it had fallen against the dollar in seven but by an average of just 0.8 percent. During that time, Thailand's GDP was growing at an average annual rate of 8.7 percent. "We can see stability in the Thai economy and the baht," Chi said in a note faxed to Korea First Investment Trust Co., another investor in the Promax Deals, on Nov. 16, 1996.

Just a few weeks later, the tremors started in Thailand. Its economy, one of the fastest growing in the world, was becoming overbuilt, overheated and overleveraged. Thai banks had trouble collecting money on property loans, causing investor confidence to wane and the baht to weaken. It fell 0.5 percent in December, its steepest monthly decline in almost a year.

Total Return Swap

As the Bank of Thailand tried to defend the baht by buying it on the open market in early 1997, Chi arranged the first five Promax Deals all dependent on the now wobbly Thai currency. Here's how one of the deals for SK Securities worked: Morgan helped SK Securities establish a trust in Labuan, Malaysia, a tax haven modeled on the Cayman Islands. The trust was called Advanced Investment Ltd. Morgan used its own shell company, a "special purpose vehicle" called Frome Co. incorporated in the Channel Islands, to borrow money in the international capital markets at rates of about 5.5 percent.

Frome invested $50 million in Advanced Investment. SK Securities and several partners invested $24 million in the trust. Advanced Investment used all $74 million to buy one year rupiah notes underwritten by Morgan. The redemption value and yield on these notes rose and fell with the rupiah/dollar exchange rate. Morgan and Advanced Investment then entered into an agreement known as a total return swap.

In the contract, signed by Chi and an executive at SK Securities, Morgan pledged to pay the trust the redemption value plus interest the total return on its $50 million investment in the rupiah notes when they matured on Feb. 20, 1998. In exchange, SK Securities' trust promised to pay Morgan a lump sum of $48.5 million on the same date.

'Taking the Bait'

It looked like Morgan would be out at least $1.5 million after a year. But SK Securities' lump sum payment to Morgan was only one piece of this Promax Deal. SK Securities would owe Morgan additional money if the baht weakened against the dollar. That amount would be calculated according to Chi's yen/baht formula, which was augmented by another element commonly used with derivatives: leverage.

The Korean firm would have to pay Morgan five times the percentage decline in the baht multiplied by the $50 million face value of the synthetic loan. If the baht fell by just 2 percent, for example, SK Securities would owe Morgan $5 million on this part of the transaction. The Korean firms, lured by the prospect of a 30 percent return, may not have understood just how vulnerable they were to even a slight move in the baht.

"Korean financial institutions took the bait without a second thought," said Song Ki Gyoon, a general manager of Hannam who joined the investment firm after it signed a Promax contract and cautioned his bosses about the firm's exposure. Why did Morgan orchestrate a baht dependent transaction in such a climate? Because the clients asked for it, the bank says. "The disputed transactions were arranged at the request of SKS and modeled on deals it had been offering to Korean investors long before it approached us," said Evangelisti, the Morgan spokesman.

Money Up Front

SK Securities had pitched similar derivatives to its own customers before hiring Morgan. But these trades had a built in brake investors could lose all the money that they had put in but no more than that. The Promax Deals offered no such protection. Morgan itself wasn't taking a gamble on the Thai baht. Its customers were. Wall Street banks typically sit on the fence in swaps, hedging their risks with offsetting trades.

Morgan stood to make money at the front end of the transactions. It expected to collect as much as $10 million in fees and commissions for arranging the Promax Deals. In all, Morgan's offshore company, Frome, invested $275.5 million in seven trusts. In addition to SK Securities, four other Morgan clients Hannam Investment, Korea First Investment, Shinsegi Investment and Korea Life Insurance Co. set up trusts in Labuan for Promax Deals. Morgan did face the risk that it would get saddled with losses if its Korean clients refused to honor their Promax contracts. So the U.S. bank asked its customers to buy insurance. Three Korean lenders Boram Bank, Housing & Commercial Bank and Korean Exchange Bank provided letters of credit or other guarantees of the payments by Morgan's clients. SK Securities paid Housing & Commercial about $370,000 to guarantee the $74 million Advanced Investment transaction.

Snarled Parachute

The crisis in Thailand was now in full throttle. On March 3, 1997, the Bangkok stock exchange suspended trading in all banks and finance companies. Two weeks later, Morgan completed the sixth baht dependent Promax Deal. By now, Morgan's own analysts were eyeing Thailand with concern. In April, the bank issued a report warning that Thailand's 13 year old currency system was "vulnerable."

Still, Chi and his Korean clients pressed on. They signed the last Promax Deal in the third week of June. On July 2, the Bank of Thailand stopped defending the baht. The currency tanked, plunging more than 19 percent against the dollar in a single day. Within hours, SK Securities faced a potential loss of $50 million on the baht portion of its Advanced Investment deal. The other Promax Deals were bleeding, too. And the baht kept falling. An executive at a bank that guaranteed two Promax Deals likened the baht's collapse to a skydiver's parachute getting snarled. "It's a million to one chance, but when that parachute doesn't open up, you're dead," said Ahn Joong Suk, a deputy general manager at Korean Exchange Bank. For Morgan's clients, the baht was just the first blow. Other Southeast Asian currencies collapsed, including the rupiah.

'Written With Tears'

By Aug. 15, the baht had fallen 30 percent against the dollar. SK Securities's currency loss had climbed to $75 million. Struggling to contain the damage, Morgan executives mapped out their choices in a memo. They could unwind all or part of the Promax trades, renegotiate the contracts or let their clients hang tough with the original terms in the hope that the baht would rebound.

In the following weeks, Chi desperately tried to sell his clients' baht positions, but he had trouble locating buyers at any price. "I was horrified to see the liquidity today,"Chi told a colleague in a tape recorded telephone call on Sept. 30. "It was OK until a few days ago. We have a big problem now." By this time, the baht had tumbled 48 percent against the dollar, bringing SK Securities' currency loss to $120 million. Later that day, Chi pressed an official at Korea Exchange Bank to tell him whether it would accept renegotiated terms on its guarantee of two Promax trades. "We have to make a decision by the end of October," Chi said. "I will send you a fax written with my tears."

By now, shocks from the Asian currency quake were reaching Korea. The benchmark Kospi stock index tumbled to a five year low of 579 on Oct. 16. That month, the government shut a dozen money losing lenders. On Nov. 12, the Ministry of Finance issued a statement saying Korea was "no Thailand."

'Take More Risk'

That same day in New York, Morgan CEO Sandy Warner issued a memo of his own. In a three page letter entitled "Aspirational Plan," Warner told executives that Morgan had now built up its investment banking business to the point where it could seek "rapid returns" in derivatives and emerging markets. How, in the face of the chaos spreading through Asia in late 1997, could Warner have expressed such confidence in emerging markets? Morgan executives smelled opportunity. They thought they could take advantage of the turmoil to elbow aside rivals.

To one Morgan vice president involved in the Promax Deals, the meaning of Warner's message was clear. "I read the Aspirational Plan," Lynn Hopkins, a Tokyo based credit manager, told Chi in a telephone call on Dec. 9. "To me, it said: 'Take more risk, make more money.'" It had been Hopkins's job early in 1997 to decide whether the three Korean banks were strong enough to guarantee the Promax Deals. Now, she was working with Chi to get the banks to pay up. She urged her colleague to have faith. He was, she said, "a man of steel nerves."

The situation in Korea worsened. On Dec. 3, the International Monetary Fund arranged $57 billion in emergency credits and loans for the Korean government. Morgan's exposure on the seven Promax Deals reached $757.1 million on Dec. 29, 1997, according to a Morgan document. The slide in the baht accounted for $504 million of that red ink.

Exit Dr. Chi

Morgan management ordered its bankers not to lend another dime to Korea. The bank also removed Chi as the point man on the Promax Deals, replacing him with an executive who hadn't had any connection to the trades Bang Choon Ho. It was Bang, now 37, who picked up the telephone in the Hotel Shilla on that Sunday afternoon in Seoul last January. Speaking Korean, Bang told his colleague, Song Jae Ho, that Chi should have pulled the plug on the Promax Deals six months earlier and cut his clients' losses.

"Dr. Chi kept on saying the Thai baht would stabilize, even to me," Bang said. Breaking into English, he said Morgan executives believed Chi was "mentally collapsed." Bang worried presciently, as it turned out that the Promax Deals would become a legal quagmire for Morgan. " 'Legal' says this could possibly become another Procter & Gamble," Bang said. He was referring to one of the biggest derivatives debacles ever. Procter & Gamble, the largest household products company in the U.S., lost $200 million on derivatives arranged by Bankers Trust. P&G sued, and in May 1996, Bankers Trust agreed to swallow $165 million of the loss.

Lawsuits Mount

Morgan's own legal troubles began last February when SK Securities sued the bank in Seoul. In a separate suit filed in New York, the

Korean securities firm alleges that Morgan officials believed the baht would collapse and "deliberately misled" their clients. Morgan must defend itself in five other lawsuits brought by Korean customers and banks. The U.S. bank, in turn, has sued SK Securities, Hannam Investment, Boram Bank and Housing & Commercial Bank for breach of contract. Lawyers for all the parties are now trying to settle the disputes out of court. Cases this complicated rarely go to trial.

In Korea, the Promax Deals have exacted a heavy toll. Shinsegi Investment Trust collapsed in December 1997, its assets sold off by creditors. Hannam Investment became insolvent last August and was bought by Citizens Investment Trust Co., a unit of the Hyundai Group. In advertisements published in Korean newspapers in November, SK Securities apologized to customers and shareholders after losing $372 million in the past three years. "We put growth ahead of stability," the firm said. Korean regulators threatened to shut down SK Securities but allowed the firm to stay in business after its parent, SK Group, invested $190 million. Morgan says the securities firm owes it $340 million on Advanced Investment and another Promax Deal.

'Wildest Dreams'

At Morgan, the fallout from the Promax Deals has hit more than the bottom line. Lynn Hopkins, the executive who believed CEO Warner was urging his troops to take more risks, is no longer working at Morgan. But the bank is still paying her salary. Now living in New York, Hopkins has hired her own lawyer. She declined to be interviewed. The man at the center of the Promax storm, Chi Chang Hyun, resigned from J.P. Morgan on Dec. 31 after spending most of the year on paid leave. Dr. Chi said in his Jan. 14 interview that he had been stunned by the descent of the Thai currency. "I never imagined the baht would collapse, not even in my wildest dreams," said Chi, smartly dressed in a navy suit and red tie.

The former executive, who still lives in Hong Kong, said he plans to work as a consultant for Korean firms in financial distress until he lands another full time job with a bank or returns to academia as a teacher. "I should know something about distress," Chi said, laughing. He also wants to write a book about the "lessons to be learned" from the Promax Deals.

The Promax Lessons

And what might those lessons be? Chi won't say. And neither, for that matter, will anyone else involved in the Promax Deals. Morgan officials insist the their Korean debacle hasn't prompted them to reevaluate the way they structure deals, relate to clients or manage risk. While Morgan hasn't crafted any new trades exactly like the Promax Deals, the bank is still pushing hard in derivatives and emerging markets. And it's still paying the price.

On Jan. 14, Standard & Poor's Corp. placed the AA credit rating of Morgan on a "negative outlook," a step that often presages a downgrade. For Morgan, "emerging market problems come on top of losses in trading operations and other strategic issues," S&P said.

While the Promax Deals have devastated some of Morgan's clients, the bank itself says it has suffered no lasting damage in Korea. "Our position in Korea is stronger than ever," said Evangelisti, the bank's spokesman. The Seoul government granted Morgan a full banking license in July, allowing the bank to underwrite stocks and bonds. Morgan Guaranty Trust Korea Co. opened in October with Bang Choon Ho, the man in Room 1808 of the Hotel Shilla, at the helm.

CHAPTER 6

국제자본조달*

1. 자본조달의 이론과 실제

모딜리아니-밀러(M-M) 이론(1958)에 따르면 완전한 자본시장에서 한 기업의 자본구조는 기업의 시장가치와 무관한 것으로 분석된다. 그러나 현실적으로 세금 등 자본조달과 관련한 제반 비용을 고려할 때 기업은 자본구조 조정을 통해 기업가치의 증대 효과를 기할 수도 있다.

이자 비용에 대한 세금공제 효과는 타인자본 조달의 중요한 요인이 된다. 따라서 세금 절감(tax shield) 효과가 클수록 해당 기업은 부채에 의하여 자본조달을 함으로써 세금 부담을 줄일 수 있는 것이다. 그러나 이와 동시에 과도한 부채는 재정난(financial distress)을 유발할 수 있음에 유의하여야 한다. 부채 증가에 따른 세금절감 효과 증대와 재정난 증가 사이의 trade-off가 최적 부채비율, 즉 최적 자본구조를 결정하게 된다.

* Ian H. Giddy, *Global Financial Markets*, Ch. 16 International Financing의 내용 참고.

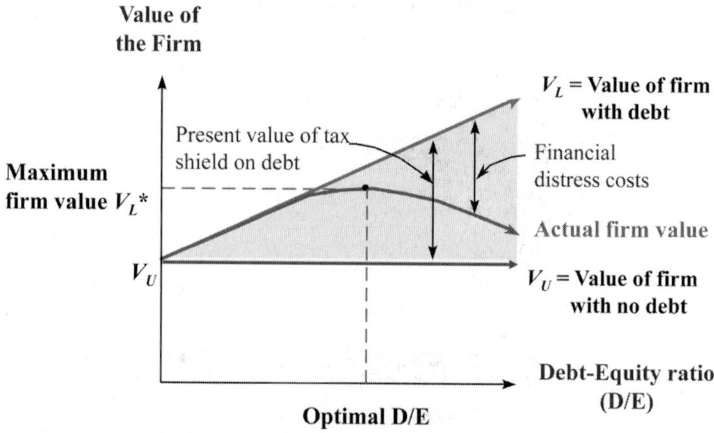

V_U = Value of Unlevered Firm (부채가 없는 기업의 가치)
V_L = Value of Levered Firm (부채가 있는 기업의 가치)
T_C = Corporate Tax Rate (법인세율)

[그림 6-1] 최적 자본구조와 기업가치

2. 부채의 종류와 만기 결정

자본조달의 구성과 내용은 기업의 사업 성격에 맞추어 이루어져야 하는바 부채의 상환 계획도 기업의 영업 현금흐름의 성격과 타이밍에 맞추어야 한다.

기업들의 부채는 대부분 단기성 변동금리부채이다. 그런데 어떤 기업은 사업의 불확실성을 줄이기 위하여 장기 고정금리부채를 늘이고자 할 수 있다. 상이한 환경에서 기업의 부채조달은 어떤 기준으로 계획될 수 있는지 다음의 두 가지 원칙을 검토해 보자.

【원칙 1】 다른 조건이 동일한 경우, 재정난(financial distress)의 가능성을 최소화하는 부채의 구성을 선택하여야 한다.

이에 따르면 기업의 부채를 기업 수입의 특성에 맞추는 노력이 필요하다. 예를 들어 전기/가스업체와 같이 상대적으로 고정적인 수입을 갖고 있는 기업에게는 고정금리부채가 바람직하고, 반면 변동금리 조건으로 주택융자를 하는 금융기관의 경우는 수입이 이자율 변화에 민감하므로 변동금리부채 조달이 타당하다고 하겠다.

【원칙 2】 위험을 최소화하는 부채 구성을 하지 않는 것이 유리할 수도 있는데, 이는 오로지 시장정보에 기초한 사업 예측보다 그 기업의 사업 예측이 더 정확할 수 있다(can beat the market)는 확신이 있는 경우에만 해당된다.

이는 결국 일반 기업은 사업 예측을 뛰어나게 할 수 있는 독점적인 정보나 능력이 없기 때문에 위험을 증폭시키는 투기적인 부채조달은 바람직하지 않다는 것이다.

고정금리로 차입할 것인지 변동금리로 차입할 것인지의 선택이 끝나면 기업은 이러한 결정을 수행하는 가장 효과적이고도 저렴한 방법을 찾아야 할 것이다.

부채의 만기 결정은 특정 조건의 자금을 사용할 수 있는 기간을 선택하는 것으로서 부채의 상환 일정은 기업의 자산 활용을 통해 기대되는 현금흐름과 일치시킬 필요가 있다. 자본조달에 있어 조달비용을 낮추는 노력과 함께 또 한 가지 유의할 바는 때때로 특정 자본시장의 가용 자금이 고갈될 수도 있다는 사실이다. 따라서 자본조달에 있어 유연성을 가질 필요도 있는 것이다.

3. 부채의 표시통화와 환리스크

기업의 국제자본조달에 있어 중요한 문제 중의 하나는 어떤 통화로 부채를 표시할 것이냐는 점이며 이 문제에 대한 분석의 요점은 환리스크에 있다. 한 기업의 부채 통화를 어떤 통화로 할 것이냐의 결정을 위해서는 우선 그 기업의 환노출(exposure)을 검토하여야 한다.

제조업체의 경우는 일반적으로 다음과 같은 세 종류의 환리스크에 노출되어 있다.

① 거래적 노출(transaction exposure)
② 회계적 노출(accounting exposure)
③ 경제적 노출(economic exposure)

거래적 노출(transaction exposure)이란 이미 체결된 외화 표시의 거래를 미래에 결제함에 따르는 환차익 또는 환차손의 발생 가능성을 의미한다. 무역거래 계약 시에 예상한 환율과 실제로 환전할 때의 환율이 다르게 되면 무역업자는 예기치 못한 이익(환차익)이나 손해(환차손)를 볼 수 있다.

회계적 노출(accounting exposure)은 환율의 변화에 의해 외화로 표시된 자산과 부채, 수입과 지출, 이익과 손실을 환산함에 따르는 환차익 또는 환차손의 발생 가능성으로 장부가치만의 변동이지 진정한 기업가치의 변동으로 볼 수는 없다. 그러나 회계적 노출의 결과에 따라 기업에 대한 세금의 크기가 달라진다면 이는 분명히 기업의 현금흐름에 영향을 주게 된다.

경제적 노출(economic exposure)이란 환율의 변화에 따라 기업의 미래 현금흐름이 영향을 받을 가능성을 의미한다. 기업가치는 예상되는 미래 현금흐름의 현재가치로 측정되는바 환율의 변동은 기업의 미래 현금흐름의 예상되는 금액 또는 그 변동폭을 바꿔놓을 수 있다. 기업의 미래수익과 비용의 흐름, 더 나아가 기업의 국제경쟁력에 영향을 미치는 실질운용노출(real operating exposure)이라고 하겠다.

기업은 항상 조달 자본의 표시 통화를 매출 수입의 표시 통화와 일치시킬 필요가 있는가? 기업에 투자한 투자자의 입장에서는 기업이 그들을 대신하여 환리스크를 관리하려는 노력이 불필요한 일이 될 수 있고, 경우에 따라서는 투자자의 이익에 반하는 결과를 가져올 수도 있다. 모딜리아니-밀러(M-M) 이론에서와 같이, 만일 투자자의 투자결정이 자본조달 결정에 영향을 받지 않고 세금을 포함한 제반 거래비용이 존재하지 않는다면 투자자들은 기업이 할 수 있는 모든 종류의 통화 매칭이나 헷징을 시도할 수 있는바 투자자 입장에서는 기업이 그들을 대신하여 환리스크를 관리하는 것이 불필요한 일이 될 수 있는 것이다. 또 기업의 재무담당자가 주주가 원하지 않는 헷징을 하는 경우, 이는 주주에게 손해를 입히는 결과를 초래할 수 있다.

이와 같이 환리스크 헷징은 불필요하다는 부정적인 이론에도 불구하고 현실적으로 대다수의 대형 국제기업들은 선별적으로 환리스크 헷징을 하고 있는 것으로 알려져 있다. 사실 환율의 변동성(volatility)은 기업 수입의 불안정성을 증폭시키고 이에 따라 재정난(financial distress) 발생의 가능성을 높이게 된다. 따라서 헷징을 통하여 기업 수입의 변동성을 줄일 수 있다면 이는 재정난에 따른 비용 부담을 줄이는 긍정적인 효과를 가져오는 것이다.

이상의 논의를 바탕으로 부채 표시통화 결정에 있어 다음의 두 가지 원칙을 검토해 보기로 한다.

첫째, 기업은 부채를 환리스크 헷징에 적극 이용할 필요가 있다. 이는 부채 표시통화를 기업의 환노출에 일치시킴으로써 재정난 발생의 가능성을 최소화할 수 있기 때문이다. 예를 들면, 영국 제약회사 Glaxo의 호주 자회사는 일본에 약품을 수출하여 엔화로 지불을 받는다. 만일 화학제품의 도매시장 가격이 미달러화로 결정된다면 Glaxo의 호주 자회사가 취해야 할 자본조달 방법은 계약에 의해 확정된 경우를 빼고, 미달러화로 조달하는 것이다.

둘째, 특정 시점에 국제피셔효과가 성립하지 않고 있다는 확신이 있는 경우에 한해 기업은 위의 통화매칭 전략에서 이탈할 수도 있다. Glaxo의 재정담당자는 미달러화와 영국 파운드화간의 이자율 차이가 예상되는 파운드화의 절하를 충분히 반영하지 못하고 있다고 판단되면 부채통화를 영국 파운드화로 바꿀 수 있을 것이다.

4. 파생금융상품, 합성증권, 자산증권화

자본조달에 있어 파생금융상품은 다음과 같은 목적을 위해 사용될 수 있다.

① 리스크 헷징(hedging)

② 자본시장의 불완전성을 이용한 차익거래(arbitrage)

③ 이자율, 환율 등 시장변수의 변화를 적극적으로 이용하기 위한 포지션 보유(positioning)

예를 들어, 스왑은 부채의 성격을 기업이 원하는 형태로 바꾸려 하는 경우에 유용하게 사용될 수 있다. 또한 스왑은 자본시장의 불완전성을 이용한 차익거래 수단으로 활용되는데 스왑은 기업이 한 시장에서 또는 한 통화로 자금을 직접 차입하는 것보다 저렴하게 자금을 조달할 수 있게 해준다. 때로 스왑은 순수하게 포지션 보유를 취하기 위하여 사용되기도 하는데, 예를 들어 한 기업은 이자율이 하락하리라는 기대하에 고정금리부채를 변동금리부채로 바꿀 수 있다.

지난 20여 년간 거대한 규모의 국제자본조달이 주식연계채권(equity linked bond)과 같은 합성증권(hybrids)의 형태로 이루어져 왔는데 합성증권이란 두 개 이상의 증권들의 특성을 함께 가지고 있는 증권을 말하는 것으로 그 대표적인 예는 다음과 같다.

① 신주인수권부 사채(warrants): 해당 사채가 상환되기 전에 채권자에

게 차입 기업이 발행하는 신주의 일부에 대하여 주주와 함께 증자에 참여할 수 있는 권리를 부여한 사채.

② 전환사채(convertibles): 발행사의 주식으로 전환될 수 있는 채권으로 이자, 원금, 만기를 가지고 있다는 점에서는 보통 사채와 같지만 전환대상 주식의 가격 움직임에 크게 영향을 받는다는 점에서는 주식의 성격을 갖는다.

자산증권화(asset securitization)란 기업이 특정 자산으로부터 발생되는 현금흐름을 특정 부채의 담보로 활용하기 위하여 다른 자산과 분리시키고 이 현금흐름에 의하여 신용도가 확보된 상태에서 증권을 발행하여 타인자본을 조달하는 방법을 뜻한다. 자산증권화에서 사용되는 자산은 신용카드 외상매출금(credit card receivables), 주택저당대출(mortgage loan), 자동차 할부금융 대출 등 매우 다양한데 자산증권화의 이점은 저렴한 비용으로 자본을 조달할 수 있다는 점이다.

사례: Financing Ciba[11)]

Ciba Geigy is a Swiss based worldwide producer of pharmaceutical, agricultural, and chemical products. It operates in 60 countries employing 90,000 people, and in 1992 it had group sales in excess of $15 billion equivalent. Its expenditures on research and development are heavy, reaching approximately $1.7 billion equivalent in 1992. Capital expenditures exceeded $1.3 billion.

Assume that you have been invited to a meeting with Ciba Geigy's top financial managers to discuss their debt strategy. Look at the attached information about Ciba Geigy. Based on the nature of its business and the characteristics of its assets, what do you think is the optimal way in which the company should be financed? Consider the fol-

11) Ian H. Giddy, *Global Financial Markets*, Ch.16 International Financing

lowing:

① How much debt should Ciba Geigy have in relation to equity? What is its actual debt equity ratio, and what would you advise the company?

② Should the debt be fixed or floating? How much of the debt is fixed?

What would you advise the company to do?

③ How much of the company's debt should be long term?

④ Based on the distribution of Ciba's sales and assets, what should be the currency composition of its debt? In fact, what is it? And what would you advise the company to do?

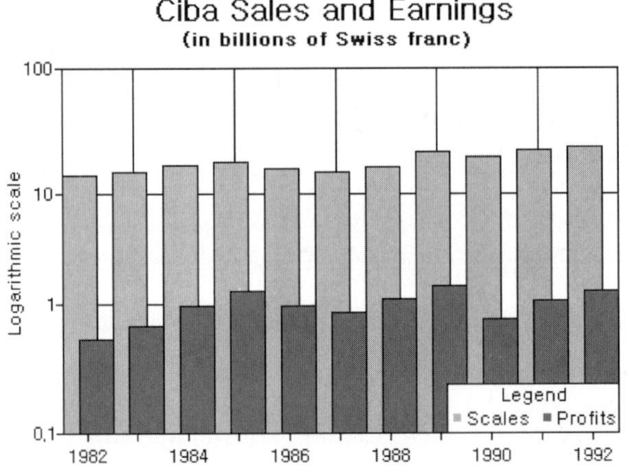

Consideration	General	In Ciba's Case
Tax shield	Interest on debt is tax deductible, so more leverage is better, other things being equal.	Ciba is profitable and has been so since 1982, so it needs as much of a tax shield as it can get.
Risk of financial distress	Volatility of operating earnings increases probability of bankruptcy which involves out of pocket and other costs.	Ciba's earnings are diversified (health care, agricultural and industrial chemicals and materials) and relatively stable (see chart below), unlike some large, capital intensive firms. Thus it can tolerate more debt.
Intangible assets	Firms with intangible assets such as reputation, patents, and human capital suffer greater losses when under financial stress.	Ciba relies heavily on research, reputation, and ongoing customer relationships, some of which could be lost if bankruptcy threatened.

		Sales in Local Currency (millions)	Exchange Rate	Sales in Proportion by U.S. Dollars	Sales in Proportion by Currency
US	US$	4,651	1	4,651	38.2%
Germany	DM	2,409	1.6366	1,472	12.1%
UK	£	428	0.6514	657	5.4%
France	Franc	6,553	5.5097	1,189	9.8%
Italy	Lira	1,023,641	1486.02	689	5.7%
Japan	Yen	122,699	110.261	1,113	9.1%
Spain	Peseta	43,177	124.658	346	2.8%
Canada	C$	476	1.2631	377	3.1%
Brazil	US$	406	1	406	3.3%
Switzerland	Franc	435	1.4706	296	2.4%
Mexico	Peso	759,829	3.1146	244	2.0%
Australia	A$	320	1.4416	222	1.8%
Netherlands	Guilder	538	1.8322	294	2.4%
Belg./Lux.	Franc	7,266	33.6482	216	1.8%

CHAPTER 7

국제포트폴리오투자*

1. 국제포트폴리오투자의 이론과 실제

자본자산가격결정모형(CAPM: Capital Asset Pricing Model)에 따르면 서로 다른 자산의 투자수익들 간에 낮은 상관관계가 있을 때 투자의 다변화, 즉 포트폴리오투자를 통하여 투자위험을 줄일 수 있다. 완전히 분산된 포트폴리오에 투자하는 투자자들은 투자수익을 희생시키지 않고도 투자위험을 줄일 수 있기 때문에 합리적인 투자자들은 시장포트폴리오(market portfolio)와 비슷하게 분산된 포트폴리오를 보유하려 할 것이다. 여기서 시장포트폴리오란 쉽게 말해서 어떤 주식시장의 모든 주식을 총주식가치 대비 각 주식의 시장가치(market capitalization)의 비율대로 구성한 포트폴리오를 말한다.

오늘날 세계 각국의 자본이동이 활발하게 이루어지고 있음을 감안할 때 적절한 분산투자의 범위와 그에 따른 투자가 세계 전체의 자산들을 대상으로 하는 것은 당연한 일이다. 이에 따라 CAPM도 국제 CAPM으로 확대 적용될 수 있는바 개별 자산의 수익은 무위험수익률과 국제적 시장포트폴리오 수익률의 함수가 될 것이다.

---

* Ian H. Giddy, *Global Financial Markets*, Ch.14 International Equity Markets and Portfolio Diversification의 내용 참고.

$$E(R_j) = r_f + \beta_j [E(R_m) - r_f]$$

여기서 $E(R_j)$ = 자산 j의 기대수익률

r_f = 무위험수익률

β_j = 자산 j의 체계적 위험

$E(R_m)$ = 국제적 시장포트폴리오의 기대수익률

국제 CAPM 이론에는 몇 가지 문제점이 있다. 첫째, CAPM 이론에 따르면 세계의 모든 주식들이 새로운 정보의 입수에 따라 전문투자자 집단에 의하여 신속하게 거래된다는 가정을 하고 있으나 현실적으로 국제투자에 있어서는 이러한 신속한 차익거래를 제약하는 장애요인이 많다. 둘째, 투자자의 본국 통화에 관계없이 세계의 모든 투자자들이 받아들일 수 있는 단일 무위험수익률을 가정하는 것도 수긍하기 어렵다. 셋째, 세계의 모든 주식들을 연계하는 단일 국제적 시장포트폴리오는 존재하지 않으며 자산가치 비중에 따른 가중치를 부여하여 이를 구성하는 것도 현실적으로 불가능하다.

국제포트폴리오투자가 투자수익률 위험 차원에서 투자자에게 확실히 이롭다는 이론적인 증거는 명백하지 않다. 그러나 그동안의 실증분석 연구에 따르면 투자자는 국제포트폴리오투자를 통하여 기대수익률을 높이고 전체적인 투자위험을 줄일 수 있다는 것이 일반적이다.

국제포트폴리오투자의 간단한 예를 들어 보자. 미국 주식 a와 벨기에 주식 b로 구성된 포트폴리오의 기대수익률 및 투자위험은 다음과 같이 정리할 수 있고 간단한 산식을 통하여 투자위험을 최소화하는 포트폴리오의 가중치도 계산할 수 있다.

기대수익률

$$E(R_p) = w_a E(R_a) + w_b E(R_b)$$

포트폴리오분산(포트폴리오 투자위험)

$$S_P^2 = W_a^2 S_a^2 + W_b^2 S_b^2 + 2W_a W_b r_{ab} S_a S_b$$

최소 투자위험 포트폴리오 가중치

$$W_a^{min} = (S_b^2 - S_a S_b rab)/(S_a^2 + S_b^2 - 2S_a S_b rab)$$

[표 7-1]은 1961년 1989년의 기간 중 6개 선진국 주식시장의 수익률 표준편차와 상관계수를 정리한 것으로 이를 바탕으로 하여 효율적 국제 포트폴리오투자의 예를 분석해 보기로 한다. 최적 포트폴리오 구성 방법을 사용하여 최적의 자산구성 비율을 찾아낼 수 있는데 본 예에서 포트폴리오가 최소의 투자위험을 나타내는 점은 [표 7-2]에서 보는 바와 같이 미국주식 47%, 캐나다주식 38%, 일본주식 9%, 독일주식 6%의 비율로 포트폴리오를 구성하는 경우이다.

[표 7-1] 6개 선진국 주식시장 수익률의 표준편차와 상관계수

구 분	표준편차	0.1715	0.2893	0.3082	0.3278	0.3410	0.1606
		캐나다	프랑스	독일	일본	영국	미국
상관계수	캐나다	1					
	프랑스	0.4368	1				
	독일	0.1659	0.7238	1			
	일본	0.2239	0.4231	0.2447	1		
	영국	0.3496	0.1169	0.1312	0.0346	1	
	미국	0.6844	0.2876	0.4318	0.2274	0.6327	1

*자료: James Bodurtha, The University of Michigan

[표 7-2] 최적 포트폴리오 분석

INTERNATIONAL PORTFOLIO DIVERSIFICATION

PORTFOLIO EXPECTED RETURN				PORTFOLIO VARIANCE CORRELATION MATRIX						
ASSET	RETURN	WEIGHT	PRODUCT	STD DEV	CAN	FR	GER	JAP	UK	USA
CANADA	0.1267	37.86%	0.04796	0.1715	1					
FRANCE	0.1396	0.00%	0	0.2893	0.44	1				
GERMANY	0.1402	6.41%	0.00899	0.3082	0.17	0.72	1			
JAPAN	0.2075	9.01%	0.01869	0.3278	0.22	0.42	0.24	1		
UK	0.1781	0.00%	0	0.341	0.35	0.12	0.13	0.03	1	
USA	0.1126	46.72%	0.05261	0.1606	0.68	0.29	0.43	0.23	0.63	1
		100.00%								
				PORTFOLIO VARIANCE						0.02163
	PORTFOLIO RETURN		12.83%	PORTFOLIO STD DEV						14.71%

OPTIMAL PORTFOLIOS

	Given Return	Best Std. Dev.	Composition CAN	FR	GER	JAP	UK	USA
All US	0.1126	0.1606	0	0	0	0	0	100
	0.115	0.1548	17	0	0	0	0	83
	0.12	0.1494	33	0	5	2	0	60
	0.125	0.1475	36	0	6	6	0	52
Min Risk	0.1283	0.1471	38	0	6	9	0	47
	0.13	0.1472	39	0	7	11	0	44
	0.14	0.1509	44	0	9	16	5	25
	0.15	0.1572	50	0	12	20	11	7
	0.16	0.168	43	0	11	28	18	0
	0.17	0.184	30	0	9	37	24	0
	0.18	0.2045	17	0	7	46	30	0
	0.19	0.2282	4	0	5	55	36	0
Max Return	0.2075	0.3278	0	0	0	100	0	0

*자료: Ian H. Giddy, *Global Financial Markets*

이상에서 논의된 바와 같이 투자자는 효율적인 국제포트폴리오투자를 통하여 기대수익률을 높이고 전체적인 투자위험을 줄일 수 있는데 실제로 국제포트폴리오투자에는 여러 장애 요소들이 있는 것도 사실이고 그 대표적인 예는 다음과 같다.

① 정보의 장애: 언어 차이에 따른 의사소통 문제나 회계시스템의 차이에 따른 어려움이 있다.

② 정치적 위험 및 자본규제: 국유화나 몰수와 같은 정치적 위험이 있을 수 있고, 외국자산에 투자하는 경우 투자자금이 다른 나라에서 운용이 되는바 외국 투자자들은 현지 투자자들과 다른(좋은 쪽으로 또는 나쁜 쪽으로) 대우를 받을 수 있다.

③ 환리스크: 환율변동은 국제투자 자산의 가치 산정에 영향을 미친다.

④ 외국인 투자에 대한 제한 및 통제: 몇몇 나라들의 경우 현지 회사에 대한 외국인의 투자비율을 제한하거나 외국인 소유주식의 권리를 제한하는 경우도 있다.

⑤ 세금: 적지 않은 나라들에서는 외국인에게 지급되는 배당금이나 이자소득에 대해 특별한 세금을 부과하기도 한다.

⑥ 높은 투자비용: 외국 투자자들에게는 관리수수료, 통신료 등 제반 투자비용이 추가되기도 한다.

2. 국제포트폴리오투자 방법

2.1 주식예탁증서(DR)

외국 주식에 투자하려 해도 증권거래소에 주식 자체가 상장되어 있지 않아 직접 거래가 불가능한 경우에도 주식예탁증서(DR: Depository Receipt)의 매입을 통하여 주식에 대한 청구권을 매입할 수 있다. 예를 들어 미국의 증권거래소와 장외시장에는 일본, 유럽의 수백개 회사들의 주식이 ADR(American Depository Receipt)의 형태로 거래가 이루어지고 있는데 ADR은 외국에 소재하는 미국은행이 투자자들을 대신하여 주식을 소유하고 있다는 소유권을 증명하는 증서이다.

2.2 주식의 직접 매수

기관투자가들은 DR 거래를 꺼리는 경향이 있는데 이는 해당 주식을 본국에서 거래하는 경우에 유동성이 훨씬 높기 때문이다. 이런 경우 외국주식을 직접 매입하게 되는데 투자자는 현지 중개회사에 계좌를 개설하게 되고 중개회사에 수수료를 지불하여야 한다. 투자자는 주식매입과 결제, 외환관리, 외국주식 매매의 제한 여부, 주가형성 과정, 수수료, 세금, 기타 거래비용 등을 자세히 파악하고 있어야 한다.

2.3 국제 뮤추얼펀드 활용

실제 대부분의 개인투자자들이 외국주식에 투자할 수 있는 합리적인 방법은 국제적으로 분산투자를 하고 있는 뮤추얼펀드의 지분을 매입하는 것이다. 많은 개방형 뮤츄얼펀드(open-end mutual fund)들이 투자자를 대신하여 외국주식 거래에 필요한 정보 수집과 매매 관리를 해주고 있고 수익을 올릴 수 있도록 적절히 분산투자도 해주고 있다.[13)]

13) 펀드가 개방형(open-end)이란 의미는 투자자들의 자금으로 투자를 하되 더 많은 투자자가 그 펀드에 투자하기를 원하는 경우 추가로 지분을 발행하여 새로운 투자 자금을 모을 수 있는 경우를 말한다. 폐쇄형(closed-end) 펀드는 처음에 고정된 금액을 특정 투자 대상에 투자하고 이후에는 더 이상 새로운 지분을 발행하지 않는 펀드를 의미한다.

2.4 폐쇄형 컨트리펀드(Closed-end Country Fund) 투자

일부 투자자들은 여러 국가에서 개별 주식들을 매입하는 것보다 특정 투자대상 국가를 선정하여 투자하는 것을 선호한다. 이런 경우 투자자들은 투자대상국이 지정된 뮤추얼펀드를 매입하게 되는데 이를 컨트리펀드(country fund)라고 하며 통상 폐쇄형으로 운영된다. 국제적인 폐쇄형 컨트리펀드는 1980년대 초 Korea Fund의 창설과 더불어 활발해지기 시작했다.

2.5 주식연계형 유로채 활용

유로채(Equity linked Eurobond)시장은 어떤 의미에서 이미 세계적인 주식시장이 되었다고 할 수 있다. 직접 주식이 거래되는 것은 아니지만 유로채의 가치가 이자율의 변동보다는 주가 변동에 더 큰 영향을 받는 경우가 많기 때문이다. 주식연계형 유로채에는 신주인수권부 유로채, 유로전환사채, 주가지수연계 유로채 등이 있다.

2.6 다국적기업 주식에의 투자

세계주식시장에 참여할 수 있는 또 하나의 간접적인 방법은 국제적으로 사업을 영위하는 다국적기업(MNC: Multinational Corporation)의 주식을 매입하는 것이다. 미국의 IBM, Coca Cola, 일본의 SONY 같은 다국적기업들은 수익의 상당 부분이 본국 외의 사업활동에서 발생하기 때문에 이들 회사의 주식을 매입하는 것이 국제포트폴리오를 대신하는 것이 될 수 있다.

사례: Cries and Whispers[14)]

The meeting was getting rowdy, and the professor was despairing. Clas Wihlborg, a professor of finance at the University of Gothenberg, was attending a meeting of the board of the Pension Benefit Fund of the Swedish company, Stora. Prior to his joining the board, the fund had traditionally held 30 percent of its assets in shares of the company itself. Wihlborg had succeeded in persuading his fellow board members to reduce this significantly, on the basis that holding shares in Stora subjected the fund's beneficiaries, the employees, to double risk. This fact was brought home dramatically when the recession in Europe of the early 1990s caused Stora to cut back sharply on staff and also knocked Stora's share price on the Stockholm Exchange down by over 25 percent. The PBF's holdings of Stora shares were now less than 10 percent. Wihlborg's new goal was to increase the international component of the pension fund's portfolio of stocks and bonds.

The other board members were engaged in an animated discussion about "the Professor's proposal" to reduce the share of Swedish equity in the portfolio to 20 percent, from its present 80 percent. Some, notably those who had resisted the sale of Stora stock, regarded the proposal as unpatriotic. Others feared the foreign exchange risk that would result from putting Swedish Workers' money abroad. The Swedish economy had experienced a mini boom in recent months, following a long delayed devaluation of the krona against the ECU. Some thought the market was on a rising trend, and were loathe to risk under performing other Swedish companies' pension plans. Yet with weakening demand for Swedish products in Germany (Sweden's biggest market), the stock

14) Ian H. Giddy, 'Global Financial Markets' Ch.14 International Equity Markets and Portfolio Diversification

exchange euphoria could easily be punctured, argued others.

"Hold everything," cried Wihlborg, raising his voice above the hubbub of discussion at the board meeting. "I want to show you some numbers! Our first obligation is to the pension fund beneficiaries, and I have some data that demonstrate unequivocally that they would be better off with a pension fund that holds at least half of its portfolio in foreign stocks! If these numbers do not persuade you, I will have failed in my duty and I will resign from this board!"

The din abated to muted whispers. Heads turned toward the flip chart, where Wihlborg was copying some numbers from a sheet he held in his hand.

The Professor's Flip Chart

Scenario	Return from a Home Portfolio (Sweden)	Return from a Foreign Portfolio (Rest of the world)	Probability Of Scenario
No. 1	15%	20%	50%
No. 2	7%	10%	35%
No. 3	20%	15%	15%

"The most probable scenario for the next three years," said the professor, "is a strong recovery in the world economy and a slowdown in Sweden, providing a 20 percent return from abroad and a 15percent return at home. I assign a 50 percent probability to this scenario."

"Less likely is a return to exchange rate stability in the European Community, with Sweden being obliged to refix the krona to the ECU to maintain credibility as a prospective member of the EC. The probability of this is 35 percent, and I have estimated that it would cause a 7 percent drop in the domestic market and a 10 percent return on an international portfolio."

"Finally, I would assign a 15 percent probability to a breakdown of international trade negotiations, especially in Europe. This would result in a loss of 15 percent in an international portfolio while returning 20 percent in Swedish stocks because of reduced foreign competition. All these figures are in terms of Swedish krona returns."

"Hah!" cried a rival on the board. "All you have shown is that foreign investments can show bigger losses than domestic ones. Better we take our chances with the devil we know. Maybe we'd be safest putting the money into risk free government bonds at 9 percent!"

"On the contrary," responded Wihlborg. "These numbers show that foreign returns are imperfectly correlated with domestic returns, thus reducing risk. Moreover, the expected return on an international portfolio is higher, so we can increase return and reduce risk for Stora employees."

The murmuring around the table grew louder as the Swedes looked at Wihlborg's table with puzzlement.

"One moment," Wihlborg said to the group. He turned to his assistant and whispered: "Take your laptop computer into the next room, and calculate what the returns and risks would be for different proportions of foreign investment, ranging from 20 percent to 80 percent. Draw a picture of risk and return so everyone can see the tradeoff. If you can, calculate the minimum risk portfolio. But hurry! The mood here is getting ugly!"

■ 참고문헌

국제금융연구회, 『국제금융론』, 경문사, 1999.

도시히데 이구치, 『고백』, 중앙 M&B, 1997.

로웬스타인 로저, 『천재들의 실패』, 동방미디어, 2001.

론슬레이 주디스, 『토탈리스크』, 길벗, 1996.

밀먼 그레고리, 『금융혁명보고서』, 길벗, 1998.

박정식, 『현대재무관리』, 다산출판사, 1995.

번스타인 피터, 『신을 거역한 사람들(리스크)』, 한국경제신문사, 1997.

최도성 외, 『파생금융상품과 금융위험관리』, 경문사, 1997.

최생림 외, 『국제재무관리론』, 법문사, 1995.

Brealey, R. and Myers, S., *Principles of Corporate Finance*, McGraw Hill, 1991.

Doherty, Neil, *Corporate Risk Management*, McGraw Hill, 1985.

Giddy, Ian H., *Global Financial Markets*, D.C. Heath and Company, 1994.

Sharpe, W. and Alexander, G., *Investments*, Prentice Hall, 1990.

Solnik, B., *International Investments*, Addison Wesley Longman, 2000.

3부
국제무역상무

들어가는 말*

전통적으로 무역학은 국제상무분야, 국제경제분야, 국제경영분야 등으로 구분한다. 이 중에서 국제상무분야는 경영학 및 경제학 기반 위에 무역상무를 학습하는 것이다. 무역상무(貿易商務, international commercial transaction)는 특화된 분야로서 특히 산업계의 니즈에 부합하는 '무역전문지식' 함양에 초점을 맞추어 강의가 이루어지고 있다. 전문지식에는 '상무 · 경영 · 경제'뿐만 아니라 상관습, 이문화(cross culture), 국제법(공 · 사법) 등에 대한 이해와 함께 다양한 국제화 경험이 중요하다. 외국어(영어 · 제2외국어)의 중요성은 아무리 강조해도 지나치지 않을 것이다.

무역상무의 교육목표는 '글로벌무역전문가(Global Trade Expert)의 양성에 있다. 이러한 목표를 달성하기 위하여 본 파트에서는 무역 업무를 계약중심의 상무적 접근방식으로 설명하였다. 즉, 당사자 사이의 약정인 매매계약을 근간으로 무역계약 내용을 실행하는 순서에 따라 무역통관 → 무역운송 → 무역보험 → 무역결제 순으로 실무적 관점에서 기술하였다.

이 책은 지면의 제약으로 무역에 대한 기초적인 설명만을 하고 있다. 따라서 무역상무에 대한 심화학습은 다음 절차를 거칠 것을 권한다.

첫째, 무역계약이다. 개인 사이의 거래인 무역도 계약자유의 원칙을 바탕으로 하는데, 물품과 대금의 국제간 거래인 무역도 물품매도와 대금회수 관점에서 계약의 성립 · 이행 · 종료의 순서로 학습하는 것이 필요하다.

---

* 국제무역상무 파트는 "양영환 · 오원석 · 박광서, 『무역상무』, 삼영사, 2008" 내용을 발췌하여 전재함.

둘째, 무역통관이다. 물품의 국내외 이동과 세금(관세)에 관한 부분을 다루는 분야이다. 관세법, 통관·과세, 무역관계법 등의 과목명으로 개설되고 있다. 특히 무역관계법의 경우 대외무역법, 외국환거래법, 관세법 등을 학습하게 되는데 학습의 중심은 관세법이 되어야 한다고 생각한다.

셋째, 무역결제이다. 물품에 대한 짝을 이루는 대금에 대한 지급과 영수에 관한 분야이다. 무역대금결제론, 무역결제론 등의 과목명으로 개설되고 있으며, 송금·신용장·추심방식, 팩토링, 포페이팅, 전자결제, 소액결제, 환리스크관리 등을 다루게 된다.

넷째, 운송·보험이다. 국제간 물품의 이동과 위험에 관한 부분을 다루는 분야이다. 운송물류론, 무역보험론, 해상보험론 등의 과목명으로 개설되고 있다.

모쪼록 이 책을 통해서 무역에 대한 이해와 흥미를 가지게 됨으로써 장차 예비 무역인(貿易人)인 학생 여러분의 미래설계에 좋은 길라잡이 역할을 할 수 있다면 더 없는 기쁨으로 여기겠다.

CHAPTER 1

무역상무의 이해

1. 무역상무 개요

1.1 무역의 의의

무역(貿易, trade)은 나라와 나라를 달리하는 사람(私人)간의 물품과 대금의 교환을 말한다. 물품과 대금의 교환은 국내거래에도 있기 때문에 무역은 특히 국제거래(international transaction)를 의미한다. 국제성을 근본으로 하는 무역은 거래 당사자 간에 기본적으로 언어, 관습, 법률, 제도 등을 달리하기 때문에 여러 가지 문제점이 발생하기도 한다. 따라서 무역을 성공적으로 수행하기 위해서는 무역거래 당사자 간에 의사소통에 필요한 공통의 언어가 필요하고, 나라마다 관습 및 법 · 제도가 다르기 때문에 상대방 국가의 상관습 및 법 · 규범을 잘 이해하여야 할 필요가 있다.

우리나라도 대외무역을 진흥하고 공정한 거래질서를 확립하여 국제수지의 균형과 통상확대를 통한 국민경제의 발전을 목적으로 하는 무역에 관한 기본법인 대외무역법을 비롯한 관세법, 외국환거래법 등 무역관련 법령을 제정 · 시행해 오고 있다.

우리나라 「대외무역법」에서는 무역(貿易, international trade)[1]을 "물품

1) 「대외무역법」 제2조(정의) 제1호

과 대통령령이 정하는 용역 또는 전자적 형태의 무체물의 수출입"이라고 하고 있다. 이를 나누어서 설명하면 다음과 같다.

첫째, 무역은 수출 또는 수입을 의미한다. 수출(輸出, export)이란, 국내에서 외국으로 물품 등이 이동하는 것이며, 반대로 수입(輸入, import)이란 외국으로부터 국내로 물품 등이 이동하는 것을 말한다. 여기에서 국내(國內)라 함은 대한민국 주권이 미치는 지역을 의미한다. 주의할 것은 남·북한 간의 거래는 국내거래로 구분하여 무역이라는 표현 대신에 교역(交易), 수출·수입 대신에 반입(搬入)·반출(搬出)이라는 표현을 사용하고 있다는 점이다.

둘째, 수출입의 대상은 물품, 용역(서비스) 및 전자적 무체물이다. 일반적으로 물품은 보거나 만질 수 있는 것으로 물건 또는 상품이라고도 하며, 서비스는 눈에 보이지 않는 생산품으로 예를 들면 음식은 상품이고, 음식을 나르는 것은 서비스라고 할 수 있다.

셋째, 무역은 수출입을 의미하는 것으로 실어 나르는(輸), 즉 운송(運送, transportation)이 필연적으로 따르게 된다. 인류역사와 함께 해 온 무역은 교역당사자 간 물품과 대금의 직접교환을 의미하였지만, 오늘날 무역은 운송업무를 제3자에게 위탁하는 방식으로 이루어지고 있다. 즉, 물품의 이동은 운송사, 대금의 이동은 은행을 통하게 된다. 그러한 업무위탁 관계에서 선하증권 등 운송서류와 신용장 등 금융서류의 교환으로 이루어지기 때문에 오늘날은 무역을 '서류에 의한 거래'라고 부르기도 한다.

요약하면 무역은 당사자 간의 계약에 따라 물품 및 대금을 국가 간 이동시키고 그에 따른 부가가치 증대를 이익으로 향유하는 국제상거래라고 할 수 있다.

1.2 무역의 주체

무역의 주체(subject)는 계속·반복적으로 무역사업을 영위하는 주체(主體), 즉 무역거래자를 말한다. 무역업은 국제간의 거래인 무역을 일정한 목적과 계획을 가지고 짜임새 있게 지속적으로 경영하는 것이다. 사업은 사람(who), 사업대상(what), 영업(how)의 세 가지 요소가 결합된 것이다. 무역업을 시작하고자 하는 사람(who)은 어떠한 사업대상(what, item)을 어떠한 방식(how)으로 사업을 진행할 것인가에 대한 사업계획을 수립(plan)하고, 사업을 수행(do)하고, 평가(see)하는 절차를 반복하게 된다.

대외무역법상[2] 무역의 주체는 무역업자(수출 또는 수입을 하는 자), 무역대리업자(외국의 수입자 또는 수출자의 위임을 받는 자), 무역위임자(수출입을 위임하는 자) 및 무역대행자(수출입의 위임을 행하는 자)를 통합하는 무역거래자(貿易去來者)라는 명칭을 사용하고 있다.

우리나라는 2000년 1월 이후 무역업종이 자유화되어 명칭 구분도 없어졌으며, 특별한 인허가 등의 아무런 제한이 없다. 따라서 무역을 업(業)으로 영위하고자 하는 사람은 한국무역협회에서 '무역업고유번호'만 받으면 누구든지 자유롭게 할 수 있다. 다만 특정한 품목을 수출입하고자 하는 경우에는 품목 특성상 개별법에 따라서 별도의 자격요건을 갖추어야 하는 경우도 있다.

무역업 고유번호는 한국무역협회의 본부 및 각 시도에 위치한 지부를 방문하거나 인터넷을 통하여 신청서와 사업자등록증 사본을 제출하면 신청 즉시 발급받을 수 있으며, 무역협회 회원으로 가입하여 무역에 관한 원스톱 서비스(One-stop Service)를 받을 수도 있다. 따라서 무역업고유번호를 발급받기 이전에 '사업장 소재지 관할세무서'에서 먼저 사업자등록증을 발급받아 무역업고유번호 신청 시 함께 제출해야 한다.

1.3 무역의 객체

무역의 객체(object)라 함은 무역거래의 수동적 위치에 있는 대상, 즉 권리 의무의 목적을 말한다. 무역의 객체는 거래대상에 따라 유형무역(visible trade)과 무형무역(invisible trade)으로 나누어, 전자는 주로 물품

2) 「대외무역법」 제2조(정의) 제3호

(goods) 거래, 후자는 서비스나 기술무역 등을 말한다. 기술무역은 특허권, 의장권, 저작권 등의 지적재산권(IPR: Intellectual Property Right)이 이에 속한다.

무역의 객체는 대외무역법의 정의를 기준으로 물품, 용역(서비스) 및 전자적 형태의 무체물 등으로 구분할 수 있다. 물품(物品, goods)이란 상품, 제품, 물건 등 여러 가지로 불리고 있으며, 대외무역법에서는 '외국환거래법에서 정하는 지급수단인 증권 및 채권을 화체한 서류 외의 동산'으로, 민법에서는 '유체물 및 전기, 기타 관리할 수 있는 자연력'이라고 정의하고 있다. 이러한 개별법상의 정의가 너무 어렵기 때문에, 실무적으로는 HS code[3]가 있는 것을 물품이라 칭해도 무방하며, 현재 HS code가 있는 상품은 약 12,000가지에 달한다.

용역(用役, service)이란 물질적 재화의 생산 이외의 생산이나 소비에 필요한 노무인데 모든 용역이 무역 개념에 포함되는 것은 아니고, 경영상담업, 법무·회계서비스업, 디자인, 컴퓨터 설계 및 자문업 등 대통령령에서 특별히 정하는 것만을 수출입 대상으로 하고 있다.

전자적 형태의 무체물이란 「소프트웨어산업진흥법」 제2조 제1호의 규정에 의한 소프트웨어, 부호·문자·음성·음향·이미지·영상 등을 디지털방식으로 제작하거나 처리한 자료 또는 기타 이와 유사한 전자적 형태의 무체물로서 지식경제부장관이 정하여 고시하는 것을 말한다. 정보통신기술의 발달로 인터넷을 통하여 소프트웨어를 판매하는 등 가상공간을 통한 무역거래, 즉 전자무역거래가 빠른 속도로 증가하고 있다. 이와 같이 정보통신망을 이용한 '전자적 형태의 무체물'에는 소프트웨어[4]와 영상물(영화·게임·애니메이션·만화·캐릭터), 음향·음성물, 전자서적, 데이

3) 국제통일상품분류(The Harmonized Commodity Description and Coding System)란 국제무역에서 사용되는 세계적으로 공통된 상품 분류방식을 말하는 것으로 10자리 숫자로 되어 있고, 6자리까지가 세계 공통이다.

4) 「소프트웨어산업진흥법」 제2조 제1호에서 '소프트웨어'라 함은 컴퓨터·통신·자동화 등의 장비와 그 주변장치에 대하여 명령·제어·입력·처리·저장·출력·상호작용이 가능하도록 하게 하는 지시·명령(음성이나 영상정보 등을 포함한다)의 집합과 이를 작성하기 위하여 사용된 기술서, 기타 관련 자료를 말한다고 규정하고 있다.

터베이스 등이 포함된다.

물품의 수출입은 국내와 외국간 물품의 이동이 전제되기 때문에 국경 개념과 이를 경유하는 통관의 개념이 있지만, 전자적 형태의 무체물은 정보통신망을 통하여 거래되기 때문에 국경의 개념이 없고 국내거주자와 해외거주자라는 거래주체를 기준으로 수출입의 개념을 이해하여야 한다.

1.4 무역의 특징

무역은 서로 다른 국가에서 사업을 영위하는 격지자 간의 거래(place gap)이고 무역거래 시에는 계약 체결과 이행 간에 상당한 시차(time gap)가 있기 때문에 무역거래 시에는 국내거래에서는 고려하지 않아도 되는 다음과 같은 여러 가지 특징을 갖는다.

국가관리 위험

무역이란 물품의 국가 간 이동을 말하기 때문에 어느 국가를 막론하고 이에 대한 최소한의 규제와 지원을 할 수밖에 없으며 우리나라 역시 대외무역법, 외환거래법, 관세법 등 각종 법규 및 제도적 장치를 통해 규제와 지원을 실시하고 있다.

무역업자는 국내뉴스뿐만 아니라 해외 정보에도 관심을 기울여야 한다. 실제로 중동지역에 전쟁이 발발한 경우, 중동지역 수출에 대한 제한이 가해지거나, 동남아시아에서 콜레라, 조류독감, 구제역 등이 발생한 경우에는 그러한 지역으로부터의 해산물, 육류의 수입을 금지하는 조치가 발동되는 것을 종종 보게 되는데, 이는 비상위험(emergency risk)이라 한다.

무역거래자에게 국가관리가 중요한 것은 당사자인 매도인과 매수인 사이에 문제가 발생하면 손해배상, 대체물품 청구 등의 타협을 통해서 해결될 수 있지만, 국가관리에 따른 금지 또는 제한에 해당되는 경우는 당해 무역거래 절차가 중단되기 때문에 큰 손해를 입을 수 있다는 점을 염두에 두고 업무를 수행해야 한다. 예를 들어, 목재포장재 검역사항을 어긴 물품의 수입 시에는, 세관에서 통관이 불가하거나, 해당 목재제품 또는 포장재 등에 관한 검역, 소각 또는 반환(ship-back) 등의 조치가 처해질 수 있다.

국가관리 위험을 체크하는 1차적인 방법으로 HS code를 확인하고 '품목별수출입요령'을 확인하여 수출 또는 수입 규제내용을 확인하고, 민감품목의 경우에는 해당 소관부처에 확인을 거친 후 절차를 진행하는 것이 안전하다.

상대방에 대한 위험

국제무역이란 수출상과 수입상이 서로 만나 매매조건을 합의한 후, 수입상은 수출상에게 대금을 지급하고 수출상은 수입상에게 물품을 인도하는 것으로 수출상은 물품인도 의무를, 수입상은 대금지급 의무를 지게 된다.

수출상은 수입상으로부터 수출대금을 확실하게 회수할 수 없는 위험, 즉 신용위험(credit risk)을 지게 된다. 계약 체결 후 수입상이 소재하고 있는 국가 내에서 시황의 변동으로 계약물품 가격이 하락하여 시장성이 없다고 판단되거나, 수입상이 부도가 발생되어 대금지급능력을 상실할 수 있는 위험이다. 특히 수출상이 먼저 수입상에게 상품을 선적하고 대금은 수입상이 상품을 수령한 후에 수출상에게 송금하는 사후송금방식(later remittance after shipment) 거래에서 발생한다.

반면에 수입상은 수출상으로부터 약정된 선적기일 내에 계약 물품을 인수할 수 있는지에 대한 위험, 즉 상업위험(mercantile risk)을 지게 된다. 이것은 수입상이 무역대금의 전액을 상품 선적 전에 외국화폐, 수표 등으로 수출상에게 미리 송금하여 지급하고 수출상은 일정기일 이내에 약정상품을 선적하는 사전송금방식(advance remittance before shipment) 거래에서 주로 발생한다.

이러한 수출상의 대금회수 위험은 대금결제방식을 적절하게 정하는 방식으로 대비할 수 있으며, 수입상의 물품에 대한 계약적합성 및 납기위험은 선적전검사와 선적조건 등을 정확하게 정함으로 대비할 수 있다.

시간적 · 장소적 위험

무역은 시간적·장소적 차이에서 오는 위험이 있다. 국제무역거래에서는 매매계약시기, 선적과 인수시기, 대금결제시기 등에 있어서 시간의 차이가 존재하기 때문에 시차 동안에 발생하는 환율변동으로 인한 환위험(foreign exchange risk)이 있으며, 무역의 계약시점과 상품의 인도시점 간에 있어서 시간적인 차이가 발생하게 되고 이러한 시간적인 차이뿐만 아니라 상품의 국제시세가 급변하게 되는 경우에는 가격변동위험(market risk)이 존재한다.

아울러 무역은 서로 다른 국가에서 사업을 영위하는 격지자간(隔地者間)의 거래라는 점에서 국가마다 국내법과 상관습이 다르기 때문에 수출입 이행시 거래 당사자 간에 동일한 사안에 대하여 다르게 해석할 수 있다. 따라서 무역거래의 활성화를 위해 UN 및 ICC(국제상업회의소, International Chamber of Commerce) 등에서는 통일된 국제 규칙 및 법규를 제정·시행하고 있으며, 국제거래를 이행하는 당사자 또한 그러한 장소적 차이에서 오는 위험을 커버하기 위해 무역 관련 표준화된 매매관습인 INCOTERMS나 신용장 관습인 신용장통일규칙(UCP) 및 각종 표준계약서 등에 관한 이해와 활용 필요성이 존재하게 된다.

기타 위험

무역은 격지자 간의 거래이기 때문에 이를 이행하기 위해서는 후속적인 계약이 필요하다. 즉, 물품의 인도를 위한 운송계약(contract of carriage), 대금의 지급을 위한 지급계약(contract of payment)이 각각 운송인과 은행을 상대로 체결되어야 한다. 또한 양국 간 사용되는 언어가 다른 경우가 대부분이기 때문에 당사자 간의 커뮤니케이션과 계약서 작성에 영어가 주로 사용된다. 따라서 비즈니스영어를 익혀야 업무를 원만하게 수행할 수 있다. 마지막으로 무역거래는 서류거래이다. 따라서 계약에 일치되는 물품과 함께 서류를 제공함으로써 매도인의 인도의무가 완료된다.

2. 수출입절차

2.1 수출입절차 개요

수출입절차란 해외 거래상대방을 발굴하고 상담을 진행하는 등 해외마케팅과 국내 마케팅 과정을 거쳐 수출계약 또는 수입계약을 체결한 후 계약내용대로 수출입거래를 이행하고 나서 수출대금을 영수하고 수입대금을 지급하는 일련의 과정을 말한다.

수출입거래는 수출자와 수입자가 각각 물품조달 또는 물품판매를 위한 국내활동을 전제로 수출자나 수입자 중 어느 일방의 주도에 따라(통상 buyer's market이기 때문에 수출자가 적극적으로 활동) 해외거래선 확보를 위한 마케팅 절차를 거쳐 거래선을 정한 후 무역계약을 체결하는 것으로써 본격적으로 시작된다.

계약체결 시 수출자와 수입자는 먼저 수출입하려는 물품과 결제방법 등 무역거래가 국내법규에 의해 허용되는지 여부를 검토한 후 제한사항이 있는 경우 사전에 이에 따른 제반 허가가 가능한지 여부를 점검하여야 한다.

수입자는 수입이 제한되는 품목을 수입하고자 하는 경우는 추천기관에서 수입승인(I/L)을 받고, 수입이 제한되지 않은 품목인 경우는 계약체결과 동시에 수출입대금을 신용장에 의하여 결제하기로 약정한 경우 거래은행을 통하여 신용장 개설을 시작으로 수출이행활동을 진행한다.

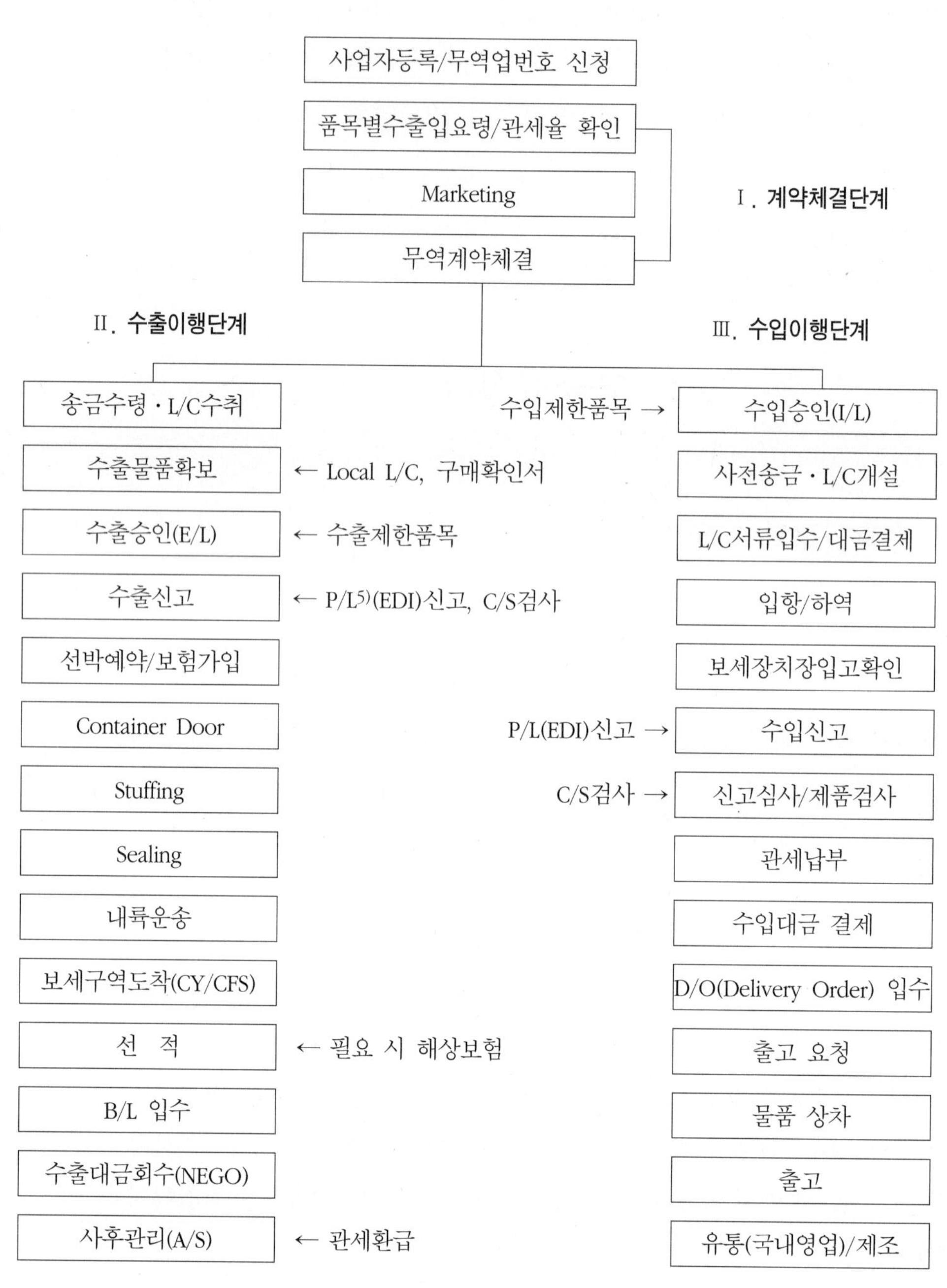

[그림 1-1] 수출입절차

5) P/L(paperless), EDI(electronic data interchange), C/S(cargo selectivity)

수출자는 수입자가 개설한 신용장을 수취한 후, 자체 생산하거나 협력 업체에 발주하여 수출 물품을 조달하는 것을 시작으로 수출이행활동을 진행한다. 수출자는 수출물품을 조달하기 위하여 완제품이나 원자재를 국내 또는 해외에서 구매하거나 수입한다. 국내에서 수출물품을 구매하는 경우 수출자는 수출물품을 발주한 후 현금(어음) 또는 내국신용장을 개설하여 물품대금을 결제한다. 수입자의 요청에 따라 수출물품이 계약 내용과 적합한지 여부에 대하여 선적 전 검사(PSI)를 받고, 필요한 경우 수출승인기관으로부터 수출승인(E/L)을 받으며, 수출물품을 조달한 후에는 세관에 수출 신고 후 수출통관절차를 거친다.

수출자는 보험회사에서 해상보험을 가입하고 운송회사에 수출물품의 운송을 의뢰하여 선적을 완료한다. 선적 후 수출자는 운송회사로부터 운송서류(B/L: Bill of Lading)를 교부받으며, 신용장이나 수출계약서에서 요구하는 제반서류, 즉 보험서류(insurance policy), 계약서류(commercial invoice)와 포장명세서(packing list) 등 기타 보충서류를 갖추어 이를 근거로 환어음을 발행하여 환어음과 제반서류를 거래은행에 제시한 후 매입(NEGO) 절차를 거쳐 수출대금을 회수한다.

수출자가 제시한 서류가 수입자의 거래은행에 도착하면 수입자는 수입대금을 지급하고 선적서류를 영수한다. 그 사이 수입자는 수출자로부터 미리 입수한 선적서류 사본을 가지고 수입통관 절차를 거치며, 수입대금을 결제한 후에 입수한 선적서류 원본을 운송회사에 제시하고 수입물품을 인수한다.

이와 같은 수출입절차는 무역거래 당사자가 수출입을 구체적으로 이행하는 단계에 따라 수출자와 수입자가 함께 이행하는 계약체결단계와 수출자의 수출이행단계 및 수입자의 수입이행단계 등 3단계로 나누어 검토할 수 있다.

2.2 계약체결단계

계약체결을 위한 준비

수출상이 우선 고려해야 할 문제는 자신이 생산하는 물품을 어느 나라, 어느 수입상에게 수출하느냐 하는 점이다. 먼저 대상국가를 선정하기 위하여 각국의 국민소득, 정치·사회적 사정, 상대국의 관습, 언어, 법률, 인구 등 정치·경제· 사회·문화적 여건을 고려하여 대상국가를 선정한 후 수출을 위한 수출마케팅조사(export marketing research)를 거쳐 조사한 시장에 진출여부를 결정한다.

목적시장이 선정되면 수출상은 자신과 거래할 수입상을 물색하여야 한다. 이를 위하여 한국무역협회, KOTRA 등 유관기관 및 무역거래알선사이트(trade leads)나 상공인명부(trade directory) 또는 해외광고나 전시회를 통해서 거래처를 발견할 수도 있다.

거래처가 물색되면 상대방에게 거래제의(business proposal)를 하게 된다. 이때 제의를 받은 상대방이 거래할 의사가 있으면 거래문의(trade inquiry)를 하면서 견본, 상품목록(catalogue) 및 offer를 요청한다. 동시에 자신의 신용조회처(reference)를 통보한다. 신용조회를 통하여 상대방의 신용이 확인되면 offer전에 양 당사자 간 거래의 기초가 되는 일반거래조건협정서(Agreement on General Terms and Condition of Business)를 교환해 둔다.

수출의 경우에는 목적시장과 거래처를 선정하는 것이 거래의 관건이지만 수입의 경우에는 먼저 국내시장에서 판로를 생각하여야 한다.

계약의 성립

수출상은 수입상의 요청에 따라 편지, 팩시밀리 또는 이메일(e-mail) 등의 방법으로 수입상 앞으로 청약서(offer sheet)를 보낸다. offer는 수출상이 계약을 체결하겠다는 확정적 의사표시이므로 수입상이 이에 동의(acceptance)하면 매매계약(sales contract)이 성립된다. 만약 수입상이 수출상의 offer를 무조건 동의하지 않고 조건부 동의를 하거나 수정을 첨부한 동의를 하면 이는 acceptance로 간주되지 않고 counter offer(대응청약)가 되어 계약이 성립되지 않고 최초의 청약자에게 발송되며 그의 의사에 따라 계약성립 여부가 결정된다. offer와 acceptance로 계약이 성립되면 양 당사자는 필요할 경우 별도의 계약서를 작성한다.

양 당사자 간 일반거래협정서가 교환되고 나면 수입상의 요청에 따라 수출상은 offer하고 수입상이 이를 acceptance하므로 매매계약이 체결된다. 이 매매계약이 수출상의 입장에서 보면 수출계약이 되고 수입상의 입장에서 보면 수입계약이 된다. 일반적으로 수출상이 selling offer를 보내지만 매수인이 보낸 buying offer나 counter offer에 매도인이 acceptance하므로 계약이 성립되는 경우도 많다.

2.3 수출이행단계

신용장 수취

매매계약이 성립되면 계약서의 지급조건(terms of payment)에 따라 L/C방식의 경우에는 수입상의 요청에 의하여 L/C가 개설되어 수출상에게 보내진다. L/C를 수취한 수출상은 L/C상의 내용이 계약내용과 일치하는지를 점검하고 만약 불일치가 발견되면 수입상에게 조건변경(amendment)을 요구하여야 한다.

수출승인

무역자유화가 가속화되므로 대부분의 물품이 수출승인(E/L: Export Licence)을 받지 않고 수출할 수 있으나 수출입공고에서 수출이 제한을 받는 경우 승인기관에서 수출승인을 받아야 한다. 원래 승인권자는 지식경제부장관이지만 공고에 의하여 그 권한을 관련 협회나 조합 등의 단체에 위임하고 있다.

무역금융

수출 물품을 생산 혹은 구매하기 위해서 자금이 필요하다. 수출물품을 확보하는 방법은 수출상이 자신의 공장에서 직접생산하는 방식과 다른 제조업자로부터 완제품을 구매하는 방식이 있다. 전자의 경우 필요한 원자재를 국내에서 조달할 수도 있고 이를 해외에서 수입할 수도 있다.

원자재나 완제품을 국내에서 조달할 경우 자신의 거래은행을 통하여 공급업자를 수익자로 한 내국신용장(local L/C)을 이용하거나, 외국환은행장이 내국신용장에 준하여 발급하는 구매확인서를 이용한다. 만약 수출상이 필요한 원자재를 해외에서 조달할 경우 필요한 소요량을 계산하여 수입신용장을 개설하므로 해외로부터 외화획득용 원자재의 확보가 가능하다.

운송계약 체결

수출상은 신용장이나 D/A계약서 등에서 정해진 선적기일 내에 물품의 선적이 이루어져야 하므로 물품운송을 위하여 운송회사와 운송계약을 체결하여야 한다. 실제로 운송계약은 수출상이 선사에 선복요청서(S/R: Shipping Request)를 제출하고 인수확약서(B/N: Booking Note)를 교부하면 운송계약이 성립되고 나중에 발행되는 선하증권(B/L: Bill of Lading)은 운송계약성립의 추정적 증거(prima facie evidence)가 된다.

운송계약의 체결당사자는 통상 매매계약의 정형거래조건(trade terms)에 따라 결정된다. FCA나 FOB조건에서는 수입상이 운송계약을 체결하고 CIF나 CIP조건에서는 수출상이 운송계약을 체결한다. 그렇지만 오늘날은 화환어음(documentary draft)으로 대금을 결제하는 것이 일반적이므로 FCA나 FOB조건에서도 수입상의 요청에 따라서 수출상이 운송계약의 당사자가 되어 해상·항공·복합운송 등 운송계약을 체결하고 B/L·AWB·MTD

등 운송서류를 발급받아 환어음을 첨부하여 수출대금을 회수하는 경우가 많다.

보험계약 체결

물품이 수출상으로부터 수입상에게 인도되기 위해서는 통상 운송과정을 거쳐야 하고 운송 중에 생길지도 모를 위험을 커버하기 위하여 해상적하보험(marine cargo insurance)제도가 이용된다.

보험계약의 체결과 보험료의 부담자는 통상 매매계약의 정형거래조건에 따라 결정된다. CIF조건과 CIP조건은 수출상이 수입상을 위하여 보험계약을 체결하고 보험료를 부담하지만 FOB나 FCA조건에서는 수출상이 보험계약의 체결의무가 없다. 이들 조건에서는 통상 수입상이 자신의 위험부담을 커버하기 위하여 자신의 비용으로 보험계약을 체결한다. 보험계약체결의 증빙서류로는 해상보험증권(I/P: Marine Insurance Policy)이나 보험증명서(certificate of insurance)가 발급된다.

수출통관

물품이 국경을 통과하여 외국으로 이동하기 위해서는 거쳐야 할 법적 절차가 있다. 이것이 바로 수출통관이다. 수출상은 확보한 물품을 자신의 공장이나 창고 등 현물검사를 받을 수 있는 곳에 장치한 후 세관에 수출신고(export declaration)를 하여야 한다. 수출신고는 전자문서(EDI)로 작성된 신고자료를 통관시스템에 전송하여 이행된다.[6] 수출신고는 하주, 관세사, 통관법인 또는 관세사 법인의 명의로 하여야 한다.

수출신고는 수출상이 관세사의 도움 없이 수출통관업무를 수행할 수도 있는데 이를 자가통관이라 한다. 수출신고가 접수되면 세관은 서류심사와 물품검사를 거쳐 수출신고필증을 교부한다.

6) 수출상이 관세사에게 수출통관 의뢰 → 관세사의 수출신고(KTNET 시스템의 관세청 사서함) → 관세사에게 수출신고 오류통보 → C/S검사(우범화물 선별기준) → 수출신고수리(관세사에게 통보)

선 적

수출통관을 끝낸 화물은 내륙운송을 거쳐 본선의 선측까지 운송되어 본선에 적재된다. 본선에 적재된 화물에 대하여 본선수령증(M/R: Mate's Receipt)이 발급되면 수출상은 선사에 이와 상환으로 선적선하증권(on board B/L)을 교부받는다.

만약 화물이 컨테이너에 적입된 경우 FCL화물의 경우에는 CY에서, LCL화물의 경우에는 CFS에서 각각 CY operator 또는 CFS operator에게 인도되고 부두수령증(D/R: Dock Receipt)을 교부받아 이와 상환으로 수취선하증권(received B/L) 또는 복합운송서류(MTD: Multimodal Transport Document)를 교부받는다.

수출대금 회수

수출상의 수출대금은 물품이 수입지에 도착하여 수입상이 이를 확인한 후에 지급된다면 수출거래의 안정성이 확립되기 어렵다. L/C방식인 경우 수출상은 선적하고 바로 거래은행과 체결한 외국환거래약정에 따라 환어음(bill of exchange 또는 draft)과 L/C상에 명기된 서류를 준비하여 자신의 거래은행에 화환어음의 매입(negotiation)을 의뢰함으로써 수출대금을 회수한다.

추심방식인 경우에는 환어음과 서류를 준비하여 거래은행을 통하여 추심(collection)을 의뢰하며 수출대금을 회수한다. 경우에 따라서는 추심전 매입도 가능하지만 추심거래는 수입상의 신용에 바탕을 둔 거래로 L/C방식에 비해 위험한 거래이다. 추심전 매입은 매입은행이 수입상의 신용위험을 부담하게 되므로 수출보험공사의 수출보증보험에 가입한 후 보험증권을 은행에 담보로 제공한다.

여기서 환어음은 수출상이 수입상에게 자신의 채권액을 지명인 또는 소지인에게 일정한 기일 및 장소에서 무조건 지급할 것을 위탁한 유가증권이며, 선적서류(shipping document)에는 운송서류(transport document), 보험서류(insurance document), 상업송장(commercial invoice), 포장명세서

(packing list), 원산지증명서(certificate of origin) 등이 포함된다.

사후관리 및 관세환급

수출상이 물품을 선적하고 수출대금을 수령하면 수입상과의 계약관계는 종료된다. 그렇지만 수출상 혹은 제3자가 수출용 원자재를 수입하여 물품생산에 사용하였다면 이를 수입할 때 세관에 납부한 관세를 되돌려 받을 수 있다. 이를 관세환급이라 한다. 관세환급액의 산출방식은 정액환급률표에 따른 정액환급과 개별환급이 있다.

2.4 수입이행단계

수입자는 수출입 계약내용이 확정되면 계약내용에 따라 신용장을 개설하고, 수입대금을 결제한 후 선적서류를 입수하여 국내영업을 하는 일련의 수입활동을 전개한다. 결국 수입이행활동은 수입자가 수출입계약을 이행하는 과정으로 파악할 수 있으며 이는 시간의 경과에 따라 단계별로 수입승인·수입신고, 수입대금결제, 선적서류입수, 물품수령 및 국내영업활동의 순으로 진행된다.

수입승인

수입승인(I/L: Import Licence)은 수출입공고에 의하여 수입이 제한되는 물품을 수입이 가능하도록 하는 절차이다. 즉, 수입물품이 수출입공고 등에서 수입이 제한되는 경우에 제한조치에 합당한 수입요령에 따라 주무부처장 또는 조합으로부터 수입승인을 받는다. 그리고 동 수입품목이 통합공고에 의한 요건확인 품목인 때에는 세관에 수입신고하기 전까지 해당 개별법의 소관부처로부터 요건확인 등을 받는다. 수입승인의 유효기간은 원칙적으로 1년이나 물품의 제조가공기간, 물품의 선적 및 도착기간 등을 감안하여 따로 결정할 수 있다.

수입신용장 개설

수입승인기관의 수입승인을 받은 수입상은 수입승인서를 첨부하여 거래은행에 신용장개설을 의뢰한다. 은행은 신용장을 개설하면 수출상이 발행한 어음에 대해 지급책임이 있기 때문에 신용장개설의뢰인(applicant)인 수입상과 수입신용장개설약정의 체결 시 수입물품을 양도담보로 제공 받음과 동시에 추가적인 담보를 확보한다.

신용장은 매매계약서 및 수입승인서상의 조건과 일치되도록 개설되어야 하며, 개설된 신용장은 개설은행(issuing bank)에 의하여 SWIFT[7], 전신(cable) 또는 우편(mail)으로 통지은행(advising bank)에 송부된다.

운송 및 보험계약 체결

L/C 개설을 통하여 주문이 확정되면 수출상은 물품을 생산하거나 조달하여 이를 수입상 앞으로 발송한다. 물품의 운송과 운송 중 위험을 커버하기 위하여 필요한 운송계약과 보험계약의 체결당사자는 일반적으로 매매계약 시 선택되는 정형거래조건에 따라 결정된다.

FCA나 FOB와 같은 F-Group에서는 수입상이 운송계약과 필요한 경우 해상적하보험계약을 체결하고, CIF나 CIP인 경우에는 수출상이 수입상을 위하여 운송계약 및 보험계약을 체결하므로 수입상은 자신이 원하는 담보조건을 매매계약 체결 시 합의하여야 한다.

대금결제 및 선적서류 입수

신용장을 수령한 수출상은 물품을 선적 또는 인도완료 후 신용장에서 요구하는 서류와 환어음을 발행하여 거래은행에 매입의뢰 한다. 매입은

7) SWIFT(Society for Worldwide Interbank Financial Telecommunication)는 '세계은행간 금융전산망'으로 세계 각국에 있는 회원은행 상호간에 온라인망으로 연결하여 국제간의 자금결제 및 메시지 교환을 보다 신속하고 안전하게 처리하기 위한 국제은행업무의 자동화를 의미하며, 1973년에 설립된 비영리 협동조합으로 그 본부를 벨기에에 두고 있다. 우리나라도 1992년부터 도입하여 활용하고 있다.

행은 제시된 서류가 신용장의 조건을 충족하였는지를 검토한 후 충족되었다면 매입한 후 이를 수입국의 개설은행 앞으로 송부한다. 서류를 접수한 개설은행은 이를 심사한 후 신용장조건과 일치가 확인되면 개설의뢰인인 수입상에게 선적서류의 도착을 통지한다. 개설의뢰인은 수입대금을 결제한 후 선적서류를 인도받아 수입통관절차를 이행한다.

만약 수입물품은 도착항에 도착하였으나 선적서류의 송달지연으로 수입물품의 인수지연이 발생하면 수입상은 개설은행으로부터 수입화물선취보증서(L/G: Letter of Guarantee)를 발급받아 수입물품을 인수하게 된다. L/G는 선적서류가 도착하기 전에 물품의 인도로부터 발생하는 모든 문제를 개설은행이 책임지며 추후 선하증권 원본이 도착하면 이를 선박회사에 인도할 것을 보증하는 개설은행의 보증서이므로 선사의 입장에서는 운송서류의 원본을 인수하는 것과 같은 효과를 가지게 된다.

한편 수입상이 개설은행으로부터 선적서류를 인도받을 때 수입대금을 결제하여야 하나 자금이 없거나 은행의 자금으로 수입한 경우, 은행이 담보권은 갖으면서 물품을 처분할 수 있는 권리를 수입상에게 주어 이를 처분하여 약정된 기간 내에 수입대금을 결제하도록 하는 제도인 수입화물대도(T/R: Trust Receipt)를 활용할 수도 있다.

수입통관

물품이 수입항에 도착하면 수입상은 이를 하역하여 보세구역에 장치한 후 세관에 수입통관을 위한 수입신고를 한다. 수입신고는 하주, 관세사, 관세사 법인 및 통관법인이 할 수 있다. 또한 수입신고는 시기에 따라 출항 전 신고, 입항 전 신고, 보세구역 도착 전 신고 그리고 보세구역 장치 후 신고 등 4가지가 있다.

수입신고를 받은 세관은 수입신고서와 제반구비서류를 심사하고 필요한 경우 현품을 검사한 후 수입화물에 대한 과세가격을 평가하여 관세 등을 부과·징수한다. 수입상이 관세 등을 은행에 납부하면 수입신고필증이 교부된다. 수입상은 수입신고필증으로 물품을 수령하므로 수입절차가 종료된다.

한편 수입물품의 흐름을 원활하게 하기 위하여 도입된 EDI 수입통관제도[8]는 1995년 12월 6일 관세법 개정을 통하여 입항 전 수입신고제도와 관세사후납부제도를 도입하였다.

3. 국내외 무역법규

3.1 국내 무역법규

리카르도(D. Ricardo)의 비교우위설(theory of comparative advantage)에 따르면 교역국은 각각 생산비에 비교우위가 있는 재화를 생산하여 수출한다면 무역을 통하여 상호 최대 이익을 얻을 수 있다. 이 이론에 따른다면 농업분야에 비교우위가 있는 국가는 영원히 이 분야를 벗어날 수 없다. 물론 여기에는 무역에 어떤 장애도 없는 완전한 자유무역을 전제로 하였다. 그렇지만 모든 국가는 자국의 경제정책이나 무역정책에 따라 수출입에 제한을 가하고 있는데 이것이 무역관리이다.

무역관리(trade control)라 함은 거래당사자가 국제규범에 따라 자유롭게 체결한 수출입 계약을 이행할 때 국가에서 무역정책에 따라 사전·사후적으로 무역거래를 관리 또는 통제하는 것을 말한다. 국가마다 자국의 무역정책을 구체화하기 위하여 무역관련 국내법을 제정하여 시행하고 있는데 우리나라도 무역관리를 위한 3대 법규로 대외무역법, 외국환거래법 및 관세법을 갖추고 있다.

무역진흥을 위한 무역관련 법규로 무역금융을 지원하기 위한 한국은행

8) 수입신고(수입관련전자문서를 관세사에게 KTNET를 통하여 전송) → 수입신고오류통보 및 재전송(오류내용을 KTNET 시스템의 해당 관세사 사서함으로 전송) → 우범화물선별검사(우범화물선별제도에 의하여 검사대상결정) → 수입신고수리(즉시수리, 심사대상, 물품검사 중 어느 한 가지 방법으로 처리) → 관세납부

[표 1-1] 무역관리 3대 법규

대외무역법 (수출입총괄)	• 품목관리　: 수출입공고, 통합공고 등 • 수출입승인 : 행정기관 등에서 승인 및 요건확인 • 거래형태　: 특정거래형태인정
외국환거래법 (대금 이동)	• 외국환의 지급 및 영수 • 외국환은행의 확인 또는 신고사항 • 한국은행총재 또는 기획재정부장관의 허가사항
관세법 (물품 이동)	• 수출입 통관절차 • 관세의 부과 및 징수, 관세환급

의 '총액한도대출 관련 무역금융취급세칙 및 절차', 수출물품에 대하여 부가가치세 영세율 적용을 규정하고 있는 '부가가치세법', 관세 환급을 위한 수출용 원재료에 대한 관세 등에 관한 '관세환급 등에 관한 특례법'(환급특례법)이 있다. 이와 함께 약사법, 식품위생법, 식물방역법, 환경보전법, 전기용품안전관리법 등 47개 무역 관련 개별법이 있다.

우리나라뿐만 아니라 미국, EU 및 일본 등 대부분의 무역국들도 대외적으로는 자유무역을 표방하면서도 자국의 무역정책을 효과적으로 추진하기 위하여 각종 무역관련 국내법 체계를 유지하고 있다. 따라서 수출을 원활하게 수행하려면 미국 또는 EU의 통상법, 일본의 개별법, 중국의 개별법 등 상대국의 무역관련 제반 법규에 대하여도 깊은 관심을 갖고 그 내용을 파악하여야 할 것이다.

대외무역법

「대외무역법」은 1967년부터 제정 · 시행해 온 '무역거래법'을 대신하여 1986년에 제정[9]되었으며, 지금까지 국내외 무역환경에 따라 개정되어 왔다. 대외무역법은 '대외무역을 진흥하고 공정한 거래질서를 확립하여 국제수지의 균형과 통상의 확대를 도모함으로써 국민경제의 발전에 이바지하는 것을 목적으로 한다(「대외무역법」 제1조).

「대외무역법」의 성격은 무역에 대한 기본법이고, 무역 및 통상에 관한

9) 법률 제3895호, 1986년 12월 31일 제정

진흥법이자 무역에 관한 통합법이다. 즉, 무역에 관하여 다른 법이 대외무역법의 적용 배제를 명시하고 있지 않은 한 모든 무역거래는 대외무역법이 일반적으로 적용(동법 제6조)되며, 무역 및 통상진흥을 위하여 통상진흥 시책을 수립하고 민간협력 활동을 지원하도록 규정하고 있는데, 수출실적인정제도, 외화획득규정 및 외화획득용 원료 등의 국내구매에 활용되는 구매확인서제도 등을 두고 있다.

대외무역법령의 체계는 대외무역법, 대외무역법시행령, 대외무역관리규정 및 공고 등으로 이루어져 있다. 공고(公告)에는 수출입제한사유 등에 관한 기본공고인 '수출입공고'와 '통합공고', '전략물자수출입고시', '국제평화 및 안전유지 등 의무이행을 위한 무역에 관한 특별조치고시'[10] 등이 있다.

「대외무역법」 제정 당시 무역업은 허가제로 운영되어 자유롭게 무역업을 영위할 수 없었을 뿐만 아니라, 무역업을 수출입 모두 가능한 갑류무역업, 자가생산에 필요한 원료의 수입 및 자가생산품 수출만 가능한 을류무역업으로 구분하였고 무역대리업도 수입대리업(offer agent)인 갑류무역대리업, 수출대리업(buying office)인 을류무역대리업으로 구분되어 있었다. 하지만 등록제(1993년), 신고제(1997년)를 거쳐 2000년부터는 자유화되었으며, 현행 대외무역법에서는 무역업종에 대한 구분도 없이 '무역거래자'라는 용어로 단순화하고 있다.

무역이 자유화되면서 무역주체에 대한 관리는 거의 폐지되었지만 무역의 객체, 즉 물품에 대한 관리는 대외무역법의 중심 관리내용이다. 대외무역법에 근거한 수출입물품 관리체계는 수출입공고와 각종 개별법에 의한 제한내용을 취합해서 공고하는 통합공고로 이루어져 있다. 이들 공고들에는 수출입의 승인 및 요건확인에 필요한 내용들을 구체적으로 명기하고 있어 이들 요건들이 충족되어야 수출입이 가능하다.

수출입공고는 우리나라 수출입품목을 관리하기 위한 기본공고체계이다. 지식경제부장관은 헌법에 의하여 체결·공포된 조약과 일반적으로

10) 무역에 관한 특별조치로는 'UN안보리결의 이행을 위한 무역제재대상국가별 수출입통제'와 '킴벌리프로세스 이행을 위한 다이아몬드원석 수출입통제'가 있다.

승인된 국제법규에 의한 의무의 이행 및 생물자원의 보호를 위하여 필요하다고 인정되는 경우에는 물품의 수출입을 제한하며 필요한 요건을 갖추어 승인(承認, license)을 얻는 경우에만 수출입을 할 수 있도록 하고 있다(「대외무역법」 제14조). 다만 외화획득용 원료 및 제품의 수입에는 비록 수입제한품목일지라도 별도의 제한 없이 수입승인을 받을 수 있다. 수출입공고상 상품분류방식은 HS방식을 따르고 있으며, Negative List System을 사용하여 수출금지품목(별표 1), 수출제한품목(별표 2)과 수입제한품목(별표 3)을 정해 놓고 있다. 이러한 물품 중 제한품목의 경우에는 관계행정기관에서 승인을 받아야만 수출 또는 수입이 가능하다.

통합공고는 지식경제부장관이 대외무역법 이외의 다른 법령(예를 들면 약사법, 마약법, 식품위생법, 검역법 등 47개 개별법)에 물품의 수출입요령을 정하고 있는 경우 이들 법령에서 정한 수출입요령을 통합한 공고이다. 관계행정기관의 장은 해당 품목별 수출입요령을 지식경제부 장관에게 제출하여야 한다(「대외무역법」 제15조). 대외무역법에 의한 수출입공고 등은 국가경제목표의 달성을 위한 규제인데 반하여 개별법에 의한 통합공고는 국민보건, 환경보호, 사회질서유지, 규격 및 안정성 확보 등 경제외적 목적을 달성하기 위한 규제이기 때문에 해당 품목수도 비교적 많다. 예를 들어 향정신성의약관리법에 의하여 향정신성의약품으로 지정된 품목을 수출입하고자 할 경우 식품의약품안전청장의 허가를 받아야 하며, 방위산업에 관한 특별조치법에 의한 방산물자의 수출입은 국방부장관의 허가를 받아야 한다.

외국환거래법

「외국환거래법」은 결제방법을 관리하기 위한 법규로서 외국환거래법상 국민인 거주자와 외국인인 비거주자 간에 외국환을 영수하거나 지급하는 방법을 규정하고 있다. 우리나라 외국환관리제도는 외환보유고가 부족할 때 정착된 것이기 때문에 달러화 등 외국환의 영수는 비교적 자유로우나, 외국환의 지급에 대해서는 엄격하게 제한하여 오다가 1996년 OECD

가입 이후에 「외국환관리법」을 「외국환거래법」으로 변경하여 그 제한을 크게 완화하였다.

종전의 「외국환관리법」(1961년 제정)은 외국환거래 기타 대외거래의 합리적인 조정 또는 관리를 입법목적으로 하였으나, 「외국환거래법」(1996년 제정)은 대외거래의 자유보장을 입법목적으로 하여, 대외거래에 대한 제한을 최소한의 범위 안에서 행하여지도록 하였다.

「외국환거래법」의 목적은 외국환거래 기타 대외거래의 자유를 보장하고 시장기능을 활성화하여 대외거래의 원활화 및 국제수지의 균형과 통화가치의 안정을 도모함으로써 국민경제의 건전한 발전에 이바지함을 목적으로 한다(「외국환거래법」 제1조). 현행 「외국환거래법」의 체계는 기본법으로 외국환거래법, 외국환거래법시행령, 외국환거래규정으로 구성되어 있다.

'외국환'이란 대외지급수단, 외화증권 및 외화채권을 말한다. 그리고 대외지급수단은 외국통화, 외국통화로 표시된 지급수단, 기타 표시통화에 관계없이 외국에서 사용할 수 있는 지급수단을 말한다.

관세법

「관세법」은 수출입물품의 통관절차와 수입물품에 대한 과세절차를 규정하고 있다. 관세법에 의한 통관절차 및 과세절차는 세관에서 처리한다. 세관은 우리나라의 관문으로서 물품이 국내외로 이동되는 것을 통제하는 최종적인 현장이다. 수출입 통관 시 세관은 당해 물품의 수출입이 국내의 제반법규에 따라 허용되는지 여부에 대하여 최종적으로 확인하며, 수입물품에 대하여는 납세의무자가 적정한 과세가격에 대하여 타당한 세율만큼의 관세 등을 납부하도록 하고 있다.

「관세법」은 1967년에 제정되어 수차례 개정을 거쳐 오늘에 이르고 있으며, 주요 내용은 과세와 징수, 운송기관, 보세구역, 통관, 관세사, 세무공무원의 직원 등에 관한 규정이다. 즉, 수출입통관과 수입물품에 대한 관세부과가 가장 중요한 기능이라고 할 수 있다.

「관세법」은 관세의 부과, 징수 및 수출입상품의 통관을 적정하게 하여 국민경제의 발전에 기여하고 관세수입의 확보를 목적으로 한다. 즉, 관세법은 우리나라의 관문인 세관을 통하여 물품이 국내외 간에 이동하는 것을 통관절차와 수입물품에 대한 과세절차를 규정하고 있다.

관세에 관한 기본법령은 관세법, 관세법시행령, 관세법시행규칙 및 관세청고시 및 관세청 훈령 등으로 되어 있다.

3.2 국제 무역법규

국가마다 상관습이 다르고 국내 법률 체계가 다르기 때문에 거래당사자가 통일되게 인식할 수 있는 국제규범이 필요하다. 무역거래에는 당사자 간 계약자유의 원칙에 따른 기본계약과 계약이행을 위한 부수계약, 즉 운송계약, 보험계약, 지급계약이 필요한데, 이러한 계약의 성립, 이행 및 종결을 위한 국제규칙이 존재하고 있다.

[표 1-2] 국제 무역법규

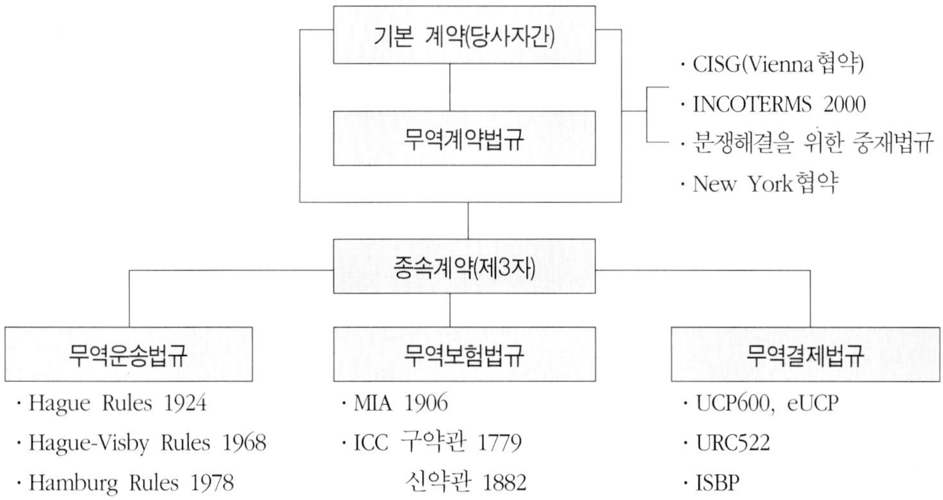

기본 계약(당사자간)

무역계약법규

· CISG(Vienna협약)
· INCOTERMS 2000
· 분쟁해결을 위한 중재법규
· New York협약

종속계약(제3자)

무역운송법규	무역보험법규	무역결제법규
· Hague Rules 1924	· MIA 1906	· UCP600, eUCP
· Hague-Visby Rules 1968	· ICC 구약관 1779	· URC522
· Hamburg Rules 1978	신약관 1882	· ISBP

국제 무역법규(law and practice of international trade)는 무역거래의 진행과정에 따라 크게 무역계약법규, 무역결제법규, 국제운송법규, 국제보험법규 등으로 구분할 수 있다.

무역계약법규

무역계약법규는 매매계약에 관련된 국제규칙이나 협약 및 이에 대한 법 이론의 기초를 제공하는 준거법규 등을 말하며, 여기에는 CISG, INCOTERMS, 분쟁해결을 위한 중재법규, New York협약 및 국제상사계약에 관한 UNIDROIT원칙, 개정미국외국무역정의 등이 있다.

'UN국제물품매매에 관한 통일규칙(CISG: United Nations Convention on Contract for the International Sales of Goods, 일명 Vienna협약)'은 모든 국제매매계약에 적용되는 무역계약의 공통법으로서 UN의 국제무역법위원회(UNCITRAL)가 1980년에 제정하였으며 우리나라에서도 2005년 3월 1일부터 정식 발효하였다. CISG는 통일된 국제민법으로 주로 당사자 간에 수출입 기본계약을 체결할 때 준거법으로 활용된다. 따라서 ① 계약 성립, ② 물품매매 총칙, ③ 매도인 의무(물품인도와 서류교부, 물품의 계약 일치성과 제3자 청구권, 매수인의 계약위반에 대한 구제수단), ④ 매수인 의무(대금지급, 인도수령, 매도인의 계약위반에 대한 구제수단), ⑤ 위험이전, ⑥ 매도인과 매수인 의무에 대한 공통규정(이행기 전의 계약위반과 분할이행계약, 손해배상, 이자, 면책, 계약 해제의 효과, 물품의 보전) 등에 관한 규정을 설정하고 있다.

'정형거래조건에 관한 국제해석규칙(INCOTERMS: International Rules for the Interpretation of Trade Terms, 2000)'[11)]은 FOB, CIF, CFR 등 당사자 간에 무역계약 체결 시 계약내용을 보완하기 위하여 채택하는 13개의 정형거래조건(trade terms)을 해석하기 위한 국제규칙으로 1936년 국제상업회의소(ICC: International Chamber of Commerce)가 제정하여 그 동안 보완 또는 개정되면서 사용되고 있다. 현행 Incoterms(2000)에서는 ① 선적

---

11) INCOTERMS : INternational COmmercial TERMS

지 인도조건(departure term)인 EXW, ② 주운임 매수인 부담조건(main carriage unpaid)인 FCA, FAS, FOB, ③ 주운임 매도인 지급조건(main carriage paid)인 CFR, CIF, CPT, CIP, ④ 도착지 인도조건(arrival terms)인 DAF, DES, DEQ, DDU, DDP 등 13개 trade terms에 각각 매도인의 의무(seller's obligations) 및 매수인의 의무(buyer's obligations)를 규정하고 있다.

'외국중재판정의 승인 및 집행에 관한 UN협약(United Nations Convention on the Recognition and Enforcement of Foreign Arbitral Awards, 일명 New York협약)'은 1958년에 UN의 국제무역법위원회(UNCITRAL: United Nations Commission on International Trade Law)가 제정한 중재법으로서, 중재판정의 효력에 대한 국제성을 부여한 법, 즉 중재판정의 내용은 외국에서도 간단한 집행판결만으로 강제집행할 수 있는 근거법이다. 이 협약은 적용의 범위, 중재합의, 판정의 승인과 집행절차, 승인과 집행의 신청, 승인과 집행의 거부사유, 판정의 집행연기 등에 관한 규정을 두고 있다.

무역결제법규

국제결제법규는 매매대금결제에 관한 국제규칙이나 주요 국가의 준거법규 등을 말하는 것으로서, 대표적으로 '신용장통일규칙(UCP600: Uniform Customs and Practices for the Documentary Credits, 2007)'이 있다. 신용장통일규칙(UCP600)은 신용장 업무를 취급할 때 지켜야 할 제반사항 및 해석의 기준을 규정한 국제규약으로 국제상업회의소(ICC: International Chamber of Commerce)의 은행위원회가 신용장통일규칙을 만들었으며 2007년도에 제6차 개정이 이루어져 시행되고 있다.

결제에 관련하여, 추심에 관한 통일규칙(URC522: Uniform Rules for Collection, 1995), 은행간 신용장대금보상통일규칙, 독립적 보증서와 보증신용장에 관한 유엔협약, 국제환어음과 약속어음에 관한 유엔협약, 미국 통일상법전 제5편 신용장, 영국 환어음법 등이 있다.

무역운송법규

국제운송법규는 화물의 해상, 항공, 육상 또는 복합운송에 관련된 국제규칙이나 협약을 말한다. 해상운송과 관련하여 '선하증권통일조약(Hague Rules, 1924)'과 '개정선하증권조약(Hague-Visby Rules, 1968, Hamburg Rules, 1978)'이 있다.

항공운송과 관련하여 '국제항공운송에 관한 통일규칙'(Warsaw Convention, 1929)이 있으며, 복합운송과 관련하여 '복합운송증권을 위한 통일규칙(Uniform Rules for a Combined Transport Document, 1973)'이 있으며, 해상화물운송장 및 전자식 선하증권의 사용 증대에 따른 '해상화물운송장에 관한 통일규칙' 및 '전자식 선하증권에 관한 규칙' 등이 있다.

무역보험법규

해상보험법규는 해상보험에 관련한 국제규칙과 준거법 및 표준약관 등을 말한다. 1906년에 제정된 영국의 「해상보험법」(Marine Insurance Act, 1906)이 가장 권위 있는 준거법으로 인정받고 있으며, 런던보험자협회(ILU)에서 만든 '협회적하약관(ICC: Institute Cargo Clause) 신 · 구약관'이 기본으로 활용되고 있다.

CHAPTER 2

무역계약

1. 무역계약의 성립

1.1 무역계약의 의의

무역계약은 국제물품매매계약(國際物品賣買契約, contract for inter- national sale of goods)을 말하는 것으로 매도인(수출상) 입장에서는 수출계약(export contract)이 되고, 매수인(수입상) 입장에서는 수입계약(import contract)이 된다.

첫째, 무역계약은 매매계약(賣買契約, sales contract)이다. 매매계약은 당자사 일방이 재산권을 상대방에게 이전할 것을 약정하고 상대방이 그 대금을 지급할 것을 약정함으로써 성립하는 계약을 말한다(「민법」 제563조). 매매계약의 당사자를 매도인(seller)과 매수인(buyer)이라 부르며, 매도인은 물품인도의 의무를 매수인은 대금지급의무를 진다.

둘째, 무역계약은 물품을 거래대상으로 하는 물품계약(物品契約, contract of goods)이다. 물품에는 서비스나 지적재산권은 포함되지 않으나 정보산업의 발달로 생긴 디지털제품은 포함된다.

사실 무역계약은 오늘날 '무역'의 개념이 전통적인 물품거래 외에 서비스나 지적재산권까지 포함하지만, 이들 거래는 이행되는 방법에 있어 물품의 경우와 같이 통관이나 운송 등은 포함하지 않기 때문에, 이 책에서 앞으로 설명하고자 하는 무역계약은 물품계약만을 의미한다.

셋째, 무역계약은 국제계약(國際契約, international contract)이다. 국제계약은 계약 당사자인 매도인과 매수인이 서로 다른 국가에 영업소(place of business)를 두고 있는 계약을 말한다.

매매계약의 목적이 되는 물품은 매매계약 체결 시 존재하는 현물(existing goods)이거나 계약 체결 후 매도인이 제도 또는 취득하는 선물(future goods)이 될 수 있다. 그렇지만 매매계약 성립 시 매도인이 현물을 소유하고 있지 않는 경우가 일반적이다. 공산품의 경우 매매당사자는 견본이나 명세서를 기준으로 계약을 체결하고 생산에 들어가지만 농산물의 경우 표준품매매(sale on standard)[12]방식으로 거래가 이행되기 때문에 수확 전에 계약이 체결된다.

1.2 무역계약의 성립요소(청약과 승낙)

계약성립의 가장 중요한 요소는 계약당사자 간의 의사의 합치(meeting of the minds)이다. 이러한 의사표시는 시간적으로 순차적이어야 한다. 즉, 앞의 의사표시는 뒤의 의사표시를 유도하는 인과관계에 있을 것을 요건으로 한다. 이 경우 앞의 의사표시는 청약(請約, offer)이 되고 뒤의 의사표시는 승낙(承諾, acceptance)이 된다.

청약이란 거래당사자 일방(청약자, offeror)이 매매거래 조건을 구체적으로 상대방(피청약자, offeree)에게 제시하면서 그러한 조건으로 물품을 판매 또는 구매하겠다는 확정적인 의사표시(signification of intention)이다. 청약은 1인 또는 그 이상의 특정인(specific person) 앞으로 행하여져야 하며, 상대방의 무조건·절대적 승낙(unconditional and absolute ac-

12) 미수확 농산물의 품질을 기준으로 전년도 작물의 표준품을 기초로 가격을 정하고 계약을 체결하지만 실제로 인도되는 물품은 당해연도 수확물의 평균중등품에 해당하면 된다.

ceptance)이 있으면 계약이 성립된다는 청약자의 의사가 나타나 있어야 한다.[13] 어떤 의사표시가 확정적이기 위해서는 계약대상인 물품을 표시하고 있을 뿐 아니라 명시 또는 묵시적으로 그 수량과 대금을 정하고 있거나 또는 이를 정하는 규정을 두고 있어야 한다.

청약이 이루어지기 전 사전 예비교섭단계에서의 의사의 교환행위를 청약의 유인(invitation to offer)이라고 하며, 청약과 구별되는 개념이다. 청약과 청약의 유인을 구별하는 것은 매우 중요하다. 전자의 경우에는 상대방의 승낙이 있으면 계약이 성립되어 당사자 간 법률적 관계가 성립된다. 그렇지만 후자의 경우에는 상대방이 승낙하여도 계약이 성립되지 않고, 이러한 승낙은 비로소 청약이 되며 이에 동의하여야 계약이 성립된다.

실무에서 청약과 청약의 유인을 구별하는 것은 쉽지 않다. 구별의 기준은 당사자의 의사와 거래관습 및 계약내용을 보고 판단하여야 하기 때문에 많은 논란의 여지가 있다. 예를 들면, 가격표나 견적서, 가격이 적힌 카탈로그의 송부나 물품에 정가를 표시하여 전시장에 진열해둔 것은 청약의 유인에 불과하다.[14] 실무적으로 청약서(offer sheet) 대신에 견적송장(proforma invoice)을 사용하여 청약의 법적 구속력을 회피하기도 한다.

따라서 또한 청약 시 'offer'란 용어를 사용하지 않아도 법률상 청약을 의미할 때가 있으나 실무상 혼란을 피하기 위해서도 정식으로 청약을 의미할 필요가 있으면 'offer'란 표현을 사용하는 것이 좋다.[15] 주의할 점은 'offer'란 어구가 사용되었다고 해서 반드시 청약이라고 볼 수 없다는 점이다. 예를 들면 'offer subject to market fluctuations(시장변동조건부 청약)', 'offer subject to being unsold(재고잔류조건부 청약)', 'offer subject to prior sale(선착순매매조건부 청약)', 'offer subject to our final confirmation(매도인 최종확인조건부 청약)', 'offer on sale or return(반품허용조건부 청약)' 등은 실무에서는 offer로 통용되고 있으나, 이들은 엄격한

---

13) 「UN통일매매법」 제14조 제1항

14) Hrevey v. Facey(1893) A.C.552 ; J. O. Honnold, *Uniform Law for International Sale Under 1980 United Nations Convention, Kluwer*, 1982, p. 161.

15) 보통 offer 시 "We offer you…", "We pleased to make you an offer…" 또는 "We are pleased to offer you…"와 같은 표현을 사용한다.

의미에서 조건부청약(conditional offer) 또는 무확정청약으로 확정적 의사표시가 아니다. 따라서 청약자가 최종적으로 계약체결권을 갖는다는 의미에서 Free Offer의 일종으로 볼 수 있으며 청약의 유인이라고 할 수 있다.

승낙(承諾, acceptance)은 피청약자가 청약자의 청약에 따라 계약을 성립시킬 목적으로 청약자에게 행하는 동의의 의사표시이다. 계약은 당사자 간의 의사의 합치로 성립되기 때문에 승낙은 청약에 대한 무조건·절대적 동의(unconditional and absolute assent)이다. 영미법에서는 이를 완전일치의 법칙(完全一致의 法則) 또는 경상의 법칙(鏡像의 法則, mirror image rule)이라고 한다. 따라서 비록 승낙의 의도를 갖고 있다고 하여도 청약의 내용을 추가하거나 제한 또는 변경내용이 담긴 응답은 승낙이 되지 못하며 이것은 대응청약이 된다.[16)]

오늘날 무역계약에서 청약자와 승낙자가 각자 자신의 계약서식을 사용하면서 각자 서식의 인쇄된 계약조건의 일치여부를 확인하지 않고 주요한 거래조건만 확인한 후 계약이행에 들어간다. 그 후 이행과정에서 문제가 발행하며 양자의 계약서식을 확인하는 과정에서 나타나는 불일치를 약관의 충돌(battle of forms)이라 한다. 서로 모순되는 2개의 통신 가운데 최후의 서식에 효력을 부여하는 이론을 최후발포이론(last shot theory)이라고 한다. 그 이유는 전쟁에서 최후에 발포한 자가 승리한다는 격언과 연계되며, 계약성립 후 계약이행 행위는 최후 서식에 대한 동의를 표시하는 것으로 해석하기 때문이다.[17)]

한편 피청약자의 응답이 청약에 대한 승낙을 의도하고 또한 청약의 조건을 실질적으로 변형(to alter the terms of offer materially)하는 것이 아닌 추가적 조건이 첨부되어 있으면 이것은 승낙이 된다. 단, 청약자가 그 상위를 구두로 반대하거나 반대의 취지를 발송하는 경우에는 승낙으로 간주되지 않는다. 청약의 조건을 실질적으로 변경하는 조건은 대금지급,

16) 「UN통일매매법」 제19조 (1): "A reply to an offer which purports to be an acceptance but contains additions, limitations or other modifications is a rejection of the offer and constitutes a counter-offer."

17) J. O. Honnold, *Uniform Law for International Sales*, Kluwer, 1990, p. 237.

품질, 수량, 인도장소 및 시기, 상대방에 대한 당사자의 책임범위 또는 분쟁해결 등에 관한 조건은 청약의 조건을 실질적으로 변경하는 것으로 간주된다.[18)]

1.3 무역계약 체결방식

무역계약은 불요식계약이므로 요식계약처럼 반드시 문서로 작성되어야 할 의무가 없으나 후일 분쟁발생 시 계약내용을 증명하기 위한 문서화가 필요하다. 무역현장에서는 정식 무역계약서 없이 간단한 오퍼나 오더만으로 진행하는 경우가 많지만 무역계약의 이행불능 또는 계약위반의 경우에는 여러 가지 문제가 발생하므로 가급적 수출입 본계약을 체결해야 한다.

수출입 본계약을 체결하는 방법은 크게 두 가지가 있다. 하나는 거래가 성립될 때마다 작성하는 개별계약방법(case by case contract)과 다른 하나는 계속 반복거래를 위한 일반협정서를 체결하고 필요 시마다 수정을 가하는 포괄계약방법(master contract)이다.

[표 2-1] 무역계약 체결방식 및 계약서 내용

계약체결 방식	계약서 형식	비 고
개별계약방식 (case by case contract)	· 표면사항 · 이면사항	첫 거래, 건별거래, 중요거래
포괄계약방식 (master contract)	· 일반거래협정서(이면사항과 유사) · 실제 진행 : offer/order sheet	계속 · 반복거래

개별계약방법(case by case contract)은 매거래 건별로 먼저 간단한 오퍼나 오더를 확정한 후 수출입 본계약을 확정하는 방법으로 통상 거래상대방과의 최초 거래 시나 중요 거래 시에 활용하는 방법이다. 개별계약

18) 「UN통일매매법」 제19조 (3)항

방식은 표면과 이면의 양면으로 구성되어 있는데, 표면약정에 포함되는 사항은 거래건별로 확정하여야 하는 개별약정사항들이다. 즉, 물품의 품질수준, 수량 및 가격 등 거래상품에 관한 사항과 선적일자, 결제방법 및 보험조건 등이 여기에 해당한다. 무역계약서의 이면약정사항은 무역에 관한 일반약정(general terms and conditions)으로서 무역계약의 체결당사자, 표면사항인 품질에 대한 검사, 수량, 가격 및 선적조건 등을 정하는 기준 등 개별약정사항을 해석하는 기준과 계약불이행과 관련한 조항으로서 불가항력조항, 클레임조항, 중재조항 및 준거법조항 등 수출입 거래 시 일반적으로 적용되는 공통사항이 여기에 포함된다.

포괄계약방법(master contract)은 통상 동일한 거래상대방과 계속적으로 거래가 이루어지는 경우에 채택하는 방법이다. 이는 매거래 시마다 건별로 수출입 본계약을 체결함에 따른 번거로움을 피하는 데 적합한 방법으로써 수출입거래 당사자는 당사자 간의 향후 수출입거래준칙에 해당하는 일반거래조건협정(agreement on general terms and conditions of business)을 수출입본계약으로 체결하는바, 개별계약방법 시 무역계약서 이면약정 사항에 포함되는 무역거래일반약정(general terms and conditions) 사항과 함께 거래건별로 오퍼나 오더를 확정하는 방법을 정한다. 따라서 개별거래 시는 포괄계약에서 정한 방법에 따라 간단한 offer나 order를 교환함으로써 무역계약을 확정한다.

Sales Contract를 매도인이 작성할 경우 Sales note, 매수인이 작성할 경우 Purchase note라고도 부른다. 개별계약서에는 품명, 규격, 수량, 단가, 금액, 인도시기, 선적항, 도착항, 포장, 보험 등을 명기하고, 포괄계약서에는 품질조건의 경우 품질의 기준과 기준시기, 가격조건의 경우 가격의 산출기준과 표시통화, 선적조건의 경우 선적일의 증명방법 등과 불가항력조항, 권리철회조항, 중재조항, 정형거래조건, 준거법조항 등이 명기된다. 포괄계약과 개별계약은 상호 보완적 기능을 하며 상호 모순될 경우 개별계약의 내용이 우선한다.[19)]

장기공급계약의 경우 long term 계약인 sales agreement가 작성된다.

19) 샘플 계약서(case by case contract, master contract, offer sheet 등)는 부록 참조.

long term 계약의 경우 가격신축조항(escalation clause), 보증조항(warranty clause), 약정손해배상액조항(liquidated damage clause), 계약종료조항(termination) 등이 추가된다.

2. 무역계약의 이행

2.1 무역의 기본조건

품질조건(terms of quality)

일반적으로 무역거래는 명세서에 의한 선물거래이다. 따라서 계약서에 물품의 품질, 성능, 색상, 중량, 부피, 성분 등을 상세하게 명기한다고 하여도 동일명세하에서 여러 품질의 물품이 생산될 수 있기 때문에 보다 가시적인 방법으로 품질을 확인하는 방법을 약정하는 것이 좋다. 매매계

[표 2-2] 무역계약의 조건

구분	내용
1. 기본사항	1) 당사자 및 서명 : Privity(당사자 법률관계), Signature 2) 계약확정 문언, 계약체결일자, 유효기간(validity)
2. 계약대상에 관한 조건	1) 품질조건(terms of quality) : 품질결정방법, 결정시기 2) 수량 〃 (〃 quantity) : 수량표시방법, 결정시기, Bulk Cargo 3) 가격 〃 (〃 price) : 가격표시방법, 요소비용, INCOTERMS, 4) 포장 〃 (〃 packing) : 포장재, 화인
3. 계약이행에 관한 조건	1) 선적조건(terms of shipment) : 납기, 선적시기, 선적방법, 선적항 · 도착항 2) 지급 〃 (〃 payment) : 대금회수위험관리, 지급방식, 지급시기 3) 보험 〃 (〃 insurance) : 보험조건, 부가보험, 보험금청구지, 부보통화
4. 계약불이행	1) 이행불능 : frustration, force majeure, act of god 2) 계약위반 : breach, claim제기 3) 클레임해결 : arbitration clause
5. 기타	1) trade terms : INCOTERMS 2000 2) governing law : CISG

약(sales contract), 청약서(offer sheet), 주문서(order sheet) 등에는 품질에 관한 세부적 내용, 즉 ① 품질결정방법, ② 품질결정시기, ③ 품질증명방법 등을 품질조건에 명기하는 것이 좋다.

품질을 결정하는 방법으로 견본매매(sale by sample), 점검매매(sale by inspection), 표준품매매(sale by standard), 상표매매(sale by trade make or brand), 명세서매매(sale by specification or dimensions), 규격매매(sale by grades) 등이 있으며, 경우에 따라서는 이들 방법을 혼합하여 사용할 수도 있다.

수량조건(terms of quantity)

무역계약에서 수량(quantity)이란 개수만을 의미하는 것이 아니라 길이, 넓이, 부피, 중량 등을 의미한다. 국제거래에서 수량은 품질 다음으로 분쟁이 일어나기 쉬운 조건이다. 따라서 계약 체결 시 ① 수량의 단위, ② 수량의 결정시기, ③ 과부족용인조항 등에 주의가 필요하다.

수량을 표시하는 단위는 개수(piece), 길이(length), 넓이(square), 부피(measurement), 중량(weight), 포장(package) 등으로 나눌 수 있다.

산화물(散貨物, bulk cargo)이란 불가산(uncountable)·비포장상태(unpacked)로 거래되는 대량물품, 예컨대 포대나 용기에 넣지 않은 곡물류, 석탄, 광석, 모래, 자갈 등을 말한다. 이러한 살물은 약정된 수량을 정확히 인도하는 것이 불가능하기 때문에 어느 정도 과부족(surplus or deficiency)을 허용하는 조건으로 약정해야 한다. 따라서 수량에 관한 분쟁을 미연에 방지하기 위해서 과부족용인조항이나 개산수량조건을 사용하여 수량을 표시하는 것이 좋다.

가격조건(terms of price)

무역계약조건 가운데 매매당사자의 관심이 가장 높은 것이 가격조건(price terms)이다. 왜냐하면 가격이 당사자의 이윤과 직결되기 때문에 offer에 대한 acceptance의 가장 결정적인 조건이다. 가격조건에서는 ①

가격표시방법, ② 가격결정방법, ③ 요소비용 및 INCOTERMS 등을 살펴볼 필요가 있다.

가격표시방법과 관련하여 'Price: US$125.75/set FOB Busan Port'와 같이 통화, 단가(unit price), 수량단위, trade term, 비용의 분기점 등을 명기하게 된다.

표시통화는 수출국통화, 수입국통화, 제3국 통화가 있는데, 표시통화를 선택하는 데 있어서는 안정성(stability), 유통성(circulativeness), 교환성(convertibility) 등을 고려하여야 한다.

일반적으로 표시통화를 선택할 때에는 환시세의 변동에 따른 환위험이 적은 안정된 통화를 선택하는 것이 바람직하다. 매도인은 무역계약을 체결한 후 시장가격 상승, 매수인은 가격하락에 따른 위험을 부담한다. 수출국의 통화로 표시하면 환율변동에 따른 환위험(exchange risk)을 수입상이 부담하며, 수입국의 통화로 표시하면 이를 수출상이 부담한다. 제3국의 통화로 표시하면 환위험을 양 당사자가 모두 부담하게 된다. 통화 중에는 같은 명칭이라도 사용국가에 따라 가치가 다르다.

예를 들면 dollar에도 US dollar, Canadian dollar, Hong Kong dollar 등이 있으며, franc에도 Franch franc, Swiss franc, Belgian franc이 있기 때문에 반드시 통화명 앞에 국명을 붙여야 한다.

Trade term 뒤에 따라오는 지명은 INCOTERMS 각 조건에 명시되어 있는데, 예컨대 FOB: Free on Board(…named port of shipment), CIF: Cost, Insurance and Freight(…named port of destination) 등에 따르게 된다.

포장조건(terms of packing)

무역거래에서 포장은 운송 중 물품을 안전하게 보호하고, 경우에 따라서는 물품의 상품가치를 높이는 기능을 한다. 안전성을 너무 강조하면 과대포장(over packing)이 될 가능성이 있는데, 이는 포장비용을 높이고 운송비의 부담을 증가시킬 수 있다. 따라서 물품의 종류, 운송방법, 거리, 기후, 온도, 환적, 항만시설, 포장비 및 운임 등을 고려하여 가장 합리적인 포장을 하여야 한다. 필요할 경우 계약서에 구체적인 포장방법과 포장재료를 명기할 수 있다. 물품의 외장에는 다른 화물과 식별을 위하여 화인(cargo mark)을 하게 된다. 화인은 선하증권이나 포장명세서 등에 그대로 나타나므로 화물과 서류의 대조가 가능하다.

화인표시(marking)는 화물의 식별과 취급을 용이하게 하기 위해 포장의 외장에 특정한 기호나 문자 따위를 표기하는 것으로, 주화인(main mark), 부화인(counter mark), 화번(case number), 착항표시(port mark), 중량표시(weight mark), 원산지표시(origin mark), 주의표시(care mark, side mark, caution mark) 및 주문번호(order no.), 지시표시(attention mark), 품질표시(quality mark) 등 여러 가지가 추가적으로 표시될 수 있다.

선적조건(terms of shipment)

선적조건은 수입상이 물품의 납기를 관리하는 데 중요한 역할을 하게 된다. 따라서 선적조건에서는 ① 선적기일 및 선적일의 증명, ② 선적방법(분할선적 · 할부선적 · 환적), ③ 불가항력 및 면책, ④ 지연선적, ⑤ 선적항 및 도착항 등을 약정하게 된다.

선적시기(S/D: Shipping Date)는 바이어가 납기를 통제하는 수단으로써 의미를 지닌다. 따라서 선적기일(S/D)을 지키지 못하면 매도인은 선적한 후라도 대금회수를 보장받을 수 없다. 선적기일은 통상적으로 최종선적일자(latest shipping date)를 말하는 것이므로 '전치사'에 유의해야 한다.

결제조건(terms of payment)

매매거래에서 매도인의 주 의무가 물품인도의 의무라면 매수인의 주 의무는 대금지급의무이다. 대금을 받는 일은 매도인뿐만 아니라 수출국의 외국환 관리 측면에서도 매우 중요하다. 수출자는 대금회수의 위험을 안전한 지급조건을 선택함으로써 줄이고자 한다. 즉, 무역거래 시 수출상은 선적에 앞서 대금을 미리 받고 싶어 하지만, 반대로 수입상은 대금지급에 앞서 물품을 수령하기를 원한다. 이러한 사전 또는 사후 송금에 의한 대금결제방식은 수출상 또는 수입상에게 한쪽에게만 유리한 조건이기 때문에 신뢰가 쌓인 거래선이 아니면 선뜻 선택할 수 없을 것이다. 따라서 사전 또는 사후 송금(remittance)방식 사이에는 전통적으로 신용장(letter of credit), 추심방식(collection) 및 혼합방식(mixed payment) 등이 존재하게 된다.

당사자가 수출입 대금결제 방식을 선택하는 기준으로 상호간의 신뢰도, 상대방의 신용도, 상품의 특성, 상거래 관습, 당사자간 협상력, 해당 국가의 수출입규제, 국가위험 등을 종합적으로 고려하게 된다. 이렇게 선택된 대금결제 방식은 통상적으로 무역계약서(sales contract), 청약서(offer sheet), 주문서(order sheet) 등의 지급조건으로 표시된다. 실무적으로는 거래은행과 '환거래약정'을 체결한 후 이러한 서류들을 근거로 신용장개설 등을 개설한다.

보험조건(terms of insurance)

운송 중인 물품은 예상하지 않는 위험을 만나 손해(loss or damage)가 발생할 가능성이 있기 때문에, 이러한 위험을 담보하기 위하여 적하보험(cargo insurance)에 부보되어야 한다. 적하보험은 해상운송의 경우 해상적하보험(marine cargo insurance), 육상운송의 경우 운송보험(transport insurance), 항공운송의 경우 항공적하보험(air transport insurance)이 이용된다.

계약체결 시 보험조건에 포함되어야 할 내용은 ① 보험계약체결자와 보험료부담자, ② 사고발생 시 보험을 받게 될 피보험자, ③ 담보위험과 담보기간, ④ 손해보상범위 등이 있다.

매매계약체결 시 '보험조건'을 두어 이러한 문제들에 대하여 규정할 필요도 있지만, 대부분의 경우 보험에 관하여 별도의 약정을 하지 않는 경우도 많다. 명시의 약정이 없을 경우 묵시계약의 성격을 갖는 INCOTERMS에 의하여 위의 문제들이 해결될 수 있다.

담보조건은 런던보험자협회(ILU: The Institute of London Underwriters)가 제정한 협회적하약관(ICC: Institute Cargo Clauses)이다. 협회적하약관은

구약관과 신약관이 있으며, 구약관은 전위험담보(A/R: All Risks), 분손담보(WA: With Average) 및 분손부담보(FPA: Free from Particular Average)약관이 있다. 신약관은 ICC(A), ICC(B) 및 ICC(C)가 있다.

구약관이 인쇄된 보험증권을 S.G. Policy라 하고 신약관이 인쇄된 보험증권을 MAR Policy라 하여, 1982년 이후 양 증권을 병행하여 사용하다가 2000년부터 양 증권을 통합하여 사용하고 있다.

구약관인 A/R은 위험을 중심으로 전위험을 담보하는 포괄담보방식이지만 여기에도 일반면책약관(general exclusion clauses)상의 면책위험과 전쟁, 동맹파업 등 면책위험이 있다. 그렇지만 WA나 FPA는 손해를 중심으로 열거담보방식에 따라 열거된 위험에 의한 분손담보 또는 분손부담보를 명시하고 있다. WA는 통상 손해보상범위에서 면책률이 적용된다.

신약관인 (A), (B), (C)는 구약관의 A/R, WA, FPA에 각각 상응하며, 담보방식도 (A)는 포괄담보방식, (B)와 (C)는 열거담보방식을 취하나 (A), (B), (C) 모두 위험을 중심으로 담보 여부를 명시하고 있다.

2.2 정형거래조건

국제물품매매계약은 계약당사자, 즉 매도인과 매수인의 권리·의무로 구성되는데, 당사자의 모든 의무를 계약 시마다 합의하여 기재한다면 매우 번거롭고 복잡할 것이다. 그러나 매매당사자가 인도에 따른 계약내용을 일일이 계약서에 명기하지 않고, 단지 이들 부호를 선택함으로써 계약내용을 간단하고 명료하게 확정할 수 있다면 매우 편리할 것이다.

당사자 의무 가운데 물품인도에 관하여는 오래전부터 확립된 관습이 존재하고 있다. 인도장소, 인도방법, 운송·보험계약, 수출입통관, 위험 및 비용부담 등에 관한 관습을 그 성격에 따라 부호화하여(FOB, CIF 등) 사용하고 있는데, 이러한 부호를 정형거래조건(trade terms)이라 한다.

계약 당사자들이 정형거래조건에 함축된 내용을 달리 해석한다면 오해와 분쟁 및 소송이 일어날 것이다. 따라서 최대 국제민간기구인 국제상업회의소(ICC: International Chamber of Commerce)는 1936년에 INCOTERMS(정형거래조건해석에 관한 국제규칙, International Rules for the Interpretation of Trade Terms)을 제정하여 사용하였으며, 그 동안 국제운송 및 통신의 발달과 무역관습의 변화에 따라서 수차례(1953년, 1967년, 1976년, 1980년, 1990년) 개정·보완되었으며, 현행 INCOTERMS 2000은 1999년 말에 개정완료되어 2000년 1월 1일부터 발효되고 있다.

INCOTERMS 2000에 규정된 정형거래조건은 13가지이며 그 성격에 따라 E. F, C, D의 4개 그룹으로 구성된다.

[표 2-3] INCOTERMS 2000의 구조

Group E Departure	EXW	Ex Works(공장인도)
Group F Main carriage Unpaid	FCA	Free Carrier(운송인인도)
	FAS	Free Alongside Ship(선측인도)
	FOB	Free on Board(본선인도)
Group C Main Carriage Paid	CFR	Cost and Freight(운임포함인도)
	CIF	Cost, Insurance and Freight(운임 보험료포함인도)
	CPT	Carriage Paid to(운송비지급인도)
	CIP	Carriage and Insurance Paid to(운송비 보험료지급인도)
Group D Arrival	DAF	Delivered at Frontier(국경인도)
	DES	Delivered Ex Ship(착선인도)
	DEQ	Delivered Ex Quay(부두인도)
	DDU	Delivered Duty Unpaid(관세미지급인도)
	DDP	Delivered Duty Paid(관세지급인도)

[표 2-4] INCOTERMS 2000의 주요내용

구 분 / 거래조건	위험이전(A)	비용이전(B)	비 고
EXW(Ex Works) (공장인도)	매도인의 작업장 구내에서 매수인의 임의처분할 수 있도록 물품을 인도하였을 때	매도인은 A(위험이전)까지의 제비용 부담	◦수출입통관·승인 : 매수인의무
FAS(Free Alongside Ship) (선측인도)	물품이 지정선적항의 부두에 혹은 부선으로 본선의 선측에 인도하였을 때	〃	◦수출통관: 매도인 ◦수입통관: 매수인
FOB(Free On Board) (본선인도)	물품이 지정선적항에서 본선의 난간을 통과할 때	〃	〃
CFR(Cost And Freight) (운임포함)	〃	매도인은 적재 시까지의 제비용+목적항까지의 운임+정기선의 경우 양하비 부담	〃
CIF(Cost Insurance And Freight) (운임·보험료 포함)	〃	매도인은 적재 시까지의 제비용+목적항까지의 운임 및 보험료+정기선의 경우 양하비 부담	〃
FCA(Free Carrier) (운송인인도)	매도인이 매수인이 지정한 운송인에게 수출통관된 물품을 인도하였을 때	매도인은 A(위험이전)까지의 제비용 부담	〃
CPT(Carriage Paid To) (운송비지급)	물품이 약정된 일자 또는 기간 내에 지정목적지까지 운송할 운송인의 보관하에 또는 후속운송인이 있을 경우 최초의 운송인에게 물품인도 시	매도인은 FCA 조건+지정된 목적지까지의 물품운송비(복합운송개념에서의 운송비)	〃
CIP(Carriage And Insurance Paid To) (운송비·보험료 지급)	〃	매도인은 CPT 조건+지정된 목적지까지의 적하보험료 부담	〃
DAF(Delivered At Frontier) (국경인도)	접경지인도장소에서 수입통관 직전의 상태로 매수인의 임의처분하에 인도한 때	매도인은 A(위험이전)까지의 제비용 부담	〃
DES(Delivered Ex Ship) (착선인도)	목적항선상에서 매수인에게 물품 인도한 때	〃	〃
DEQ(Delivered Ex Quay) (부두인도)	목적항 부두상에서 매수인의 임의처분하에 물품 인도한 때	〃	〃
DDU(Delivered Duty Unpaid) (관세미필인도)	약정된 일자 또는 기간 내에 매도인이 지정된 수입국 내의 목적지점에 물품을 반입하여 매수인의 임의처분하에 인도한 때	〃 (단, 관세 불포함)	〃
DDP(Delivered Duty Paid) (관세필인도)	〃	〃 (단, 관세 포함)	◦수출입통관·승인 : 매도인의무

① 'E'군은 출하지(departure) 인도조건으로 매도인이 자신의 영업장 구내에서 매수인에게 물품을 인도하는 조건이다.

② 'F'군은 주 운송비 미지급(main carriage unpaid)조건으로 매도인은 적출지에서 매수인이 지정한 운송인에게 물품을 인도하지만 목적지까지의 주 운송비는 지급하지 않는 조건이다. 여기에는 FCA, FAS, FOB 등이 있다. 이 중에 FAS조건의 수출통관의무와 FCA의 인도방법이 INCOTERMS 2000에서 크게 바뀌었다.

③ 'C'군은 주 운송비 지급(main carriage paid)조건으로 매도인은 목적지까지 운송 및/또는 보험계약을 체결하고 주 운송비를 지급하지만 적출 후의 위험과 추가비용은 부담하지 않는다. 이에 해당하는 것은 CFR, CIF, CPT, CIP 등이 있다.

④ 'D'군은 도착지(arrival) 인도조건으로 매도인은 목적지까지 물품을 운송하는데 따른 모든 위험과 비용을 부담하는 조건이다. 여기에 해당하는 것은 DAF, DES, DEQ, DDU, DDP 등이 있으며 INCOTERMS 2000에서는 DEQ의 수입통관의무에 큰 변화가 있었다.

3. 무역계약의 종료

3.1 당사자의 의무 및 계약위반

당사자의 의무

매매계약의 핵심은 계약당사자의 권리와 의무이다. 우리 민법은 매도인의 의무로서는 소유권이전을, 매수인의 의무로서는 대금지급 의무만을 명시하고 있다.[20] 반면에 「UN통일매매법」은[21] 매도인의 의무에 소유권

이전의무 이외에 물품인도의무, 서류인도의무, 물품의 계약적합의무를 규정하고, 매수인의 의무에는 대금지급의무 이외에 인도수령의무, 물품검사·통지의무를 규정하고 있다. 또한 물품인도의무에 부수되는 의무로는 물품특정의무, 운송주선의무, 부보에 필요한 정보제공의무를 규정하고 있다.

이와 같이 「UN통일매매법」은 당사자의 의무를 우리나라 민법에 비하여 매우 상세히 규정하고 있다. 그러나 우리나라 민법의 해석상으로도 매도인의 물품·서류인도의무를 소유권이전의무에 포함하는 것으로 해석될 수 있다. 또한 매도인의 계약적합의무는 하자담보책임으로 해결되고 있다. 매수인의 인도수령의무는 우리나라 민법의 해석상으로도 인정될 수 있는 것이며 물품검사 및 통지의무도 상사거래에서 인정되고 있다. 결국 UN통일매매법과 우리나라 민법이나 상법의 규정과는 큰 차이가 있는 것이 아니며, UN통일매매법이 이들 각 의무를 각각 별개의 독립된 의무로 상세하게 규정하고 있다는 특징이 있다.

[표 2-5] 매매당사자의 의무비교

구 분	UN통일매매법	우리나라 민법·상법
매도인의 의무	소유권이전의무 물품인도 의무+부수적 의무 서류인도의무	소유권이전의무
	계약적합의무	하자담보책임
매수인의 의무	대금지급의무	대금지급의무
	인도수령의무	(해석상 인정)
	물품검사·통지의무	물품검사·통지의무(상법)

*매도인의 부수적 의무 : 물품특정의무, 운송주선의무, 부보에 필요한 정보제공의무

20) 「민법」 제568조(매매의 효력) ① 매도인은 매수인에 대하여 매매의 목적이 된 권리를 이전하여야 하며 매수인은 매도인에게 그 대금을 지급하여야 한다. ② 전항의 쌍방의무는 특별한 약정이나 관습이 없으면 동시에 이행하여야 한다.

21) 「UN통일매매법」 제3편 제2장 매도인의 의무, 제3장 매수인의 의무

한편 「UN통일매매법」은 제3편 제5장에 매도인과 매수인의 공통된 의무로서 손해경감의무(mitigation of damage)(제77조), 계약해제로 인한 대금반환의무(restitution of benefits received)에서 이자지급의무(제84조), 면책사유(exemptions), 통지의무(제79조), 매수인의 수령지체로 인한 물품보관의무(seller's duty to preserve goods) 등을 규정하고 있다. 그러나 이들 규정은 일방 당사자의 계약위반 시 상대방이 계약해제나 손해배상청구 등에 부수되는 의무일 뿐 매매계약의 직접적인 효과로서 인정되는 의무는 아니다.

계약당사자의 의무와 관련하여 「UN통일매매법」과 정형거래조건과의 관계를 이해하여야 하는데, 「UN통일매매법」 제9조 제1항에는 "당사자들은 당사자 자신들이 동의한 관행과 당사자들이 자신들 사이에서 확립된 관습에 구속된다."고 규정하여 거래관습이나 관행에 법적 효력을 부여하고 있다. 따라서 FOB나 CIF조건과 같은 거래관습은 당사자가 동의했거나 확립된 관습으로 인정되어, 해당거래에 관련된 종류의 계약을 하는 자에게 널리 알려져 있고, 또한 통상적으로 준수되고 있는 관행으로 인정되어 비록 「UN통일매매법」이 준거법으로 적용될 경우에도 묵시계약으로 우선 적용된다. 따라서 「UN통일매매법」은 당사자 간 명시적 합의나 거래관습이 없는 경우에 적용되어 보충법적 기능을 한다.[22)]

매매당사자 간의 매매계약에서 선택되는 정형거래조건은 INCOTERMS 2000에 따르며 매 조건마다 10가지씩 당사자 간의 대칭적 의무가 규정되어 있다. 매매계약내용의 최우선 순위는 당사자 간의 명시조항이며, 다음이 묵시조항인 거래관습 또는 관행, 마지막으로 준거법이 적용된다. 따라서 INCOTERMS의 당사자 의무와 UN통일매매법상의 의무가 상충될 때는 INCOTERMS가 우선한다고 해석된다.

---

22) 「UN통일매매법」 제7조 제(2)항 : "Questions concerning matters governed by this Convention which are not expressly settled in it are to be settled in conformity with the general principles on which it is based or, in the absence of such principles, in conformity with the law applicable by virtue of the rules of private international law."

계약위반과 권리구제

「UN통일매매법」은 매도인이 계약을 위반했을 때 매수인에게 부여할 권리구제의 방법으로 ① 계약대로의 이행(특정이행)을 청구하는 권리(제46조 제1항), ② 대체품의 인도청구권(제46조 제2항), ③ 하자보완청구권(제46조 제3항), ④ 추가기간지정권(제47조), ⑤ 계약해제권(제49조), ⑥ 대금감액청구권(제50조), ⑦ 손해배상청구권 등 7가지를 선택적 또는 경우에 따라서는 중복적으로 허용한다.[23)]

매도인의 계약위반이 근본적 위반(fundamental breach)이 되면 매수인은 계약해제나 대체물인도청구권을 행사할 수 있지만 그렇지 않을 경우 매수인은 대금감액청권이나 하자보완청구권을 행사하게 된다.

위의 여러 가지 구제수단 가운데 손해배상청구권은 다른 구제수단과 중복하여 행사할 수 있다(제45조 제2항).[24)] 따라서 매수인은 매도인에게 특정이행을 요구함과 동시에 이행의 지연이나 그 이행과정에서의 결함 등으로 발생한 손해를 배상해 주도록 요구할 수 있고 계약을 해제하면서 계약위반으로 발생한 손해배상을 함께 요구할 수 있다.

한편 UN통일매매법은 법원이나 중재법정이 계약을 위반한 매도인에게 이행을 위한 유예기간을 허용할 수 없도록 정하였다(제45조 제3항, 제61조 제3항). 유예기간의 허용은 국제무역의 성격에 비추어 적절치 않을 뿐 아니라 특정 국가의 법원이 자국민에게 편파적인 결정을 할 소지가 있기 때문이다.

---

23) 우리나라 민법상 매수인의 구제방법은 ① 대금감액청구권(다만, 권리일부의 하자, 물건의 수량부족 또는 일부멸실의 경우)(「민법」 제572조 제1항, 제574조), ② 계약해제권(다만, 목적을 달성할 수 없는 하자의 경우)(「민법」 제547조, 제580조, 제581조), ③ 손해배상청구권(다만, 종류매매의 하자의 경우에는 손해배상청구권 또는 완전물급부청구권의 택일)(「민법」 제581조) 등이 있다.

24) (2) The buyer is not deprived of any sight be may have to claim damages by exercising his rights to other remedies.

3.2 무역클레임과 상사중재

무역클레임

국제무역거래에서 '클레임(claim)'이란 매매당사자(매도인 및 매수인)의 일방이 매매계약의 내용을 충실히 이행하지 않으므로 인하여 손해를 입은 당사자가 손해를 일으키게 한 측에게 손해배상 또는 기타의 의무이행을 청구하는 것을 말한다.

무역클레임은 매매당사자 가운데 청구자(claimant)가 피청구자(claimee 또는 respondent)에게 제기하게 되는데 일반적으로 claimant는 매수인, claimee는 매도인이 된다.

일반적으로 무역클레임은 일방이 계약조건을 위반하여 발생하는 경우가 대부분이지만 경우에 따라서는 시장상황이 악화됨에 따라 매수인이 매도인에게 가격인하나 인수거부 등 고의적으로 제기하는 이른바 market claim도 적지 않다.

매매당사자 사이에 제기되는 무역클레임 이외에 운송 중 발생한 손해에 대하여 하주가 운송인을 상대로 한 운송클레임과, 보험회사를 상대로 손해보상을 청구하는 보험클레임도 자주 발생한다.

매매당사자 간 클레임 발생과 관련하여 매매계약에 클레임조항(claim clause)을 둔다. 즉, "Claims, if any, shall be filed by cable within fourteen days from the date of final discharge at destination. Certificates by recognized surveyors shall be sent by airmail without delay." 이러한 claim 조항에는 3가지 주요한 내용이 포함되어야 한다. 즉, 클레임 제기기간, 클레임 제기방법, 클레임의 증빙서류 등이다. 특히 매도인 입장에서 클레임조항은 매우 중요하다. 왜냐하면 매수인의 클레임이 제기기간 내, 그리고 정해진 방법대로 제기되지 않거나 클레임을 입증할 서류가 없을 경우 클레임의 수리를 거부할 수 있기 때문이다.

클레임의 해결방법으로는 클레임의 포기, 화해, 알선, 조정, 중재 및 소송 등이 있다. 이 가운데 청구권의 포기와 화해는 당사자 간의 해결방법인 반면, 나머지는 제3자에 의한 해결방법이다.

클레임의 포기(waiver of claim)는 피청구자가 청구자에게 클레임의 내용과 다른 조건을 만족시켜주거나 또는 시간이 흐르면서 클레임을 제기할 가치가 없다고 판단하거나 상대방의 반응이 없기 때문에 스스로 포기하는 경우 등이 있다.

화해(amicable settlement)는 클레임을 제3자의 개입 없이 당사자 간의 자주적인 교섭으로 해결하는 것이다. 당사자 간의 교섭에 의하여 타협점이 모색되면 화해가 이루어지는데 실무적으로 이것이 가장 바람직하며, 실제로 클레임의 대부분이 이 방법에 의하여 해결되고 있다.

알선(intercession)이란 공정한 제3자적 기관이 당사자의 일방 또는 쌍방의 의뢰에 의하여 클레임 사건에 개입하여 해결을 위한 조언을 하는 것을 말한다. 알선기관으로서 국제적으로 널리 이용되고 있는 곳이 상업회의소(Chamber of Commerce)이다. 상업회의소는 회원 상호 간의 분쟁을 처리하는 것이 그 설립목적의 하나이므로 알선기관으로서는 가장 적절하지만 국가기관이 아니므로 강제력이 없다. 알선의 경우 쌍방의 협력이 없으면 성공할 수 없다. 알선은 강제력이 없으나 알선을 맡은 제3자적 기관이 당사자에게 강한 영향력을 미칠 수 있는 경우에는 성공하는 예가 많다. 알선은 조정이나 중재와는 달리 형식적인 절차를 요하지 않는다.

조정(conciliation or mediation)은 양 당사자가 공정한 제3자를 조정인(conciliator or mediator)으로 선입하고, 조정인이 제시하는 구체적인 해결안에 대하여 합의함으로써 클레임을 해결하는 것을 말한다. 조정은 양 당사자의 합의에 의하여 행하여지므로 일방이 조정을 신청하더라도 상대방이 이에 응하지 않으면 조정은 효력을 발휘할 수 없다. 더욱이 당사자는 제시된 조정안을 수락할 의무가 없으므로, 만약 어느 일방이 조정안에 불복하면 결국 조정은 실패로 돌아간다. 이러한 의미에서 조정은 매우 불완전한 해결방법이라고 할 수 있다. 조정인은 주로 무역실무, 무역관습, 무역계약 및 무역관련 법규에 정통하여야 하며 공정한 판단을 위하여 클레임 당사자와 이해관계가 없는 사람이어야 한다. 실제로 선정되는 조정인을 보면 개인, 회사, 공공기관 등이 있으며, 여기서 공공기관이라 함은 상업회의소, 조합, 영사관 또는 대한상사중재원 등을 들 수 있다.

중재(arbitration)는 조정의 경우와 같이 공정한 제3자를 중재인(arbitrator)으로 선임하고 이러한 중재인의 판정에 복종하므로 클레임을 해결하는 방법이다. 중재에 의한 해결은 양 당사자가 계약 체결 시나 또는 클레임이 제기된 후에 이를 중재로 해결할 것을 합의하여야 한다는 점에서 조정의 경우와 같다. 그러나 조정의 경우에는 조정안을 수락할 것인지의 여부는 당사자의 자유의사에 속하지만 중재에 있어서 양 당사자는 중재판정(arbitral awards)을 거부할 수 없을 뿐만 아니라 이러한 판정은 국제적으로 효력을 미치게 된다. 그리고 중재는 1회의 판정으로 끝나게 되며 일단 중재에 의뢰한 사건은 소송에 의하여 다룰 수 없다.

소송(litigation)은 국가기관인 법원의 판결에 의하여 분쟁을 강제적으로 해결하는 방법이다. 계약서상에 클레임을 중재로 해결한다는 뜻의 합의가 있는 경우는 별문제가 없으나, 그렇지 않는 경우에는 상대방을 강제하기 위한 최후의 수단으로 국가권력의 발동을 요청하고 국가권력에 의하여 강제력을 행사할 수밖에 없다.

그러나 국제거래의 상대방은 법역이 다른 외국에 거주하는 것이 보통이므로 자국의 재판권이 타국에 미칠 수 없는 한계성이 있다. 특히 양국 가운데 어느 곳에 재판관할권(jurisdiction)이 있는지에 관하여도 각종 학설과 주장이 있다. 이 외에도 재판지의 소송절차, 외국판정의 승인과 집행, 국제적 소송경합 내지 판결의 저촉(conflict of laws) 등도 문제가 된다. 따라서 국제거래에서 발생하는 분쟁이 당사자 간 화해로 해결되지 않을 경우 중재(仲裁)로 해결하는 것이 차선의 방법이며 소송(litigation)은 최악의 해결방법이라고 할 수 있다.

상사중재

중재란 분쟁(또는 거래) 당사자 간의 합의(중재합의), 즉 중재계약[25]에 따라 일반거래 및 생활관계에서 발생하는 또는 장래에 발생할 분쟁의 전부 또는 일부를 법원의 판결에 의하지 아니하고 민간인 신분의 제3자를 중재로 선정하여 그 중재인의 판정에 맡기는 동시에 그 판정에 복종함으로써 분쟁을 해결하는 자주법정제도(自主法廷制度)이다. 그리고 국가공권력을 발동하여 강제집행할 수 있는 권리가 법적으로 보장된다(「중재법」 제1조, 제8조, 제9조, 제37조).[26] 분쟁을 중재로 해결하기를 원하는 당사자는 계약자유의 원칙에 따라 중재절차, 중재지, 중재인의 선정방법 등을 임의로 약정할 수 있다(임의중재). 그러나 분쟁당사자 간 이러한 것을 합의하기가 쉽지 않기 때문에 오늘날 대부분의 중재는 그러한 절차를 전담하는 상설 중재기관에 의뢰하여 중재절차를 수행하고 있다(기관중재).

세계의 주요 상설 중재기관으로서는 미국중재협회, 국제상업회의소 중재법원, 런던국제중재법원 등이 있으며 우리나라에는 대한상사중재원이 있다.

중재는 원칙적으로 중재계약으로부터 중재판정에 이르는 모든 절차를 당사자의 합의로 결정할 수 있는 자주적 분쟁해결방식이다. 이에 반하여 소송은 일방 당사자의 제소로 국가가 임명한 재판관에게 사건의 해결을 맡기고 상대방은 피고의 입장에서 항변하도록 강요당하는 강제적 분쟁해결제도이다. 중재는 당사자의 의사를 존중하여 별도의 격식 없이 평화적 분위기(peaceful atmosphere) 속에서 진행되는 데 반하여 소송은 엄격히 법정절차의 진행에 따라서 공식적으로만 진행된다.

중재판정은 분쟁당사자 간에 있어서는 법원의 '확정판결과 동일한 효력'이 있다. 다시 말해서 판정에 불만이 있어도 재판처럼 2심 또는 3심 등의 항소절차가 없는 단심제이므로 판정이 신속하여 분쟁이 신속히 종료될 수 있다. 소송은 평균 대법원까지 2~3년이 걸리지만, 약 7개월 정

25) 현존분쟁에 관한 중재계약을 '중재회부계약'(submission to arbitration)이라고 하고 장래 분쟁에 관한 중재계약을 '중재조항'(arbitration clause)이라고 한다.

26) 대한상사중재원, 『상사분쟁과 중재절차해설』, 2005, p. 5.

도 소요된다. 집중심리로 심리 횟수를 줄이고 예비 회의제도를 활성화하여 심리 자체의 소요시간도 단축하여 진행되고 있으며 신속절차의 경우 1회 심리로 1개월 내에 처리될 수도 있다. 중재는 단심제이고 소송의 경우와 같이 변호사를 선임할 필요가 없으므로 비용이 적게 든다. 민사소송은 공개를 원칙으로 하나 중재는 비공개를 원칙으로 한다. 따라서 기업의 기밀보장이 가능하게 된다('대한상사중재원 상사중재규칙' 제8조).

실체적 진실을 정확하게 찾아내기 위하여 분쟁분야에 해박한 지식과 경험 있는 전문가가 사건을 검토하고 판정할 수 있다. 즉, 변호사의 법률지식, 기업인의 실무경륜, 교수의 학문적 이론 등 중재인의 전문성(expertness)을 활용할 수 있다.

아울러 공정성 보장을 위하여 당사자에게 스스로 중재인을 선임할 권리를 부여하여 동시에 중재인 후보를 배척할 수도 있다.

중재는 분쟁해결을 대화와 양보로 해결하고자 하기 때문에 기본적으로 화해에 의한 분쟁해결방식이다. 따라서 중재는 양 당사자를 모두 승리자로 만들고 중재가 끝난 뒤에도 당사자 간 거래가 지속되는 경우가 많으므로 비록 분쟁당사자 간이라고 하여도 소송의 경우처럼 적대적인 관계가 아니다.

중재판정은 국내적 효력(법원의 확정판결과 동일) 외에 뉴욕협약에 가입한 체약국 간에는 외국중재판정을 상호 간 승인하고 강제집행도 보장하고 있기 때문에 국적을 달리하는 기업인 간의 분쟁해결제도로서 각광받고 있다.

소송은 엄격한 절차법에 따라 진행되고 엄격한 실체법이 적용되므로 당사자가 재판결과를 어느 정도 예측할 수 있다. 그러나 중재에서는 법률이 엄격히 적용되지 않으므로 그 결과를 예측하기 어렵다.

소송의 경우 판사에게는 법률에 의하여 각종 권한이 부여되어 있으나 중재인에게는 아무런 강제적인 권한이 부여되고 있지 않다. 따라서 증거조사에 있어 증인 및 감정인이 응하지 않을 때에는 중재인은 법원에 협력을 구할 수밖에 없다(「중재법」 제28조).

중재제도의 장점이자 단점으로 우리나라의 중재는 1심에 한하고 불복의 기회가 없다.

보전처분(가압류, 가처분)을 할 경우에는 별도로 법원에 이를 청구하여야 하므로(「중재법」 제10조) 중재신청인은 그 권리를 보전하기 위하여 번거로운 절차를 거쳐야 한다.

중재제도는 많은 장점이 있음에도 불구하고 법원의 협조가 필요한 한계성을 갖고 있다. 첫째, 당사자 간의 중재합의의 효력에 관한 분쟁은 법원의 해결을 받아야 한다(「중재법」 제9조). 둘째, 중재인의 선임이 원만하게 이루어지지 않을 때에는 법원이 이를 선정·보충·대체한다(「중재법」 제12조). 셋째, 보전처분이 필요한 경우 신청인은 법원으로부터 피신청인에 대한 법적 강제력이 있는 보전처분을 받아야 한다. 넷째, 중재인은 증인이나 감정인을 강제로 출석시킬 권한이 없으며, 증인 등에 대한 선서를 시킬 권한도 없다. 따라서 증거조사를 위하여 법원의 협조를 받아야 한다(「중재법」 제28조). 다섯째, 당사자가 중재판정에 따르지 않는 경우에는 법원의 집행판결을 받아서 강제집행을 하여야 한다(「중재법」 제37조 제1항). 또한 외국의 중재판정도 중재조약에 의하여 그 효력이 인정되지만 역시 법원의 집행판정을 받아야 집행할 수 있다(「중재법」 제39조). 여섯째, 내국중재판정에 하자가 있을 때에는 법원에 소를 제기하여 이를 취소할 수 있다(「중재법」 제36조). 외국중재판정의 취소와 무효는 중재절차준거법에 의하여 결정된다.

CHAPTER 3

무역통관

1. 수출입통관의 의의

국제무역에는 세 가지의 흐름이 있다. 정보와 자료의 흐름, 실물인 상품의 흐름, 그리고 상품의 대가인 대금(돈)의 흐름이 그것이다. 정보와 자료의 흐름은 무역에 관계하는 당사자들 상호간에, 상품의 흐름은 수출상에서 수입상 쪽으로, 그리고 대금의 흐름은 수입상에서 수출상 쪽으로 흐른다.

상품이 국가와 국가 간을 이동할 때에는 반드시 두 번에 걸친 통관과정을 거친다. 물품을 수출하는 국가에서의 수출통관과 그 물품을 수입하는 국가에서의 수입통관이다. 통관과정에서는 수출국이나 수입국의 법률이 강제로 적용된다. 통관과정에서 적용되는 법률은 어느 경우에든 수출상이나 수입상이 통관을 담당하는 정부기관과 합의하여 적용하는 것이 아니다. 법률이 가진 강제력에 의해 당연히 적용되는 것이다. 그러므로 무역을 하고자 할 때는 미리 수출국 또는 수입국의 통관과정에서 적용되는 법률상의 규제내용을 정확하게 파악할 필요가 있다.

각국이 「관세법」 등으로 수출입물품에 대해 통제하고, 통관절차의 이행을 강제하며, 이를 일탈하는 행위에 대해 처벌하는 이유는 '수출입과 관련한 적법성의 확보'를 위해서이다. 통관과정에서 달성하고자 하는 이러한 적법성 확보에서 가장 중요한 것은 관세 및 내국소비세의 부과·징수이다. 또한 수출입관련 법령에 규정된 허가·승인·추천·표시·증명 기타 조건의 구비여부 확인도 중요하다. 적법성에서 '법'이란 관세법을 비롯한 수출입과 관련되는 모든 법령을 포함한다.

통관(customs clearance)이란 세관을 통과하는 것을 의미한다. 화물의 국제간 이동에는 국가마다 여러 가지 규제를 하고 있으며, 이러한 규제내용을 세관이라는 관문을 통하여 실현하고 있는 것이다. 우리나라도 국제수지의 균형과 국민경제의 발전을 위하여 대외무역법 등 각종 법령의 무역에 관한 규제조항을 두고 있는데 이러한 규제내용을 실제로 확인·집행하는 제도가 통관제도이다.

관세법상 통관이란 수출, 수입 및 반송을 뜻한다. 「관세법」 제1조에서 "이 법은 관세의 부과, 징수 및 수출입물품의 통관을 적정하게 하고 관세수입을 확보함으로써 국민경제의 발전에 이바지함을 목적으로 한다."고 규정하여 통관은 징세업무와 더불어 관세법상 매우 중요한 양대 기능을 하고 있음을 알 수 있다.

통관은 화물의 이동경로에 따라 수입통관, 수출통관 및 반송통관으로 구분된다. 수입통관은 물품이 외국에서 국내로 이동하는 경우의 통관이며, 수출통관은 물품이 국내에서 외국으로 이동하는 경우의 통관이다. 반송통관은 외국물품이 국내로 이동하였다가 외국물품 그대로 다시 외국으로 이동하는 경우의 통관을 말한다.

통관이 화물의 이동, 즉 수출입에 관한 국가의 규제사항을 현물과 대조 확인하는 것이라면 통관절차란 이러한 확인절차를 의미한다. 통관절차는 여러 단계로 이루어지는데, 수출입 신고를 하고 수출입신고필증을 교부받아 보세구역에서 물품을 반출하는 절차이다. 이 중 특히 수출입신고에서 수출입신고수리까지의 절차만 통관절차라고 말하기도 한다. 전자를 광의의 통관절차라 한다면 후자는 협의의 통관절차라고 할 수 있다.

2. 수입통관절차

2.1 수입신고

수입통관이란 수입신고를 받은 세관장이 신고사항을 확인하여 일정한 요건을 갖추었을 때 신고인에게 수입을 허용하는 것으로, 수입신고 사항과 현품이 부합한지 여부와 수입과 관련하여 제반 법규정을 충족하였는지 여부를 확인한 후 외국물품을 내국물품화하는 행정행위이다. 수입신고란 물품을 수입하려는 의사를 표시하는 것이다. 현행 관세법은 수입신고 수리 후 관세납부제를 도입하여 통관절차와 과세절차를 분리하고 있다.

수입신고는 신고시점에 과세물건이 확정되고 신고일에 시행되는 법령(세율, 과세환율, 감면규정 포함)이 당해 수입물품에 적용된다는 점에서 중요한 의미를 갖는다.

수입신고의 시기는 원칙적으로 당해물품이 보세구역에 장치된 후 30일 이내이다. 신고시기별로 보세구역장치후 신고, 보세구역도착전 신고, 입항전 신고, 출항전 신고가 있다.

가격신고

가격신고제도란 관세의 신고납부제를 실시함에 따라서 납세의무자는 납부하여야 할 관세액을 스스로 결정하여 신고하여야 하고, 그 세액을 결정함에 있어서는 과세가격 산출근거가 명백하여야 신고하는 것이다. 가격신고를 하려면 구매계약 내용, 가격결정 방법, 기타 과세가격결정에 관련된 중요사항으로 관세청장이 정하는 사항을 기재한 신고서를 세관장에게 제출하여야 한다. 다만 신고서를 제출하지 아니하여도 과세가격 결정에 곤란이 없다고 관세청장이 인정하는 경우[27]에는 그러하지 아니하다.

---

27) 예를 들어 수입신고생략물품신고서에 의한 간이신고대상물품, 목록통관특송물품, 간이신고특송물품

가격신고 시기는 수입신고를 하는 때가 원칙이나 수입통관절차의 신속화를 위하여 필요하다고 인정되면 수입신고일 전에 사전가격신고를 할 수 있도록 하고 있다. 사전가격신고를 하려면 그 사유와 위의 가격신고 사항을 기재한 신고서를 세관에 제출하여야 한다.

2.2 신고서 심사

신고서 배부를 받은 세관원은 통관시스템에 조회하여 C/S(cargo selectivity)결과 통관심사 및 검사상 주의사항을 확인하고 ① 수입과 신고(물품검사와 심사병행→심사) 또는 ② 심사과 신고(심사→심사생략)의 2가지 방법 중 신고서 처리방법으로 진행한다.

물품검사로 결정되어 신고서 처리 담당자가 변경되는 경우 통관시스템에 정정등록을 해야 하며 전자서류에 의한 수입신고물품 중 신고서에 의한 심사 또는 물품검사가 필요하다고 판단되는 경우에는 신고인에게 서류의 제출을 요구하며 서류제출대상으로 변경된 사실을 통보한다.

2.3 물품검사

수입신고물품에 대하여는 신고사항과 현물의 일치여부 등 확인을 위하여 검사를 실시할 수 있다. 다만 수입물품을 전량 검사하는 것은 통관지연으로 물류비용이 증가하고 형식적 검사로 검사의 실효성을 확보할 수 없기 때문에 수입하주, 물품, 적출국, 원산지, 해외공급자 등을 추적 분석하여 우범성이 높은 물품만 선별하고 선별된 물품에 대하여는 집중적으로 검사함으로써 통관업무의 효율성을 높이는 검사기법인 선별검사(C/S: Cargo Selectivity)를 이용하고 있다.

검사대상물품의 선별은 전국공통검사기준(Central C/S)과 세관선별검사기준(Local C/S)으로 구분하여 전자의 경우 무작위선별(C/S코드 'R')과 최초수입 및 우범성기준에 의한 선별(C/S코드 'Y')기준과 후자의 경우 지역적 특성을 반영한 선별(C/S코드 'T')기준으로 선별된 물품이 주로 검사대상이 되며 C/S코드가 'QS'인 경우에는 대부분 검사생략으로 처리하고 있다. 그리고 ① 포괄적 즉시수리 적용업체가 수입하는 포괄적 즉시수리 대상물품, ② 동일업체가 반복수입하는 물품으로서 검사적발실적이 없는 물품, ③ 최근 3년간 관세법위반사실 및 체납사실이 없는 외국인투자촉진법의 규정에 의한 외국인투자기업이 수입하는 물품은 검사대상에서 선별하지 않는다.

검사대상으로 선별된 물품은 원칙적으로 신고물품 이외의 마약, 총기, 기타 밀수품이 은닉되어 수입되는지 여부를 확인하여 그 방법으로 단수검사와 복수검사 및 전량검사, 발췌검사, 분석검사 등이 있다. 또한 검사대상물품은 신고서처리와는 별도로 검사전담반에서 사전에 검사계획을 수립하여 검사를 실시하게 된다.

물품검사 시 신고인의 입회가 필요하다고 인정되거나 신고인으로부터 입회요청을 받은 때에는 신고인이 입회할 수 있도록 검사일시 및 장소, 입회가능시간을 통보하여야 한다.

2.4 수입신고 수리 및 관세납부

적법하게 신고되고 담보를 제공하거나 관세를 납부한 물품에 대하여는 수입신고를 수리한다(제248조). 수입신고수리에 의하여 외국물품이 내국물품화되므로 관세법의 기속으로부터 해방되고 보세구역으로부터의 물품반출이 허용된다.

3. 수출통관절차

3.1 수출신고

수출신고란 물품을 수출하려는 의사를 표시하는 행위이다. 수출자는 수출물품을 확보한 후 선적 스케줄 등을 감안하여 당해 물품을 선적하기 전까지 수출신고를 할 수 있으며 수출자는 당해 물품이 장치되어 있는 소재지를 관할하는 세관장에게 수출신고를 하고 수리를 받아야 한다.

3.2 신고서심사

신고서 처리방법은 ① 자동수리, ② 즉시수리, ③ 검사후수리로 구분하여 처리된다. 그러나 적재전 검사로 선별된 물품은 제외된다. 자동수리대상물품은 서류제출대상이 아닌 물품이 해당된다. 즉시수리대상물품은 자동수리대상에서 제외되는 물품 중 검사가 생략되는 물품이 해당된다. 검사후수리 대상물품은 관세청통관시스템에서 검사로 지정한 물품 또는 세관장이 현품확인이 필요하다고 판단되어 검사로 지정한 물품이 해당된다.

3.3 물품검사

수출물품에 대한 물품검사는 하지 않음이 원칙이다. 그러나 통관시스템에 의하여 검사대상으로 선별되었거나 신고의 내용을 심사한 결과 현품확인이 필요한 경우에는 예외적으로 검사를 할 수 있다. 세관장은 수출물품의 검사를 위하여 필요한 경우에는 검사 시 포장명세서의 제출을 요구할 수 있다. 세관장은 효율적인 물품검사를 위하여 필요하다고 판단되는 경우에는 발췌검사 또는 컨테이너 검색기 검사 등으로 검사방법을 지정하거나 변경할 수도 있다.

수출신고에 대한 검사대상 선별(C/S)은 물품, 수출자 또는 제조자, 신고인 등의 우범성 및 신용도 등을 고려하여 관세청장이 별도로 정한 기준에 따라 통관시스템에서 선별한다. 세관장은 수출검사업무의 효율적인 운영을 위하여 검사대상으로 선별된 경우에도 다음 업체에 대하여는 검사생략으로 변경할 수 있다. ① 최근 2년간 관세법 및 환특법 위반사실이 없는 외국인 투자기업, ② 월별 납부업체 승인요건에 해당하는 업체, ③ 전분기 수출실적 상위 10% 해당업체로서 최근 1년간 수출검사에 따른 적발 실적이 없고 관세법 및 환특법 위반사실이 없는 업체, ④ 관세청장이 정하는 기준에 의하여 법규준수도가 높다고 인정된 업체 등이다.

세관장은 다음의 경우에 신고수리 후 적재 전에 물품검사를 실시할 수 있다. 즉, ① 안보 위해(危害) 물품 및 마약 등 범칙정보가 있는 경우, ② 수출하고자 하는 물품의 소재지 산재 등의 사유로 신고인이 적재전 검사를 희망하는 경우, ③ 기타 세관장이 적재시점에 검사하는 것이 효율적이라고 판단하는 경우이다.

검사시기는 원칙적으로 검사 희망일에 한다. 그러나 보세구역에 반입하여 검사하는 경우에는 보세구역반입 완료 후 검사를 실시한다.

검사장소는 당해 물품이 장치되어 있는 당해 장소에서 행한다. 다만, 부정수출 또는 부정환급 등 우범성 정보가 있거나 물품의 성질, 업체의 성실도 등을 감안하여 물품의 효율적인 검사를 위하여 부득이하다고 인정하는 경우에는 세관장의 명령에 의하여 물품을 보세구역에 반입하게 한 후 검사를 할 수 있다.

3.4 수출신고 수리

수출신고수리는 신고서 처리방법에 따라 자동수리, 즉시수리, 검사후수리로 구분된다. 자동수리대상은 통관시스템에서 자동으로 신고수리된다(신고물품의 95%). 즉시수리 대상은 컴퓨터 화면을 통한 심사 후 즉시수리되고, 검사대상은 검사 후 수리된다. 다만 적재전 검사대상은 수출물품을 적재하기 전에 검사를 받는 조건으로 신고를 수리할 수 있다.

P/L신고를 한 경우 수출신고인은 세관장으로부터 신고수리의 사실을 전산통보받아 통보된 내용과 일치하는 수출신고필증을 발행하여 당해 물품의 수출신고를 의뢰한 하주에게 교부할 수 있다. 서류제출 대상물품의 경우에는 수출신고필증에 수출신고수리인과 신고서 처리담당자인을 날인한 후 신고인에게 이를 교부한다. 교부된 신고필증이 통관시스템에 보관된 전자문서의 내용과 상이한 경우에는 통관시스템에 보관된 전자문서의 내용을 원본으로 한다.

신고인은 P/L신고하고 세관장으로부터 신고수리의 사실을 전산통보받은 경우에는 수출신고서 및 첨부서류를 법 제12조 및 영 제3조 제1항 제2호의 규정에 의거 3년 동안 보관하여야 하며 마이크로필름, 광디스크 등 전산매체에 의해서 보관할 수 있다.

4. 관세 및 관세환급

4.1 관세 및 과세요건

수입물품에는 관세, 부가가치세, 특별소비세, 주세, 교통세, 교육세, 농어촌특별세 등이 부과될 수 있다. 이들 조세가 부과되기 위한 과세요건은 각각 해당 세법에 규정되어 있다. 과세요건을 갖추었을 때 과세권자는 조세를 징수할 권리가 발생하고, 납세의무자는 조세를 납부할 의무가 발생한다. 수입물품에 대한 심사와 검사를 필하고 부과, 징수 또는 내국세의 징수가 끝나면 수입신고인에게 수입신고필증이 교부되고 물품의 보세구역 반출이 허용된다. 관세를 부과하는 절차를 과세절차라고 한다.

수입자가 수입신고 시 물품의 가격을 신고하면 이에 대한 적정성 여부에 관한 심사를 거쳐 과세의 4대 요건인 과세물건, 납세의무자, 과세표준, 관세율이 결정되고 이에 따라 관세가 부과된다.

과세물건은 수입물품이다. 우리나라는 모든 수입물품을 과세물건으로 하는 관세의무주의를 채택하고 있다. 수입되는 물품은 무역계약에서 수입까지 장기간 소요되는 것이 보통이며 이 과정에서 시기에 따라 변질, 도난, 파손 등으로 인해서 그 물품의 성질과 수량이 달라질 수 있다. 따라서 관세를 부과하기 위해서는 어느 한때를 기준으로 하여야 하는데 이를 과세물건의 확정시기라 한다.

관세의 징수는 신고납부를 원칙으로 하기 때문에 세관장은 납세신고에 대한 확인·심사를 한 후 납부신고서를 교부하여 납세의무자로 하여금 관세를 납부하도록 한다. 납세의무자는 국가에 대해 관세를 납부하여야 할 법률상 의무를 지는 자를 말하며, 관세를 실제로 부담하는 최종 소비자와는 다르다.

관세의 징수는 신고납부를 원칙으로 하기 때문에 세관장은 납세신고에 대한 확인·심사를 한 후 납부신고서를 교부하여 납세의무자로 하여금 관세를 납부하도록 한다. 납세의무자는 국가에 대해 관세를 납부하여야 할 법률상 의무를 지는 자를 말하며, 관세를 실제로 부담하는 최종 소비자와는 다르다.

관세법에 규정된 원칙적인 납세의무자는 물품을 수입하는 하주이다. 그러나 관세사가 수입신고하여 통관된 물품에 대해 납부세액에 부족이 있을 때 신고인이 하주를 명백히 하지 못하거나 하주의 주소 등이 불명확할 때는 그 신고인인 관세사가 수입하주와 연대하여 납세의무자가 되는 경우도 있다. 이때의 관세사를 연대납세의무자라 한다.

과세표준이란 관세액 결정의 기준이 되는 과세물건의 가격 및 수량을 말한다. 과세표준에 관세율을 곱하여 산출한 금액이 물품 수입 시 납부하여야 하는 관세액이 된다. 과세표준은 수입물품의 가격(종가세) 또는 수량(종량세)이다. 수입물품에 대하여 정하여진 원칙에 따라 관세의 과세가격을 결정하는 절차를 관세평가라 한다. 현행 관세법상 과세가격을 결정하는 방법은 다음 여섯 가지이다. 이들 방법은 WTO협정의 하나인 평가협정상의 과세가격 결정방법을 수용하고 있는 것이다.

[표 3-1] 관세평가방법

제1방법 : 당해 물품의 거래가격을 기초로 한 과세가격의 결정방법
제2방법 : 동종·동질물품의 거래가격을 기초로 한 과세가격의 결정방법
제3방법 : 유사물품의 거래가격을 기초로 한 과세가격의 결정방법
제4방법 : 국내 판매가격을 기초로 한 과세가격의 결정방법
제5방법 : 산정(算定)가격을 기초로 한 과세가격의 결정방법
제6방법 : 합리적인 기준에 의한 과세가격의 결정방법

수입물품의 과세가격의 결정은 이와 같은 6가지 방법이 순차적으로 적용된다. 즉, 제1방법 적용이 불가능할 경우 제2방법이, 제2방법이 불가능할 경우 제3방법 순으로 적용되는 것이다. 다만, 제4방법과 제5방법은 납세의무자가 선택적으로 우선 적용할 수 있다. 현재 우리나라의 경우 거의 대부분의 수입물품이 제1방법에 의해 과세가격이 결정되고 있다.

관세율이란 세액 결정을 위해 과세표준에 적용하는 비율을 말하며, 종가세(從價稅)는 백분율(%), 종량세(從量稅)는 단위당 금액으로 표시한다. 우리나라는 종가세를 원칙으로 관세율을 정하고 있으나 영화용 필름, 일부 농산물 등에 예외적으로 종량세를 정해 두고 있다. 또 종가세율과 종량세액을 모두 정해 두고 그 중 높은 쪽이나 낮은 쪽을 선택하여 부과하는 것을 선택세, 양쪽을 합하여 부과하는 것을 복합세라 한다. 우리나라도 일부품목에 복합세를 적용하는 경우가 있다.

우리나라에서 시행되는 관세율에는 우선 국정관세율과 협정관세율(양허세율)이 있다. 국정세율에는 기본세율, 잠정세율, 간이세율, 일반특혜관세율, 탄력관세율 및 환급에 갈음하는 인하세율이 있다. 협정세율은 다자간협정세율과 양자간 협정세율로 구분되는데, 전자에는 WTO일반양허관세율, WTO개도국 간 양허관세율, 방콕협정 양허관세율, GSTP에 의한 양허관세율이 있고, 후자는 쌍무협정에 따른 양허관세율 등이 있다.

관세율의 적용 순서가 중요한데, 실제 수입물품에 적용되는 관세율은 다음 순위에 의해 결정된다.

[표 3-2] 관세율 적용순서

1순위	덤핑방지관세, 보복관세, 긴급관세, 상계관세, 농림축산물에 대한 특별긴급관세, 특정국물품긴급관세
2순위	편익관세, 국제협력관세(3순위 내지 7순위보다 세율이 낮은 경우에만 우선)
3순위	조정관세, 계절관세, 할당관세(할당관세는 GSP보다 낮은 경우에만 우선)
4순위	일반특혜관세(GSP)
5순위	농림축산물에 대한 양허관세
6순위	잠정관세
7순위	기본관세

4.2 관세환급

환급(drawback)이란 국가가 일단 부과·징수한 조세를 일정한 요건이 구비되었을 때 되돌려 주는 것을 말한다. 관세환급[28]이란 세관에서 일단 징수한 관세 등을 특정한 요건에 해당하는 경우에 그 전부 또는 일부를 되돌려 주는 것을 말한다. 일반적으로 수출용원재료를 수입할 때 납부한 관세 등을 당해 원재료로 제조·가공한 물품을 수출 또는 외화획득 행위에 사용한 때에 수입 시에 징수한 관세 등을 수출상에게 되돌려 주는 제도를 말한다.

관세환급방법에는 개별(個別)환급과 정액(定額)환급의 두 가지가 있다. 개별환급방법은 물품을 수출한 다음 환급을 받고자 하는 자가 스스로 환급액을 산출하여 세관장에게 신청하는 것이다.

정액환급방법은 관세청장이 수출물품별로 소요된 원재료와 그 원재료가 수입될 때 납부되는 관세 등의 세액을 확인하여 이를 평균한 다음 그 금액을 정액환급율표로서 고시해 두고, 해당 물품을 수출한 자가 세관장에게 신청하면 고시된 금액을 환급하는 것이다.

28) 관세환급에는 관세법에 의한 과오납환급과 위약물품환급이 있고, 「수출용 원재료에 대한 관세 등 환급에 관한 특례법」(환급특례법)에 의한 환급이 있다. 일반적으로 관세환급이라 하면 환급특례법에 의한 환급을 의미한다.

CHAPTER 4

운송 · 보험

1. 무역운송

1.1 해상운송

해상운송(carriage by sea, shipping, ocean shipping, ocean transportation, marine transportation)이란 해상에서 선박을 이용하여 인간 및

[표 4-1] 개품운송계약 vs. 용선계약

구 분	개품운송계약	용선계약
계약의 목적	개개의 물품운송	선복의 일부 또는 전부
운송방법	정기선(liner)	부정기선(tramper)
적용법규	성문법(statute law)	보통법(common law)
책임관계	운송인 면책확대 불인정	운송인 책임 수정가능
당사자	선주와 송하인	선주와 용선자
하주	불특정 다수 하주	특정 하주
화물	잡화와 같은 비교적 적은 화물	대량산화물(원유, 철강, 석탄, 곡물 등)
계약의 증빙	선하증권(B/L)	용선계약서(C/P)
운임률	공표운임률(tariff rate)	수급에 의한 시세(open rate)
운임조건	Berth(Liner) Term	FI, FO, FIO

재화의 장소적·공간적 이전을 목적으로 하는 해상서비스를 의미한다. 즉, 선박이라는 고정적 생산설비를 이용하여 선박의 장소적 이동에 따라 해운서비스를 생산하고, 이 운송서비스를 수요자에게 제공하여 그 반대 급부로써 운임을 획득하는 상행위이다.

해상운송계약(contract of carriage of goods by sea, contract of affreightment)은 운송인(carrier)이 해상에 있어서 선박에 의하여 행하는 물품운송을 인수하는 계약이다. 여기에는 개개의 운송물품을 계약의 목적으로 하는 개품운송계약(contract of carriage in a general ship)과 선박의 전부 또는 일부를 계약의 목적으로 하는 용선계약(charter party)이 있는데 전자는 정기선(liner)에 의하여, 후자는 부정기선(tramper)에 의하여 운송서비스가 제공된다. 또한 정기선운송은 주로 컨테이너 화물이 이용되며, 부정기선운송은 주로 벌크(재래)화물이 이용된다.

정기선(liner)이란 정기항로에 취항하고 있는 선박을 지칭하며, 정기선 운송이란 특정항로를 화물의 수량에 관계없이 규칙적으로 반복·운항하는 운송형태이다. 정기선은 정기적이고 고속으로 운항하기 때문에 부정기선화물과는 달리 주로 제품화된 공산품과 포장화물을 운송한다. 정기선 운송인은 고가의 선박을 소유한 전문 운송인(common carrier)이며 표준계약서와 운임요율표(freight tariff)에 따라 운송서비스를 제공한다.

부정기선(tramper)은 화물이 있을 때 또는 하주의 요구가 있을 때 하주와 계약을 체결하고 부정기적으로 운항하는 운송형태이다. 부정기선은 통상 화물의 성질 또는 형태에 따라 특수한 시설과 구조를 갖춘 선박이나 특수 전용선이 이용된다. 즉, 원유, 철광석, 석탄, 곡물, 시멘트 등 저가의 대량화물 등의 운송에 이용되며, 특수전용선으로는 유조선(oil tanker), 냉동선(refrigerated ship), 목재전용선(timber carrier), 자동차전용선(car carrier) 등이 있다.

1.2 항공운송

항공운송(air transportation)은 항공기를 이용하여 여객과 화물을 국내외의 공항에서 다른 공항까지 운송하는 수송시스템을 의미한다. 항공운송은 해상운송이나 육상운송보다 늦게 도입된 수송제도이지만 반도체, 광학기기, 필름 등 고급상품이나 송이버섯이나 생화와 같이 신속성을 요하는 물품의 운송에서는 해상운송이나 다른 운송모드로는 커버할 수 없는 특성이 있다.

항공운송은 다른 운송방식과 비교하여 다음과 같이 3가지 특성을 갖고 있다. 첫째, 항공운송의 최대 장점은 신속성이다. 따라서 기회비용이 중시되는 계절상품, 유행상품, 또한 납기가 촉박한 상품의 수송에 적합하다. 둘째, 안전성으로, 항공화물은 운송도중 분실, 훼손의 가능성이 적기 때문에 방사선물질, 뉴스필름, 원고, 서류 등의 수송에 적합하다. 셋째, 경제성으로, 단위당 운임은 해상운송에 비하여 높으나 포장비, 창고료, 관리비 등과 배달시간 등을 고려한 종합비용 면에서는 오히려 경제성을 갖춘 경우도 있다.

항공화물의 탑재방식에는 벌크탑재방식과 단위탑재방식이 있다. 벌크탑재는 화물전용기를 제외한 대부분의 경우 객실의 밑바닥이 화물실로 되어 있기 때문에 화물을 적재할 때는 개별 화물을 인력에 의하여 직접 적재하는 방법이다.

단위탑재(ULD: Unit Load Device)는 항공기의 대형화, 항공기 가동의 효율화, 지상하역작업의 기계화 등으로 항공화물의 컨테이너화가 가능하게 되었다. ① Container Loading이다. 별도의 보조장치 없이 항공기 내의 화물실에 적재와 고정이 가능하도록 알루미늄으로 제작된 컨테이너를 탑재한다. ② Pallet Loading이다. 팔레트는 1인치 이하의 알루미늄 합금으로 만들어진 평판으로, 팔레트 위의 화물을 항공기의 내부모양과 일치하도록 적재 작업한 후 망(net)이나 띠(strap)로 묶을 수 있도록 고안된 장비이다. 이 팔레트에 화물을 적재해 놓고 이를 항공기에 탑재할 때는 lift loader와 roller bed를 사용하여 기내의 정위치에 고정시킨다. 화물전용기에 사용되는 팔레트의 규격은 88″×125″의 표준사이즈가 있다.

1.3 복합운송

국제복합운송(international multimodal(combined) transport)이란 복합운송인에 의하여 물품이 어느 한 국가의 지점에서 다른 국가의 인도지점까지 적어도 두 가지 이상의 운송방식에 의하여 이루어지는 물품운송을 말한다.

복합운송인은 이종 또는 동종의 운송수단을 조합하여 일관된 운송시스템을 편성하여 송하인에 대하여 운송계약의 당사자로 행동하는 사람이다.

복합운송에서는 운송수단 간 화물의 손상이나 멸실 없이 효율적으로 이루어져야 하며 이를 가능케 한 것이 컨테이너의 단위적재방식(unit load system)이다.

컨테이너운송이 반드시 복합운송을 전제로 하는 것은 아니지만 복합운송은 컨테이너 사용을 전제로 하고 있다. 따라서 컨테이너운송과 복합운송은 동일개념은 아니지만 복합운송은 컨테이너운송의 목적인 Door to Door Service를 제공하기 위한 필수적인 운송체제이기 때문에, 실제로는 컨테이너운송과 복합운송이 동일개념으로 인식되고 있다.

2. 해상보험

1.1 해상보험의 의의

보험이란 동일한 우발적인 사고발생의 위험에 놓여 있는 다수인이 해상사고로 인한 손해를 보상받기 위하여 통계적 기초에서 산출된 금액(보험료)을[29] 미리 모아 자금을 만들어 두고 보험사고가 발생했을 때 이 자금으로부터 소정의 급여(보험금)를 지급받는 제도이다.

해상보험(marine insurance)이란 해상이나 항해사업과 관련된 육상 및 항공에서 발생한 손해까지 보상하는 보험이다. 해상보험은 생명보험이나 여타의 손해보험과는 다른 몇 가지 특징이 있다.

첫째, 해상보험은 국제성을 지니고 있다. 물론 오늘날 보험시장의 개방으로 거의 모든 보험분야에서 국제간 거래가 일어나고 있지만 해상보험은 바로 국제거래와 관련된 보험이다. 또한 해상사고도 주로 공해상에서 발생된다. 따라서 보험자의 책임과 보상에 관하여 국제적 통일법이 요구된다. 오늘날 세계적으로 널리 채택되고 있는 준거법으로 영국의 법과 관습이 적용된다.[30] 우리나라 해상보험업계에서 이용하고 있는 보험약관 역시 런던보험자협회에서 제정한 약관이다.

둘째, 해상보험은 기업보험의 성격을 지니고 있다. 보험가입자가 개인이 아닌 무역회사나 선박회사이다.

셋째, 해상보험은 다른 손해보험과 마찬가지로 저축성 보험이 아닌 보장성 보험의 성격을 지니고 있다. 비록 보험계약자가 보험료를 납부하였더라도 피보험목적물의 손해에 대해서만 보상할 뿐 손해와 관계없이 보상되는 인보험(人保險)과는 다르다.

넷째, 해상보험은 국제무역의 촉진제 역할을 한다. 무역이 활성화되기 위해서는 운송산업이 활성화되어야 하며 운송산업이 활성화되기 위해서는 위험을 커버하는 보험제도가 확립되어야 한다.

---

29) 보험료는 대수의 법칙(law of large numbers)에 따라 확률계산으로 산출된다. 대수의 법칙이란 확률의 기본법칙의 하나로 개개의 관찰에서는 그 현상의 발생을 예측할 수 없을 때라도 다수를 관찰해 보면 그 안에 어떤 법칙이 일어나 장래에 그 발생의 경향을 예측할 수 있는 것을 말한다.

30) 준거법약관(신해상보험증권 본문약관): Notwithstanding anything contained therein or attached hereto to the contrary, their insurance is understood and agreed to be subject to English law and practice only as to liability for and settlement of any and all claims.

1.2 해상보험 용어

위험(risk)이란 손해발생가능을 말한다. 이와 유사한 용어로 손인(perils)이 있다. 이는 손해의 원인을 말하며 좌초, 충돌, 화재 등을 들 수 있다. 현행 협회약관에는 이를 따로 구분하지 않고 risk란 용어만 사용하고 있다.

해상보험에서는 모든 손해를 담보하는 것이 아니고, 일정한 위험에 의해 야기된 손해만을 담보하며 일정한 위험은 보험약관상에 나타난다. 보험약관은 담보위험과 면책위험으로 구성되는데, 담보위험은 보험자가 부담하는 위험, 즉 당해 위험으로 발생한 손해를 보험자가 보상하기로 약속하는 위험이다. 반면 면책위험은 법률이나 약관에 의해 보험자의 보상책임을 면제시키는 위험을 말한다.

손해(loss, damage)란 위험의 발생으로 피보험목적물의 전부 또는 일부가 소멸되거나 손상을 입는 것을 말한다. 해상손해는 손해발생의 원인에 따라 물적 손해, 비용손해, 책임손해로 구분된다. 손해의 정도에 따라 전손과 분손으로 구분되는데, 전손은 현실전손과 추정전손으로 분손은 단독해손과 공동해손으로 구분된다. 자세한 것은 뒤 해상손해에서 상세하게 다루기로 한다.

보험자가 손해발생의 가능성에 대하여 책임을 지는 것을 담보(擔保, cover)라고 하고, 위험의 발생으로 피보험자가 입은 경제적 손해에 대하여 책임을 지는 것을 보상(補償, pay)이라고 한다. 보험자는 담보한 위험에 대한 손해만을 보상할 의무가 있는데 이를 인과관계(causation)라고 한다. 보통 '위험을 담보하다(to cover the risk)'라고 할 때는 cover란 용어를 사용하지만 '명시담보', '묵시담보', '담보위반' 등에서는 warranty란 용어를 사용한다.

보험자(insurer, assurer)는 보험계약의 당사자로서 위험을 인수하는 자를 말하며 보험사고 발생 시 손해보상책임을 지는 자다. 실무적으로 회사형태의 보험회사(insurance company)와 개인보험업자(underwriter)가 있다.

보험계약자(policy holder)는 보험자에게 보험료를 지급하고 보험계약을 체결하는 당사자이다. 실무적으로 누가 보험계약을 체결할 것인지는 별도의 명시가 없는 한 정형거래조건에 따라 결정된다. 보험계약 체결자가 반드시 피보험자일 필요는 없다. FOB조건이나 FCA조건에서는 보험계약자가 피보험자이지만 CIF조건이나 CIP조건에서는 매도인이 보험계약자이지만 피보험자는 매수인이다.

피보험자(insured, assured)는 피보험목적물에 대하여 이해관계를 갖는 자로, 보험사고의 발생 시 보상청구권을 갖는다. 결국 보험금을 수령하는 자이다.

보험료(insurance premium)는 보험자의 위험인수에 대하여 보험계약자가 지급하는 대가로 보험계약의 약인(consideration)이 된다. 보험료는 보험금에 대한 백분비로 표시하며 보험금에 보험요율을 곱하여 계산한다.

보험금(claim amount, claims)은 보험사고의 발생으로 피보험자가 보험자로부터 보상받는 손해보상액을 말한다. 보험금은 실손보상의 원칙에 따라 보험금액의 한도 내에서 보상된다. 그렇다고 보험금이 반드시 실손액과 일치된다고 볼 수 없다. 왜냐하면 해상보험계약은 계약당사자가 '상호 합의한 방법과 범위까지(in a manner and to the extent thereby agreed)' 보상되기 때문이다.

보험금액(amount insured)은 보험가입금액으로 사고발생 시 보험자가 보상하는 최고 한도액이다. 보험자는 손해방지비용의 경우를 제외하고 어떤 경우에도 보험금액을 초과하여 보상할 책임이 없다. 전액보험(full insurance)의 경우 보험금액은 보험가액과 일치하며, 적하보험의 경우 보험금액은 일반적으로 CIF value × 110%이다.

보험가액(insurable value)은 피보험목적물의 평가액이다. 피보험목적물의 경제적 가치는 계속 변하기 때문에 보험계약 체결 시 이를 변하지 않는 확정금액으로 전제하고 계약을 체결한다. 이를 보험가액불변의 원칙이라고 하며, 이러한 원칙에 따라 발행하는 증권을 기평가보험증권(valued policy)이라고 한다. 적하보험에서 보험가액을 확정하는 방법은 피보험재산의 원가에 선적비용 및 선적에 부수되는 비용과 이상 전체에 대한 보험비용을 가산한 금액이다.

특정인이 피보험목적물에 대한 경제적 이해관계를 피보험이익(insurable

interest)이라 한다. 해상보험계약은 손해보상계약이기 때문에 바로 이러한 경제적 이해관계가 없다면 손해를 입을 염려가 없다. "이익이 없으면 보험도 없다"(no interest, no insurance)라는 법언이 이를 입증하고 있다. 보험계약이 유효하게 성립하기 위해서는 피보험이익이 다음의 요건을 구비하여야 한다.

해상손해는 분류기준에 따라 여러 가지로 나눌 수 있다. 먼저 직접손해와 간접손해로 나눌 수 있다. 직접손해는 피보험목적물 자체의 손해이며 간접손해는 직접손해의 결과 부수적으로 입게 되는 손해로 이익의 상실이나 운임의 상실 등이 여기에 속한다.

해상보험은 직접손해보상의 원칙에 따라 직접손해만을 보상함을 원칙으로 하지만 약관에서 특별히 정한 경우에 간접손해도 보상한다. 일반적으로 해상손해는 다음과 같이 분류한다.

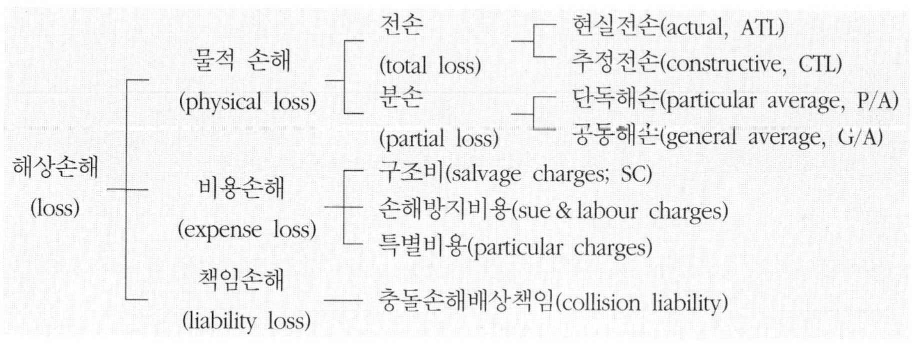

[그림 4-1] 해상손해의 분류

1.3 협회적하약관

(1) 구약관

구협회적하약관은 A/R, WA, FPA의 3가지 종류의 약관이 있으며, 모두 14개 조항으로 구성되어 있다. 제1조 운송약관(transit clause), 제23조 항해종료담보약관(termination of adventure clause), 제3조 부선약관(craft,

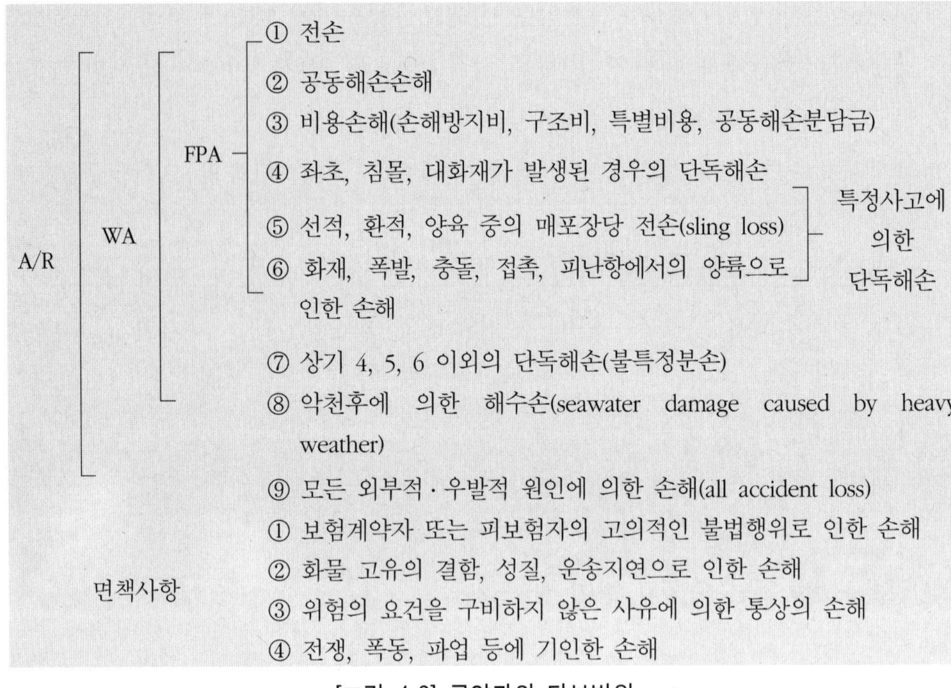

[그림 4-2] 구약관의 담보범위

etc. clause), 제5조 위험담보약관, 제6조 추정전손약관(constructive total loss clause), 제7조 공동해손약관(general average clause), 제8조 감항성승인약관(seaworthiness admitted clause), 제9조 수탁자약관(bailee clause), 제10조 보험이익불공여약관(not to insure clause), 제11조 쌍방과실충돌약관(both to blame collision clause), 제12조 포획 · 나포부담보약관(F.C. & S. clause), 제13조 동맹파업 · 소요 · 폭동 부담보약관(F.S.R & C.C. clause), 제14조 신속조치약관(reasonable dispatch clause) 등으로 구성된다. 14개 조문 중 제5조만 다르고 나머지는 동일하다. 이 가운데 제5조 위험담보약관의 A/R, WA, FPA가 서로 다르다.

A/R약관(All Risks Clause)은 전위험담보조건이라고는 하지만 면책위험은 여전히 존재한다. WA약관(With Average Clause)은 본문약관의 위험약관에 규정된 담보위험으로 인한 손해 중에서 분손에 해당하는 손해를 담보하기는 하지만 특정 비율 미만의 손해는 담보하지 않는다. 실무적으로는 WA 3%, 또는 WAIOP 등으로 사용되고 있다. WAIOP(With Average

Irrespective of Percentage)조건으로 보험에 가입하게 되면 비율에 관계없이 보상을 받을 수 있다. 그리고 WA 3%는 3% 미만의 손해에 대해서는 보상하지 않으며 3%를 초과하게 되면 전액 보상하게 된다는 것이다. 불특정분손부담보약관(Free form Particular Average Clause)은 단독해손 중에서도 특정단독해손인 SSB위험으로 인한 단독해손은 담보하기 때문이다. 실무적으로는 WA약관과 FPA약관의 차이점은 악천후(heavy weather)에 의한 단독해손을 담보하느냐 하지 않느냐에 있다고 할 수 있다.

(2) 신약관

신협회적하약관은 A, B, C의 3종류가 있다. I.C.C.(A)는 구약관 A/R, I.C.C.(B)는 WA, I.C.C.(C)는 FPA에 대응하는 것이다. 3개 약관은 모두 19개 조항으로 구성되어 있으며 제1조가 담보위험을 규정한 조항으로 A, B, C를 서로 달리 규정하고 있다. I.C.C.(A)는 포괄담보주의를, I.C.C. (B)와 (C)는 열거담보주의를 채택하고 있다.

ICC(A)는 전위험담보조건이라고 불리며, 제4, 5, 6, 7조에서 규정하고 있는 면책위험을 제외하고 나머지 모든 위험에 대해서 보험자가 담보한다는 것이다.

ICC(B)는 구체적으로 담보위험을 열거하고 있는 열거담보주의를 채택하고 있다. 따라서 손해가 발생했을 경우에 여기에 열거된 위험으로 인하여 발생했다는 인과관계가 성립하기만 하면 보험자는 보상책임을 지게 된다. 단, 여기에서 담보위험으로 인한 손해를 결정하기 위한 인과관계를 밝히는 데 두 가지 기준이 제시되고 있다는 점에 유의해야 한다. 하나는 상당인과관계를 가지면 보험자가 보상책임을 진다는 내용이고 다른 하나는 근인하여 발생한 손해를 보상한다는 내용이다.

ICC(C)는 신협회적하약관 중에서 가장 담보범위가 좁은 최소담보조건이다. CIF계약이나 CIP계약에서 별도의 당사자 간 약정이 없는 경우에 보험가입조건은 이 조건으로 하면 된다. 구협회적하약관의 FPA약관과 대비되는 약관이기는 하지만 Sling Loss가 담보되지 않는 등 실제로는 이

[표 4-2] 신 · 구 해상보험증권상 전위험담보의 구성과 대비

I.C.C.(A)(신약관)		I.C.C.(A/R)(구약관)			
구 분	약 관	약관No	동일표현	표현변경	신설
담보위험	1. Risk Clause	5		○	
	2. General Average Clause	7		○	
	3. Both to Blame Collision Clause	11	○		
면책위험	4. General Exclusion Clause	5		○	
	5. Unseaworthiness and Unfitness Exclusion Clause	8		○	
	6. War Exclusion Clause	12		○	
	7. Strikes Exclusion Clause	13		○	
보험기간	8. Transit Clause	1	○		
	9. Termination of Contract of Carriage Clause	2		○	
	10. Change of Voyage Clause	4		○	
보험금 청구	11. Insurable Interest Clause				○
	12. Forwarding Charges Clause				○
	13. Constructive Total Loss Clause	6	○		
	14. Increased Value Clause				○
보험이익	15. Not to Inure Clause	10	○		
손해경감	16. Duty of Assured Clause	9		○	
	17. Waiver Clause				○
지연방지	18. Reasonable Despatch Clause	14	○		
법률관습	19. English Law and Practice Clause				○

약관이 FPA약관보다 담보범위가 좁다고 할 수 있다.

1.4 수출보험

수출보험이란 수출거래에 수반되는 여러 가지 위험 가운데에서 해상보험과 같은 통상의 보험으로는 구제하기 곤란한 위험, 즉 수입자의 계약파기, 파산, 대금지급지연 또는 거절 등의 신용위험(commercial risk)과 수입국에서의 전쟁, 내란, 또는 환거래 제한 등의 비상위험(political risk)

으로 인하여 수출자, 생산자 또는 수출자금을 대출해준 금융기관이 입게 되는 불의의 손실을 보상함으로써 궁극적으로 수출 진흥을 도모하기 위한 비영리·정책보험이다. 즉, 수출업자가 수출과정에서 수출대금의 회수불능사태에 직면하게 되는 경우에 수출보험에서 이를 적절히 담보해 준다는 것이다. 수출업자가 부담하게 되는 비상위험은 수입국 정부의 일방적인 조치로 인한 대금회수불능과 같은 정치경제적 위험이 대부분이다.

수출보험의 기능은 첫째, 수출상의 불안제거기능이다. 수출보험은 수출거래에 따른 수출자의 위험부담을 해소하여 준다는 측면에서 수출거래의 환경 및 조건을 국내 상거래의 경우와 동일한 정도로 유리하게 조성하는데 1차적인 기능을 가지고 있다. 즉, 수입국에서 발생하는 비상위험 또는 신용위험 등으로 인하여 수출불능이 되거나 수출상품의 대금회수가 어렵게 되어 수출자나 생산자 등이 입게 되는 손실을 보상함으로써 안심하고 수출활동을 할 수 있도록 하는 기능을 갖는다.

둘째, 금융보완기능이다. 수출보험은 수출대금 미회수위험을 담보하므로 금융기관으로 하여금 수출금융을 공여하게 하는 금융보완기능을 가진다. 즉, 수출금융에서는 수출대금의 회수가능성 여부가 대출심사의 중요한 기준이 되는데, 수출보험에 의하여 이를 해결할 수 있으므로 금융기관은 수출자에게 담보요건 등에서 보다 유리한 조건으로 과감하게 수출자금을 공급할 수 있다. 또한 수출계약 상대방의 대금지급지체 등과 같은 보험사고가 발생하여 수출대금의 회수전망이 불투명하거나 회수에 장기간이 소요되는 경우에도 수출자가 입는 손실을 보상함으로써 기업자금의 유동성을 제고시켜 줄 수 있는 신용공여기능도 수행한다.

셋째, 수출진흥 정책수단기능이다. 수출보험은 수출무역, 기타 대외거래의 촉진 및 진흥을 위하여 정부의 지원하에 운영됨에 따라 보험요율을 장기적 차원에서 수지균형을 목표로 가능한 한 저율로 책정한다. 보상비율도 최대한 수출자에게 유리한 형태의 보상제도를 채택하는 등 수출경쟁력을 강화시키고 수출을 촉진시키는 역할을 하게하는 수출진흥 정책수단으로서의 기능을 갖는다. 각국 간 수출지원 경쟁이 심화되고 있는 가운데 수출금융 및 세제상의 우대조치 등의 직접 수출지원 수단에 대한 국제적 규제가 강화되고 있어, 국제적으로 용인되고 있는 간접지원수단인 수출보험의 역할이 더욱 중요해지고 있다. 수출보험은 보험인수조건, 즉 담보하는 위험의 범위, 담보율, 보험요율 등을 수출여건에 따라 적절히 조정함으로써 수출자의 활동을 촉진시키거나 제한할 수도 있으므로, 수출 무역 및 대외거래에 대한 인허가 등의 직접적 통제방식을 간접적 통제방식으로 전환시키는 기능도 갖는다.

넷째, 해외수입자에 대한 신용조사기능이다. 수출보험은 효율적인 인수 및 관리를 기하고 보험사고를 미연에 방지하기 위해 해외수입자의 신용상태와 수입국의 정치경제 사정에 관한 조사활동을 한다. 이러한 해외수입자 및 수입국에 관한 신용정보를 제공하여 수출자가 효과적으로 활용토록 함으로써 수출자의 신규수입선 확보와 수출거래 확대에 기여함과 동시에 건전한 수출거래를 유도하는 부수적 기능을 가지고 있다.

CHAPTER 5

무역결제

1. 무역결제 개요

무역거래 당사자는 국제거래인 무역을 통해 이익을 창출하고, 국가는 국민의 후생을 증진시킨다는 데 무역의 의의가 있지만, 한편으로 무역거래에는 다음과 같은 위험 또한 존재한다.

우선 국가관리 위험이 있다. 국가는 사인(私人)간 자유로운 거래인 무역거래를 대외무역법, 관세법, 외국환거래법 및 기타 무역 관련 47개법을 수단으로 규제와 지원을 하고 있다. 다음으로 상대방에 대한 위험이 존재한다. 즉, 수출자에게는 대금회수에 대한 위험이, 수입자에게는 물품의 계약적합성 및 납기에 대한 위험이 존재한다. 끝으로 무역거래에는 시간적·공간적 갭(gap)에 따른 위험이 존재한다.

수출자는 전술한 대금회수의 위험을 안전한 지급조건(terms of payment)을 선택함으로써 줄이고자 한다. 즉, 무역거래 시 수출상은 선적에 앞서 대금을 미리 받고 싶어 하지만, 반대로 수입상은 대금지급에 앞서 물품을 수령하기를 원한다. 이러한 사전 또는 사후 송금에 의한 대금결제방식은 수출상 또는 수입상에게 한쪽에게만 유리한 조건이기 때문에 신뢰가 쌓인 거래선이 아니면 선뜻 선택할 수 없을 것이다.

따라서 사전 또는 사후 송금(remittance)방식 사이에는 일반적으로 신용장

[표 5-1] 결제형태 vs. 당사자의 위험

	위험도	대금결제방식 · 시기	위험도	
		○ 사후송금방식(later remittance)		
	높음	· CAD(cash against document), COD(cash on delivery)	낮음	
	▲	· Open Account	│	
	│	○ 추심결제방식(collection)	│	
매도인	│	· 인수인도방식(document against acceptance)	│	매수인
(Seller)	│	· 지급인도방식(document against payment)	│	(Buyer)
	│	○ 신용장방식	│	
	│	· 기한부신용장(usance L/C)	│	
	│	· 일람불신용장(sight L/C)	▼	
	낮음	○ 사전송금방식(advance remittance)	높음	
		· CWO(cash with order), Payment in advance by T/T		

(letter of credit), 추심방식(collection) 및 혼합방식(mixed payment) 등이 존재하게 된다.

전통적인 송금, 추심, 신용장 방식 이외에도 국제팩토링(international factoring), 포페이팅(forfaiting), 신용카드(credit card), 국제리스(international lease), 에스크로우(escrow), 전자결제(bolero project or trade card), 페이팔(paypal) 등이 존재한다. 최근 우리나라 기업들이 활용하고 있는 수출대금결제방식을 보면 송금방식이 50% 이상으로 가장 많고 다음으로 신용장방식, 추심방식(D/P, D/A) 순으로 사용된다.

2. 신용장방식

신용장(信用狀, L/C: Letter of Credit)은 개설의뢰인(applicant)의 요청에 따라 개설은행(issuing bank)이 수출상(beneficiary)에게 서류요건 충족 시 대금지급을 약속하는 '조건부 지급 확약서(conditional bank undertaking of payment)'이다.

신용장통일규칙(UCP600: Uniform Customs and Practices for Documentary Credit, 2007 Revision, ICC Publication No. 600)[31]에 따르면 "그 명칭이나 표현에 관계없이 일치하는 서류의 제시에 대하여 결제하겠다는 발행은행의 절대적 약속을 구성하는 취소 불가능한 확약"(제2조)[32]을 말한다. 결제(honour)란 ① 일람지급신용장의 경우에는 일람지급, ② 연지급신용장의 경우에는 연지급 확약 후 만기 지급, ③ 인수신용장의 경우에는 수익자에 의해 발행되어진 환어음의 인수 후 만기지급을 의미한다.

결국 신용장이란 그 명칭에 관계없이 개설은행이 ① 개설의뢰인(수입상)의 지시에 따라, ② 자신이 개설한 신용장 조건에 일치한 서류와 상환으로, ③ 수익자에게 지급, 어음의 인수 또는 매입, 또는 타 은행에 지급, 인수 또는 매입을 수권하는 약정(arrangement)[33]을 의미한다.

신용장거래에서 신용장이 개설, 통지, 매입 및 대금상환으로 이어지는 전 과정을 이해하는 것은 신용장 실무를 이해하는 데 도움이 된다. 여기서는 매입신용장을 기준으로 거래경로를 설명하고자 한다.

① 먼저 매도인(수출상)과 매수인(수입상) 사이에 매매계약(sales contract)이 체결되고 여기서 지급조건을 신용장에 의하도록 약정한다.

② 위의 계약을 이행하기 위하여 수입상은 자신의 거래은행에 신용장의 개설을 의뢰한다. 이때 수입상은 개설의뢰인(applicant)이 되고, 거래은행은 개설은행(issuing bank)이 된다.

③·④ 개설은행은 수출상의 소재지에 있는 환거래은행을 통하여 수출상에게 신용장을 통지한다. 이때 환거래 은행은 통지은행(advising bank)

---

31) 제6차 개정 신용장통일규칙, 2006년 개정, 2007년 7월 1일부터 시행

32) UCP Article 2(Definition): Credit means any arrangement, however named or described, that is irrevocable and thereby constitutes a definite undertaking of the issuing bank to honour a complying presentation.

Honour means: a. to pay at sight if the credit is available by sight payment. b. to incur a deferred payment undertaking and pay at maturity if the credit is available by deferred payment. c. to accept a bill of exchange ("draft") drawn by the beneficiary and pay at maturity if the credit is available by acceptance.

33) U.C.C. 5-103에서는 'arrangement'란 용어 대신 'engagement'란 단어를 사용하고 있다. 이들 용어들의 의미는 약정(undertaking), 확약(definite undertaking), 약속(promise)의 뜻으로 '보증'(guarantee)과는 의미가 다르다.

이 되고 통지를 받은 수출상은 수익자(beneficiary)가 된다.

⑤ 신용장을 받은 수출상은 물품을 생산 또는 집하하여 선적한다.

⑥ 선적 후 수익자는 환어음의 발행자(drawer)가 되어 환어음을 발행하고 신용장상에 명기된 선적서류를 첨부하여 자신의 거래은행에 화환어음의 매입을 의뢰한다. 이때 거래은행은 매입은행(negotiating bank)이 되어 화환어음을 매입하고 매입대금을 지급한다. 이러한 절차는 매입신용장을 전제한 것이고, 지급신용장의 경우에는 지급은행이, 인수신용장의 경우에는 인수은행이 각각 매입은행을 대신하며, 통지은행이 확인(confirmation)을 추가한 경우에는 확인은행(confirming bank)이 개입될 수 있다.

⑦·⑧ 화환어음을 매입한 매입은행은 이를 개설은행 앞으로 송부하고 개설은행으로부터 매입대금을 보상받는다. 만약 매입은행과 개설은행 간에 환거래계약이 체결되어 있지 않을 경우 보상은행(reimbursing bank)을 통하여 결제된다.

⑨ 개설은행은 신용장의 개설의뢰인인 수입상에게 수입대금을 받고 송부되어온 선적서류를 인도한다.

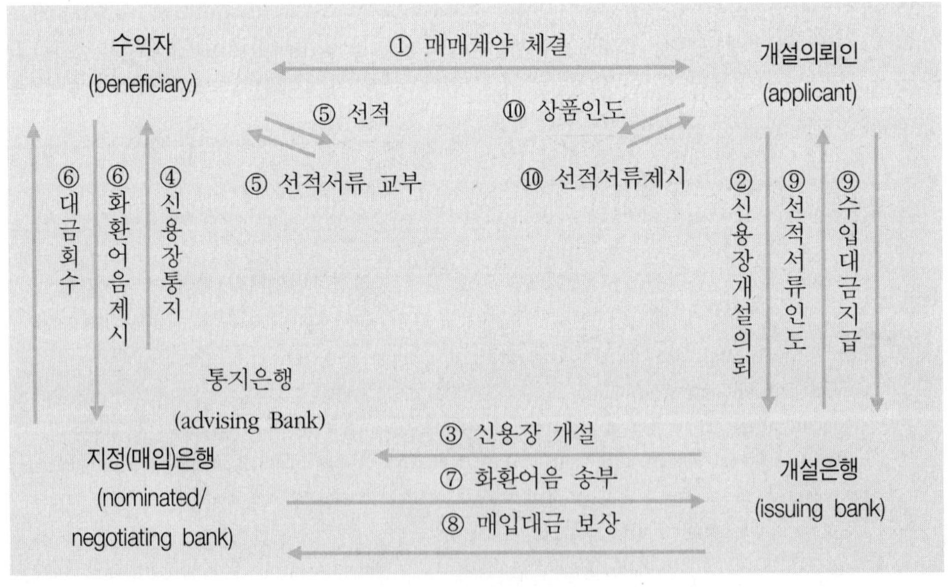

[그림 5-1] 신용장 거래절차

⑩ 수입상은 선적서류를 선박회사에 인도하고 인도지시서(delivery order)를 교부받아 이를 통하여 물품을 수령한다.

3. 추심방식

추심(推尋, collection)결제방식은 수출상(customer)의 의뢰를 받은 추심의뢰은행(remitting bank)이 추심은행(collecting bank)을 통해 환어음을 수입상에게 제시하여 대금을 회수하는 거래로서 사용실적이 많은 편은 아니다.

추심결제방식에는 ① 환어음의 지급인(수입상)이 선적서류를 영수함과 동시에 대금을 결제하는 일람지급(D/P: Document against Payment)방식과, ② 수입상이 환어음의 앞면에 인수(引受, acceptance)를 표시해 선적서류를 일단 수령하고, 일정기간 후에 대금을 결제하는 기한부지급(D/A: Document against Acceptance)방식 2가지가 있다. 전자는 지급인도방식, 후자는 인수인도방식이라 부른다. 실무적으로 추심결제방식에서 거래위험을 수출상이 전적으로 부담하기 때문에 본·지사 간 거래 등 수출·입상 간 신뢰가 두터운 경우에 사용한다. 추심결제거래에서 은행은 단순하게 통로역할만 담당하며, 대금(D/P) 또는 인수 사인(D/A)과 교환하여 선적서류를 인계해야 하는 최소한의 책임만 진다.

추심결제방식의 특징은 다음과 같다. ① 수출상이 환어음을 발행하는 어음부거래(어음법 적용), ② 수출상은 선적서류를 은행을 통해 송부, ③ 수입상은 수입대금을 은행을 통해 지급, ④ 추심에 관한 통일규칙(Uniform Rules for Collection, URC522)이라는 국제규칙 존재, ⑤ 수입자의 신용에 바탕을 둔 거래, ⑥ 신용장거래에 비해 낮은[34] 은행수수료를 부담한다.

---

34) 우리나라 W외국환은행의 경우 ① 수입어음 결제수수료 US$100, ② 추심수수료 어음금액의 0.1%, ③ 지급/인수 통지를 전신으로 하는 경우에는 전신료 5,000~20,000원을

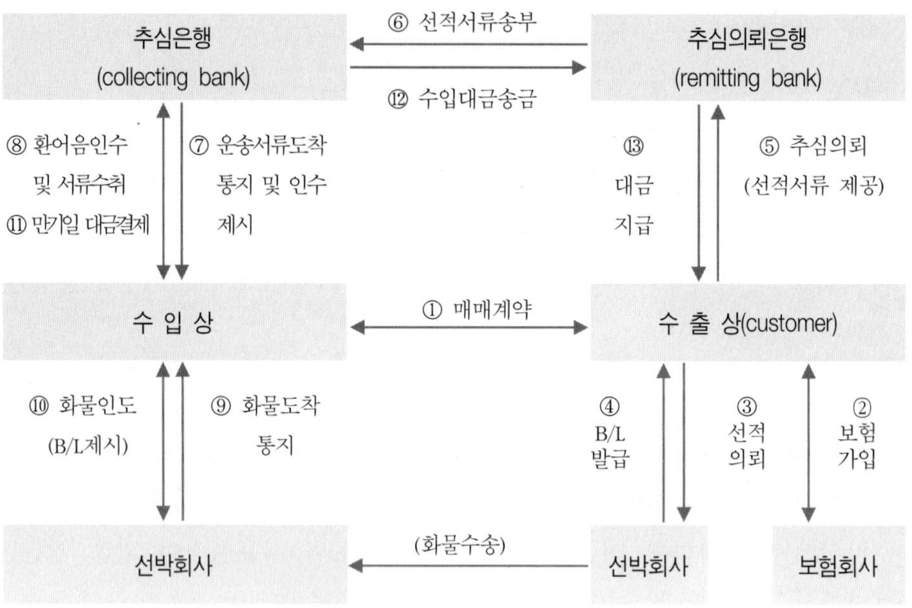

[그림 5-2] D/A 거래절차

D/P(Documents against Payment)란 수출상의 선적서류를 수입상에게 제시할 때 수입상이 대금결제를 하여야 서류를 넘겨줄 수 있다는 의미이다. 즉, 환어음이 일람불인 경우 환어음의 제시에 대하여 대금을 지급하고 지급과 동시에 선적서류를 환어음 지급인에게 인도하는 지급인도조건이다.

수출업자가 수입업자와 맺은 무역계약에 따라서 상품을 선적한 다음 선하증권(B/L) 등 선적서류를 갖추어 수입업자 앞으로 일람불어음(sight bill)을 발행하여 외국환은행에 추심(매입)을 의뢰하면, 추심을 의뢰받은 외국환은행은 수입지의 추심은행에 이를 의뢰한다. 추심은행은 어음지급인인 수입업자로부터 상품대금을 지급받고 이와 상환으로 수입업자에게 선적서류를 인도하고, 지급받은 상품대금은 추심의뢰은행(수출업자의 거래은행)에 송금하여 수출업자가 수출대금을 지급받게 하는 대금결제방식을 말한다.

D/A(Document against Acceptance, 인수인도)는 화환신용장 없이 수출

징수한다.

입업자 간에 맺은 무역계약에 따라서 화물환어음으로 대금을 결제하는 방식으로서 대금추심절차는 D/P거래의 경우와 유사하다. D/A의 경우에는, 추심은행이 수출업자가 발행한 기한부어음(usance draft)을 수입업자에게 제시하고 수입업자가 이 기한부어음에 'Accepted'라고 서명하면 수입업자에게 선적서류를 인도해주고, 선적서류를 인도받은 수입업자는 이 선적서류를 이용하여 수입상품을 인수한 다음, 그 상품을 판매하여 그 판매대금으로 정해진 기간 내에 추심은행에 수입대금을 결제하고, 추심은행은 이 대금을 추심의뢰은행에 송금하여 수출업자가 수출대금을 지급받게 하는 거래방식을 말한다.

추심결제방식에 관한 국제규칙으로 "추심에 관한 통일규칙"(Uniform Rules for Collections, 1995 Revision, ICC Publication No. 522)이 있다. 국제상업회의소(ICC)는 국제 추심거래 시 거래당사자 간 관습과 법률의 차이에서 오는 분쟁의 발생 가능성을 줄이기 위하여 URC522를 1956년에 제정하였으며, 현재까지 3차례(1967년, 1978년, 1995년) 개정하였다.

4. 송금방식

송금(送金, remittance)결제방식은 수입상이 계약물품을 수령하기 전(前), 후(後) 또는 동시에 전신환(T/T: Telegraphic Transfer), 우편환(M/T: Mail Transfer) 및 수표(D/D: Demand Draft) 등의 방법으로 수출상에게 송금하여 수입대금을 결제하는 방식이다. 대부분 T/T방식을 사용하고 있으며 T/T방식은 수입상의 요청에 따라, 송금은행이 지급은행에 대하여 일정한 금액을 전신환으로 발행하여 이를 송금은행이 직접 지급은행 앞으로 송신하는 방식이다. 우리나라 및 무역업체의 신용도 상승, 본·지사 거래 비중 증가 및 수수료 절감 노력 등을 이유로 현재 우리나라에서 가장 많이 사용하고 있는 방식이다.

송금방식의 특징은 다음과 같다. ① 대금결제방식 중 은행수수료가 가장 저렴하다. 따라서 우리나라 'W' 외국환은행의 경우 US$50,000 이상 송금의 경우에도 3만 원의 수수료만 부담하면 된다. ② 환어음(draft or bill of exchange)을 사용하지 않으므로 어음법의 적용을 받지 않는다. ③ 서류 및 대금결제의 위험을 수출자 또는 수입자가 지게 된다. 즉, 사전송금방식은 수입자에게, 사후송금방식은 수출자에게 위험부담이 있다. ④ 신용장 및 추심과 달리 송금방식에 적용되는 국제규칙이 없다.

단순송금방식에 의한 수출입은 수출입대금 전액을 물품선적 전에 외화, 수표 등으로 미리 영수, 지급하고 일정한 기일 내에 이에 상응하는 물품을 수출입 하는 것을 말한다. 이 방식에는 주문불(cash with order)수입, 수출선수금(payment in advance) 등이 있는데, 주문불수입은 주문과 동시에 물품대금을 지불하는 것이고 수출선수금은 계약서조건에 따라 수출대금의 일부 또는 전부를 수출물품 선적전에 영수한다는 것이다. 또한 이 방식은 수출상의 입장에서 보면 수출대금을 미리 받는다는 장점이 있으나, 수입상의 입장에서 보면 수입대금을 미리 송부하기 때문에 자금면에서 부담이 크고, 수입물품의 확실한 인수보장이 없다는 단점이 있다.

물품이나 서류의 인도와 동시에 또는 인도 후에 수출대금을 외화로 영수하는 조건부거래를 대금교환도(COD 및 CAD)조건수출이라 하며, 대금교환의 대상이 현물인 현물상환방식(COD: Cash on Delivery)과 서류상환방식(CAD: Cash against Document)이 있다. COD, CAD 방식은 대금교환조건, 즉 동시지급조건이지만 실무적으로 COD 30d/s 또는 CAD 60d/s처럼 사후송금(후불)방식으로 많이 쓰이고 있으며, 순수한 의미의 사후송금방식은 청산계정, 상호계산(open account)이다.

무역관련 서식

Documentation

No.1 Offer sheet
No.2 Case by Case Contract
No.3 Master Contract
No.4 SWIFT신용장
No.5 상업송장
No.6 포장명세서
No.7 환어음
No.8 보험증권
No.9 원산지증명서
No.10 선하증권
No.11 수출신고서
No.12 수입신고서

No.1 Offer Sheet

CHARLIE'S TRADING CORPORATION

Fl 52, 159-1, Samsung-Dong, Kangnam-Gu, Seoul, 135-729, Korea
Tel: 82-2-450-3577, Fax: 82-2-3436-6610, Homepage: http://www.charlie.com

Offer Sheet

Mr. Michael Nam — Offer No : CTC200××-××-1234
President of Inline Business Consulting — Date : October 20, 20××
27, Penrose Avenue, Cherrybrook, NSW, 2126, Australia.Ref. No. : ______________

Dear Sir,

We are pleased to offer the under-mentioning articles as per conditions and details described as follows.

Description of Goods	: Blue jeans (Item no: Charlie-0924)
Quantity	: 1,000 pcs
Price	: USD25.00/pc CIF Sydney port
Shipment	: Within 2months after receipt of your L/C
Payment	: Draft at sight under an Irrevocable and confirmed L/C in favour of Charlie's Trading Corp., (SEOUL KOREA)
Inspection	: Seller's inspection is to be final
Insurance	: Seller to cover the CIF price plus 10% against All Risks including TPND and SRCC risk
Validity	: October 27, 20XX
Shipping port	: Busan, Korea
Packing	: Export Standard packing.
Marks	: Each carton box bearing the mark 'CTC' in diamond with port mark, running case number and the country of origin.
Remark	: Minimum order is to be 100 pcs per size.

Looking forward to your valued order for the above offer.

Yours faithfully,
Charlie's Trading Corporation

____

C. K. PARK
CEO and President

CHARLIE'S TRADING CORPORATION

Fl 52, 159-1, Samsung-Dong, Kangnam-Gu, Seoul, 135-729, Korea
Tel: 82-2-450-3577, Fax: 82-2-3436-6610, Homepage: www.charlie.com

SALES CONTRACT

MESSRS, Inline Business Consulting
NSW, Australia

Date : October 30, 20××
No. : CTC-IBC-1126

We as Seller confirm having sold you as Buyer the following goods on the terms and conditions as stated below and on the back hereof.

DESCRIPTION	QUANTITY	UNIT PRICE	AMOUNT
Blue jeans (Item no: Charlie-0924)	2,000 pcs	CFR Sydney USD $22.50	US$45,000.00

SHIPMENT : On or about January 15, 20××
PAYMENT : By a Documentary Letter of Credit at 90 days after sight in favour of Charlie's Trading Corp.,
INSURANCE : Seller to cover the invoice amount plus 10% against All Risks including TPND and SRCC Risks
PACKING : 20pieces to be packed in a carton and each piece has to be packed with poly bag

SHIPPING MARK
IBC in triangle
Sydney port
Box No. 1/Up

DESTINATION : Cherrybrook, NSW, Australia
REMARKS :

PLEASE SIGN AND RETURN THE DUPLICATE

(BUYER)	(SELLER)
Inline Business Consulting	Charlie's Trading Corporation
______________________	______________________
Michael Nam	C. K. PARK
President	CEO and President

General Terms and Conditions

1. Principal to Principal Basis : This Contract recognizes the fact that it is on a Principal to Principal basis between Seller and Buyer.
2. Quantity : Quantity is subject to a variation of 5% plus or minus at Seller's option.
3. Shipment : The date of Bill of Lading shall be taken as the conclusive date of shipment. Partial shipment and/or transshipment shall be permitted, unless otherwise stated on the face hereof. Seller shall not be responsible for non-shipment or late shipment in whole or in part by reason of Force Majeure, such as fires, floods, earthquakes, tempests, mobilization, war, strikes, riots, civil commotions hostilities, blockade, requisition vessel, and any other contingencies beyond Seller's control.
4. Price : The Price is on the rate of freight and insurance premium prevailing at the time of accepting the order, and any increase in the rate of freight and insurance premium at the time of shipment shall be born by Buyer.
5. Inspection : Inspection performed under the export regulation of Korea is final respect of quality and/or conditions of the contracted goods, unless otherwise stated on the face hereof.
6. Trade Terms : The trade terms used in this contract shall be governed and interpreted by the provisions of Incoterms2000 unless otherwise specially stated.
7. Infringement : Buyer shall hold seller harmless from liability for any infringement with regard to patent, trade mark, design and / or copyright originated or chosen by buyer.
8. Claim : Any claim by buyer must be made in writing within fourteen(14) days from the date of final discharge at destination.
9. Arbitration : All disputes, controversies, or differences which may arise between seller and buyer, out of or in relation to or in connection with this contract, or for the breach thereof, shall the finally settled by arbitration in Seoul, Korea accordance with the Commercial Arbitration Rules of The Korean Commercial Arbitration Board. The award rendered by the arbitrator(s) shall be final and binding upon both parties.
10. Governing Law : This Contract shall be governed in all respects by the laws of Korea.

No.3 Master Contract

Agreement on General Terms and Conditions of Business

This Agreement entered into between Inline Business Consulting, NSW, Australia (hereinafter called the Buyer), and Charlie's Trading Corporation, Seoul, Korea(hereinafter called to as the Seller) witness as follows;

1. Privity : Both Seller and Buyer shall act as Principal and not as Agent.
2. Quality : Goods sold on sample shall be warranted by the Seller to conform about equal to the sample upon arrival at destination
3. Quantity : Weight and Quantity determined by the Seller, as set forth in shipping documents, shall be final.
4. Prices : Unless otherwise specified, prices shall be quoted in U.S. dollars on CIF Sydney basis.
5. Firm Offers : All firm offers shall remain effective for a week including the day cabled. Sundays and national holidays shall not be counted as days.
6. Orders : Except in cases where firm offers are accepted all orders shall be subject to the Seller's final confirmation.
7. Packing : Proper export wooden case packing shall be carried out, each case bearing the mark IBC with port mark, running case numbers, and the country of origin.
8. Payment : Draft shall be drawn at 30 d/s under irrevocable Letter of Credit which shall be opened in favor of seller immediately including Bill of Lading, Insurance Policy, Commercial Invoice and other documents which each contract requires.
9. Shipment : Shipment shall be made within the time stipulated in each contract. The date of Bill of Lading shall be taken as conclusive proof of the day of shipment. Unless expressly agreed upon, the port of shipment shall be at the Seller's option.
10. Marine Insurance : All shipments shall be covered on All Risks including War Risks and S.R.C.C. for the invoice amount plus 10 percents. All policies shall be made out in U.S. Dollar and claims payable in New York.
11. Force Majeure : The Sellers shall not be responsible for the delay in shipment due to force majeure, including mobilization, war, strikes, riots, civil commotion, hostilities, blockade, requisition of vessels, prohibition of export, fires, floods, earthquakes, tempest and any other contingencies, which prevent shipment within the stipulated period. In the event of any of the aforesaid causes arising, documents proving its occurrence or existence shall be sent by the Sellers to the Buyers without delay.
12. Delayed Shipment : In all cases of force majeure provided in the Article No. 11 the period of shipment stipulated shall be extended for a period of twenty one (21) days. In case shipment within the extended period should still be prevented by a continuance

of the causes mentioned in the Article No.11 or the consequences of any of them, It shall be at the Buyer's option either to allow the shipment of late goods or to cancel the order by giving the Sellers the notice of cancellation by cable.

13. Claims : Claims, if any, shall be submitted by cable within fourteen (14) days after arrival of goods at destination. Certificates by recognized surveyors shall be sent by mail without delay.
14. Arbitration : All claims which cannot be amicably settled between Sellers and Buyers shall be finally settled by arbitration in Seoul, Korea in accordance with the Commercial Arbitration Rules of the Korea Commercial Arbitration Board and under the Laws of Korea. The award rendered by the arbitrator(s) shall be final and binding upon both parties concerned.
15. Trade Terms : Unless specially stated, the trade terms under this contract shall be governed and interpreted by the latest Incoterms.(Incoterms 2000)
16. Governing Law : This Agreement shall be governed as to matters including validity, construction and performance under and by United Nations Convention on Contract for the International Sale of Good 1980.

This Agreement shall be valid on and after November 26, 20XX

(BUYER)	(SELLER)
Inline Business Consulting	
Charlie's Trading Corporation	
______________________	______________________
Michael Nam	C. K. PARK
President	CEO and President

No.4 SWIFT신용장*

HSBC Trade Services

The Hongkong and Shanghai Banking Corporation Limited. 6th Floor Kyobo Building, 1.1-Ka, Jongno, Jongno-Ku, Seoul, Korea, Telephone: 3700-9630/6, Facsimile: 722-6547
EXPORT DEPARTMENT

NEW DC ADVICE

ICOM CO LTD, SEOUL KOREA, TEL 598-1206
A6302-803-15194
TEL/FAX NO. 598-1209

DEAR SIR,
DOCUMENTARY CREDIT NO. MGK248186
FOR USD 28,240.35
ISSUED BY HONGKONG AND SHANGHAI BANKING CORP, HONGKONG

WE ADVISE RECEIVED THE ATTACHED DOCUMENTARY CREDIT. PLEASE CHECK THE TERMS AND CONDITIONS OF THIS CREDIT IMMEDIATELY AND NOTE THAT WE ARE UNABLE TO MAKE ANY CHANGES WITHOUT THE ISSUING BANK'S AUTHORITY. ACCORDINGLY, SHOULD ANY OF ITS TERMS/CONDITIONS BE UNACCEPTABLE PLEASE CONTACT THE OPENER DIRECTLY WITH A VIEW TO OBTAINING A SUITABLE AMENDMENT WITHOUT DELAY TO BE ADVISED TO US. YOU ARE NOT ENTITLED TO RELY ON ANY COMMUNICATIONS OR ANY DISCUSSIONS AT ANY TIME WITH US, THE ISSUING BANK OR THE OPENER AS IN ANY WAY AMENDING THIS CREDIT, SAVE TO THE EXTENT THAT THE CREDIT HAS BEEN AMENDED IN WRITING UNDER AN ADVICE SIGNED BY OUR AUTHORIZED SIGNATORIES. YOUR ATTENTION IS ALSO DRAWN TO ARTICLE 4 AND 5 OF UCP600.

THIS ADVICE IS SUBJECT TO UNIFORM CUSTOMS AND PRACTICE FOR DOCUMENTARY CREDITS (2007 REVISION) INTERNATIONAL CHAMBER OF COMMERCE PUBLICATION NO. 600.
THIS ADVICE CONSTITUTES A DOCUMENTARY CREDIT ISSUED BY THE ABOVE BANK AND SHOULD PRESENTED WITH DOCUMENT/DRAFTS FOR NEGOTIATION/PAYMENT

---

*한국무역협회 무역아카데미, 수출입대금결제, 2006. pp. 46-49, 자료 일부 가공.

/ACCEPTANCE.

THIS IS A SYSTEM GENERATED ADVICE AND THEREFORE NO SIGNATURE IS REQUIRED.

*** FIRST COPY ***

*** AUTH. CORRECT WITH CURRENT KEY ***

** FIN UAK { 1: F21HSBCKRSEAXXX1078463827}
** {4:{177: Date and Time(YYMMDDHHMM) : 20xx0320 1845}
** {451: acceptance/rejection: 0}
** ---
** {1: FIN MESSAGE/Session/OSN F01 HSBCKRSEAXXX 1078 463827}
** {2: Output Message Type 700 issue of a documentary credit
** Input Time/MIR 1743 980320HSBCHKHHAHKH9838295090
** Received from HSBCHKHHAHKH, hongkong and shanghai banking corporation limited, hong kong
** Output Date/time 20xx0320 1843
** Priority/Delivery/Obsol. Normal}
** MUR : 079059650 {3:{108:079059650}}
** ---
** {4:
** : 27 sequence of total : 1/1
** : 40A form of documentary credit : IRREVOCABLE
** : 20 documentary credit no. : MGK248186.
** : 31C date of issue : 20XX 03 20
** : 31D date and place of expiry : 20XX 04 22, KOREA
** : 50 applicant : KALMAX GARMENTS FTY. LTD. BLOCK C, 10F., DONTEX BLDG., 10-3 SHEUNS HEI ST., SANPOKONG. KOWLOON. HONG KONG
** : 59 beneficiary : ICOM CO.,LTD. Rm202 HONGIL B/D, 1551-9, SOCHO-DONG, SOCHO-GU, SEOUL, KOREA
** : 32B currency code amount :
** currency code : USD US DOLLAR
** amount : #28,240.35#
** : 39A pct credit amount tolerance : 03/03
** : 41D available with/by-name. address : HK SHANGHAI BANKING CORPORATION LTD, SEOUL, KOREA, BY NEGOTIATION
** : 42C drafts at : DRAFTS TO BE DRAWN AT SIGHT FOR FULL INVOICE VALUE

** : 42D drawee name and address : THE HONGKONG AND SHANGHAI BANKING CORPORATION LIMITED MONGKOK OFFICE,

** : 43P partial shipments : ALLOWED

: 43T transshipment : PROHIBITED

** : 44A on board/disp/taking charge : KOREA

** : 44B for transportation to : HONG KONG

** : 45A description of goods and/or services:

** + 9,573 YARDS 40 PERCENT NYLON 60 PERCENT COTTON WOVEN FABRIC

** WIDTH : 56 INCHES, ITEM NO : IE-1003, FINISH : PD. WR. W/S

** AT USD 2.95 PER YD CIF HONG KONG

** COLOUR ASSORTMENT :

**	COLOUR	QTY(YDS)	SHIPMENT LATEST
**	BLACK	6,277	30 MAR XX
**	STONE	2,150	15 APR XX
**	NAVY	1,146	15 APR XX

** : **46A documents required**

** + SIGNED COMMERCIAL INVOICE IN TRIPLICATE. (AN EXTRA COPY OF INVOICE FOR ISSUING BANK'S FILE IS REQUIRED.)

** + SIGNED PACKING AND WEIGHT LIST IN TRIPLICATE.

** + FULL SET ORIGINAL CLEAN 'ON BOARD' MARINE BILLS OF LADING MADE OUT TO ORDER, ENDORSED IN BLANK. MARKED 'FREIGHT PREPAID', NOTIFY APPLICANT WITH FULL ADDRESS AND MENTIONING THIS DC NO.

** + MARINE INSURANCE POLICY OR CERTIFICATE IN NEGOTIABLE FORM, ENDORSED IN BLANK FOR FULL CIF VALUE PLUS 10 PERCENT COVERING INSTITUTE CARGO CLAUSES (A) INCLUDING FROM WAREHOUSE TO WAREHOUSE, INSTITUTE WAR CLAUSES (CARGO) AND INSTITUTE STRIKES CLAUSES (CARGO), AND SHOWING CLAIMS PAYABLE AT DESTINATION IN THE CURRENCY OF THIS DOCUMENTARY CREDIT.

** + COPY OF APPLICANT'S FAX TO BENEFICIARY CERTIFYING THAT SHIPMENT SAMPLES HAVE BEEN APPROVED BEFORE SHIPMENT.

** + COPY OF BENEFICIARY'S FAX SHIPMENT ADVICE TO APPLICANT (FAX NO. 852-3452-3223) DATED ON OR BEFORE SHIPMENT ADVISING NAME OF THE CARRYING VESSEL, SHIPMENT DATE, NUMBER OF CARTONS, QUANTITY AND VALUE OF THE GOODS TO BE SHIPPED AND NAME OF THE SHIPPING COMPANY'S AGENT IN HONG KONG.

** + BENEFICIARY'S SIGNED CERTIFICATE CERTIFYING THAT ONE SET OF NON-NEGOTIABLE SHIPPING DOCUMENTS INCLUDING SIGNED COMMERCIAL INVOICE, SIGNED PACKING AND WEIGHT LIST AND MARINE BILL OF LADING

HAS BEEN FAXED TO APPLICANT (FAX NO. 852-3452-3223) ON OR BEFORE SHIPMENT.

** + INSPECTION CERTIFICATE ISSUED AND SIGNED BY TEXTILE LIMITED.

** : **47A additional conditions**

** + DOCUMENTS TO BE PRESENTED WITHIN 7 DAYS AFTER THE DATE OF SHIPMENT BUT WITHIN THE VALIDITY OF THIS CREDIT. DOCUMENTS MUST BE PRESENTED TO US THROUGH YOUR BANKER.

** + 3 PERCENT MORE OR LESS IN QUANTITY AND AMOUNT FOR EACH COLOUR ALLOWED.

** + IN CASE OF DC OVERDRAWN AND IF SUCH DISCREPANCY IS ACCEPTED BY APPLICANT. THEN A DC OVERDRAWN COMMISSION AT 1/4 PERCENT ON OVERDRAWN AMOUNT (MINIMUM HKD450.00 OR EQUIVALENT) WILL BE DEDUCTED FROM PROCEEDS.

** + AT THE TIME OF NEGOTIATION. THE NEGOTIATING BANK WILL PAY YOU THE AMOUNT OF THE DRAFT LESS REIMBURSING BANK'S CHARGES.

** + A USD 50.00 FEE PLUS ALL RELATIVE CABLE CHARGES WILL BE DEDUCTED FROM THE REIMBURSEMENT CLAIM FOR EACH PRESENTATION OF DISCREPANT DOCUMENT UNDER THIS DOCUMENTARY CREDIT. NOTWITHSTANDING ANY INSTRUCTIONS TO THE CONTRARY. THIS CHARGE SHALL BE FOR THE ACCOUNT OF THE BENEFICIARY.

** : 71B charges : ALL BANKING CHARGES OUTSIDE HONG KONG. INCLUDING ADVISING AND NEGOTIATION COMMISSION, ARE FOR THE ACCOUNT OF BENEFICIARY.

** : 49 confirmation instructions: WITHOUT

** : 78 instructions to pay/acc/neg bk: DOCUMENTS MUST BE DESPATCHED BY REGISTERED AIRMAIL IN ONE COVER TO OUR MONGKOK OFFICE, 673 NATHAN ROAD, KOWLOON, HONG KONG. ON RECEIPT OF DOCUMENTS CONFORMING TO THE TERMS OF THIS CREDIT, WE UNDERTAKE TO REIMBURSE YOU IN THE CURRENCY OF THIS CREDIT AS PER YOUR INSTRUCTIONS LESS REIMBURSEMENT FEES AND PAYMENT CABLE CHARGES (PLS PROVIDE REIMBURSEMENT BANK'S ABA NO AND YOUR CHIPS UID NO.). NEGOTIATING BANK'S DISCOUNT AND/OR INTEREST, IF ANY, PRIOR TO REIMBURSEMENT BY US ARE FOR BENEFICIARY'S A/C.

** : 72 sender to receiver information: PLS. CONTACT BENEFICIARY AT TEL. NO. 598-1206 IMMEDIATELY UPON RECEIPT OF THIS CREDIT.

** -}

** {5:{MAC:13B4493A} Authentication Result

** {CHK:F55F958409A5} Checksum Trailer}

* End

No.5 상업송장

COMMERCIAL INVOICE

① Shipper/Exporter Charlie's Trading Corporation. 159-1, Samsung-Dong, Kangnam-Gu, Seoul, 135-729, Korea	⑧ No. & date of invoice HS-070413 February 13, 20××
	⑨ No. & date of L/C IMP101133 November 15, 20××
② For account & risk of Messrs. Inline Business Consulting 27, Penrose Avenue, Cherrybrook, NSW 2121, Australia	⑩ L/C issuing bank ANZ Bank of Australia
③ Notify party Same as above	⑪ Remarks : Details are as per P/O No. DIC-07-011-10 Dated November 10, 20xx to be issued by Inline Business Consulting Origin : Republic of Korea

④ Port of loading Busan, Korea	⑤ Final destination Hobart, Australia	⑫ Payment Term : Letter of Credit , At sight
⑥ Carrier Elroy	⑦ Sailing on or about February 15, 20××	⑬ Price Term : CIF Hobart, Australia

⑭ Marks & numbers of Pkg	⑮ Description of Goods	⑯ Quantity	⑰ Unit-price	⑱ Amount
"IBS" IN TRIANGLE C/NO :1-2500 USD25,000.00 ITEM : JEAN PANTS SIZE : Q'TY :	JEAN PANTS	PCS 1,000	USD25.00	USD25,000

P.O. Box :
E-mail :
Telefax No. :
Telephone No. :

⑲ Signed by ______________________

Manager

No.6 포장명세서

Packing List

① Shipper/Exporter Charlie's Trading Corporation. 159-1, Samsung-Dong, Kangnam-Gu, Seoul, 135-729, Korea		⑧ No. & date of invoice HS-070413 February 13, 20××
		⑨ No. & date of L/C IMP101133 November 15, 20××
② For account & risk of Messrs. Inline Business Consulting 27, Penrose Avenue, Cherrybrook, NSW 2121, Australia		⑩ L/C issuing bank ANZ Bank of Australia
③ Notify party Same as above		⑪ Remarks : Details are as per P/O No. DIC-07-011-10 Dated November 10, 20xx to be issued by Inline Business Consulting Origin : Republic of Korea
④ Port of loading Busan, Korea	⑤ Final destination Hobart, Australia	⑫ Payment Term : Letter of Credit , At sight
⑥ Carrier Elroy	⑦ Sailing on or about February 15, 20××	⑬ Price Term : CIF Hobart, Australia

⑭ Marks & numbers of Pkg	⑮ Description of Goods	⑯ Quantity/Net wt	⑰ Gross wt	⑱ Measure
"W S"	JEANS			
IN TRIANGLE				
C/NO : 1-2500		PCS 1,000	USD25.00	USD25,000
USD25,000.00				
ITEM : JEAN				
SIZE :				
Q'TY :				

P.O. Box :
E-mail :
Telefax No. :
Telephone No. :

⑲ Signed by ____________________
Manager

No.7 환어음

Bill of Exchange

NO. HS RS 30 BILL OF EXCHANGE February 20, 20XX Seoul, Korea

FOR USD25,000.00

AT xxxxxx SIGHT OF THIS ORIGINAL BILL OF EXCHANGE (SECOND OF THE SAME TENOR AND DATE BEING UNPAID)PAY TO WOORI BANK OR ORDER THE SUM OF

Say U.S. Dollars Twenty-Five Thousands Only

VALUE RECEIVED AND CHARGE THE SAME TO ACCOUNT OF

AUSTRADE, LIMITED 25-25 CALINGFORD RD, EPPING NSW 2121,

DRAWN UNDER HOBART, AUSTRALIA

L/C NO IM74771 DATE NOVEMBER 15, 20XX

TO HOBART, AUSTRALIA

---

① NO. ________ ⓐ **BILL OF EXCHANGE** ② KOREA ________

③ FOR ________

AT ④ ________ Sight OF THIS **ORIGINAL** BILL OF EXCHANGE ⓑ

(⑤ SECOND OF THE SAME TENOR AND DATE BEING SIGHT UNPAID)

⑧ PAY TO ⑥ ○○○BANK OR ORDER THE ⑦ SUM OF ________

⑨ VALUE RECEIVED AND CHARGE THE SAME TO ⑩ ACCOUNT OF ________

⑪ DRAWN UNDER ________ ⑫ L/C NO. ________ ⑬ DATED ________

⑭ TO ________ ⑮ ________

ⓐ 환어음 표제, ⓑ 환어음 문구, ① 어음번호, ② 발행지 및 발행일, ③ 어음금액(숫자), ④ 만기, ⑤ 파훼문구, ⑥ 수취인, ⑦ 어음금액(문자), ⑧ 지급위탁, ⑨ 대가수취문구, ⑩ 계정결제인, ⑪ 신용장개설은행, ⑬ 신용장개설일, ⑭ 지급인, ⑮ 발행인&서명

No.8 보험증권

MARINE CARGO INSURANCE POLICY

<table>
<tr><td colspan="3">Assurd(s), etc CHARLIE'S TRADING CORPORATION</td></tr>
<tr><td colspan="2">Policy No. 00264782A2700</td><td rowspan="2">Ref. No.
Invoice No. HS-070413
L/C No. IMP101133</td></tr>
<tr><td colspan="2">Claims, if any, payable at :
GELLATLY HANKEY MARINE SERVICE
30, Calingford Rd., Epping, NSW 2121, Australia</td></tr>
<tr><td colspan="2">Survey should be approved by :
THE SAME AS ABOVE</td><td>Amount insured
USD27,500.00
(USD25,000 × 110%)</td></tr>
<tr><td>Local Vessel or conveyance</td><td>From(interior port or place of loading)</td><td rowspan="4">Condition

Institute Cargo Clause(A), 1982
Claims are payable in Australia
in the Currency of the draft.</td></tr>
<tr><td>Ship or Vessel called the
ELROY</td><td>Sailing on or about
March 3, 20xx</td></tr>
<tr><td>At and from
BUSAN, KOREA</td><td>transshipped at</td></tr>
<tr><td>Arrived at
Sydney, AUSTRALIA</td><td>thence to</td></tr>
<tr><td colspan="2">Goods and Merchandises

2,000 pcs of Jean pants

Marks and Numbers as per Invoice No. specified above</td><td>Subject to the following Clauses as per back hereof
Institute Classification Clause. On-Deck Clause(A)
Institute Radioactive Contamination Exclusion Clause
Co-Insurance Clauses</td></tr>
<tr><td colspan="3">Place and Date signed in Seoul, Korea. March 2, 20XX   No. of Policies issued: Two

IMPORTANT CONDITION
Notwithstanding anything contained herein or attached hereto to the contrary, this insurance in understood and agreed to be subject to English law and practice only as to liability for and settlement of any and all claims.
This insurance does not cover any loss or damage to the property which at the time of the happening of such doss or damage is insured by or would but for the existence of this Policy be insured by any fire or other insurance policy or policies except in respect of any excess beyond the amount which would have been payable under the fire or other insurance policy or policies hand this insurance not been effected.
We, LG Insurance Co., Ltd. hereby agree, in consideration of the payment to us by or on behalf of the Assured of the premium as arrange, to insure against loss damage liability or expense to the extent and in the manner herein provided.

For LIG INSURANCE CO., LTD.

PRESIDENT
BY______________________</td></tr>
</table>

No.9 원산지증명서

Certificate of Origin

<table>
<tr><td colspan="2">Exporter(Name, address, country)
Charlie Trading Corp.
159-1, Samsung-Dong, Kangnam-Gu,
Seoul, 135-729, Korea</td><td colspan="2">ORIGNAL
CERTIFICATE OF ORIGIN
issued by
THE KOREA CHAMBER OF COMMERCE & INDUSTRY
Seoul, Republic of Korea</td></tr>
<tr><td colspan="2">Consignee (Name, address, country)
To the order of Commonwealth Bank</td><td colspan="2">Country of Origin
Republic of Korea</td></tr>
<tr><td colspan="2">Transport details
From : Busan, Korea
To : Hobart
By : Elroy
On : November 15, 20XX</td><td colspan="2">Remarks</td></tr>
<tr><td colspan="3">Marks & numbers; number and kind of packages; description of goods
"W S" JEAN
IN TRIANGLE
C/NO :1-2500

USD25,000.00
ITEM : JEAN
SIZE :
Q'TY :</td><td>Quantity
1,000 PCS</td></tr>
<tr><td colspan="2" rowspan="2">Declaration by the Exporter
The undersigned, as an authorized signatory, hereby declares that the abovementioned goods were produced or manufactured in the country shown in box 3.

(Signature)

(Name)</td><td colspan="2">Certification
The undersigned authority hereby certifies that the goods described above originate in the country shown in box3 to the best of its known and belief.

Authorized Signatory</td></tr>
<tr><td colspan="2">Certificate No.</td></tr>
</table>

No.10 선하증권

<table>
<tr><td colspan="2">① SHIPPER/EXPORTER
Charlie Trading Corporation
159-1, Samsung-Dong, Kangnam-Gu,
Seoul, 135-729, Korea</td><td rowspan="4">**Bill of Lading**
B/L No. : SW5E

Hanjin Shipping Line</td></tr>
<tr><td colspan="2">② CONSIGNEE
To the order of ANZ Bank of Australia</td></tr>
<tr><td colspan="2">③ NOTIFY PARTY
Inline Business Consulting
27, Penrose Avenue, Cherrybrook, NSW 2121, Australia</td></tr>
<tr><td>PRE-CARRIAGE BY</td><td>④ PLACE OF RECEIPT
Busan CY</td></tr>
<tr><td>⑤ OCEAN VESSEL/VOYAGE/FLAG
J. Elroy</td><td>⑥ PORT OF LOADING
Busan, Korea</td><td>⑨ FOR TRANSSHIPMENT TO</td></tr>
<tr><td>⑦ PORT OF DISCHARGE
Hobart, Australia.</td><td>⑧ PLACE OF DELIVERY</td><td>⑨-1 FINAL DESTINATION</td></tr>
</table>

PARTICULARS FURNISHED BY SHIPPER

MARKS AND NUMBERS	NO. OF CONT. OR OTHER PKGS.	DESCRIPTION OF PACKAGES AND GOODS	GROSS WEIGHT (KGS)	MEASUREMENT (CBM)
⑩ "W S" In triangle C/No. 1-2500 Item : Pant Size : Q'ty : ⑪ Container/Seal No. --------------- 20'IWTU4102/3/4/5/6/7 S/034334/5/6/7/8/9 CY/CY Total No. of CNTR or Pkgs(in words)	⑫ 2,500 Cartons 6 × 20'	⑬ Container "Shipper's Load & Count & Sealed" Said to contain : 1,000 Pieces of Jean Pant "Freight Prepaid" L/C No. IMP101133 Say : six(6) containers only ⑰	⑭ 15, 370 kgs	⑮ 148 CBM ⑯ On Board Date: February 15, 20XX

<table>
<tr><td>FREIGHT AND CHARGES
⑱ REVENUE TONS RATE PER</td><td>PREP AID</td><td>COLLECT</td><td rowspan="2">**Received** in apparent good order and condition unless otherwise specified on board the aforementioned vessel the goods described above the particulars given being supplied by the Shipper and the measurement, wight, quantity, brand contents, marks numbers, quality and value being unknown to the carrier) for the carriage to the port of discharge or so near thereunto as she may safely go subject to the terms and condition and ....
IN WITNESS WHEREOF, the master or agent of the said ship has affirmed to THREE(3) bills of lading, all of this tenor and date, ONE of which being accomplished, the others to stand void.
B/L NO. SN3E   ⑲ Place and date of Issue: February 15, 20XX Seoul, Korea

Sung Nam Asia Shipping Line
BY ____⑳____
As Carrier</td></tr>
<tr><td>"Freight As Arranged"

⑲ No. of Original B/Ls :Three(3)

⑲ Freight Prepaid at :
Seoul, Korea
⑲ Freight Payable at :</td><td></td><td></td></tr>
</table>

No.11 수출신고서

수 출 신 고 서

계약번호:
(통 계 용)

※처리기간: 즉시

① 신고자상호 ______ 제출번호 [ ]	⑦ 신고번호	⑧ 신고일자	⑨ 신고구분	⑩ C/S구분
② 수출자상호 ______ 부호 [ ] [ ]	⑪ 거래구분	⑫ 종 류	⑬ 결제방법	
③ 제조자주소 ______	⑭ 목적국		⑮ 적재항	
상 호 ______				
통관고유부호 [ ] 사업자등록번호 [ ]	⑯ 운송형태		⑰ 제조완료일 (검사희망일)	
④ 구매자상호 ______ 부호 [ ]	⑱ 물품소재지 [ ]			
⑤ 환급신청인 수출자 [ ] 제조자 [ ]	⑲ L/C번호			
⑥ 환급기관 ______ 부호 [ ]	⑳ CS변경		㉑ 조사란	

㉒ 품 명 · 규 격			
	㉓ 관 세 사 실 적		
	㉔ 세 번 부 호		
	㉕ 제 품 코 드		
	㉖ 신고가격(FOB)		
	㉗ 순 중 량		KG
	㉘ 수 량		U
	㉙ 포장개수 / 종류		CT
	세 번 부 호		
	제 품 코 드		
	신고가격(FOB)		
	순 중 량		KG
	수 량		U
	포장개수 / 종류		CT

㉚ 총란수 ( )란	㉛ 총 중 량	단위 KG	㉜ 총포장개수	㉝ 총신고가격	₩	
					$	
관련서류	㊲ 수출승인서			㉞ 결제금액		
	㊳ 수출추천서			㉟ 운 임(₩)		㊱ 보험료(₩)
	㊴ 검 사 증			㊺ 세관기재란		
	㊵ 검 역 증					
	㊶ 전약물자수출 허가서					
	㊷					
보세운송	㊸ 운송신고인					
	㊹ 기 간 / / 부터 / / 까지			㊻ 신고수리일자(/ /)		

471-00122민

(1) 수출신고일로부터 30일 이내 선(기)적하지 아니할 때에는 수출신고수리의 취소 및 벌금이 부과되므로 선(기)적 사실을 확인하시기 바랍니다. (관세법 제66조, 제14조의3, 제188조)
(2) 수출신고필증의 진위여부는 수출입통관정보시스템에 조회하여 확인하시기 바랍니다.
(http://kcis.ktnet.co.kr)

210×297㎜ NCR지55g/㎡

No.12 수입신고서

수 입 신 고 서 (보 관 용)

※ 처리기간: 3일

신 고 번 호: 신 고 일: 세관 · 과:
B/L(AWB)번호: 입 항 일:
화물관리번호: 반 입 일: 징수형태:

신 고 자:
수 입 자:
납세의무자: 통관고유부호: 사업자등록번호:
무역대리점:
공 급 자:
통 관 계 획: 거래구분: 원산지증명서 유무:
신 고 구 분: 종류: 가격신고서 유무:
총 중 량: KG 국내도착항: 적출국:
총포장 개수: CT 운송형태: 선기명:
MASTER B/L번호: 운수기관부호:
검사(반입)장소:

• 품명 · 규격(란번호/총란수 :)
품 명:
거 래 품 명:
상 표:

모델 · 규격 : 성분	수량	단가(USD)	금액(USD)

세 번 부 호: 순종량: C/S 검사:
과세가격(CIF): 수 량: 검사변경:
환급물량:
사후확인 기관: 원산지표시: 특수세액계산근거:
수입요건확인:
(요건확인물량)

세종	세율(구분)	감면율	세액	감면분납부호(감면액)	* 내국세종부호

• 총과세가격 및 세액
결 제 금 액: 환 율:
총 과 세 가 격: 운 임: 가 산 금 액:
보 험 료: 공 제 금 액:

세 종	세액
관 세	
특 소 세	
교 통 세	
주 세	
교 육 세	
농 특 세	
부 가 세	
신고지연 가산세	
총세액합계	

납 부 번 호:
부가가치세과표:
세 관 기 재 란:

담 당 자 : 접 수 일 시 : 수 리 일 자 :

= 이 하 여 백 =

업태: 종목: 세관 · 과 : 신고번호: Page: /

4부
e-비즈니스 · e-마케팅 · e-트레이드

들어가는 말

인터넷 관련 시장조사회사인 이마케터(eMarketer)에서는 전 세계 e-쇼핑몰 시장 규모를 지난 2009년 3,000억 달러에서 향후 2015년에는 약 5,400억 달러로 성장할 것으로 전망하고 있다.

이제 인터넷을 통한 전자상거래는 기업의 선택수단이 아닌 기업 생존의 문제로 대두되고 있다. 따라서 기업 자신의 역량을 극대화하고 기업 프로세스를 혁신하는 한편 부족한 분야는 제휴를 통해 다양한 인터넷상거래 모델을 개발을 하고 있다.

최근에는 인터넷과 스마트폰 모바일이 접목한 무선인터넷시장이 폭발적으로 성장하고 있으며 도메인 수가 사실상 무한대로 확장된 차세대 인터넷이 상용화 단계에 접어들고 있다. 스마트폰을 이용한 모바일 상거래에서는 각종 어플리케이션(application)을 제공하고 있으며 무선 인터넷이 제공하는 콘텐츠 중 향후 가장 각광을 받을 분야이다. 모바일 상거래는 오는 2015년까지 전체 e-쇼핑몰 매출의 3분의 1 이상을 차지할 것으로 예상한다.

21세기 기업 경쟁력의 핵심요소인 정보화의 물결이 범세계적으로 밀려오고 있고 각국의 기업들은 e-비즈니스, e-마케팅, 그리고 e-트레이드의 도입을 통하여 기업 경쟁력 확보를 위해 노력하고 있다.

GE의 잭 웰치 회장은 시장의 변화속도가 조직의 변화속도보다 빠르면 죽음이 다가온 것이라고 말해 인터넷은 비즈니스와 비즈니스 환경에 엄청난 변화를 가져오고 있음을 암시하고 있다.

결론적으로 e-비즈니스, e-마케팅, 그리고 e-트레이드는 선택이 아니라 필수이며 e-비즈니스, e-마케팅, 그리고 e-트레이드를 성공적으로 도입하기 위해서는 e-비즈니스, e-마케팅, 그리고 e-트레이드를 보다 넓은 시각에서 바라보아야 하며 기업의 전략적 차원에서 접근하여야 한다. 이에 이 책에서는 e-비즈니스의 기본 개념을 살펴보고 e-비즈니스의 핵심인 e-마케팅과 e-트레이드에 대하여 상세히 알아본다.

아무쪼록 여러분이 이 책을 통하여 전반적인 e-비즈니스, e-마케팅, 그리고 e-트레이드의 흐름을 파악하기를 바라며 실제로 활용의 기회가 있기를 희망한다.

CHAPTER 1

전자상거래와 e-비즈니스

1. 전자상거래의 소개

인터넷과 관련하여 익숙해진 용어 중에 하나는 전자상거래(EC: Electronic Commerce)라는 말일 것이다. 전자상거래는 컴퓨터와 같은 통신 매체를 이용하여 이루어지는 상거래를 지칭하는 포괄적인 개념으로 발전되어 왔지만, 인터넷이 대중화되어 가면서 인터넷을 이용한 상거래(Internet Commerce)가 점차 두각을 나타내게 되었다.

1.1 전자상거래의 정의

전자상거래는 관점별로 또는 기관별로 그 정의가 다양하며 다소 차이가 있다. 이는 전자상거래 시장이 안정된 시장이기보다는 성장하고 있고, 산업 및 시장 환경에 미치는 영향이 광범위하기 때문이다. 전자상거래의 활용 영역이 금융, 교육, 전시회 등 다양한 새로운 영역으로 확산되고 있어 획일적으로 전자상거래를 정의하기에는 이에 따른 제약 요인이 많기 때문이다. 전자상거래란 기업이나 소비자가 컴퓨터 통신망에서 행하는 광고, 발주, 구매 등 모든 경제 활동으로 상품이나 서비스 거래의 전 과정에 전자적 수단과 기법을 이용하는 행위이다.

여기서 거래 행위의 전 과정이란 상품이나 서비스에 대한 정보 제공 및 수집, 주문, 접수, 대금 결제, 상품 발송 등 일련의 상거래 흐름을 일컫는 말이며 전자적 수단과 기법을 이용한다는 것은 기존에 서류에 의존하던 상거래 흐름을 인터넷이라는 정보통신기술을 이용하여 이루는 것이다.

[표 1-1] 관점별 전자상거래의 정의

관 점	전자상거래의 정의
통 신	전화선, 컴퓨터 네트워크 및 기타 다른 수단을 통하여 제품(product), 서비스, 대금결제(payment) 및 정보 자료를 교류하는 것
비즈니스 프로세스	기업 거래와 Workflow의 자동화를 위한 응용 기술
서 비 스	제품의 질과 서비스 속도를 증가시키면서, 거래 비용을 절감시키는 관리 도구
온 라 인	인터넷 및 기타 온라인 서비스를 통하여 정보와 제품을 판매 및 구매할 수 있는 능력 제공

[표 1-2] 기관별 전자상거래의 정의

기 관	전자상거래의 정의
OECD	전자상거래란 개인과 조직 모두를 포함해서 텍스트, 음성, 화상 등을 포함한 디지털 데이터의 처리 전송에 기초한 상업 활동과 관련된 모든 종류의 거래를 말한다.
European Commission	전자상거래란 데이터, 음성, 화상 등을 포함한 데이터의 전자적 처리와 전송을 기반으로 기업의 업무를 전자적으로 수행하는 방식이다. 즉, 제품과 서비스의 전자적인 거래, 디지털화된 내용물의 온라인 배달, 저자 자금 이체, 전자적인 주식 거래, 전자적인 선하 증권, 상업적인 경매, 설계·개발의 공조, 온라인 구매, 정부 조달, 소비자 대상의 직접 마케팅, 판매 후 서비스 등의 다양한 활동을 포함한다.
Aderson Consulting	전자상거래란 개방 네트워크를 통하여 기업과 기업, 최종 소비자 및 공공단체 사이에 발생하는 상거래 행위를 말한다.

1.2 전자상거래 관련 용어

EDI

EDI(Electronic Data Interchange)는 전자문서교환 또는 전자자료교환이라 하며 기업 간의 거래에 관한 데이터를 정형, 표준화하여 컴퓨터 통신망을 통해 거래 당사자의 컴퓨터 사이에서 직접 전송 신호로 주고받는 것을 말한다. EDI 시스템이 도입되어 기업 간의 거래가 EDI화되면 한 기업이 다수의 기업 또는 관련 하청업체, 대리점 등과 거래 서류를 전자적 신호로 바꿔 컴퓨터 통신망을 통해 주고받을 수 있게 된다. 이로 인해 서류의 작성과 발송을 비롯하여 거래선으로부터의 서류 정리 절차 등 번거로운 사무 처리가 제거되는 소위 '종이 없는 기업 거래(paperless trade)'가 실현되며 처리 시간의 단축, 비용의 절감 등 데이터의 유통이 신속 · 원활하게 된다. 이를 정리하면 다음과 같다.

① 기업 상호간에 표준화된 문서와 정보를 교환한다.

② 공급 업자와 고객 및 은행 등 모든 거래 당사자간에 표준화된 문서를 컴퓨터로 교환한다.

③ 컴퓨터간에 정형화된 데이터를 컴퓨터 통신을 이용하여 이동하는 정보 도구이다.

④ 인간의 개입 없이 전자 메시지를 컴퓨터로 전송하여 종이 문서를 제거한다.

⑤ 기존의 사무 업무를 컴퓨터 장치와 통신 설비를 이용하여 전자 문서로 전송 처리 또는 보관하는 방식이다.

⑥ 기업과 기업 간의 컴퓨터를 기술적으로 사용하기 위해 단일 기술을 사용하도록 고안되었기 때문에 기업과 개인 간, 개인과 개인 간의 상호 통신 교류 및 자금의 이전을 가능하게 하는 전자상거래에 적용하기에는 한계가 있다.

[표 1-3] EDI 도입 이점

구 분	도입 이점
직접적인 이점	업무 처리비용 및 시간의 감소, 자료의 재입력 및 오류 방지, 업무 처리 절차 개선
간접적인 이점	재고 수준의 감소, 고객 서비스 향상, 효율적인 인력 및 자금 관리
전략적인 이점	거래 상대방과의 관계 개선, 경쟁 우위 확보, 전략적 정보 시스템 구축 및 경영 혁신 추구

무역 EDI [Trade Electronic Data Interchange]

수출입과 관련된 각종 서류를 컴퓨터가 읽을 수 있는 표준화된 전자문서 형태로 바꾸어 컴퓨터로 주고받음으로써 '종이 없는 무역'을 실현해 빠르고 간편하게 무역업무를 할 수 있는 작업을 말한다.

SCM

SCM(공급망 관리, Supply Chain Management)은 원재료의 수급에서 고객에게 제품을 전달하는 자원과 정보의 일련의 흐름을 관리하는 관리 시스템으로 공급망 관리라고 한다.

SCM이란 제조, 물류, 유통업체 등 유통공급망에 참여하는 모든 업체들이 협력을 바탕으로 정보기술(Information Technology)을 활용, 재고를 최적화하고 리드타임을 대폭적으로 감축하여 결과적으로 양질의 상품 및 서비스를 소비자에게 제공함으로써 소비자가치를 극대화하기 위한 21세기 기업의 생존 및 발전전략이다.

세계적으로 선도적 위치에 있는 제조업체, 물류업체, 유통업체들은 이와 같은 목적을 달성하기 위하여 그들의 거래선들과 협력함으로써 그 이익을 훨씬 더 극대화하였으며, SCM을 실행하는 대표적인 업체로는 P&G, Wal-Mart, Unilever, Kellogg's, Coca Cola, J. C. Penney 등이 있다.

SCM은 소비자의 수요를 효과적으로 충족시켜주기 위해서 신제품 출시, 판촉, 머천다이징 그리고 상품보충 등의 부문에서 원재료 공급업체, 제조업체, 도소매업체 등이 서로 협력하는 것이다. 한편 SCM은 적용되는 산업별로 그 표현을 달리하고 있다. 즉, 의류부문에서는 QR(Quick Response), 식품부문에서는 ECR(Efficient Consumer Response), 의약품부문에서는 EHCR(Efficient Healthcare Consumer Response), 신선식품부문에서는 EFR(Efficient Foodservice Response) 등으로 불리고 있다.

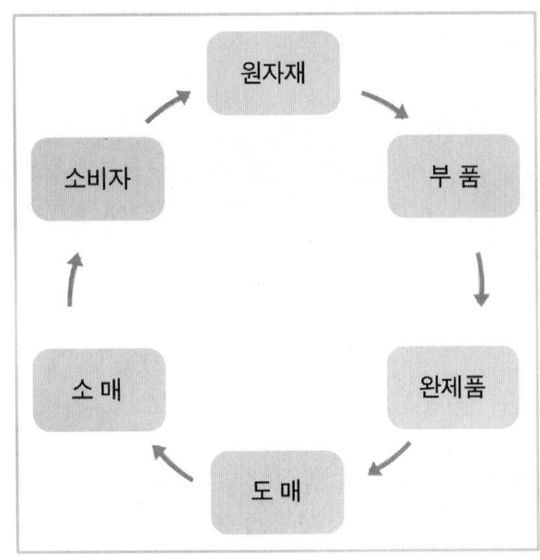

[그림 1-1] SCM 구성도

CRM

CRM(고객 관계 관리, Customer Relationship Management)은 고객과 관련된 기업의 내외부 자료를 분석, 통합하여 고객 특성에 기초한 마케팅 활동을 계획하고, 지원하며, 평가하는 과정을 말한다. 과거의 대중 마케팅(Mass Marketing), 세분화 마케팅(Segmentation marketing), 틈새 마케팅(Niche marketing)과는 확실하게 구분되는 마케팅의 방법론으로 데이터베이스 마케팅(DB marketing)의 Individual marketing, One-to-One marketing, Relationship marketing에서 진화한 요소들을 기반으로 등장했다.

CRM은 고객 수익성을 우선하여 콜센터, 캠페인 관리도구와의 결합을 통해 고객 정보를 적극적으로 활용하며, 기업 내 사고를 바꾸자는 BPR적인 성격이 내포되어 있다. 기업의 고객과 관련된 내외부 자료를 이용하자는 측면은 데이터베이스 마케팅과 성격이 같다고 할 수 있다. 그러나 CRM의 경우 고객의 정보를 취할 수 있는 방법, 즉 고객 접점이 데이터베이스 마케팅에 비해 훨씬 더 다양하고, 이 다양한 정보의 취득을 전사적으로 행한다는 것이다.

CRM은 고객 데이터의 세분화를 실시하여 신규고객 획득, 우수고객 유지, 고객가치 증진, 잠재고객 활성화, 평생고객화와 같은 사이클을 통하여 고객을 적극적으로 관리하고 유도하며 고객의 가치를 극대화시킬 수 있는 전략을 통하여 마케팅을 실시한다.

	영리기업의 CRM	비영리조직의 CRM
조직의 예	유통업체, 은행, 통신사, 신용카드사	정부기관, 지방자치단체, 사회사업단체, NGO
목 표	고객과 장기적 관계 제고	고객 만족
고 객	구매 관계가 있는 사람	일반대중. 단 조직의 업무에 따라 주로 이용하는 사람들
주요 실행 수단	타깃마케팅, 캠페인	행정정보 제공, 제한적인 다이렉트 마케팅
고 객 수	업종에 따라 소수일 수 있음	통상 다수. 단 일부 전문적인 조직이나 기관에서는 소수
고객 정보 확보 및 이용	· 대개 회원가입을 통해 고객정보 확보 · 정보 이용에 대한 개별 고객 등의 획득이 필수적 · 외부기관과 정보 연계 및 공동 활용이 극히 제한됨	· 고객의 자발적인 회원가입 여부와 무관하게 자동적으로 정보 확보 가능한 경우 존재 · 정보 활용에 관해 고객 동의를 얻거나 추가적인 고객정보를 확보하기 절차상 불가능한 경우 · 일부 민감한 정보의 경우 CRM 활용상 제약 존재. 반대로 기관 간 정보의 연계 이용이 가능한 경우도 존재

[그림 1-2] 기업의 CRM과 비영리조직의 CRM 비교

1.3 전자상거래의 필요성

풍부한 잠재 고객 확보

시간과 공간에 대한 한계가 없어지고 웹 사이트를 구성하고 있는 소프

트웨어와 하드웨어 확장성에 따라 비즈니스 범위를 무한하게 확장할 수 있다. 또한 웹(web)을 통해 쇼핑 경험이 있는 일정 수준 이상의 잠재고객들을 지속적으로 확보할 수 있다.

매출 증대

웹(web)을 이용하여 저렴한 비용으로 거대한 정보 판매와 유통 채널을 확보할 수 있어 전 세계를 대상으로 한 비즈니스 기회를 만들 수 있다.

보다 나은 고객과의 관계 형성

인터넷을 통한 상거래로 고객들과의 인터랙티브하고 개별적인 관계를 형성한다.

보다 빠른 고객 요구 만족

인터넷은 24시간 이용할 수 있으므로 고객들은 시간에 구애받지 않고 실시간으로 단순 클릭만으로 문제를 해결할 수 있다. 또한 계좌 조회 및 이체, 지불 일정 등 인터넷 뱅킹 서비스를 제공받을 수 있다.

다양한 쇼핑 경험 및 정보 제공

웹은 텍스트, 이미지, 음향을 그리고 비디오 등을 하이퍼링크를 통하여 전달하며 이러한 그래픽 인터페이스, 멀티미디어 동영상, 다이내믹한 데이터 업데이트와 처리 등은 고객들에게 경쟁력 있는 쇼핑 경험을 제공한다.

유통 구조의 효율성

전자상거래는 공급자와 수요자 사이에 있는 중간 매체를 없앰으로써 수요자의 요구를 정확하게 이해할 수 있다. 이로 인해 시간과 비용의 절감된다.

비용 절감

전자상거래는 특정 유형의 점포를 가지고 재고 관리를 해야 하는 기존의 비즈니스보다 현저하게 비용을 줄여준다. 대신 여러 제조업체로부터 주문 관리 시스템으로 바로 연결시켜 고객의 주문에 바로 대응할 수 있어야 한다.

신속한 제품 및 서비스의 제공 가능

전자상거래는 기존의 전통적인 상거래 행위보다 신속하게 고객의 요구에 맞춘 제품과 서비스를 제공한다.

1.4 인터넷상거래의 특징

인터넷을 기반으로 한 전자상거래는 기존의 전통적인 상거래 방식과 비교할 때 다음과 같은 특징이 있다.

① 짧은 유통 채널

인터넷상거래는 네트워크를 통해 공급자와 구매자를 직접 연결하기 때문에 도매점·소매점 등의 중간 유통 채널이 필요 없게 됨으로써 상대적으로 짧은 유통 채널을 갖게 되었다.

② 시간과 공간의 벽이 사라짐

인터넷을 상거래 활동에 활용할 경우 기업 활동에 있어 시간과 공간의 제약이 사라져, 기업은 24시간 내내 지구촌 어디서나 상품 판매가 가능하다.

③ 판매 거점이 불필요

기존의 상거래에는 상품 전시, 영업, 고객 응대 등을 위한 판매 공간이 필요했지만, 전자상거래의 경우는 네트워크상에서 매매가 이루어지기 때문에 판매 거점이 필요 없다.

> **여행사 수수료 격감**
>
> 온라인 티켓 예매가 보편화되면서 문을 닫는 여행사들이 급증하는 등 오프라인 중심의 여행사 업계가 큰 어려움을 겪고 있다. 이처럼 여행사들이 고전하고 있는 것은 모두투어(http://www.modetourne.com) 등과 같은 여행 전문 인터넷 웹 사이트가 급증하면서 소비자들이 여행사의 도움 없이도 스스로 티켓 예매 등 필요한 업무를 인터넷상에서 처리할 수 있게 되었기 때문이다. 이와 함께 유나이티드, 델타, 노스웨스트 등 대형 항공사들도 중간 단계인 여행사들을 거치지 않고 직접 웹 사이트를 개설, 티켓을 판매하고 있는 것도 여행사들에게 타격을 주고 있다. 대형 항공사들은 특히 여행사들에 지급하는 티켓 발매 수수료를 항공료의 8%에서 5%로 인하, 여행사들의 어려움을 가중시키고 있다.

[그림 1-3] 모두투어(http://www.modetourne.com)

④ 고객 정보 획득 용이

전자상거래는 디지털 통신을 통해 이루어지기 때문에 마케팅 및 거래 과정에서 확보된 고객 정보를 별도의 가공 없이 바로 자사의 데이터베이스에 저장하여 마케팅 활동에 활용할 수가 있다.

⑤ 효율적인 마케팅

축적된 데이터베이스를 통해 상품에 관심을 가질 만한 특정 고객을 대상으로 1 대 1로 인터랙티브(interactive)한 마케팅이 가능하며, 동시에 고객의 욕구를 충족시켜 줄 수 있는 데이터베이스 마케팅이 가능하다.

⑥ 고객 니즈(needs)에 동적이며, 즉각적인 대응

컴퓨터 네트워크를 이용하면 실시간(real time) 서비스가 가능하기 때문에 고객 불만 사항 및 문의 사항에 즉각적으로 대응할 수 있으며, 고객 니즈 변화를 신속히 포착할 수 있기 때문에 고객 니즈에 동적 대응이 가능하다.

⑦ 소액 자본으로 사업 전개

인터넷을 이용한 가상공간에서의 사업은 토지 및 건물 구입 비용이 필요 없기 때문에 소자본으로도 사업이 가능하다. 요즘 소액의 자본으로 사업을 구상하고 있는 SOHO(Small Office Home Office)족들에게 가장 이상적인 방법이라고 할 수 있다.

1.5 인터넷상거래의 장애 요인

인터넷상거래와 관련한 일반적인 문제들을 정리해보면 다음과 같다.

결제 시스템의 불안전성

국내에서 인터넷상거래가 활성화되기 위해서 해결되어야만 하는, 가장 큰 어려움은 보안이 보장된 결제 시스템이라 할 수 있다. 최근 인터넷 쇼핑몰의 경우 주문은 인터넷에서, 결제는 휴대폰, 신용카드 등을 이용하고 있지만 보안 등이 문제가 되고 있다.

상품 구현의 불완전성

인터넷상거래의 일반화와 관련하여 아직 전자상거래 인프라 및 질적 성숙이 미비한 국내 시장으로 인해 소비자와의 관계를 위한 인터페이스의 불편함이 문제이다. 또, 상품의 품질과 관련하여 품질 보증의 문제가 브랜드에 의존해야 하는 경향을 보이는 것도 인터넷상거래 상품 구현의 불완전 요소가 되고 있다. 한편, 상품에 대한 정보 접근의 한계 또한 쉽게 실마리가 풀리지 않는 문제이다.

인터넷 사용자의 편중

비록 인터넷 이용자는 대중화되어 있지만 실제 이용자 분류에서는 우리나라의 경우만 해도 인터넷 이용자의 4분의 3 이상이 서울과 경기 지역에 집중되어 인터넷 사용자의 편중 현상을 보이고 있다.

언어 장벽

각종 번역 소프트웨어가 출시되면서 개선과 발전을 거듭하고 있지만, 언어와 관련된 문제 또한 쉽게 풀리지 않고 있다.

법적·제도적 지원 체제 미비

일반적으로 인터넷과 같이 확산 속도가 기하급수적인 성향을 보이는 경우 사회의 법적·제도적 체제의 지원을 기대하기에는 기존의 체제는 항상 더딘 모습을 보여 왔으며 인터넷 비즈니스와 관련된 부분 또한 이런 문제점을 보이고 있다.

기술적인 문제점

원활한 인터넷상거래를 위하여 해결되어야 할 기술적인 문제점으로는 다음과 같다.

첫째, 구매자와 판매자 간의 신원 확인

둘째, 불법 거래 방지

셋째, 해커의 침투를 막기 위한 메커니즘 개발 등이 안전한 상거래를 위한 우선 해결 대상이다. 이를 위해 결정적인 기술은 암호화 기법이다. 공인되지 않은 사람의 정보 접근을 차단하려면 정보 교환자 간에 통하는 비밀 번호 또는 지문 등의 인식 시스템이 필요하며 이를 위해 미국의 대학과 컴퓨터 소프트웨어 회사, 신용카드 회사 등은 다양한 암호화 기술을 개발을 하였고 새로운 기술을 개발한 상태에 있다.

안전한 상거래를 위하여 필수적인 대금 결제 시스템은 마이크로소프트, IBM 등 컴퓨터 회사들과 비자, 마스터 등 신용카드 회사가 공동 개발 중에 있다. 이른바 사이버 캐시, 디지털 캐시 등으로 통하는 안전한 전자 화폐 개발이 목표이며 문제는 '보안'이라 할 수 있는데, 해커들이 암호화 된 보안 장치를 뚫고 들어올 경우 인터넷상거래 질서가 심각한 어려움에 직면하게 될 것이다. 이들이 암호 코드를 해독하여 개인 정보를 빼내거나 기업 거래 계좌에서 현금을 빼돌릴 경우 인터넷상거래는 큰 혼란에 빠지게 될 것이다. 따라서 아직 실험 단계라 할 수 있는 인터넷상거래의 본격화에는 복제 또는 해독 불가능한 거래 기술 개발이 급선무라 할 수 있다.

상관습 및 법률상의 문제

기존의 상관습 중 네트워크 이용과 비교적 친숙한 것이라면 문제는 적으나, 그렇지 않으면 간단하게 전자화·네트워크화 할 수는 없을 것이다.

온라인 쇼핑의 경우 대상에 따라 주문 시점과 결제 시점의 차이로 인해 여러 가지 문제점이 발생할 수 있으므로, 이에 대한 개선 노력이 뒤따라야 한다. 몇 가지 사례를 예시해 보면 다음과 같다.

디지털 콘텐츠로서 소프트웨어, 음악, 문서 등 네트워크를 통해서 직접 송·수신이 가능한 것은 주문 시점과 지불 시점의 차이가 비교적 적으므로 문제의 소지가 적은 반면, 꽃이나 책과 같이 물리적인 형태를 지니고 있는 '상품'으로써 네트워크상으로 전송할 수 없고 택배와 같은 운송 수단이 필요한 것은 지불 시점을 주문 시로 할 것인지, 상품 수령 시로 할 것인지의 문제가 발생한다. 이는 판매자와 구매자의 신용과도 관계되며, 국경을 초월한 인터넷상거래에서는 많은 문제점을 야기할 수 있다.

그리고 호텔 숙박, 비행기나 선박 탑승권 등의 서비스로 물리적인 형태를 취하지도 않고 배달도 불가능한 것은 과다 예약 접속, 예약자의 불이행, 취소 등의 문제가 발생할 가능성이 있다. 결국, 기존의 상관습을 개선하기 위해서는 거래 형태의 표준화와 작업과 더불어 전자 공증인 등과 같은 인증 제도가 필요하다. 또한, 인터넷 쇼핑몰의 경우 점포 운영비 등이 전혀 없기 때문에 매우 저렴한 가격으로 물건을 판매해 높은 가격 경쟁력을 확보할 수 있으나, 현 상법상에서는 공정거래법에 묶여 파격적인 가격 할인을 할 수 없는 실정이다. 이러한 상황에 대비해서 정부는 인터넷상거래를 활성화시키기 위해 '인터넷상거래 기본법'을 제정하기로 방침을 정하고 있어 법률적인 문제는 빠른 시일 내에 해결될 것으로 전망된다.

이용자의 의식 개선

고객이 인터넷상거래를 어떻게 받아들이느냐 하는 것도 매우 중요한 문제이다. 즉, 인터넷 사용자가 인터넷 쇼핑에 얼마만큼 가치를 두고 있느냐가 중요하다. 그러나 국내의 경우 거의 모든 국민들이 인터넷을 사용하는 현시점에서 인터넷의 성장 잠재력을 무시할 수 없는 것이 현실이다.

인터넷상거래 지불 수단에 대한 수수료 문제

인터넷상거래에 있어 현재 많이 쓰이고 있는 지불 수단인 신용카드의 신용 정보 확인 및 승인에 대한 수수료가 3~5%로 비교적 높다. 따라서 인터넷상거래의 활성화를 위해서는 수수료를 내리거나 전자화폐로 대체되어야 할 것이다.

배송료 부담

현재 택배 서비스업자들은 1건당 2천 원~5천 원 정도의 배송료를 매기고 있으므로, 인터넷 쇼핑몰에서는 최소한 5만 원 이상의 물건을 판매할 수밖에 없다. 이는 소액 거래 위주라는 인터넷상거래의 원래 의미와 상반되는 것이다. 이에 따라 아주 작은 물건은 우편이나 등기를 이용하는 등 다양한 배송 방법을 고려하여야 할 것이며, 대도시 물류 센터를 운영해 다량으로 상품을 확보하고 배송 거리를 최소화하는 방안도 강구되어야 할 것이다. 이와 더불어 고객이 살고 있는 인근 소매점을 유통경로로 이용하는 방법도 강구되어야 할 것이다. 즉, 택배업체는 사전에 계약된 인근 소매점까지 배송하고, 인근 소매점은 주문한 사람이 집에 있는 시간대에 주문자에게 배송하는 방안도 고려해야 할 것이다.

자금 및 마케팅 능력 부족

상당수 국내 쇼핑몰업체가 별다른 인터넷 마케팅 노하우나 자금을 갖추지 않은 채 뛰어들어 소비자 구미를 당기지 못하고 있다. 대한상공회의소 자료에 따르면 국내 사이버 쇼핑몰은 전체(821개 사)의 82.3%가 5명 이하의 인력으로 쇼핑몰을 운영중이고, 월평균 운영 경비로 1천만 원 이상을 쓰는 업체는 12.3%에 불과했다. 업체의 70.1%는 자본금 규모가 1억 원을 밑돌고 있다.

그러나 다행스러운 점은 부족하나마 이상의 문제들에 대한 개선 노력이 진행중이라는 것이다. 무엇보다도 오늘날 우리 경제의 문제 중 하나로 인식되는 '모방의 경제'에 의해 파생된 단기적인 이익에만 급급하며 장기적인 성장을 외면하면 또다시 '샌드위치 코리아'가 될 수 있다. 새로운 세계인 인터넷 환경에 잘 적응하고 발전해 나가기 위해서는 그 어느 때보다도 멀리, 깊고, 넓게 생각하는 지혜가 필요한 때이다.

2. 인터넷 쇼핑몰과 전자상거래

인터넷 쇼핑몰은 사이버 쇼핑몰(cyber shopping mall)이라고도 한다. 인터넷상거래 중 가장 활발하게 진행되고 있는 부분으로, 인터넷의 지속적인 발전 가능성과 사용자가 많다는 점, 그리고 구축비용이 저렴하다는 이유로 등장했다. 사이버 쇼핑몰은 기존 홈쇼핑 방식인 케이블 방송에 비해 경쟁력을 갖추고 있다. 소비자들은 인터넷에 개설된 세계 각국의 가상 상점을 통해 언제 어디서나 원하는 시간에 쇼핑할 수 있고, 유통비용 절감이 가격 하락으로 이어져 싼 가격에 상품을 구입할 수 있다. 또 운영자 입장에서는 쇼핑몰 운영비가 거의 들지 않고, 상권의 제약을 받지 않으며, 소비자의 취향에 맞는 상품 정보를 제공하여 유연성이 있다는 큰 장점이 있다. 반면 카드 수수료가 높고, 시스템 초기 구축에 많은 비용이 소요된다는 점이 인터넷 쇼핑 시장의 활성화를 가로막고 있다.

B2B란?

B2B(또는 B to B)는 Business to Business의 약자로 기업과 기업 간의 상거래를 말한다.

B2C란?

B2C(또는 B to C)는 Business to Customer의 약자로 기업과 소비자 간의 상거래를 의미한다.

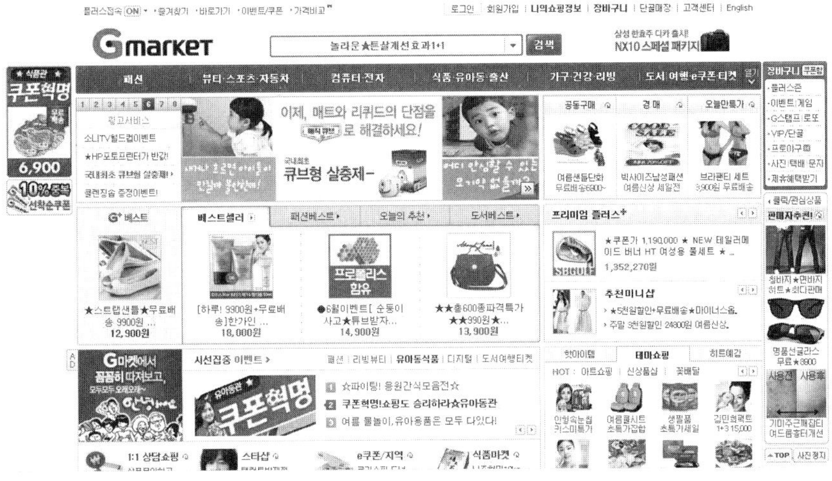

[그림 1-4] G마켓 인터넷 쇼핑몰(http://www.gmarket.co.kr)

인터넷 쇼핑몰의 형태는 크게 3가지로 분류된다.

2.1 종합몰

종합몰은 현대백화점 등 일반 백화점과 같이 운영하는 주체가 제품을 선별하여 입점시키는 형태로 운영된다. 롯대백화점, 현대백화점 등 대규모 자본력과 인지도를 바탕으로 운영이 되어야 하기에 대기업중심의 사업 형태이다. 제품의 경쟁력만 있다면 기본적으로 일정 판매량을 보장받을 수 있다. 대표적인 종합몰은 Hmall, GS Shop, 인터파크 등이 있다.

[그림 1-5] Hmall(http://www.hmall.com)

[그림 1-6] 인터파크몰(http://www.interpark.com)

[그림 1-7] GS Shop(http://www.gsshop.com)

2.2 전문몰

전문몰은 자신이 원하는 쇼핑몰을 스스로 만들어 운영하는 형태이다. 즉, 인터넷 쇼핑몰 운영자가 서버 계정, 도메인명을 구입하고 웹디자인 및 프로그램을 통해 직접 쇼핑몰을 제작하는 것이다. 카페24, 메이크샵 등이 이 범주에 속한다.

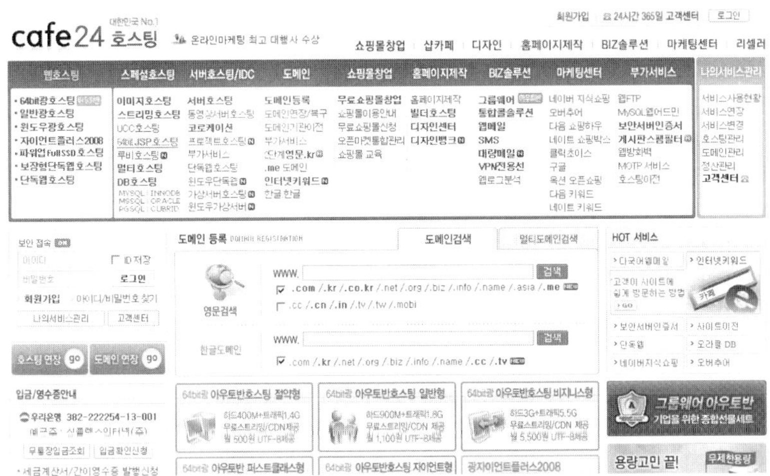

[그림 1-8] 카페 24(http://www.cafe24.com)

[그림 1-9] 메이크샵(http://www.makeshop.co.kr)

2.3 오픈마켓

오픈마켓(Open Market)은 기존의 온라인 쇼핑몰과 다르게 개인 판매자들이 인터넷에 직접 상품을 올려 매매하는 곳이다. 온라인 쇼핑몰에서의 중간 유통 이윤을 생략하고 판매자와 구매자를 직접 연결시켜 줌으로써 기존보다 저렴한 가격으로 판매가 가능하다.

대표적인 오픈 마켓 웹사이트로는 G마켓, 옥션, 11번가 등이 있다. 오픈마켓 쇼핑몰 선택 시에는 개인 판매자들은 자신의 물품을 여러 가지 판매 방식을 통하여 구매자들에게 물품을 판매할 수 있다. 물품의 판매량에 따라 혜택이 다르기 때문에 자신이 판매할 물품과 특성을 고려하여 쇼핑몰을 선택하여야 한다.

[그림 1-10] G마켓(http://www.gmarket.co.kr)

[그림 1-11] 옥션(http://www.auction.co.kr)

[그림 1-12] 11번가(http://www.11st.co.kr)

3. 인터넷을 이용한 e-비즈니스의 소개

3.1 인터넷을 이용한 e-비즈니스의 정의

일반적으로 e-비즈니스란 경쟁력이 있는 비즈니스 모델을 창조하기 위해 '전자적 수단(electronic means)'을 사용, 비즈니스간의 다양한 경영활동을 재정의하는 것이다. 인터넷을 이용한 e-비즈니스란 '인터넷을 매개로 한 제반 거래 행위'로 개념을 규정할 수 있다. 즉, 인터넷을 이용하여 다양한 형태의 상품 및 서비스를 제공하고 그에 대한 보상을 받는 모든 거래 행위를 가리켜 인터넷을 이용한 e-비즈니스라고 부른다. 따라서 어떤 행위가 인터넷 비즈니스에 속하기 위해서는 크게 다음 두 가지 요인을 만족시켜야 한다.

첫째, 모든 e-비즈니스는 고객에게 가치가 있는 무엇인가를 인터넷을 통해 제공해 줄 수 있어야 한다. 그 대상은 다양할 수 있겠으나, 고객에게 아무런 부가적인 가치를 제공할 수 없거나, 인터넷을 통해 제공할 수 없다면 e-비즈니스라고 말할 수 없다. 예를 들어 개인이 순전히 본인의 만족을 위해서만 자신의 홈페이지를 구축하는 것은 e-비즈니스로 볼 수 없다.

둘째, 모든 e-비즈니스는 그 대가를 인터넷을 통해 보상받을 수 있어야 한다. 그 대가의 성격은 금전적이거나 비금전적일 수도 있겠으나 아무런 대가를 바라지 않는 행위는 e-비즈니스라고 할 수 없다. 따라서 개인이 아무런 대가를 바라지 않고 자신의 콘텐츠를 홈페이지에 올려놓는다면 이를 e-비즈니스라고 말하기는 어렵다.

e-비즈니스는 기존의 일반 비즈니스와 겹치는 부분도 있지만 상당한 부분이 차이가 있다.

[표 1-4] 일반 비즈니스와 인터넷 비즈니스의 차이점

구 분	일반 비즈니스	인터넷 비즈니스
기업의 경쟁력	자본, 인력, 토지 등 유형적 자본	지식, 정보, 아이이어, IT 관련 인프라 등 비유형적 지원
제 품	물리적 제약으로 한정된 제품만을 취급	모든 재화 취급 가능
고 객	지리적 제약으로 한정된 고객	전 세계 인터넷 이용자
거 래 공 간	물리적 매장 필요	가상공간 활용

전자상거래와 e-비즈니스의 차이점

전자상거래(EC: Electronic Commerce)를 e-비즈니스와 비슷한 개념으로 자주 쓰고 있는데, 비록 전자상거래와 e-비즈니스는 겹치는 부분이 많지만 서로 다른 점도 많이 존재한다. 전자상거래 중에서 특히 기업 간 전자상거래(B2B)의 경우 인터넷을 사용하지 않는 사례도 많이 있다. 앞으로는 대부분의 기업 간 전자상거래도 인터넷을 기반으로 이루어질 것이며, 전자상거래에서도 디지털 콘텐츠를 중요하게 다루게 될 전망이기 때문에 e-비즈니스와 전자상거래 간의 차이가 향후에는 더욱 좁혀질 것으로 예상된다.

기업의 전략적 차원에서 e-비즈니스의 중요성

닷컴기업의 열풍이 식으면서 대부분의 오프라인 기업들은 인터넷이 기업활동에 별 영향을 미치지 않을 것으로 생각하게 되었다. 하지만 인터넷의 영향력을 과소평가하는 기업은 살아남기 힘들 것이다. GE의 잭 웰치 회장은 “시장의 변화속도가 조직의 변화속도보다 빠르면 죽음이 다가온 것이다.”라고 말했다. 인터넷은 비즈니스와 비즈니스 환경에 엄청난 변화를 가져오고 있다.

인터넷은 기존의 비즈니스 모델을 무력화시켰다. 원가구조를 바꿨으며 구매자와 판매자를 포함해 모든 거래 당사자간의 관계를 재편성시켰다. 이러한 변화 속에서 살아남을 수 있는 방법이 바로 e-비즈니스다. e-비즈니스의 중요성은 다음과 같다.

첫째, e-비즈니스는 가치창출을 통해 경쟁력 있는 비즈니스 모델을 만드는 것이 목표다. 급변하는 경영환경 아래서 기존의 비즈니스 모델을 고집하는 것은 어리석은 일이다. 기업은 고객에게 새로운 가치를 제공하기 위해 부단히 노력해야 한다. 예를 들어 백과사전 시장은 큰 변화를 겪었다. 인터넷의 출현으로 브리태니커 백과사전은 대부분의 제품을 웹을 통해 무료로 제공하고 있다. 브리태니커가 생존하기 위해서는 새로운 가치를 끊임없이 창출하고 있는 것이다.

둘째, e-비즈니스는 컴퓨터 인터넷 등 전자적인 수단을 사용해 비즈니스 관계와 활동을 재정의한다. 기존의 비즈니스 관계 및 경영활동을 전자적으로만 수행하는 것이 아니라 전자적인 수단의 특성을 최대한 활용해 비즈니스 관계 및 활동을 새롭게 정의한다는 것이다. 예를 들어 델컴퓨터의 경우 생산된 제품을 단지 인터넷을 통해 판매하는 것 뿐 아니라 인터넷을 통해 고객이 직접 제품을 디자인할 수 있도록 판매활동을 재정의했다.

셋째, e-비즈니스는 다양한 비즈니스 관계에 적용된다. 기업과 기업 간(B-to-B), 기업과 고객 간(B-to-C), 고객과 고객 간(C-to-C), 기업 내(intra-organizational) 등 비즈니스에서 일어날 수 있는 모든 관계에 적용된다. 대부분의 기업이 고객과의 관계에만 치중하는 경향이 있는데 기업과 고객 간의 관계에만 인터넷을 적용하는 경우 기대했던 효과를 얻기가 어렵다. 가령 아마존닷컴의 경우 인터넷을 통한 고객과의 관계에서는 새로운 가치를 창조했지만 출판사와의 관계와 기업내부의 재고 및 물류 문제로 인해 많은 어려움을 겪고 있다.

한국의 많은 기업들도 웹을 통해 제품을 판매하는 시스템은 갖추었지만 이를 뒷받침할 만한 지원 시스템(back office system)이 갖춰지지 않은 경우가 대부분이다.

따라서 e-비즈니스는 공급사슬(supply chain)상의 기업과의 관계와 기업 내의 관계 등에도 적용되어야 한다.

④ e-비즈니스는 비즈니스의 다양한 경영활동에 적용된다.

e커머스가 상거래에 적용된다면 마찬가지로 e-비즈니스는 모든 경영활동에 적용될 수 있다.

웹을 통해 정보를 제공하고 제품을 판매하는 것이 e-비즈니스의 모든 것으로 생각하는 경우가 종종 있다. 하지만 e-비즈니스는 상거래 방법뿐 아니라 조정(coordination), 의사소통(communication), 커뮤니티(community) 활동, 정보(contents) 활용 등에도 큰 영향을 미친다.

델컴퓨터는 생산계획을 부품공급업체와 공유함으로써 생산계획의 변화에 따른 두 기업 간의 조정을 최소화시켰다. 마이크로소프트는 기업 내의 모든 의사소통을 이메일로 함으로써 비용절감 효과뿐 아니라 더욱 원활한 의사소통이 가능하게 되었다.

시스코시스템즈는 고객 커뮤니티를 활용해 고객들이 서로 제품 관련 문제를 해결할 수 있도록 하였다. 또 아마존닷컴은 고객정보를 분석한 뒤 고객에게 맞춤정보를 제공한다.

이러한 다양한 활동이 상호 유기적으로 연결되어야만 e-비즈니스는 소기의 성과를 달성할 수 있다.

결론적으로 e-비즈니스는 선택이 아니라 필수이다. e-비즈니스를 성공적으로 도입하기 위해서는 e-비즈니스를 보다 넓은 시각에서 바라보아야 하며 기업의 전략적 차원에서 접근하여야 한다.

e-비즈니스 성공 요건

e-비즈니스를 도입하는 많은 기업들이 기대했던 효과를 얻지 못하는 경우가 많다. 이에 실망하여 더 이상 e-비즈니스에 투자를 하지 않는 기업들도 의외로 많다. 그렇다면 왜 기대했던 효과를 얻지 못한 것일까? 이에 대한 해답을 e-비즈니스를 성공적으로 도입한 기업들의 공통점을 살펴봄으로써 찾아보고자 한다.

e-비즈니스를 성공적으로 도입하기 위해서는 고객 중심으로 비즈니스를 재편해야 한다.

고객에게 가치를 제공하기 위해 속도(speed), 네트워크(network), 지식(knowledge) 중심으로 통합(integration) 경영을 해야 한다. 우선 e-비즈니스를 성공적으로 도입하기 위해서는 비즈니스가 고객 중심으로 재편되어야 한다. 그간에도 고객중심의 경영이라는 모토 아래 기업들이 비즈니스를 했지만 e-비즈니스 시대에서는 한 차원 높은 고객중심의 경영이 이루어져야 한다.

인터넷의 발전은 세계화를 가속화하고 무한경쟁의 시대를 앞당겼다. 이 시대에서 기업은 경쟁자보다 한발 앞서 고객에게 가치를 제공하여야만 살아남을 수 있다. 또한 인터넷을 통한 고객간의 원활한 교류는 고객에게 더 많은 힘을 실어주고 있다.

고객은 더 이상 약자가 아니라 강자이다. 즉, e-비즈니스 시대는 고객이 원하는 제품을 원하는 시간에 원하는 장소에서 원하는 가격에 판매하는 시대이다.

이러한 상황에서 기업은 어떻게 변하여야 하는가? 우선 기업의 프로세스 및 서비스를 제품 중심이 아닌 고객 중심으로 재편하여야 한다. 예를 들어 은행 보험사 증권사 등은 각각 서로 다른 제품 및 서비스를 제공한다. 하지만 고객의 입장에서는 개인 자산관리문제를 해결하는 데 필요한 같은 서비스를 제공하고 있는 것이다. 아울러 기업은 개인의 다양한 요구를 충족시키기 위해서 다양한 제품 및 서비스를 제공하여야 하며 다양한 거래조건도 제시하여야 한다. 그리고 개인의 취향에 맞는 맞춤 제품 및 서비스를 제시해야 한다.

고객 중심으로 비즈니스를 재편하기 위해서는 다음 세 가지 요소가 필수이다.

첫째, 비즈니스가 속도 중심으로 재편되어야 한다. 기술의 발달로 신제품이 쏟아져 나오고 고객의 새로운 요구가 끊임없이 나타난다. 이러한 상황 속에서 경쟁자보다 한발 앞서 고객의 요구를 충족시킬 수 있는 서비스를 제공하는 기업만이 살아남는다. 인터넷의 발달로 고객에게 '빠르다'는 '즉시(real-time)'를 의미한다. 예를 들어 인터넷을 통해 증권투자자는 주가정보를 실시간으로 확인하고 거래를 할 수 있다. 이러한 경험은 고객의 기대수준을 높여 오프라인 기업에게도 이러한 수준을 기대하게 되었다.

둘째, 비즈니스가 네트워크 중심으로 재편되어야 한다. 인터넷은 네트워크의 세계를 열었다. "네트워크의 역학을 이해하는 것이 신경제의 역학을 이해하는 것이다."는 말이 있다. 기업은 공급자와 제휴사 등 다양한 비즈니스 파트너와의 네트워크와 고객 네트워크를 효과적으로 관리하여야 하며 이러한 네트워크 관리가 기업의 성패를 좌우한다고 해도 과언이 아니다.

셋째, 비즈니스가 지식중심으로 재편되어야 한다. 정보기술 특히 인터넷의 발전으로 기업은 방대한 양의 비즈니스 관련 데이터를 수집할 수 있게 되었다. 예를 들어 고객의 기업 홈페이지 방문은 기업의 서버에 기록된다. 기업은 이러한 데이터를 분석하여 지식화 할 수 있는 인프라를 갖추어야 한다. 앞에서 언급한 비즈니스의 재편이 제대로 이루어지려면 비즈니스 프로세스와 시스템 간의 통합이 필수적이다. 예를 들어 판매사슬관리, 고객관계관리, 전사적 자원관리, 공급사슬관리 등이 통합되어 있지 않다면 e-비즈니스를 통해 기대하는 효과를 얻기가 어려울 것이다.

기업들이 이 같은 통합의 어려움을 간과하고 e-비즈니스 도입을 추진하다 실패하는 경우가 허다하다. e-비즈니스 도입이 성공하기 위해서는 기업이 총체적으로 변하여야 한다. 이러한 변화와 노력 없이는 e-비즈니스는 한낱 허상에 불과하다.

e-비즈니스의 특성

e-비즈니스는 인터넷이 지닌 특성에 의하여 현실 세계와는 다르거나 현실 세계에서는 구현하기 어려운 것을 가능케 하는 몇 가지 특성을 지니고 있다. 이러한 특징은 고객에게 소구할 수 있는 가치의 생산과 유통 과정의 변화라는 관점에서 살펴볼 때 가장 명확히 드러날 것이다. e-비

즈니스가 활성화하면서 가치의 생산과 유통 과정에서 일어나는 중요한 변화를 보면 다음과 같은 것들이 있다.

① 생산과 유통 과정에서 정보와 물류가 분리된다.

② 유통 과정에서 중간상이 약화된다.

③ 가치 사슬에서 특정 부분만을 담당하는 새로운 형태의 비즈니스가 출현한다.

④ 정보를 중심으로 가치 창출 전 과정에 걸친 기업들이 결합된 가상 조직이 만들어진다.

3.2 e-비즈니스의 유형

e-비즈니스의 유형은 제품 및 서비스가 교환되는 상거래에 있어 거래의 쌍방, 즉 판매자와 구매자가 누구이며, 비즈니스가 상거래에서 차지하는 역할이 무엇이냐 하는 것에 따라 다르다. e-비즈니스는 판매자와 구매자가 기업이냐 소비자이냐에 따라 B2B(Business to Business), B2C(Business to Customer), C2C(Customer to Customer) 세 가지 거래 유형으로 분류할 수 있다. B2B는 판매자와 구매자 모두 기업인 경우이고, B2C에서는 판매자가 기업이고, 구매자가 소비자인 경우이다. C2C는 판매자와 구매자가 모두 소비자인 경우로서 이베이의 홈페이지와 같은 경매 사이트에서 많이 볼 수 있다. 하지만 분석의 편의상, 그리고 기존의 관례에 따라 C2C를 B2C에 포함시키기로 한다.

따라서 e-비즈니스는 거래의 쌍방 주체가 누구이냐에 따라 B2B 관련 비즈니스와 B2C 관련 비즈니스로 양분할 수 있다. 이때 e-비즈니스는 B2B의 경우 자신이 직접 구매나 판매를 하는 업체일 수 있고, 혹은 판매자와 구매자 사이의 중간상일 수도 있다. B2C의 경우 e-비즈니스는 주로 소비자에게 자신의 제품 및 서비스를 직접 판매하는 제조업체, 인터넷 쇼핑몰과 같은 인터넷 소매상, 또는 기업과 소비자, 소비자와 소비자 간의 거래를 중개하는 중개업자 등이다.

B2C 관련 e-비즈니스

B2C 관련 e-비즈니스는 소비자를 대상으로 하는 비즈니스로 자신이 소비자에게 판매하느냐 아니면 중개만 하느냐에 따라 판·구매형 비즈니스와 중개형 비즈니스로 나눈다. B2C 판·구매형 비즈니스에는 소비자에게 자사의 제품 및 서비스를 직접 판매하는 제조업체와 제조업체로부터 제품 및 서비스를 구매하여 소비자에게 이를 재판매하는 인터넷 소매상이다. 제조업체 직판은 제조업체와 소비자 사이에서 당연히 자사의 이득을 대변할 수밖에 없기 때문에 편향적인 비즈니스 모델이라고 보아야 한다. 반면 인터넷 소매상은 제조업체로부터 구매하여 소비자에게 재판매하는 과정에서 제조업체와 소비자 양측 모두로부터 독립적이기 때문에 중립적인 비즈니스라고 할 수 있다.

B2C 중개형 비즈니스는 판매자와 구매자 간의 거래를 매치시켜 주고 중개 수수료를 주 수입원으로 하는 비즈니스로 구매자가 소비자인 경우

[그림 1-13] 이트레이드 증권(http://www.etrade.co.kr)

이다. 중개업자가 판매자와 구매자 양측으로부터 완전히 독립적인 제3자인지 아니면 어느 한쪽의 이익을 우선하는지에 따라 중립적인 B2C 중개형 비즈니스와 편향적인 B2C 중개형 비즈니스로 나뉜다. 전자의 예로는 인터넷 경매 사이트, 사이버 증권사 등을 들 수 있고, 역경매나 공동구매 사이트는 후자, 그 중에서도 구매자 지향적인 비즈니스의 예이다.

B2B 관련 e-비즈니스

B2B 비즈니스는 기업 간 거래에 관여하는 비즈니스로서 자신이 판매 또는 구매하는 주체일 수도 있고, 단순 중개업자일 수도 있다. 전자의 경우가 B2B 판·구매형 비즈니스이고, 후자가 B2B 중개형 비즈니스이다. B2B 판·구매형 비즈니스는 B2C의 경우와 같이 자신이 자사의 제품을 직접 판매 또는 부품 및 업무 용품을 공급업체로부터 직접 구매하는 기업인 경우와 공급업체로부터 부품 및 업무 용품을 구매하여 이를 기업에게 재판매하는 머천트로 나뉠 수 있다.

전자는 당연히 부가가치의 기준을 자사의 거래 비용 감소에 두기 때문에 편향적인 비즈니스이고, 후자는 중립적이라고 할 수 있다. B2B 머천트는 인터넷 소매상의 B2C 버전(version)이라 할 수 있는데, 현실에서 보기 힘든 비즈니스 모형이다.

B2B 중개형 비즈니스는 기업 간의 거래를 중개해 줌으로써 중개 수수료를 주 수입원으로 하는 유형이다. 중개의 혜택이 판매자와 구매자 양자에 걸쳐 중립적으로 분배되는지 아니면 어느 한쪽에 편중되어 나타나는지에 따라 중립적인 비즈니스와 편향적인 비즈니스로 나뉜다. 중립적인 비즈니스는 판매자와 구매자 양측이 모두 다수의 소규모 집단으로 구성되어 있는 나비형 산업구조에 자주 볼 수 있다. 반면, 어느 한쪽이 소수의 대규모 기업으로 구성되어 있고 반대쪽은 다수의 소규모 기업이 분산되어 있는 피라미드형 산업구조에서는 중개형 비즈니스는 편향적일 가능성이 더 높다. 피라미드형 산업구조하에서는 소수의 대기업이 자사의 구매 과정을 아웃소싱하거나 상대적으로 협상력이 약한 다수의 중·소기

[그림 1-14] 제조, 덤핑, 도소매 유통업체들이 상품을 사고파는 온라인 도매시장 나까마 (http://naggama.co.kr)

전자상거래의 거래 주체는 소비자(customer)와 기업(business), 정부(government)이다. 이들 거래 주체별로 전자상거래의 유형을 분류해 보면 누가 누구에게 상품을 팔 것인지를 생각하면 알 수 있다. 이 분류에는 '기업 대 기업(B to B)', '기업 대 소비자(B to C)', '소비자 대 기업(C to B)', '소비자 대 소비자(C to C)', '정부 대 기업(G to B)', '정부 대 소비자(G to C)'로 나눌 수 있다.

업의 구매력이나 판매력을 통합하여 이들의 지위를 강화시켜 줄 수 있는 중개형 비즈니스에 대한 수요가 더욱 크기 때문이다.

3.3 상거래 관점에서 e-비즈니스 절차

상거래 관점에서 e-비즈니스 절차(B to C 관점)는 상품의 광고나 전시, 상품 선택, 상품의 전달, 대금 지불로 구성되어 있으며 이러한 인터넷상거래의 각 거래절차에 가장 필수적인 것은 사용자의 개인정보에 대한 보안이 확실하게 이뤄져야 한다.

소비자는 우선 자신이 구입하고자 하는 상품이나 서비스가 제공되고 있는 웹사이트에 접속한 뒤 취향에 맞는 상품을 고른다. 상품을 고른 후 소비자가 신청 서식을 통해 사이트나 가상 상점 운영자에게 거래를 요청하면 운영자는 인증국(Certificate Authority)에 거래 요청자가 본인이며 믿을 만한지를 확인 요청을 하게 되며(인증국은 사업자와 이용자의 정당성을 법적으로 담보해 주는 기관으로 국가의 관리를 받는다), 인증국으로부터 거래 인증을 받은 운영자는 거래 요청을 승낙하고 이용자에게 상품 대금 지불을 요청한다. 대금은 대부분 신용카드를 통해 지급되며 미국의 경우는 가상 은행(Virtual Bank)에서 발행하는 전자 화폐가 시험적으로 이용되고 있기도 한다. 대금 지불이 완료되면 상품은 소비자에게 택배 회사를 통하여 배달된다.

상품의 광고 및 전시(정보 교류)

공급자는 광고와 마케팅 등 효과적인 통신 수단을 통해 자사의 제품과 서비스를 고객에게 알리고, 고객과 관련된 정보를 수집해야 한다. 구매자는 필요로 하는 제품에 대한 정보를 수집하고 비교하여 원하는 제품의 구입 여부를 결정한다.

① 매장 임대(서버 구축)

24시간 365일 개방되어 있는 무한 경쟁 시대로의 진입을 의미한다. 웹 서버에 여러 가지 상품에 관한 가격, 규격, 구조, 특성 등의 자료를 가지고 있다. 자사의 쇼핑몰에 접속한 고객들에게 상품 관련 정보를 제공한다.

② 인테리어(웹 사이트 디자인)

디자인은 시각적인 이미지는 물론 전체 사이트의 구조를 구성하는 데에도 매우 세심하게 배려해야 한다. 한 네티즌이 특정한 사이트에 방문하여 그가 원하는 정보를, 혹은 상품을 얼마나 쉽게 찾아낼 수 있는지가 관건이다.

[그림 1-15] 지오다노 홈페이지(http://www.giordano.co.kr)

상품 선택

구매자들은 다양한 인터넷 쇼핑 사이트들 중에서 자신이 원하는 상품을 최적의 가격으로 구매하기를 원하면서 동시에 실제 쇼핑을 할 때처럼 다양한 상품들을 비교하여 구매할 수 있기를 원한다. 이처럼 구매자들이 원하는 상품 이름을 입력하면, 인터넷 쇼핑사이트를 돌아다니면서 판매중인 상품 정보를 찾아 가격 및 다양한 상품 서비스를 비교 구매할 수 있도록 도우미 역할을 해주는 쇼핑에이전트 즉, 에누리 닷컴(http://www.enuri.com), 오미(http://www.omi.co.kr) 등의 사이트를 이용한다.

주문

필요한 상품을 고른 구매자가 거래 신청서를 통해 가상 상점 운영자에게 팔 것을 요청하면, 공급자는 인증국(CA: Certificate Authority)에 거래 요청자가 본인이고 믿을 만한 사람인지를 가려줄 것으로 요구한다.

[그림 1-16] 가격 비교 오미 사이트(http://www.omi.co.kr)

인증

전자상거래가 이루어지는 과정상에서 법적 효력을 갖게 하는 것으로 공급자가 측에서 구매자가 거래 대금을 지불할 사람인가 혹은 제품을 사기로 요청한 사실이 있는가를 확인해 주는 행위이다. 인증은 크게 사용자 인증과 메시지 인증으로 구분할 수 있다. 일반적으로 인증이라 함은 사용자 인증을 말하는 것이며, 메시지 인증은 무결성으로 대치될 수 있다.

① 사용자 인증

원격지에서 접속한 사용자가 정당한 사용자임을 증명하는 것이다.

② 메시지 인증

원격지에서 전송된 메시지가 위 · 변조되지 않았음을 증명하는 것이다.

대금 결제

인증국으로부터 구매자에 대한 신용 인증이 떨어지면 상점 운영자는 구매자의 거래 요청을 승낙한 뒤 대금을 지불할 것을 요구한다. 국내에서는 SSL(Secure Socket Layer) 프로토콜을 이용한 신용카드 결제가 주류를 이루고 있으며 인증 서비스는 SET(Secure Electronic Transaction) 프로토콜의 정착과 더불어 이루어진다. 실질적으로 카드 결제에 관한 인터넷 환경에 익숙하지 않은 많은 방관자들의 염려와는 달리 보안 사고로 인한 문제라든지 카드 남용에 의한 치명적인 손해와 같은 사고는 거의 발생하지 않고 있다. 설령 피해가 발생하더라도 일회성에 그칠 수밖에 없으므로 보안문제에 관한 한 인터넷상거래를 저해하는 신뢰의 문제에서 어렵지 않게 벗어날 수 있으리라 여겨진다.

① 전자지불의 종류

전자지불은 전자상거래에서 교환 가능한 경제적 가치를 제공하는 요소이다. 그 종류에는 전자 수표, 신용카드, 전자자금이체, 전자현금, PG(전자결제 대행 서비스: Payment Gateway) 등이 있다.

② 지불 브로커 시스템

실세계의 상거래 환경에서 현재 널리 사용되고 있는 신용카드, 은행계좌 등의 지불 수단을 기반으로 사용자와 판매자 사이의 대금 결제를 안정하게 대행해 주는 시스템이 지불 브로커 시스템이다. 사용자는 판매자를 직접 보면서 상품을 구입하는 것이 아니기 때문에 대금을 지불하고도 물건을 받지 못하는 것과 같은 인터넷 사기가 발생할 소지가 있다. 이런 문제를 구매자와 판매자 사이에 지불 브로커를 두고 거래를 함으로써 이와 같은 문제점을 해결하도록 하고 있다. 또한 신용카드를 이용한 거래가 이미 정착되고 있어 현재 많이 이용되고 있는 현실성 있는 지불 시스템으로 평가된다.

상품 배달

대금 지불이 완료되면 실제 상품은 고객에게 제공된다. 디지털 상품은 네트워크를 통하여 제공하며, 물리적 상품의 경우는 운송 업체를 통하여 물품을 제공한다. 주문한 상품을 고객에게 정확한 날짜에 정확한 장소로 배달해 주는 것은 인터넷상거래에서의 경쟁력 제고에 반드시 필요하다. 주문된 상품을 고객에게 효과적으로 전달하려면 고객이 주문한 상품에 대한 처리, 재고 현황 파악, 고객에게 전달될 상품에 대한 정보 제공, 시스템과 통합된 효율적 상품 배달 체계를 갖추어야 한다.

애프터서비스 및 지원

구매자는 제품이나 서비스에 대한 추가적인 제품 회사의 지원을 필요로 한다. 공급자는 미래의 다른 고객에게 제공할 상품의 디자인을 위하여 자사의 제품을 사용하는 고객의 기호를 면밀히 파악해야 한다.

CHAPTER 2

마케팅의 등장 및 개념 소개

1. e-마케팅의 등장과 마케팅 커뮤니케이션의 변화

마케팅을 둘러싼 환경의 변화에 따라 종래의 마케팅 패러다임(paradigm)이 흔들리면서 퍼스널 마케팅(Personal Marketing), 사이버 마케팅(Cyber Marketing), 데이터베이스 마케팅(Database Marketing), 텔레마케팅(Tele Marketing) 등 여러 가지 새로운 마케팅 개념들이 대두되고 있다. 용어상으로는 서로 혼란을 주고 있을지 몰라도 사실 이들은 공통된 배경에서 출발하였으며, 또한 그 의미하는 바도 동일하다고 볼 수 있다.

이러한 마케팅 패러다임의 전환을 가져온 가장 큰 요인은 바로 정보기술 혁신에 바탕을 둔 커뮤니케이션(communication) 및 거래 하부 구조의 변화를 들 수 있다. 통신 속도의 비약적 향상과 멀티미디어 형식의 정보 전달 등은 PC와 정보 제공 Host와의 연결 방식과 데이터베이스 처리 기술이 발달하고 On-line 결제 수단(신용카드)의 보급 등은 정보 비용 하락과 상호작용적 커뮤니케이션의 증대를 가져오게 되었다. 이는 소비자의 다양화 · 개성화 경향과 맞물리면서 과거에는 거래 비용 때문에 불가능했던 고객에 대한 개별 대응, 즉 매스 커스터마이제이션(Mass Customization: 고객 개개인의 욕구에 대한 개별적 대응) 기반에 근거한 일대일 마케팅, 퍼스널 마케팅 시대를 열고 있으며 매스 마케팅(Mass Marketing)을 점차 무대 뒤로 몰아내려 하고 있다.

이러한 새로운 환경에서는 누가 더 많은 고객을 확보하고 유지하는가가 중요한 경쟁력의 원천이 되며, 이를 위해 기업들은 보다 장기적인 관점에서 기업과 고객의 계속적인 관계를 유지시킬 수 있는 시스템 즉, 새로운 고객의 창출과 고객의 유지를 위한 관계 마케팅(Relationship Marketing)을 필요로 하게 되었다.

1.1 마케팅 커뮤니케이션의 변화

전통적인 마케팅 커뮤니케이션

일반적으로 마케팅 커뮤니케이션의 역할 및 중요성은 당시의 경제적 활동의 양상에 따라 주로 결정되어진다. 먼저, 소품종 소량 생산의 초기 경제 사회에서의 주요 커뮤니케이션 수단은 주로 생산자(혹은 생산자의 대리인)와 소비자 간의 직접적인 대면에 의해 이루어졌으나, 산업혁명으로 인하여 대량 소비를 기초로 한 소품종 대량생산의 산업사회로 경제 구조가 전이됨에 따라 마케팅 커뮤니케이션은 정보를 대량으로 다수의 대중에서 전달해 줄 매개체를 필요로 하게 되었다. 산업사회에서 사용되었던 마케팅 커뮤니케이션의 대부분은 일 대 다수(one to many)의 커뮤니케이션 논리를 따르고 있기 때문에 기업에 관한 일방적인 메시지를 최대의 불특정 다수에게 전달하는 것을 주요 목표로 삼게 되었다. 그래서 TV나 신문과 같은 매체가 발달하게 되었다고 할 수 있다.

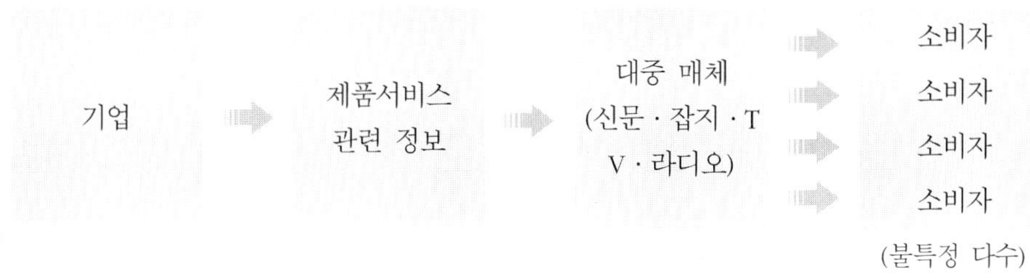

[그림 2-1] 전통적인 마케팅 커뮤니케이션

정보화 사회에서의 마케팅 커뮤니케이션

최근의 정보혁명으로 시작된 정보화 사회는 다품종 소량생산이라는 본질적인 경제적 구조의 변화를 추구함으로써, 마케팅 커뮤니케이션도 전통적 4대 매체를 통하여 불특정 다수의 대중에게 일방적이고도 획일적인 메시지를 전달하기보다는 특정 소수를 위한 상호작용적이면서도 가변적인 메시지를 전달할 필요성을 절실히 느끼게 되었다. 이러한 배경에서 등장한 것이 바로 다음 [그림 2-2]에 정리되어 있는 새로운 마케팅 커뮤니케이션 모델이다.

소비자도 정보의 일방적인 수용자의 입장이 아니라 정보의 제공자의 역할을 담당하게 되며, 기업도 일방적인 정보의 제공자가 아니라 정보의 수용자의 입장으로도 변하게 되는 쌍방향성이 가장 큰 변화라고 할 수 있다.

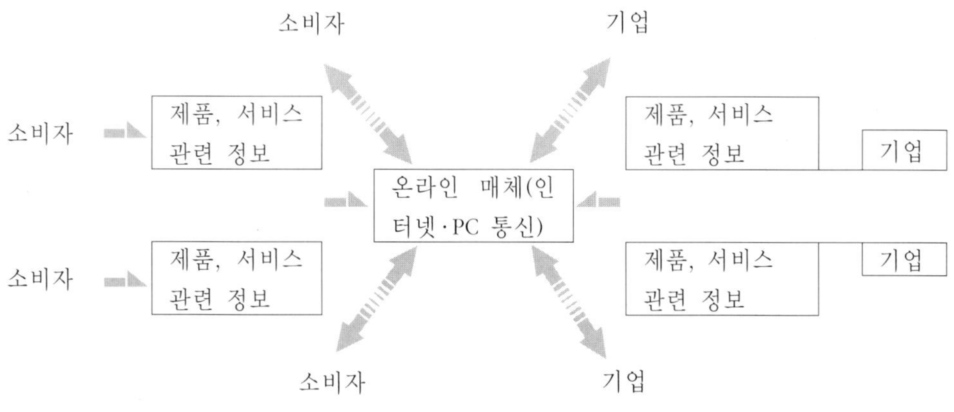

[그림 2-2] 정보화 사회에서의 마케팅 커뮤니케이션

1.2 e-마케팅 커뮤니케이션에서 정보의 중요성

풍부한 정보는 소비자 행동에 큰 영향을 미친다. 광고와 같이 간단한 정보는 소비자의 태도 형성에 도움을 주는 정도이지만, 풍부한 정보는 행동을 변화시킬 수 있다. 마케팅의 궁극적인 목표는 소비자의 행동 변화를 통한 매출 증대와 수익 창출이다.

e-마케팅은 많은 사람들에게 원하는 행동을 촉발하게 하는 능력을 발휘할 수 있는 효과적인 마케팅 수단인 것이다. 그러나 아무리 정보가 풍부하고 도달 능력이 탁월하더라도 비용 효율성이 낮으면 소용이 없다. 인터넷이 풍부성과 도달성을 모두 충족시키는 마케팅 수단이라고 말하는 이유는 다른 수단들과 비교해 볼 때, 매우 저렴한 비용으로도 풍부한 정보를 많은 사람들에게 효과적으로 전달할 수 있기 때문이다.

디지털 정보의 저장 비용은 컴퓨팅 비용에 영향을 받고, 정보의 도달성은 네트워크의 크기에 영향을 받는다. 앞에서 알아본 대로, 무어의 법칙에 의해 컴퓨팅 비용은 계속 낮아지고 있으며, 메카프의 법칙에 의해 네트워크는 계속 커지기 때문에 풍부성과 도달 능력은 추후에도 계속 증가할 것이다. 따라서 앞으로 디지털 콘텐츠와 네트워크 이용에 역량이 있는 기업과 그렇지 않은 기업과의 격차는 앞으로 더욱 더 벌어질 것으로 예상된다.

인터넷이 정보의 풍부성과 높은 도달률을 가능케 해주는 훌륭한 수단임에는 틀림없다. 그러나 콘텐츠나 정보 전달 환경에 따라 풍부성은 크게 차이날 수밖에 없다. 에반스와 울스터(Philip Evans and Thomas Wurster)는 인터넷을 이용한다고 해서 무조건 풍부한 정보를 전달할 수 있는 것이 아니라 다음의 e-마케팅에서 정보의 풍부성의 여섯 가지 조건이 충족되어야 한다고 주장했다.

대역폭

여기서 대역폭이란 한정된 시간 내에 얼마나 풍부한 정보를 보낼 수 있는가를 의미한다. 예를 들어, 주식 시세와 같이 간단한 문장으로 구성된 정보는 협대역(narrow band)을 사용해도 풍부함이 보장되지만 온라인 영화의 경우에는 광대역(broad band)이 아니면 도저히 전송할 수 없다.

바꾸어 말하면, 영화와 같은 멀티미디어 콘텐츠는 그 자체로서는 매우 풍부한 정보이지만, 정보가 뒤떨어진 외국처럼 전화, 모뎀과 같은 협대역을 사용하는 정보이용자들에게는 다양한 콘텐츠 전달 자체가 어려워 풍부한 정보를 제공할 수 없다.

정보의 개인화 정도

오프라인 매장 상황에서 판매원이 주는 정보를 생각해 보면, 그 판매원은 대개 고객 한 사람만을 상대하면서 개인화 된 정보를 전달하게 된다. 예를 들어 판매원은 고객의 외관이나 대화에서 성별, 나이, 취향 등은 물론 고객이 갖고 있는 요구까지 파악할 수 있으며 이러한 정보를 토대로 그 고객에 적합한 상품을 추천하게 되는 것이다. 이와 같이 자신에게 보다 적합한 정보를 접하게 될 때 고객은 그 정보가 풍부한 정보라고 느끼게 되는 것이다.

정보 제공자와 정보 이용자 간의 상호 작용성

소수의 사람간에 상호 의견 교환이 이루어지는 가운데 전달되는 정보는 상대방의 정보 요구를 충족시키는 정보이므로 풍부한 정보라고 느껴질 수 있다. 그러나 TV나 신문과 같은 대중 매체를 이용한 정보는 일방적인 정보이므로 전달되는 정보가 개인의 정보 욕구와 일치하지 않을 경우가 많아 풍부한 정보가 될 수 없는 경우가 많다.

즉, 개인의 정보 욕구가 충족될 때 우리는 풍부한 정보라고 생각하게 되는 것이며, 이러한 정보 욕구가 충족되기 위해서는 정보 전달자와 피전달자 간의 상호 대화는 필수적인 것이다.

정보의 신뢰성

신뢰할 수 없는 정보는 아무리 많이 전달되어도 이용되지 않는다. 낯선 많은 사람들 가운데 떠도는 정보는 검증을 거쳐야만 신뢰하게 되는 것이다. 그러나 구성원간의 신뢰가 바탕이 된 소수의 그룹에서 아는 사람들에게만 전달되는 정보는 신뢰할 수 있는 정보가 되는 것이다.

보안성

자신에게 맞추어진 정보는 남들에게 널리 전달되면 안 될 경우가 많다. 개인 정보에 대한 보안이 지켜지지 않는 웹 사이트는 아무리 많은 정보를 주고받을 수 있더라도 결국 개인의 욕구를 표출하거나 신뢰를 할 수가 없다.

최신 정보

시간이 지난 정보는 아무리 많은 정보라도 가치가 떨어진다. 증권과 같은 금융정보의 경우 항상 최신 정보가 전달되어야 한다. 물론, 여러 가지 분석을 위하여 과거의 정보가 필요한 경우도 많지만 이 역시 최신 정보가 없으면 소용이 없다.

2. e-마케팅 커뮤니티의 중요성 및 전략

2.1 e-마케팅 커뮤니티의 중요성

많은 마케팅 이론가들은 매스마케팅→타깃마케팅→원투원마케팅의 흐름도의 개념은 전개하고 있지만 현실적으로 매스마케팅+타깃마케팅+원투원마케팅의 복합적 상황이 함께 진행한다.

네티즌들은 분명히 자신에게 맞는 맞춤형 정보에 대해서 갈구하고 있으며 자신과 적합하지 않은 정보나 광고에 대해서는 거부감을 느끼게 될 것이다. 하지만, 한편으로는 자신의 관심영역과 동질적인 집단에 대한 소속감과 공유의식을 사이버 공간에서 느끼고자 하는 욕구 또한 더욱 강력해질 수 있다.

인터넷에서도 웹 이전에 이러한 2개의 양분되어 보이는 기능을 각각 다른 툴들이 담당하고 있었다. 개인화(personalization)의 기능은 이메일(e-mail)이, 커뮤니티(community)의 기능은 블로그(blog), 채팅(chatting), 사설게시판(BBS) 등이 그 역할을 수행해 왔다.

요즘은 포탈(potal)화의 경향이 대세로 자리잡아감에 따라 이러한 기능들의 통합적 요구가 절실해지고 있으며, 어떤 이들은 포탈서비스의 출발점을 커스터마이제이션(customization)으로, 지향점을 커뮤니티로 보기도 한다. 요약하자면, 기업은 이러한 커뮤니티를 능동적이고 적극적으로 형성·지원함으로써 보다 자연스럽게 저렴한 비용으로 고객의 요구를 파악하고 이를 시장 부화기(Market Incubator)로 활용할 수 있게 된다.

2.2 e-마케팅 커뮤니티의 특징

가상공간을 활용한 공동체는 기존의 물리적 세계에서의 공동체와 동질성 및 차별성을 지니게 된다. 여기서 전제로 하는 것은 이러한 가름이 공동체의 본질 자체에 대한 차이를 의미하는 것은 아니라는 점이다. e-마케팅도 마케팅의 본질을 왜곡하지는 않듯이 가상공동체 또한 공동체가 지닌 본질을 벗어나지 않는다.

인터넷을 활용한 가상공동체와 기존 공동체의 차별성에 대해 살펴보기로 하자.

시공간적 한계를 극복

친목회, 동창회, 포럼, 연예인 팬클럽 등 기존의 공동체는 동기성(synchronous)을 지니고 있으며 공간적 제약을 받기 쉽다. 사람들은 한 장소에 모여서 서로간의 관심사에 대해 이야기하고 일정한 시간이 지나면 헤어지게 마련이다. 고등학교 동창회를 하는데 미국에서 한국까지 건너올 사람은 극소수일 것이다.

가상공동체는 이에 비해 동기성과 비동기성(asynchronous)을 함께 지니고 있다. 실제로 페이스북(facebook) 등이 그 예이다. 가상공동체에 있어 동기성을 지원하는 툴로서는 채팅방 등이 있으며, 비동기성을 지원하는 툴로서는 웹게시판, 이메일 등을 들 수 있다.

DB의 축적/검색성과 매스 커스터마이제이션의 활용

과거에 읽었던 교지의 내용을 다시 읽고 싶다거나 동기생의 연락처를 알고 싶다면 앞으로는 이러한 학교공동체의 홈페이지를 들어가서 검색해 보는 것이 가장 좋은 방법이 될 것이다. 또 자신의 직장 주소가 바뀌었을 때도 스스로 업데이트를 할 수 있다면 기존의 동창회 주소록과는 다른 장점을 가질 수 있다. 이메일을 통해 오프라인의 동문회 개최를 알릴 수 있다면 기존의 DB발송 등에 소요되는 비용은 줄어들게 될 것이다. DB의 축적, 검색, 갱신 등의 활용은 가상공동체에 있어 강력한 유용성을 제공해 준다.

한편 가상공동체의 일원으로서의 참여자(소비자)는 동질집단의 관심사를 공유하기를 원한다. 이것은 원투원의 성격을 띠기도 하지만 정확하게 말하자면 매스 커스터마이제이션(Mass Customization)이라고 할 수 있다. 타깃 집단의 동질성과 소속감을 부여하는 정보들이 참여자에게는 자신에게 적합한 정보라고 할 수 있기 때문이다.

기술적 기반(technology-based)을 전제

기존의 공동체는 시공간의 개념에 구애를 받는 반면 가상공동체는 이보다는 어떠한 툴을 활용할 것인지, 어떠한 기술적 환경을 토대로 구현될 것인지에 대해 양상이 달라질 수 있다.

가령, 채팅(chatting)만 하더라도 텍스트 형식으로 할 것인지 혹은 아바타(avatar)를 활용할 것인지 아니면 음성까지도 가능하게 할 것인지에 따라 그 효과는 달라질 수 있으며, 가상공동체의 운영자 입장에서는 수익모델(광고, 상품판매 등등)도 다변화될 것이다. 인터넷을 활용한 가상공동체는 참여자의 인터페이스를 최적화시켜 줄 수 있어야 하며 상호작용성(interaction)을 배려할 수 있는 기술적 요소들에 민감하지 않으면 안된다.

익명성이 강하며 비대면성의 요소

이러한 익명성을 확인할 수 있는 가장 좋은 장소는 채팅방이다. 대부분의 인터넷채팅은 별명(alias)을 통해 대화를 하는 것을 허용하며 대부분의 참여자는 실명보다는 이러한 방식을 선호하는 것처럼 보인다.

유의할 점은, 획일적으로 이러한 익명성이 대세라고는 할 수 없으며, 커뮤니티에의 관여도(involvement)가 강할수록 실명화 되는 추세를 가지게 되고 비즈니스 커뮤니티는 그 특성(신뢰도의 증대)상 실명을 사용하는 것이 보다 효과적일 것이다.

가상공동체의 비대면성의 특징 또한 주목할 필요가 있다. 이러한 익명성과 비대면성은 문제를 야기할 소지를 지니고 있다. 무책임한 루머의 남발, 저질스런 언어 구사, 사이버 스토킹 등은 이미 심각한 문제로 인식되고 있다.

실례로, 주식에 대한 정보를 공유하는 한 사이버 커뮤니티에서는 의도적인 주가조작을 위해 이메일로 루머를 퍼뜨려 문제가 된 적이 있었다. 역으로, 이러한 가상공동체가 보이지 않는 신뢰를 형성할 수 있다면 이것은 더할 나위 없는 비즈니스의 기회요인으로 작용한다.

2.3 e-마케팅 커뮤니티의 개념

e-마케팅 커뮤니티의 개념은 다음과 같이 규정할 수 있다.

C1 ↔ C2 ↔ C3 ↔ C4

즉, 기업(C1, company)이 어떤 비즈니스(C2, commerce) 목적을 위해 가상공동체(C3, cyber community)를 주요 매개체로 하여 고객-고객(C4, customer) 간의 장을 형성하고 중장기적인 관계를 구축하고 관리해 가는 일련의 활동으로 설명할 수 있다.

위의 개념을 좀더 살펴보면 다음과 같다. e-마케팅 커뮤니티는 사이버 커뮤니티보다 좀더 세분화된 영역이며, 사이버 커뮤니티보다 기업의 비즈니스적인 목적을 명확히 한 것이 e-마케팅 커뮤니티이다.

이 공동체의 구성원은 일반적인 참여자나 네티즌이라는 용어보다는 '고객'(customer)으로 규정된다. 기업은 고객-고객이 서로 만나거나 기업-고객이 대화할 수 있는 장(cyber space)을 제공해 준다.

고객은 기업으로부터 양질의 콘텐츠나 활동환경을 제공받으며 또한 스스로 콘텐츠를 생산해 내고 자발적으로 참여를 한다. 이를 통해 기업은 고객에 대해 보이지 않는 신뢰를 쌓게 되고 나아가 우호적인 관계를 구축할 수 있게 된다.

또한 이러한 관계는 기업의 비즈니스 목적에 부합될 수 있도록 관리되어야 한다. 관리의 방법은 목적에 따라 폐쇄성을 취할 수도 있으며 개방성을 취할 수도 있다. 이를 통해 기업은 자연스레 고객의 요구를 파악하고 e-마케팅 커뮤니티를 '시장 부화기(Market Incubator)'로서 활용할 수 있게 된다.

2.4 e-마케팅 커뮤니티의 운영 목적

비즈니스 목적이라는 것을 무조건 수익창출과 동일시하는 것에는 무리가 있기 때문이다. 커뮤니티의 발전단계에 따라서 혹은 각 기업의 처해진 환경에 따라 기업의 e-마케팅 커뮤니티의 운영목적은 좀더 세분화될 수 있으며 다음과 같이 나눌 수 있다.

수익 창출(revenue generating)

야후, 아마존과 같은 상당수의 사이버 기업들은 주로 광고 혹은 판매 등을 통한 수익창출을 위해 커뮤니티를 조직한다. 또 포르노 사이트들에서 제공되는 다양한 커뮤니티 툴들도 이러한 수익창출과 밀접한 관련이 있다.

기업들이 커뮤니티를 유지하면서 얻는 수익모델의 유형은 크게 광고, 유료화, 상품판매, 커미션(제휴프로그램), DB의 렌탈, 온라인 리서치 등의 대행, 컨설팅/교육 등의 오프라인에서의 수입획득 등을 들 수 있다. 또 이들의 조합들도 가능할 것이다.

고객관리 및 충성도 제고(royalty enhancing)

기존의 물리적 세상에서 제품을 판매하는 사업자들은 인터넷 공간을 고객 A/S나 커뮤니케이션을 지원하는 수단으로서 활용할 수 있다. 이를 통해 기업들은 고객의 문의에 대해 자동화의 비율을 높이고 고객들끼리 동호회 등을 조직하여 스스로 질의/답변을 할 수 있도록 하여 비용을 절감할 수 있다.

고객들은 어지간히 다급한 일이 아니라면 웹 게시판이나 메일링 리스트 등을 통해 각자의 애로사항을 고민하고 토론할 수 있으며 기업은 보다 전문적이고 상세한 관련 정보를 제공하여 고객들의 신회를 쌓을 수 있도록 노력할 것이다. 이메일을 통해 고객DB의 특성에 맞는 사외보를 발간하는 것도 충성도를 제고하는 하나의 방법이 될 수 있다. LG-IBM의

싱크패드 노트북 사용자들을 위한 커뮤니티 '클럽 싱크패드'도 고객관리의 한 예라 할 수 있다.

신규시장의 활성화(고객요구 파악 및 창출)

최근 기업들이 신제품을 출시하면서 고객가입확보 및 고객유지의 일환으로 웹 사이트를 오픈하는 경우가 늘어나고 있다. TTL의 경우 'TTL College'라는 커뮤니티의 은유를 통해 타깃 고객집단의 참여를 유도하고 있으며, 재학생과 청강생 개념으로 구분하여 가입회원들에 대한 부가서비스를 제공해 준다.

향후 10대에서 30대를 타깃 집단으로 하고 있는 많은 기업들은 신제품 출시와 함께 관련 도메인을 확보한 후 오프라인과 온라인마케팅을 병행하여 구사하는 경우가 늘어날 것이다. 이것은 단순히 런칭(launching)단계에서 가입을 유도하는 목적으로만 사용되어서는 안 되며 지속적으로 고객의 요구를 파악하고 창출할 수 있는 대화형 공간으로서 유지되어야 할 것이다.

자사 제품·서비스·아이디어의 광고와 홍보

기업은 자사의 제품이나 서비스 또는 아이디어를 홍보할 수 있는 공간으로 활용하기 위해 의도적으로 커뮤니티를 만들 수 있다. 미국 MGM사의 'The Hoodlum Place'는 자사의 영화홍보를 위해 게임과 채팅 공간을 마련해 두고 영화에 나오는 배역이 되어서 가상 커뮤니티에 참여할 수 있도록 하였다.

3. e-마케팅이 제공하는 이익

일반적으로 마케팅 커뮤니케이션은 기업의 정보를 알리고, 상기시키고, 그리고 설득하는 기능을 갖고 있다. 그런데 전통적 마케팅 커뮤니케이션은 단순하고 획일화된 내용으로 많은 사람들에게 커뮤니케이션하는 모델(one to many marketing communication model)로 흔히 소극적 수단이라고 한다. 이 전통적 모델은 알리고 상기시키는 커뮤니케이션 기능은 가능하지만, 제품이나 상표를 차별화하여 개별 소비자에게 접근해야 하는 설득 기능에는 많은 한계가 있다. 그러나 '인터넷을 이용한 마케팅' 커뮤니케이션은 전통적 방법과 달리 고객에 따라서 개별적으로 대응해서 다양한 정보를 제공할 수 있는 모델(many to many marketing communication)이기 때문에 기업의 정보를 알리고, 상기시키고, 설득하는 명실상부한 커뮤니케이션 기능을 담당하는 적극적 수단이다.

따라서 인터넷은 상업 매체로써 중요한 마케팅 활동을 수행하고 있으며, 인터넷 매체는 소비자(구매자)와 기업 모두에게 이익을 제공하고 있다.

3.1 소비자에게 제공되는 이익

풍부한 정보 제공

"신혼여행을 어디로 갈까?"라고 고민하는 분들은 지금까지 바쁜 시간을 내서 여행사를 찾아 정보를 얻거나, 이미 다녀온 주위의 권유 등에 의해서 신혼 여행지를 결정하는 경우가 많이 있다. 그러나 요즘 웹을 아는 신세대들은 이러한 고민을 간단하게 인터넷에서 각종 검색 자료를 통해서 여행지를 결정하고 예약까지 하고 있다. 즉, 인터넷은 올바른 의사 결정을 위해서 양질의 정보를 무료로 제공하고 있다는 점이 첫 번째 이익이라고 할 수 있다.

자유로운 의사 결정

조용하게 쇼핑을 즐기고 싶은 사람들을 위해서 인터넷은 최상의 조건이다. 대다수의 남성들은 상품 구매에 있어서 직원의 무저항적인 권유(?)에 제품을 구입하고 때론 후회하기도 한다. 그러나 인터넷은 자신의 물건을 사라고 치근거리는 직원도 없고, 안 사고 구경만 한다고 이상한 눈총을 주는 여직원도 없다. 단지, 자신이 원하는 제품에 대해서 자세한 정보를 얻고 차분하게 앉아서 주문하면 집으로 바로 배달되고 풍부한 정보 내에서 의사 결정을 함으로써 의사 결정에 대해서 '내가 왜 샀을까?'라는 바보 같은 생각도 하지 않게 한다. 즉, 인터넷은 구매를 시도하도록 분위기를 조성하고, 즉각적인 만족을 제공한다. 물론, 채널이 다양하고 정보가 엄청나게 많기 때문에 효율적으로 제품을 선정하는 것이 어려울 수 있다는 단점도 가지고 있다.

저렴한 구입 가격

많은 공급 업체들이 인터넷이라는 가상공간에서 완전 경쟁 시장을 형성하게 되고 경쟁으로 인하여 구매 비용이 낮아진다. 이러한 경쟁의 증가는 시장의 확대를 통해서 더 품질이 좋고 다양한 제품을 제공하고, 고객별로 적합한 제품(주문 제품)을 생산할 수 있는 능력을 유도하게 된다. 인터넷을 이용하는 공급업자와 수요자가 많으면 많을수록 가격은 내려가고 품질은 고급화되어 간다. 물론, 가격이 다운되는 것은 경쟁 때문일 수도 있지만, 제품 원가에 많은 영향을 미치는 쇼 윈도우나 보관 창고가 필요하지 않게 됨으로써 가격은 자연스럽게 내려갈 수밖에 없는 것이다. 즉, 유통 비용의 감소로 인하여 제품 원가가 다운되는 것이다.

시간과 공간의 초월

미국에서 공부하고 있는 여자 친구의 생일이 이틀 뒤로 다가왔다. 올해는 그 친구에게 마음의 선물이 아닌 예쁜 장미를 나이에 맞게 선물하려고 벼르고 별렀지만, 직접 가서 선물을 하자니 시간과 비용이 너무 많이 들어서 엄두가 나지 않는다. 인터넷을 많이 접해 본 사람이라면 간단하게 해결될 문제이다. 먼저, 미국에 있는 꽃배달 회사를 검색한 후 배달 주문을 하는 겁니다. 수신인을 여자 친구로 하고 원하는 시간에 배달되도록 주문하면 된다.

이와 같이 인터넷은 소비자에게 시간과 공간에 대한 제약에서 벗어날 수 있는 이익을 제공하고 있다.

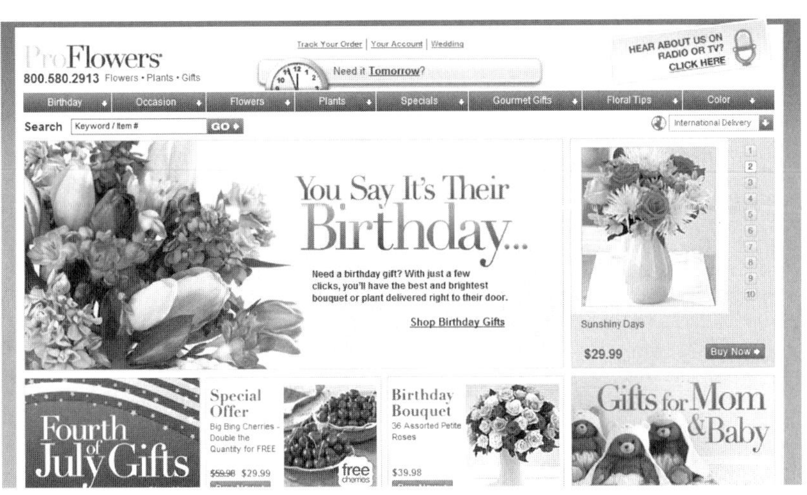

[그림 2-3] 미국 꽃배달 홈페이지(http://www.proflowers.com)

3.2 기업에게 제공되는 이익

유통 비용의 절감

인터넷이 유통 채널로 이용됨으로써 잠재적으로 유통 비용이나 판매비용이 거의 들지 않는 시장에 소비자들이 직접 참가할 수 있는 공간이 제공된다. 예를 들면, 디지털 제품(소프트웨어, 음반, 영상)은 가상 공간상에서 직접 거래되고 배달될 수 있어서 중간상이 존재할 필요가 없는 동시에 구매자와 판매자가 서로 직접 접촉할 수 있기 때문에 전통적 거래에서 부과되는 마케팅 비용이나 제약 조건들이 제거될 수 있다. 그 결과 유통 경로를 더욱 효율적으로 만드는 효과(주로 관리 과정의 통일화, 자동화 그리고 대규모 통합화를 통해서 간접 비용을 줄일 수 있기 때문)가 있다. 거래를 완료하는 시간이 줄어들어서 기업은 남은 시간으로 또 다른 효율적 활동에 투자할 수 있다.

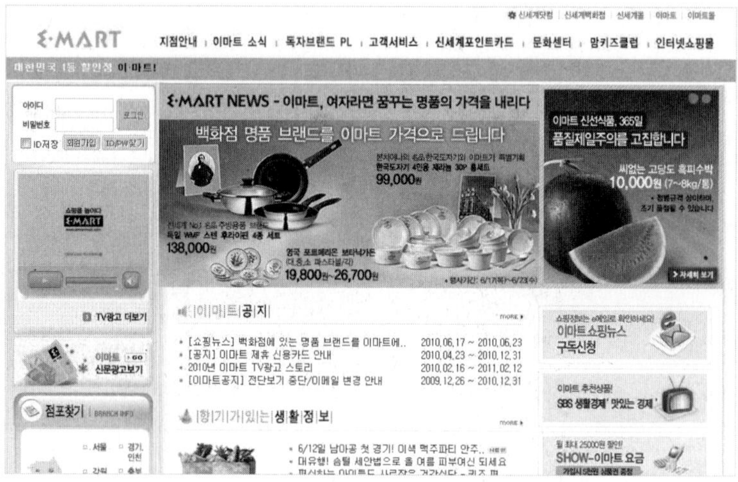

[그림 2-4] 이마트 홈페이지(http://emart.shinsegae.com/)

빠른 고객 정보

인터넷을 이용한 사업은 온라인 주문과 주문 양식의 작성 등을 통해서 판매 기능 중 많은 부분을 고객에게 이전시킬 수 있게 됨에 따라 거래가 쉽게 완료될 수 있도록 도와준다. 이러한 과정은 기업의 입장에서 자연스럽게 고객에 대한 정보를 확보하게 됨으로써 이것 자체로 부가이익을 창출하게 된다. 즉, 이러한 과정을 통해서 기업은 마케팅 정보를 수집하고, 인터넷을 통해서 발생하는 정보 탐색과 구매 행동에서 드러나는 고객의 선호도를 근거로 소비자 선택을 모니터할 수 있는 기회를 가질 수 있다.

효율적인 고객 관리

오늘날 많은 기업들이 인터넷을 이용해서 다른 기업이나 소비자들에게 자기 기업 및 제품에 대한 정보를 전달하는 기업 내외 커뮤니케이션을 하고 있다. 인터넷의 상호 작용적 특성은 기업 이익의 새로운 범주를 제공하게 된다. 왜냐하면, 고객 관계를 개발하는 데 도움을 주기 때문이다.

이와 같은 고객 상호 작용에 대한 잠재력은 관계 마케팅과 고객 지원을 하는 데 전통적 마케팅으로 가능했던 것보다 더 많은 도움을 주고 있다.

[그림 2-5] 삼성생명 홈페이지(http://www.samsunglife.com/)

고객으로부터 의견 수렴

인터넷은 소비자의 요구에 항상 대처할 수 있다. 기업이 사용하는 매체의 상호 작용적 특성은 전통적 마케팅에서는 실현하기 어려웠던 개별 소비자에 대하여 정확한 커뮤니케이션을 할 수 있도록 설계가 가능하게 됨으로써 개별 소비자들은 각자가 원하는 많은 정보를 요청할 수 있게 되었고, 기업의 경우에도 고객의 니즈(needs)를 보다 정확하게 파악해서 효과적으로 대처할 수 있다. 고객의 니즈를 파악하는 가장 손쉬운 방법은 전략적으로 자기 기업 사이트에 있는 이메일과 전자게시판(BBS)을 통해서 접수되는 고객들의 의견이나 비판들에 귀를 기울이는 방법으로 이를 통하여 고객과 지속적인 관계를 유지할 수 있다.

이러한 지속적 관계를 형성하는 목적은 소비자에게 기업과 제품에 대한 정보를 제대로 제공하는 것이며, 다른 하나는 관련 제품에 대하여 소비자들로부터 필요한 정보를 얻기 위해서이다. 따라서 상업적 웹이 기업에 제공하는 또 다른 이익은 개별 소비자에 대한 효율적 광고, 촉진 그리고 고객 서비스라고 할 수 있다.

새로운 경쟁 기회의 제공

인터넷은 가격 중심적 경쟁이 아니라 전문화 중심으로 경쟁할 수 있는 기회를 제공하고 있다. 마케팅 관점에서 볼 때 인터넷은 가격만을 이용한 경쟁은 바람직하지 못하며, 대신 기업은 소비자들이 추구하는 이익에 근거해서 그들의 욕구를 만족시키도록 노력해야 한다. 즉, 가격은 원가에 근거한다기보다는 소비자들이 갖고 있는 가치에 의해 결정된다는 것을 의미한다. 이러한 기회는 제품의 가격 이외에 다른 마케팅 믹스(mix) 요소에 의해서 차별화될 때 더 많은 이익을 창출하게 된다. 이것은 결국 가치가 부여된 이익 ── 예를 들면, 소프트웨어를 온라인으로 거래할 수 있는 편리성, 시각적 욕구와 특이한 웹 사이트를 즐기는 것 ── 을 유발시키게 된다. 이러한 것에 대한 한 조사 자료에 의하면, 소비자들이 온라인 구매를 할 때 가장 덜 중요한 속성으로 고려되는 것이 가격이라고 지적된 바가 있었다. 그러나 같은 공산품의 경우라면 가격은 제품 구매에 매우 큰 비중을 차지할 것이다.

효율적인 기업 운영

기업 운영에 대한 오류와 시간을 줄이고, 정보 처리에 소요되는 간접비를 줄이며, 온라인 데이터베이스에 전자적으로 접속할 수 있기 때문에 공급자의 비용을 줄일 수 있다. 또한, 추가적으로 새로운 시장을 개발할 수 있는 동시에 판매 유도를 높일 수 있고, 새로운 시장에 쉽게 진입할 수 있으며 빠른 시간에 시장을 조성하고 활성화시킬 수 있다. 이것은 잠재 고객들에게 쉽고 싸게 접근할 수 있는 능력과 사업의 하위 과정의 서로 다른 단계에서 발생하는 지체를 제거할 수 있는 능력에 기인한다고 할 수 있다.

CHAPTER 3

e-트레이드의 등장 및 현황

1. e-트레이드의 등장

인터넷이 새로운 수출 창구로 떠오르고 있다. 인터넷을 이용하여 자사의 물품을 전시하고 원하는 물품을 구매하는 사이버 무역 전시장이 기업들의 새로운 경쟁력 확보의 공간으로 각광받고 있다. 인터넷을 이용한 사이버 전시장은 기업들이 판매하고자 하는 상품들을 자사의 웹 사이트나 전문 사이트를 이용하여 전시하는 것은 물론 각종 홍보 및 판매 활동까지 가능하도록 만들어 놓은 공간이다. 최근 기업들의 경쟁력 확보 공간으로 새롭게 떠오르는 이유는 상품 구매비용과 판매비용을 대폭 절감할 수 있기 때문이다.

상품을 수출하는 기업의 경우 판매 상품에 대한 정보를 별도의 홍보책자나 전단으로 만들지 않고 인터넷에 곧바로 전시할 수 있는 동시에 이에 따른 제품 및 기업 홍보비용을 대폭 줄일 수 있다. 바이어(buyer)들도 인터넷을 이용하여 다양한 상품 정보를 쉽게 얻을 수 있기 때문에 물품 탐색에 필요한 시간적인 비용과 물질적 비용을 절약할 수 있다. 수출을 희망하는 기업이 인터넷을 통한 사이버 무역 전시장을 이용할 경우 필요한 홍보비용은 수백 달러 수준에 불과하다.

실제 세계 최대의 인터넷 무역 전시장 '글로벌소스'의 경우 이 사이트

(http://www.globalsources.com)에 물품 정보를 수록하는 비용으로 250달러만을 받고 있다. 제품 홍보 책자를 만들어 전세계 곳곳으로 우편물을 발송하는 데 수천 달러의 비용이 필요한 것과 달리 이곳에서는 10분의 1도 안 되는 비용으로 전 세계 바이어들에게 자신의 회사와 상품을 알릴 수 있다.

불과 몇 년 전만 해도 이름조차 생소했던 인터넷 무역이 이처럼 고효율의 무역 수단으로 자리 잡게 된 계기는 인터넷 사용자층이 폭발적으로 증가하고 있는 것이 큰 요인으로 작용하고 있다. 사용자층이 확대되면서 자연스럽게 거대한 시장으로 변환하고 있다.

이메일을 이용한 타깃(target) 광고 등을 통해 상품의 홍보와 정보 제공을 효율적으로 조절할 수 있는 점도 인터넷 무역을 부각시키는 중요한 이유로 꼽히고 있다. '정보의 바다'라고 칭하는 인터넷이 기업들에게는 '새로운 사업 기회 창출의 바다'로 충분한 역할을 담당하고 있다.

최근 조사 결과에 의하면 EC21, EC플라자, 티페이지글로벌, 이드레이더 등 주요 거래 알선 사이트들의 유료 서비스를 통한 중소기업의 수출 총액을 잠정 집계한 결과, 업체당 총 1,000~2,000만 달러 규모의 수출 실적을 거둔 것으로 나타났다.

무역 e-마켓플레이스 사이트를 통한 수출거래액은 사이트의 특성상 정확한 거래 통계를 잡기 어려우나 무역 e-마켓플레이스 사이트가 직접 중소업체의 해외시장 개척에 개입하는 유료 서비스의 통계가 총 5,000만 달러 이상의 성과를 거뒀다는 것은 잡히지 않는 거래액을 합칠 경우 이미 인터넷 무역을 통한 수출액이 1억 달러를 넘어섰다는 것을 보여준다고 업계에서는 판단하고 있다.

실제 이들 사이트의 경우 전 세계 인터넷 무역 거래 알선 사이트 중에서도 10위권 안에 위치하고 있어 업체별로 3~4억 달러 규모 이상의 실제 거래가 이뤄지고 있는 것으로 추정된다.

중소업체들의 해외시장 개척선으로 이들 사이트가 유용한 수단으로 쓰이고 있다는 증거는 수출금액 규모를 보면 알 수 있는데, 무역 e-마켓플레이스 사이트의 수출 성사액 규모를 보면 만 달러 단위 소액 거래에서

500만 달러 이하의 중소 규모의 거래가 대부분이라는 점이다.

결국 해외시장 개척을 원하나 인력 및 비용 부족으로 어려움을 겪는 국내 중소업체들에게 인터넷 무역은 세계시장으로 나가기 위한 관문으로서 유용함을 보여준다.

[그림 3-1] 글로벌 소스(http://www.globalsources.com)

2. 인터넷 무역의 의미와 필요성

2.1 인터넷을 이용한 새로운 무역방식

인터넷상거래는 신용카드를 가진 구매자가 인터넷 쇼핑몰에서 원하는 상품을 고르고 카드로 자동 결제하는 시스템으로 이는 인증 시스템과 지불 시스템 쇼핑몰로 구성된다. 가령 전자 부품을 수입하는 기업의 경우, 기존 무역 관행에 따르면 여러 경로로 외국 부품 회사 전화번호를 찾아낸 뒤 국제전화를 걸어 원하는 부품 표준 규격과 재질 내용 등을 팩스로 보내 달라고 요구해야 한다. 여러 차례 통화한 끝에 매매 계약을 체결한다고 해도 신용장 개설, 수출 · 입 승인 신청, 환어음 서류 송부 등 많은 절차가 남아 있다.

인터넷을 이용하면 무역은 훨씬 빠르고 쉽게 이루어진다. 인터넷에 접속해 원하는 물품을 생산하는 회사를 검색하여 찾은 후, 이 회사가 마련해 놓은 무역 e-마켓플레이스 사이트(전시장)에 들어가서 화면에 나타난 원하는 규격과 재질의 부품을 선택한 뒤 신용카드로 결제하면 된다. 보안 문제가 완전하지 않은 상태에서는 이메일로 계약을 체결하고 특송편으로 물품을 받아 보기도 한다.

이러한 인터넷상거래가 21세기의 새로운 무역 방식이 될 것으로 예상하고 미국, 일본, 유럽 등 세계 각국은 이 분야를 선점하기 위해 각축을 벌이고 있는 실정이다.

인터넷을 선점하고 있는 미국은 '인터넷 자유 무역 지대'를 제기하고 있으며, 일본은 이에 동조하면서도 뒤지지 않기 위해 정부 차원에서 대응 방안을 모색하고 있다. 또한, 유럽 각국도 국경 없는 전자상거래 시장을 선점하기 위해 정부와 업계가 공동보조를 취하고 있다.

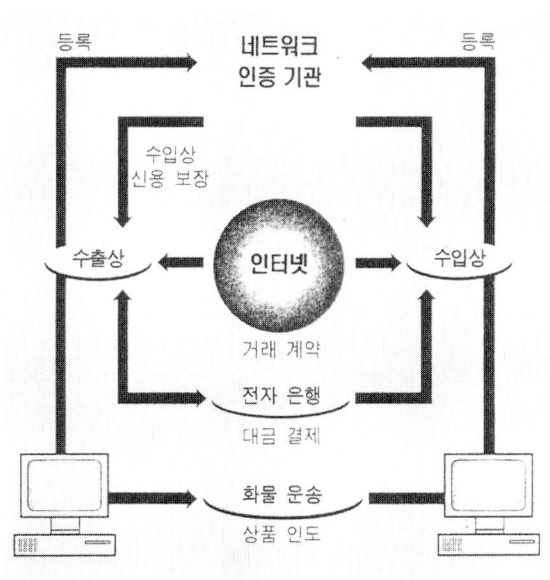

[그림 3-2] e-트레이드 방식

2.2 인터넷 무역의 의미와 필요성

해저 광케이블과 위성을 축으로 한 통신망이 지구촌을 하나의 그물로 연결하면서 외국과의 거래가 자연스럽게 확산되고 있다. 인터넷 무역은 가상공간인 인터넷을 통해 상품이나 서비스를 사고파는 무역거래로 물리적 공간으로서의 시장이 필요 없다는 점에서 전통적인 무역거래와 근본적인 차이점을 보이고 있다. 국경을 초월한 컴퓨터 통신망인 인터넷이 구성하는 가상공간 자체가 시장이고, 인터넷 접속 이용자가 고객이 되는 것이다.

인터넷 무역을 할 경우 소액 거래에 대하여는 신용장 발행, 수출·입 신청과 승인, 보험 증권 발행 등 복잡한 절차가 모두 사라지게 된다. 수출업자가 자기 회사의 상품을 인터넷 시장에 내놓으면 이를 구매하고자 하는 수입업자는 인터넷 이메일로 가격 상담 및 계약 체결을 하게 된다. 이때 물품은 일반 우편이나 특송편으로 주고받고 대금은 전자은행을 통해 결제한다. 이러한 인터넷상거래를 기업들이 무역에 적용하기 시작하면서 국가간 상거래에 큰 변화를 몰고 오고 있다.

수출·입 업체의 신용이나 거래 내용의 보안 유지 문제가 남아 있지만, 이러한 문제는 개인의 신용 정보를 처리해 주는 네트워크 인증기관들이 차츰 발전해가면서 해결될 것이다.

3. 인터넷 무역의 특징 및 장애요인

3.1 인터넷 무역의 특징

인터넷상거래는 컴퓨터 통신망인 인터넷 자체가 시장인 동시에 인터넷 무역의 경우 신용장 발행, 수출입 승인이나 추천, 보험 증권 발행, 수출입 신고 등 복잡한 무역 절차가 완전히 사라지게 된다. 더욱이 인터넷 무역에 종사하는 사람이 직접 관계자를 만나기 위해 여러 곳을 다니는 것이 아니라 인터넷에 연결된 어느 곳에서나 전화선이나 전용선 등을 통해 인터넷에 접속하여 상거래를 할 수 있다.

무역이 이루어지는 과정은 기능별로 크게 5가지로 분류할 수 있다.

첫째, 정보 수집 활동으로 시장이나 제품, 바이어에 대한 정보를 수집하는 작업을 한다.

둘째, 마케팅 활동으로 자사 기업과 제품을 알리는 마케팅 활동을 진행한다.

셋째, 무역 상담으로 조사 발굴된 바이어와의 거래 조건 협의와 각종 절차를 밟기 위한 상호간의 의견을 교환한다.

넷째, 대금 결제로 무역은 제품이 국가간 이동이 이루어지므로 제품 공급에 대한 대가를 교환하는 대금 결제가 이루어져야 한다.

다섯째, 물류 과정으로 마지막 단계로 거래가 성사된 제품을 수입업자에게 보내는 과정을 거치게 된다.

인터넷 무역을 기존의 무역 구조와 비교해 볼 때 진행 순서에는 별다른 차이가 없지만, 방법이나 수단에는 큰 차이가 있다. 먼저, 거래처를 조사·발굴하거나 마케팅 활동하는 방법이 크게 달라지며, 상담 및 계약 체결을 위한 무역 상담도 기존과는 전혀 다른 양상을 보이게 된다. 또한, 대금 결제에 있어서도 전자 화폐 등 전혀 다른 수단이 이용되며, 상품의 운송이나 물류도 항공 운송이나 국제 특송 등이 활발하게 이용되고 있다.

거대한 단일 시장으로의 변화

인터넷 무역의 가장 두드러진 특징은 새로운 단일 세계 시장으로의 변화이다. 이제까지 국가별로 독립적으로 운영되던 시장이 인터넷이라는 거대한 인프라에 의해 거대한 단일 시장으로 통합되고 있다. 이제 인터넷이란 가상공간에 마련된 시장에서 누구나 값싸고 양질의 상품과 서비스를 사고팔 수 있게 되었다. 인터넷이란 시장에서는 초우량 대기업이나 초대형 다국적기업에 못지않게 일반 중소기업도 세계적인 기업으로 발돋움할 수 있는 기회를 제공하고 있다. 전 세계를 석권하는 새로운 중소기업형 인터넷 브랜드의 탄생도 예상되고 있다. 창의적이고 진취적인 중소기업은 오히려 인터넷에서 새로운 기회를 발견할 수 있다.

교역 상품과 서비스 가격의 단일화 및 하락

교역 상품 가격의 단일화 현상 및 가격 하락이 나타나게 된다. 인터넷에서는 전문 정보검색 엔진을 이용하여 특정 상품을 어떤 나라의 어느 기업이 공급하고 있는지를 쉽고 빠르게 찾아 볼 수 있다. 이때 그 특정 상품을 필요로 하는 기업과 소비자들 간에는 철저한 시장 원리가 적용되어 가장 경제적이고 합리적인 기준에 의한 거래가 이루어지게 된다. 따라서 인터넷에서는 가장 경쟁력 있는 제품이나 서비스만이 생존하게 되어 가격 구조가 평준화되게 될 것이다. 반면 제품 차별화가 확고하게 진행될 전망이다. 제품 차별화만이 차별화된 가격을 받을 수 있기 때문이다.

또한, 인터넷이라는 거대한 시장은 유통 비용의 하락으로 전반적인 제품이나 서비스 가격의 하락을 유도할 것이다. 지금까지 수입상들은 해외의 유명 브랜드를 낮은 가격에 구입하여 높은 가격으로 국내에서 판매하여 왔다. 그러나 인터넷의 등장은 많은 사람들이 인터넷 무역을 자유롭게 할 수 있게 됨으로써 보다 활발한 경쟁 체제가 도입되어 자연스럽게 가격이 하락될 것이다.

전 세계를 대상으로 한 글로벌 마케팅 활동

인터넷 무역에 종사자들은 전 세계를 대상으로 한 광고 및 마케팅 활동을 최소의 비용으로 수행할 수 있다. 지금까지는 막대한 비용 및 소비자 분석의 어려움 등으로 인해 현대나 삼성과 같은 세계적인 대기업들만이 세계 시장을 상대로 광고 및 마케팅 활동을 할 수 있었다.

그러나 인터넷이라는 새로운 매체의 등장으로 인해 문자와 그림은 물론 음성과 동화상 등 보다 다양하고 효과적인 방법으로 회사나 제품을 소개할 수 있게 되었다. 최소의 비용으로 시간의 제약이나 지면 공간의 제약도 없다. 또한, 소비자와 대화가 가능한 대화형 광고를 비롯하여 첨단 기법을 활용한 광고도 가능하다.

따라서 제품이나 서비스의 개발 단계에서부터 전 세계를 대상으로 한 광고 및 마케팅을 염두에 두어야 하며 인터넷상거래에 적합한 신제품의 개발과 함께 효과적인 주문 처리, 고객 관리 및 대금 회수 등을 위한 내부 체제를 갖추는 것이 필요하다.

거래처 발굴의 효율화 및 손쉬운 거래 정보의 획득

인터넷을 이용하면 훨씬 더 저렴하고 효율적으로 거래처를 발굴할 수 있다. 인터넷을 기존에는 거래처 발굴을 위해서는 거래 알선 기관에 찾아가 정보를 얻거나 각국에서 발행하는 무역업체 총람, 제조업체 총람, 기업 연감 등의 디렉토리를 찾아보거나, 해외로 배포되는 인쇄매체나 현지의 광고매체를 이용하였다. 또한, 무역협회 등에서 주관하는 해외 시장 개척단 또는 국제박람회나 전시회 등에 참가하여 거래처를 발굴해 왔다.

그러나 인터넷에서는 각국의 정부와 무역 유관 기관 그리고 개별 기업들이 올려놓은 무역에 관련된 수많은 정보들을 정보 검색 엔진을 이용하여 손쉽게 찾아볼 수가 있다. 먼저, 시장 및 지역 정보는 세계은행, 세계무역기구, 경제협력개발기구 등과 같은 국제기구의 웹 사이트에서 손쉽게 얻을 수 있다.

국제 무역 정보로 활용될 수 있는 대표적인 정보인 미국 통계청의 GLOBUS & NTDB는 150여 개 분야에 걸친 무역과 사업 관련 데이터베이스를 제공하고 있다. 이 정보는 국제 마케팅 조사, 수출 조건, 미국 및 여타 국가의 업체 리스트, 판매 가이드, 인구 통계 조사, 1백여 개 국가의 정치 · 사회 · 경제 상황 등에 관한 내용으로 구성되어 있다.

또한, 기업 및 상품에 관한 정보는 Trade Compass를 비롯하여 유럽 25여 개의 약 15만 개의 기업 정보를 업체명, 서비스 또는 상품별로 검색할 수 있는 Europages에서 찾아볼 수 있다. 그리고 국제박람회, 전시회 정보는 Expoguide에서 구할 수 있으며, 특허 정보는 US Patent and Trademark Office에서 찾아 볼 수 있다. 한편 무역 e-마켓플레이스 거래 알선 정보는 한국무역정보통신, 무역협회, KOTRA, 중소기업진흥공단 등과 같은 무역 유관 기관의 웹사이트에서 찾아 볼 수 있다.

이제는 인터넷을 이용하여 자신이 필요한 정보를 검색할 수 있는 능력과 이를 자신의 사업 목적에 적합하게 가공할 수 있는 능력이 보다 중요한 시대가 되었다.

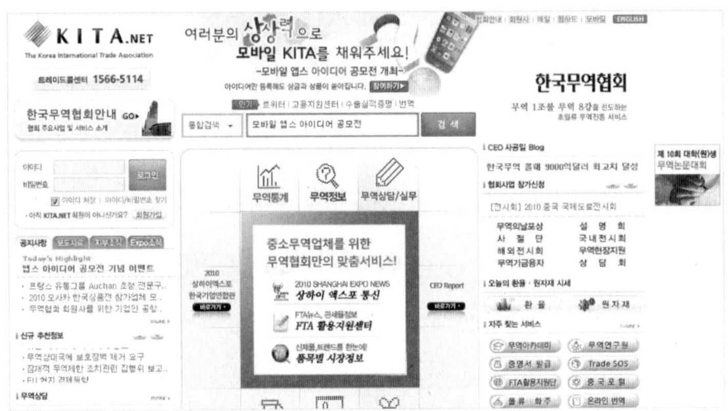

[그림 3-3] 무역협회 홈페이지(http://www.kita.net)

[그림 3-4] KOTRA 홈페이지(http://www.kotra.or.kr)

거래 비용의 획기적인 절감

판매자와 구매자 간의 상담이나 상품에 대한 정보의 취득, 거래 성사를 위한 각종 서류의 교환 형태도 지금까지의 전기 신호를 이용한 통신 수단에서 전자 신호에 의한 컴퓨터 통신, 특히 인터넷으로 통합되어 가고 있다. 형태가 일정하지 않은 비정형화 된 정보나 의사 표시는 이메일에 의해, 포맷화된 정형 정보나 서류는 전자 문서 교환(EDI)에 의해 인터넷과 같은 컴퓨터 통신망으로 통합 · 유통되어 가고 있다.

또한, 전화와 같은 음성 정보는 인터넷 폰으로 팩스와 같은 이미지 정보는 인터넷 팩스를 이용하고, 화상회의와 같은 영상 정보도 인터넷 화상회의 시스템에 의해 디지털화 되어 인터넷으로 흡수되고 있다. 이러한 인터넷 부가서비스는 국제 통신 비용을 획기적으로 절감할 수 있다는 것이 가장 큰 장점이다.

외국으로 팩스를 보내거나 국제전화를 할 경우 인터넷 팩스나 인터넷 폰을 사용하면 국가에 따라 다소 차이는 있으나 평균적으로 비용이 절반 이하로 줄어든다.

전자 화폐에 의한 대금 결제

무역에 있어서 대금 결제 방식의 하나로 사용되는 신용장은 전자 화폐에 의한 전자 결제 시스템의 개발 및 도입으로 그 존립 기반이 점차 위축되어 갈 것으로 예상된다. 즉, 무역 거래에 있어서 상품 공급에 대한 대금 결제 방식으로 개발된 신용장도 인터넷을 통한 전자 지불 시스템의 개발과 실용화로 그 입지가 점차 좁아지고 있는 것이다.

최근 들어 VISA, Master 등 세계 유수의 신용카드 회사들이 IBM, 마이크로소프트 등 컴퓨터 통신업체들과 공동으로 전자상거래 표준안인 SET(Secure Electronic Transactions)를 개발하여 상용화 된 제품 및 서비스를 제공하기 시작하였다. 이것은 인터넷을 통해 상품을 구매하는 고객의 신용카드 번호 등을 고객의 전용 소프트웨어로 암호화하고 고객이 이 정보를 입력하면 판매자가 전용 소프트웨어를 이용하여 카드 발행 회사에 조회하도록 한 시스템이다.

이제 신용카드 한도 범위 내에서 전 세계적으로 안전하고도 확실한 대금 결제가 보장됨으로써 소액 거래를 중심으로 국경 없는 전자상거래가 시작된 것이다. 인터넷상거래는 신용카드로 바로 대금 결제가 이루어지기 때문에 인터넷상에서 외국의 상품을 구입했다고 할지라도 세관 당국이나 외국환 당국에 그 거래 실적이나 통계가 즉시 잡히지 않는다는 문제가 발생하게 된다. 이에 따라 관세나 부가가치세 등과 같은 국가 기관의 조세 활동에도 변화가 나타나게 될 것이다.

새로운 국제 운송 물류 시스템의 도입

인터넷 무역의 등장은 생산자와 소비자 간의 직거래 형태로 발전하여 무역의 소매화 즉 'Point to Point Sale'의 형태가 국제 거래의 주축으로 자리 잡아 감에 따라 이에 부합되는 새로운 상품 배송 시스템이 구축되어 갈 것이다. 주문과 동시에 상품을 공급받고자 하는 소비자들의 욕구에 맞춰 현지 생산, 현지 보관, 현지 배달이라는 상품 배송 시스템과 함께 지능 수송 시스템(ITS: Intelligent Transport System)이 구축되어 갈 것이며, 이를 위한 인터넷의 활용도 활성화될 것으로 전망되고 있다.

당초 팩스나 인터넷과 같은 컴퓨터 통신망의 등장으로 기존 국제 특송 시장에서 큰 비중을 차지해 왔던 서류 송달 물량이 줄어들면서 국제 특송 시장이 위축될 것이라고 예상되었지만, 인터넷을 통한 소액 물품 거래의 활성화에 따른 상품 배송의 확대로 인하여 오히려 국제 특송 시장은 상대적으로 부상하는 조짐을 보이고 있다. 특히, 인터넷상에서의 생산자와 소비자 간의 직접 거래가 증가하면서 탁송 부문과 창고 부문의 결합이 가속화될 전망이다.

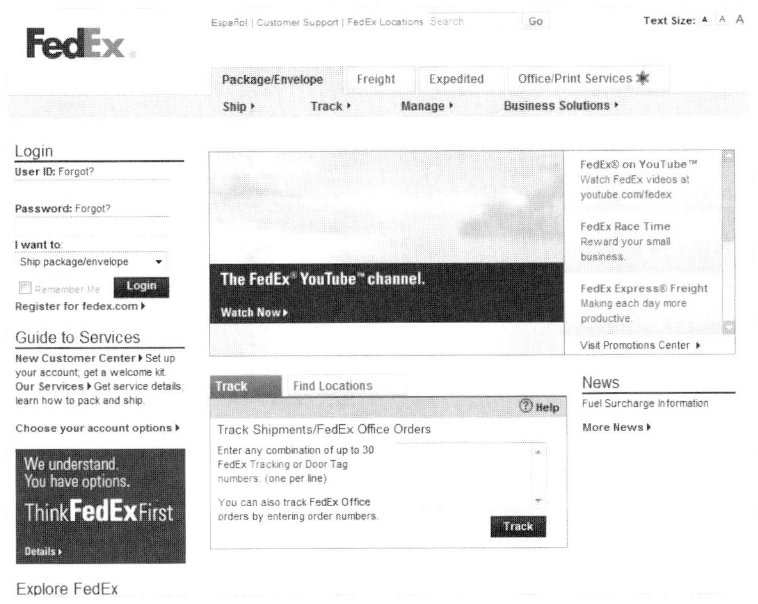

[그림 3-5] 페덱스 홈페이지(http://www.fedex.com)

3.2 인터넷 무역의 장애 요인

현재 전 세계에서 인터넷을 통해 거래되는 교역 규모는 연간 5억 달러에 그치고 있는 실정이지만, 2012년에는 100억 달러대로 성장할 것이라 예측이 나오고 있다. 이런 예측에도 불구하고 인터넷을 이용하여 무역을 하는 데에는 적잖은 문제점이 있는 것이 사실이다.

인터넷을 이용해 가격 조정과 계약 내용 등에 합의하고 무역 거래를 하면서 기존 관습을 벗어나지 못하고 있는 것이 현실이다. 즉, 인터넷을 이용한 거래는 아직까지 구두 계약에 머물고 있다. 인터넷 무역이 이처럼 지지부진한 것은 아직까지 인터넷 무역에 관한 법적 그리고 제도적 장치가 미비할 뿐만 아니라 네트워크 보안 문제가 여전히 해결되지 못한 문제점으로 남아 있기 때문이다.

또한, 인터넷을 이용한 무역이 이루어질 경우 구매자와 판매자 중 어느 국가에 세금을 물릴 것인가에 관한 것도 해결되어야 할 과제로 남아 있다. 이러한 상황에서 법적 제도적 장치들은 각국이 착실한 입법 작업을 추진하고 있으며, 네트워크 보안 문제도 금융 기관들을 중심으로 이미 표준화 작업에 나서 구체적인 성과가 나오고 있다.

인터넷 관세의 철폐 주장은 인터넷 라운드의 등장을 예견하고 있으며 인터넷 상업화에 강한 자신감의 표현으로 받아들일 수밖에 없는 현실이다.

한편, 인터넷 사용자가 급증함에 따라 전 세계적으로 급격히 확대되고 있는 전자상거래에 효과적으로 대응하기 위해서는 기존의 법과 제도, 관행에 대한 재검토가 시급하다.

경제협력개발기구(OECD)가 발표한 전자상거래 관한 민간 전문가 그룹의 최종 보고서에 따르면 전자상거래 확산되면서 제기되고 있는 문제는 다음과 같다.

① 거래의 신뢰성과 비밀 보장의 취약성

② 지적재산권 침해

③ 세금 부과를 비롯한 정부 통제의 어려움

여러 가지 문제점에 대처하기 위해서는 다음과 같은 내용이 시급한 과제로 대두되고 있다.

① 소비자 보호와 신뢰

② 대금 결제 시스템

③ 과세 제도

④ 법적 안전 장치

⑤ 분쟁 해결 장치 등에 대한 법적 · 제도적 정비

이 보고서에 따르면 전자상거래의 거대 사용자며 공공 서비스 제공자인 정부에 대해 관련 업계와 원활한 대화를 통해 규제 · 표준화 · 암호화 정책 등 관련 정책이 사용자의 욕구와 기술적 진보를 반영할 수 있도록 함으로써 전자상거래를 활성화할 수 있는 여건을 조성할 것을 권고하고 있다.

인터넷 무역이 속속 도입되고 있는 상황에서 인터넷 무역은 적지 않은 문제점도 내포하고 있다.

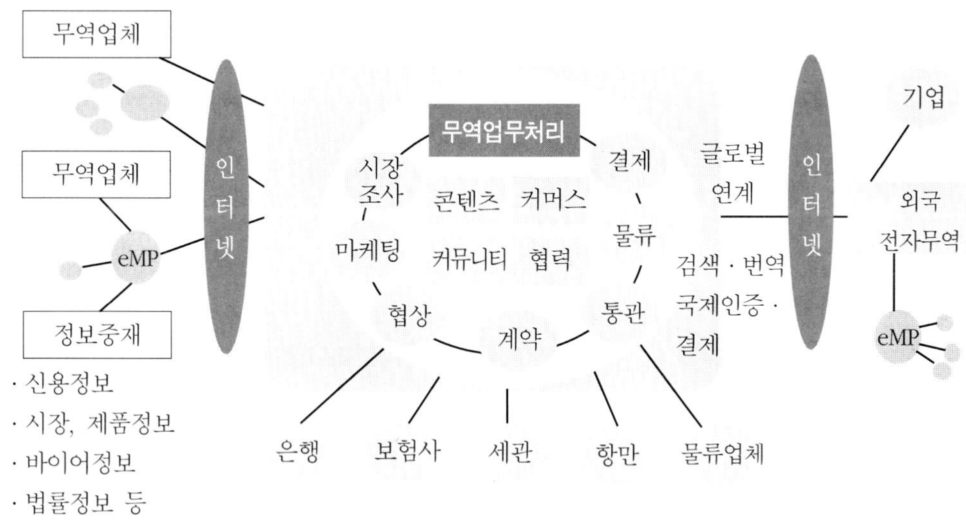

[그림 3-6] 통합전자무역플랫폼 개념도

신뢰 확립

인터넷이 바람직한 방향으로 발전하기 위해서는 이를 이용하는 사람들이 적절히 보호받는다는 신뢰감을 갖고 있어야 한다. 인터넷을 통해 전달된 정보가 부당한 방법에 의해 공개되어 개인의 사생활을 침해해서는 안 된다. 또한, 네트워크 각 부분의 책임 소재를 분명히 해 기존의 법규정을 적용하고 새로운 통신 수단이 갖는 이점도 정확히 평가될 수 있도록 해야 하는 동시에 정부의 간섭은 최소한의 선에서 그쳐야 한다. 또한, 소규모 무역에 사용되는 대금 결제를 위해서 반드시 양자간의 신뢰가 구축되어야 한다.

안정성

인터넷 무역의 가장 큰 장애 요인은 안정성이다. 인터넷 무역의 안정성을 확보하기 위해서는 우선 구매자와 판매자 간의 신원 확인, 불법 거래 방지, 그리고 해커의 침투를 막기 위한 메커니즘 등이 개발되어야 할 것이다. 이를 위해 결정적인 기술은 암호화 기법이며, 공인되지 않은 사람의 정보 접근을 차단하려면 정보 교환자 간에 통하는 비밀번호 또는 지문 등의 인식 시스템이 필요하다.

저작권 및 지적 재산권

인터넷을 통해서는 통계 자료, 문서, 음성, 영상, 멀티미디어 자료 등 다양한 정보가 교환될 수 있다. 또한, 인터넷에 접속할 수 있는 기업, 개인, 정부 등 모든 이용자들은 곧 정보의 제공자가 될 수도 있다. 다양한 공급자와 무한한 자료는 인터넷의 품질을 한층 높일 수 있는 기초가 되고 있다.

그러나 이러한 과정에서도 문제로 야기되는 것은 인터넷상에 있는 정보에 대한 저작권과 지적재산권이다. 인터넷에서의 저작권 및 지적재산권에 대한 문제가 법적인 문제로 비화되기까지 하였으며, 현재 세계 각국은 이에 대한 법적 해결 방안을 모색하고 있다.

과세 문제

인터넷 무역으로 말미암아 국제적 문제로 야기되고 있는 문제는 과세에 대한 표준이다. 과세를 수출 입장에서 부과할 것인가 아니면 수입국에 대하여 부과할 것인가라는 문제와 관세 부과에 대한 이중과세도 새로운 문제로 대두되고 있다. 아직은 명확한 해결 방안은 없으나, 일부에서는 양국에 대하여 과세하는 방안을 해결책으로 고려하고 있는 움직임도 있다.

분쟁 해결 장치

인터넷을 이용하여 무역을 한 경우 분쟁이 발생한다면, 분쟁 해결을 위한 방안이 없는 것이 현실이다. 기존의 무역 관행에서는 각 무역 거래마다 분쟁 해결 방안을 계약서상에 명시시키고 있지만, 소액의 인터넷 무역의 경우 계약서가 없이 상호 신용에 의해서만 거래가 발생할 수 있고, 이러한 거래 시 분쟁이 발생할 경우 해결할 수 있는 장치가 아직은 없다는 점이 인터넷 무역의 장애 요인으로 등장하고 있다.

체계적인 배달 시스템

인터넷을 이용한 무역에 성공하기 위해서는 주문된 상품을 전 세계 어디서나 신속히 배달할 수 있는 물류 시스템을 갖추는 것이 중요한다. 특히, 인터넷의 본고장인 미국과는 달리 우리나라에서 인터넷을 이용하여 무역을 하고 싶어도 외국의 바이어들에게 외면 받고 있는 것도 현대적인 물류 시스템이 정착되어 있지 않기 때문이다.

어쩌다 외국인으로부터 해외주문을 받더라도 배송체계가 확립되어 있지 않아 제대로 대응하지 못하고 있는 실정이다. 이에 따라 최근에 등장하고 있는 인터넷을 이용한 무역업체들은 배달과 물류 시스템 개선에 주안점을 두고 있다.

하지만, 세계적으로 체계적인 배달 능력을 갖춘 업체는 극소수에 불가하다. DHL, FedEX, UPS, TNT 등 일부 업체만 수백 대의 자체 보유 항공기와 통신위성으로 전 세계 화물을 24시간 추적하고 있는 실정이다.

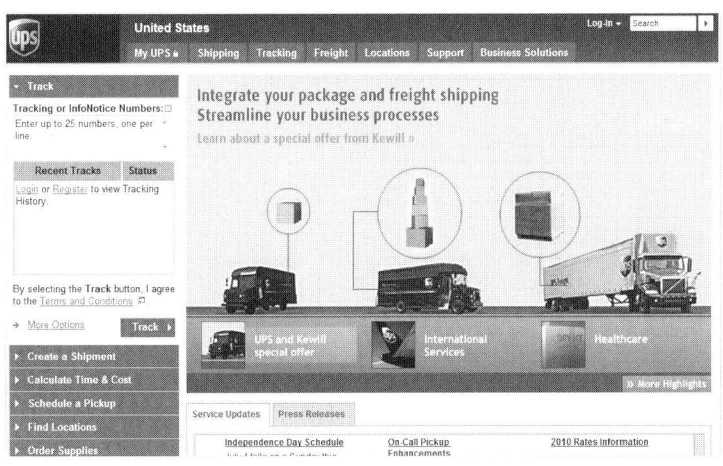

[그림 3-7] UPS 홈페이지(http://www.ups.com)

인터넷 사이트 운영

인터넷 사이트의 운영도 많은 문제점을 안고 있다. 모든 기관들이 인터넷 홈페이지를 운영하면서 도메인명을 조직명의 이니셜로 사용, 해외 접속 고객이 제대로 찾아 들어오지 못하고 있는 경우가 허다하다. 수출 관련 인터넷 사이트의 경우도 기관 간의 지나친 경쟁으로 한국을 대표하는 사이트가 없는 것이 문제점으로 지적되고 있다.

대만 · 중국 · 일본 등의 경우만 하더라도 대표적인 사이트가 이미 정해져 외국 구매자들의 불편함이 대폭 해소되고 있는 상황이다. 그리고 수출 상품을 해외에 홍보하는 인터넷 홈페이지 구축 작업의 경우도 운영기관의 노하우 및 성의 부족과 참여 기업의 지식 미흡으로 비용만 낭비하는 결과가 초래되고 있다.

담당 전문 인력의 부족

한국을 대표할 수 있는 수출 전문 인터넷 사이트의 구축 문제도 시급하다. 국가적으로 도메인명을 잘 선정하고 이 사이트에 각종 수출 유관기관의 인터넷 사이트를 망라하는 인터넷 백화점을 세워볼 필요가 있다.

그리고 앞으로는 수출 전문 사이트가 거래 알선을 뛰어넘어 해외 고객에 대한 일대일 마케팅, 고객 관리, 신용 평가 기관과 연계한 신용 정보 부여, 관련 정보와 문서 교환, 부분적 결제 업무까지 지원될 수 있어야 한다. 이를 위해서는 인터넷 활용 기법과 기술 개발이 적극 뒷받침되어야 할 것이다. 가장 기본적인 무역 정보 수집 체계와 기관간 효율적인 역할 분담도 이루어져야 한다.

일본의 경우 일본무역진흥회는 해외 수출 및 투자 정보, 아시아경제연구소는 세계 각국의 경제 · 정치 · 사회 · 문화 분야를 전담하고 있다. 우리나라의 경우도 KOTRA, 무역협회, 대외경제정책연구원 등의 정보 역할 분담이 이뤄져야 할 것으로 보이다. 또한, 무역 정보의 수집뿐만 아니라 가공 · 분석을 담당할 수 있는 전문 인력의 양성도 시급한 과제 중의 하나이다.

4. 무역 e-마켓플레이스의 소개 및 활용 현황

4.1 인터넷을 통한 무역 매매 계약의 체결

인터넷을 이용한 매매 계약의 체결 과정은 전통적인 방법과 아주 흡사한 내용을 가지고 있다. 방법론적인 면은 기술하기가 어렵지만, 이 책에서 설명하고 싶은 것은 인터넷을 이용 무역 매매 계약 체결 과정은 모두 인터넷상에서 해결된다는 점이다.

거래처 선정

인터넷 무역을 하기 위해서도 가장 먼저 해야 할 일은 거래처를 선정하는 작업이다. 거래처 선정을 위해서 기초적인 것부터 시장 상황까지 아주 상세한 해외 마케팅 조사가 이루어져야 한다.

해외 마케팅 조사

인터넷을 이용하여 해외 마케팅 조사를 하는 것은 아주 쉬운 작업 중에 하나이다. 인터넷은 '정보의 바다'라는 말처럼 수출을 하려는 지역에 관한 모든 자료와 정보, 예를 들어 수출 · 입의 통제, 무역 거래 관습 및 수출 능력 등을 각국의 정부 기관 사이트나 기업의 웹 사이트 또는 개인 사이트를 통하여 쉽게 얻을 수 있다. 인터넷을 이용한 기초 해외 마케팅 조사를 통하여 자신의 상품을 수출하기에 가장 적합한 국가와 수요지를 물색하고 적당한 거래처들을 선정하는 작업을 해야 한다.

거래처를 선정하는 방법

인터넷을 이용하여 거래처를 선정하는 것은 소극적인 방법과 적극적인 방법으로 구분할 수 있다. 소극적인 방법은 거래 알선 사이트에 자사의 제품이나 자사를 홍보하는 것과 관련 유즈넷에 자사의 제품을 선전하는 방법 등이 있으며, 적극적인 방법에는 자사의 제품을 원하는 사람들을 사이트 검색을 통하여 찾아보는 방법과 유명 사이트에 배너 광고를 통해서 자사를 선전하는 방법 그리고 웹 사이트 상의 박람회 등에 스폰서로 적극 참여하는 방법 등이 있다.

구매 권유를 위한 권유장

거래처를 선정한 후 선정된 거래처에 구매 권유를 위한 권유장(circular letter)을 발송하게 된다. 인터넷 무역의 경우 권유장의 발송은 이메일이나 인터넷 팩스 등을 이용하여 발송하게 된다. 선진국 시장을 목표로 권유장을 보내는 경우 대부분의 선진국 기업들이 이메일 주소를 가지고 있으므로 매우 편리하고 권유장에 대한 답장 또한 매우 빨리 받을 수 있는 장점이 있다.

이메일을 보낼 경우 고려해야 할 점은 자사 또한 인터넷에 자사의 홈페이지를 가지고 있는 것이 상대편에게 신뢰감을 갖게 만드는 것이라는 점을 인식하기 바란다.

문의

문의를 받게 되는 경우를 대비하여 권유장을 보낼 때 자사의 웹 주소와 이메일 주소를 기재하는 것은 필수적인 사항이다. 이메일 주소를 가지지 못한 경우라면 무료로 제공하는 메일 주소를 가지는 것이 좋으나, 되도록 자사명이 있는 메일 주소를 가지는 것이 바람직하다. 문의가 도착하게 되면 매매 계약을 하기에 앞서 인터넷을 이용하여 해당 기업의 웹 사이트가 있는 경우 웹 사이트를 방문하여 보아야 하며 또한 당 수입 업체의 신용 조사를 실시하여 거래 관계를 행하는 데 있어서 문제점이 없는지를 확인하여야 한다.

청약 및 승낙

인터넷을 통한 신용 조회를 마친 경우 문의에 대한 청약을 이메일로 하게 된다. 청약에 대하여 상대편에서 이메일로 승낙이 이루어지면 매매 계약이 성립하게 된다. 여기까지의 과정 중에서 문제의 소지는 이메일에 의한 거래 청약과 승낙의 법적 효력이다. 물론, 인터넷 무역 성립의 전제 조건은 항상 상호 신뢰라는 점이지만, 이를 악이용하려는 사람에 대한 신중한 판단이 있어야 한다.

사후 관리 과정

인터넷을 이용한 무역 매매 계약은 아주 신속하게 발생하고 이루어지는 특징이 있다. 사후 관리 또한 자사의 웹 사이트의 지속적인 자료 수정 및 변경된 사항에 대한 통보 등으로 상호간 신뢰성을 구축하여야 할 것이다.

이상과 같이 전통적인 방법과 인터넷을 이용한 방법에는 많은 차이가 없는 듯하다. 그러나 근본적인 차이점은 무역 매매 계약 체결까지 걸리는 시간과 비용이 가장 큰 차이점이다. 즉, 인터넷을 이용한 무역 매매 계약 체결은 무역업체에게 시간과 비용 면에서 많은 절약을 가져와 경쟁력 향상을 이룩할 수 있다.

[표 3-1] 정보화 시대를 맞이한 무역 패러다임의 변화

구 분	전통적 방식	인터넷 방식
인콰이어리 처리 건수	2만여 건	1백만 건 이상
정보 수집 전파 시간	2~3일 이내	30분 이내
인콰이어리 전달	바이어 → 무역관 → 본사 → 업체	바이어 ↔ 국내업체
업체 정보 갱신	전화/팩스로 확인 · 수정	업체가 직접 갱신

4.2 무역 e-마켓플레이스의 등장 및 현황

무역 e-마켓플레이스란?

무역 e-마켓플레이스란 전 세계의 구매자(buyer)/판매자(seller)에게 무역 관련 정보를 제공하고 홍보 및 거래선 발굴 등을 도와주는 서비스이다. 인터넷을 통해 국내외 업체들의 무역 거래를 알선하는 서비스가 최근 빠른 속도로 확대되면서 무역 촉진 수단으로 정착되고 있다. 한국무역정보통신, 한국무역협회, 대한무역투자진흥공사, 사이버커머스, 중소기업진흥공단 등이 제공하고 있는 인터넷 무역 알선 서비스가 최근 국내외 업체들 사이에서 인지도를 높이면서 방문자, 주문등록 횟수도 크게 늘어나고 있는 실정이다.

이에 따라 무역 알선 서비스들도 종전의 단순 무역 중개에서 홈페이지 무료제작, 상품홍보, 거래처 검색 대행, 주문 검색 정보의 이메일·팩스 송수신 등 점차 무역 포털 사이트로 탈바꿈하는 추세이다.

무역 e-마켓플레이스의 경제성

인터넷을 통한 무역 e-마켓플레이스는 경제성과 효율성 면이라는 점에서 현재 활발히 이용되고 있다. 무역 e-마켓플레이스의 경제성은 다음과 같이 나누어 설명할 수 있다.

① 인터넷을 통한 기업 이미지 구축

기업의 이미지 제고를 위한 CI(Corporate Identity)의 일환으로 인터넷을 통하여 제공할 수 있는 그래픽, 동화상, 음향 등의 수단을 이용하여 기업의 이미지를 잠재 고객들을 대상으로 보다 효과적으로 구축할 수 있다. 또한, 유용한 정보나 서비스를 제공함으로써 기업 이미지를 향상시킬 수도 있다. 이러한 CI를 통해 수요자들로 하여금 기업의 이미지를 효과적으로 심을 수 있으며 나아가 직접 구매하여야 할 상황이 되었을 경우 실제로 구매가 이루어질 수 있는 가능성을 향상시킬 수 있다.

② 비용 절감

피부로 실감할 수 있는 것이 비용 절감 효과로 인터넷을 통한 거래 알선을 이용하여 무역 매매를 할 경우 기존의 무역 방식을 통한 경우에 비하여 상당한 비용 절감 효과를 거둘 수 있다. 비용 절감 항목은 기존의 무역 방식을 통하여 거래 상대방을 찾기 위해 직접 권유장을 작성하여 다수의 미지 고객들에게 우편이나 팩스를 통한 송부 비용, 그러한 작업에 소요되는 인건비, 그리고 거래 성사 가능성이 저조한 다수의 잠재 거래처로부터의 샘플 송부 요청시 송부 비용 및 샘플 자체 비용 등이 있다.

이러한 비용들은 인터넷을 통한 거래 알선을 이용할 경우 상당히 줄일 수 있는 비용이다. 또한, 전화나 우편 대신 인터넷 폰이나 인터넷 팩스를 이용할 경우 국제 통신 비용을 획기적으로 절감시킬 수 있다.

③ 시간 절약

무역 매매 계약의 성립에 소요되는 시간을 절약할 수 있다. 이는 소비자들과 즉각적인 상호 작용과 주문이 가능할 수 있기 때문에 기존의 무역 메메 방식에 비하여 시간을 월등히 절약할 수 있게 때문이다. 즉, 기존 방식을 통하여 거래처를 선정할 경우 직접 무역 관련 기관에 찾아가 관련 기업의 목록을 찾아서 그 기업들에게 우편이나 팩스를 통해 권유장과 오퍼를 발송하여 인콰이어리가 도착할 때까지 기다려야 하는데 이때 거래처 조사와 우편 및 팩스 송부 시간 등에 있어서 인터넷을 통할 경우 훨씬 빠르고 효과적으로 거래처와 접촉하여 계약을 성립시킬 수 있다.

④ 잠재 고객의 창출

전 세계를 시장으로 한 마케팅이 가능하게 된다. 기존의 무역 매매 방식은 거래 상대방이 다소 국한되어 있었던 것이 현실이었다. 왜냐하면 거래 상대방에게 송부되는 권유장의 송부 비용으로 인하여 어느 정도 송부할 상대방을 국한시킬 수밖에 없었다. 그러나 인터넷을 이용할 경우 한 번 등록해 두면 언제든지 다시 볼 수 있고, 세계 어느 곳에서도 인터넷을 통해 접속할 수 있으므로 잠재적 고객수가 증가되고 지속적인 광고

효과를 거둘 수 있다.

⑤ 중소기업의 국제화 가능성

중소기업의 국제화가 보다 쉽게 이루어질 수 있다. 인터넷을 통한 거래는 기업의 크기나 유명도보다 어떤 기업이 소비자의 욕구를 얼마나 충실히 반영해 주는가가 중요한 요소이므로 양질의 상품과 서비스 능력만 갖추고 있다면 어느 기업이라도 국제적 수준의 기업이 될 수 있다. 또한, 현지 거점이 없이도 글로벌한 사업 전개가 가능하기 때문에 잠재 시장이 확대된다. 따라서 중소기업체와 대기업, 다국적 거대 기업과 개발도상국의 중소기업이 대등한 위치에서 경쟁할 수 있는 여건이 마련된 것이다.

주요 무역 e-마켓플레이스 사이트

① 트레이드코리아

한국무역협회 운영, B2B emarket place, 상품정보, 거래알선, 마케팅 안내.

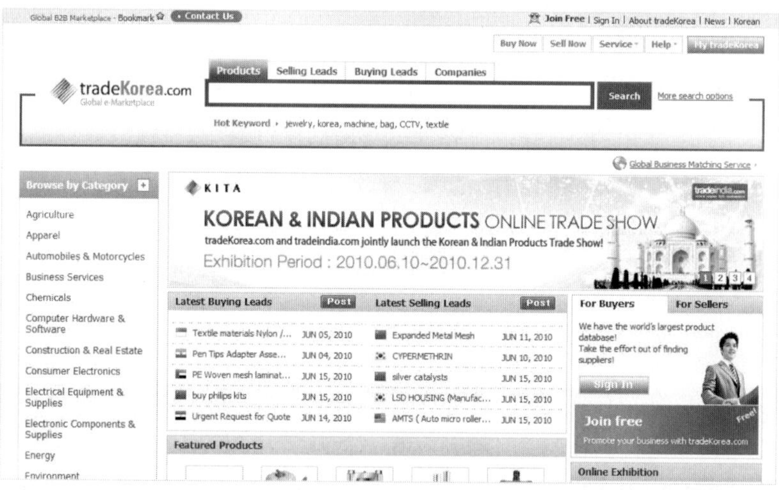

[그림 3-8] http://www.tradekorea.com

② 바이코리아

B2B 마켓 플레이스, 중계무역 거래알선, 수출, 수입, 무역홍보 마케팅, 코트라 제공.

[그림 3-9] http://www.buykorea.or.kr

③ EC21

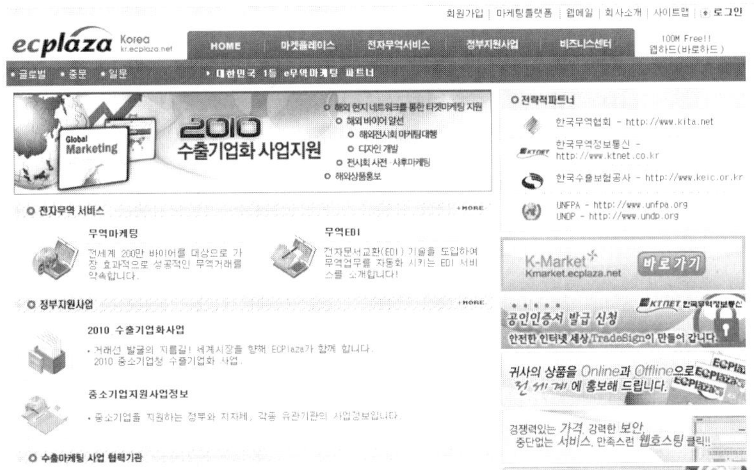

[그림 3-10] http://kr.ecplaza.net

찾아보기